经济新常态下的犯罪与治理

吴鹏森　主编

上海三联书店

目　录

研究生之页

刑事司法如何保障社会秩序

——对1986年以来年鉴数据的初步分析

熊谋林*

摘　要：当前各种社会问题的根源学说众多，但归根结底可以归纳为犯罪及刑事司法治理。经济学家占主导的研究主要关注犯罪增长及其原因，惩罚的不确定性和犯罪威吓问题鲜有关注。分析1986年以来的年鉴数据后发现，放纵罪犯是过去30年里刑事司法的重要特点。研究发现，犯罪案件的破案率和逮捕、起诉、审判率低，以及治安案件中潜藏大量违法犯罪行为，人民检察院对职务犯罪不立案、不起诉是放纵犯罪的典型表现。管理社会秩序离不开刑事司法，本研究意在重申当前以及将来一段时间的社会重心是如何保持惩罚的确定性，用严格的刑事司法措施矫正当前的犯罪和越轨习气。

关键词：放纵犯罪；犯罪治理；惩罚确定性

---

*　作者简介：熊谋林，西南财经大学法学院副教授，博士。

特别申明：本文尚在撰写、完善中，仅限于犯罪社会学同仁讨论，未经允许不可复制、传播。

一　引言：社会问题的本质：治理犯罪

中国自改革开放以来，经济奇迹使城市化、GDP、外汇贸易等方面的增速跃居世界前列。然而，伴随经济发展的同时，贪污腐败，冤假错案，股灾，医闹，非法集资，群体性事件，强拆，毒品，假货，食品安全等相关社会问题，成为公共管理和社会秩序欠佳的代名词。于是乎，学者们用“风险社会”[①]、“危机管理”[②]“社会危机”[③]、[④]“制度危机”[⑤]、“信任危机”[⑥]、“断裂社会”[⑦]、“社会冲突”[⑧]等一系列词汇来描述对当前中国的焦虑。为此，各大学科在致力于维护和谐中国，推动社会管理进步方面都在作出努力。在此背景下，国家在司法、行政、经济、政治等多个领域同时改革，以“废旧立新”或“三令五申”等形式力图改变当前社会的现

---

① 德国学者乌尔里希·贝克首先提出“风险社会”一词，并分别在1986、1999年出版专著《风险社会》和《世界风险社会》。参见王小钢《贝克的风险社会理论及其启示——评〈风险社会〉和〈世界风险社会〉》，2007年第1期。

② 薛澜、张强、钟开斌：《危机管理：转型期中国面临的挑战》，《中国软科学》2003年第4期，第6页。

③ 沈望舒：《社会危机管理的短板》，《瞭望》2007年第41期，第50页；黄宗智：《改革中的国家体制：经济奇迹和社会危机同一根源》，《开放时代》2009年第4期，第77页。

④ 康树华：《农村黑恶势力与基层组织的弱化、蜕变》，《辽宁警专学报》2005年第3期，第1页；张千帆：《实行宪政是中国改革的必由之路》，《法学》2011年第12期，第22页。

⑤ 韩红俊：《制度危机与刑事司法系统的应对》，《河北法学》2005年第12期。

⑥ 张维迎：《信任及其解释：来自中国的跨省调查分析》，《经济研究》2002年第10期，第59页；张旭霞：《现代政府信用及其建构的对策性选择》，《南京社会科学》2002年第11期，第60页。

⑦ 孙立平用贫富差距拉大、利益集团化开始、中下层分化加剧、精英与大众断裂，社会矛盾突出，来描述断裂社会。孙立平：《博弈：断裂社会的利益冲突与和谐》，社会科学文献出版社，2006年，第257页。

⑧ 顾培东：《社会冲突与诉讼机制》，法律出版社，2004年；李培林、张翼、赵延东：《社会冲突与阶级意识——当代中国社会矛盾问题研究》，社会科学文献出版社，2005年。

状。经济学家呼吁提高社会再分配，增进公民均富感。社会学家提倡民生、教育、就业的公平化，推动社会公平和控制社会分层，以减少歧视和社会不公。政治学家们，以提高政治信任和增强政治民主、政治透明和公民参与度为己任，限制行政权力滥用和减少腐败。刑事法学家也主张加大立法入罪和司法定罪的步伐，提高司法公正，减少司法渎职、权力滥用和控制冤假错案。犯罪学家，转而呼吁缓解社会冲突，加大社会参与，控制流动人口犯罪，严惩犯罪分子。

的确，如何管理和控制社会秩序，成为转型时期的重大任务，是学者和司法实务共同的使命。上述每个问题及其相应对策，均是有效管理社会的应对措施。但这些问题的根源是什么，是否能根治呢？这是一个见仁见智的问题，但犯罪及其良好的治理应该是稳定社会秩序的公理。① 原因不外乎，如果各种犯罪得以控制，所带来的社会、经济、政治效应将反哺社会秩序。例如，权力滥用与腐败如果遏制到一定程度，社会秩序就趋于稳定，紧随的投资和市场竞争的正常化就得以开展，资源分配和社会公正就逐步得以实现，最终促进经济的快速发展。又如，对暴力犯罪的惩罚，必然使公民感受法治正义的魅力，从而修复已然之罪破坏的司法信任。因此，中国社会秩序的良好治理，不可能绕开刑事司法。否则，凭借常识可以想象，没有人愿意生活在犯罪频发的社会里，这是为什么犯罪率高发的底特律为什么连一美元的房产都无人问津的最根本原因。

既然刑事司法对于社会管理如此重要，那么司法实践又是如

---

① 蔡道通：《中国刑事政策的理性定位》，《刑事法评论》，2002 年第 2 期，第 50 页。（作者指出，“对犯罪的打击与规制是任何一个国家进行统治不可或缺的工具，也是任何一个社会保持基本秩序须臾不可分离的手段”。）

何运作的呢？多年的运动式严打给人留下这样一种印象，广撒网的刑事司法已有力打击和威慑了犯罪分子，维护了法制严肃性。尤其是，近年来的刑事司法实践中出现的冤假错案，更将“宁可错杀、错判，也不可错放一个犯罪嫌疑人”映入到学者和公民脑海中。然而，当多年的严打循环运作而成为常态时，这也折射出中国的犯罪控制形势并不乐观。尤其是今日之国人，谈食心惊，谈法色变，谈政心凉，遇腐为常，更映射出社会秩序和社会管理并非无懈可击。犯罪是一个正常的社会问题，但问题是犯罪的严重和控制是否得力。问题出现在什么地方呢？是执法不公或执法不严造成，还是执法过度或权力滥用造成；到底是中国刑事司法对犯罪打过头了，还是对犯罪打击不足造成？

纵观近年来学者对刑事司法的关注，刑事法和犯罪学家们已过度关注于法院的错判，尤其是舆论炒作让无辜者的遭遇家喻户晓时，司法留给民众的影响更是“刑讯逼供”、“拒绝纠错”、“程序滥用”等不正义的形象。在舆论、学术、司法决策层面的批评之下，“疑罪从无”和被告人人权保障成为至高无上的真理，被害人的权利以及因犯罪所造成的社会秩序反而获得更少的关注。与对司法治罪过度的社会现象相比，很少也有研究关注于司法实践中遗漏的犯罪或犯罪黑数，尤其缺乏纵向观察中国最近几十年的变化。这种研究和理论定位的先天不足，必然造成因司法实践中出现的个案错误制约刑事司法的顺利开展，造成办案不力、有案不究。[1]尤其是错案终身制的出台，使得各地司法机关基本上怠于履行司

① 管光承、刘莹：《当前刑事案件破案率低的原因和对策》，《贵州警官职业学院学报》2005年第1期，第66页。（作者指出，由于过度关注于保护犯罪人的合法权益，片面强调“沉默权”、“零口供”，从而造成实践中有干警认为“破案子是找死，不破案子是等死”。）

法追诉、审判犯罪嫌疑人的职责。[①] 如果真是这样，中国的犯罪不仅不能得到良好控制，反而因为过度选错"错判大于错放"、"宁可错放，不可错判"而置无罪可诉、可究的地步。

有鉴于此，本文收集了1986年以来《中国法律年鉴》或《法律年鉴》中的司法统计数据，从而观察刑事司法机关在最近30年里如何应对犯罪。通过观察中国刑事司法在放纵犯罪方面出现的问题，梳理社会秩序问题出现的主要原因，以及未来刑事司法的工作重心。

二　惩罚的确定性问题与犯罪威吓

1764年，年仅26岁的意大利犯罪学家贝卡里亚出版了影响世界的专著《论犯罪与刑罚》。在这本书中，他阐述了理性选择、威吓、惩罚确定性的基本思想，"对于犯罪最强有力的约束力量不是刑罚的严酷性，而是刑罚的必定性，这种必定性要求司法官员严守职责，法官铁面无私、严肃认真。……如果让人们看到他们的犯罪可能受到宽恕，或者刑罚并不一定是犯罪的必然结果，那么就会煽惑起犯罪不受处罚的幻想。"[②]不久后，边沁对功利主义的基本逻辑——威吓——惩罚——理性选择，进行了扩展。"痛苦和快乐是人类行为的最大源泉。当一个人看到或者推测出行为的结果是痛苦时，由于先前的经验，他一定程度上就会在这个既定趋势下不去这样做。如果这个痛苦的明显程度大于快乐的价值，或者大于行

① 陈东超：《现行错案责任追究制的法理思考》，《法商研究》2000年第6期；付立庆：《善待错案追究——立足于制度设计和运作实践的双重考察》，《福建法学》2002年第2期。

② 贝卡里亚（著），黄风（译）：《论犯罪与刑罚》，中国法制出版社，2005年版，第72—73页。

为可能获取的快乐，他肯定会决定不实施某种行为。因行为所带来的痛苦，如果履行这个行为的话，也因此被杜绝了。”①按照他的说法，威吓犯罪的最有效方式是，以惩罚的痛苦让理性的潜在犯罪人去选择是否实施犯罪。

就贝卡里亚和边沁所处的时代，他们更多立足于法院的定罪和量刑。进入现代刑事诉讼后，公安、公诉人、法院等多个司法机关已经成为一整套发起求刑权的诉讼体系。因此，保障惩罚确定性的第一步就是犯罪发生后是否有报案、能否破案、是否抓捕犯罪嫌疑人。紧接着才是，破案的犯罪嫌疑人是否被起诉，以进一步表达追诉犯罪的坚定态度。起诉到法院以后，是否定罪问题不仅与确定性有关，而且定罪所必然产生的量刑也与惩罚的严厉程度有关。可以肯定，确定性永远只是一个相对概念，不仅包含因无法破案或拒绝报告犯罪等引发的犯罪黑数，而且还包含逮捕、起诉、定罪、量刑等司法错误。这一系列因素都有可能降低惩罚的确定性，从而刺激潜在的犯罪人实施投机行为，这是理解威吓理论的基本前提。

（一）繁荣背后的破案率

提到破案率，首先想到的是耳熟能详的“命案必破”。大概从2001年开始，由湖北、南京、重庆等地公安机关陆续提出“命案必破”，②其原因主要是“群众看公安，首先看破案，关键看命案”。③

---

① Jerry Bentham. The Works of Jeremy Bentham, vol. 1 (Principles of Morals and Legislation, Fragment on Government, Civil Code, Penal Law), Liberty Fund, Inc., 1843, 718.

② 袁晓鹏：《对实践“命案必破”的理性思考》，《武汉公安干部学院学报》2004年第3期，第21页（2001年初，湖北省公安厅率先在全国提出“命案必破”的工作目标）；重庆警方于2002年春向广大市民郑重承诺命案必破（高小平，12）。

③ 高小平：《“命案必破”冲击波——重庆市公安局江北分局侦破26起命案启示录》，《警察天地》2003年第8期，第13页。

2004年11月5日，公安部相关负责人在南京召开的全国侦破命案工作会议上正式提出“命案必破，黑恶必除，两抢必打，逃犯必抓”的口号，坚持什么犯罪突出就打击什么犯罪。① 这次会议指导刑侦朝两个方向发展，一是命案须100%破案，二是命案是刑侦重点。2005年5月16日公安部新闻发布会显示，全国八类命案破案率达89.6%，1680个县、市、区级立案单位实现了命案全破。② 在2008年，公安部在杭州召开的“全国公安机关侦破命案暨刑侦部门奥运安保工作会议”，要求公安机关继续坚持“命案必破”口号，努力实现“破案率高、办案质量高、发案数低”的两高一低目标。③ 自此以后，命案必破得以在多年来成为公安刑侦司法的工作指南，④即使在近两年依然是各地公安机关的工作绩效考评重点。⑤ “命案必破”的

---

① 翟惠敏:《命案必破、一抓三年、实现“两降一升”》，载《法制日报》2004年11月5日第1版。

② 安邦:《全国八类命案，破案率89.6%》，《长安》2006年第6期，第46页。

③ 李辉:《“命案必破”辩思》，《时代法学》2008年第5期，第62页。

④ 潘勤亮:《果之硕者、其根沃实:玉环县公安局命案破案率连续三年保持100%》，《公安学刊》2005年第2期(浙江省玉环县，一个只有58万人口的县城，2004年的刑事发案高达5000起，2002年以来发生的48起命案100%告破)；秦玉海:《以侦破命案为龙头，全面提升打防效能》，《中国刑事警察》2006年第3期(2004年，河南省的命案发生1901起，破案1776起，破案率达到93.4%)；樊振和，曾鸽:《柳州刑侦改革纪实》，《中国刑事警察》2006年第2期(柳州市2005年全市发生命案182起，破获165起，破案率达90.66%。)；裴军:《南京市侦破命案工作实现又好又快发展》，《中国刑事警察》2008年第2期(南京市的命案破案率在2007年达到98.1%)；邓文国:《阿坝州刑侦工作的发展思路》，《中国刑事警察》2007年第4期(四川阿坝州在2006年的命案侦破率达94.59%)；邓文国:《巴中市“命案必破”的实践》，《中国刑事警察》2005年第4期(巴中市2004年破案率达96%，位居四川省第二)。

⑤ 刘永州:《坚持命案必破理念，合作作战效能明显》，《黔南日报》2015年8月17日(贵州瓮安县从2008年至2015年以来持续保持命案100%破案的优良成绩，抓获命案嫌疑人77人)；李涛:《今年近九成命案三天内告破》，载《北京青年报》2014年9月15日(2014年，北京警方也透露，2014年1—9月的命案破案率为98.54%，同时86.44%的命案三天内即告侦破)；刘晓霞:《命案全部告破靠什么?》，《人民公安》2016年Z1，第64页(天津市2015年将包含2014年积案在内的所有命案告破，破案时间最长不出8天，公安部发来贺电)。

强烈口号有助于落实“稳定压倒一切”的刑事政策，“局长挂帅”、“靠前指挥”、“多警种配合、协调作战”等措施，也最大限度地调集了刑侦资源，[①]有效督促提高破案率。[②] 公安部 2015 年 12 月 18 日召开的元旦春节打击犯罪工作电视电话会议指出，2015 年 1—11 月的命案现案破案率达 96.46%，杀人、爆炸、强奸、抢劫等八类严重暴力犯罪案件连续 11 年下降，破案率明显上升。[③]

然而，“命案必破”所涉及的法理性和正当性，因两个原因而一直受批评。其一是命案必破下必有冤假错案；[④]其二是伪造破案数据，或降低立案率，造成破案率虚高。[⑤] 多年的司法实践，学者、媒体开始反思“命案必破”是刑事司法中的“大跃进”、“急功近利”的表现，是不科学、不合理的考核指标。“命案必破”，带来的刑事荣耀感是强烈的，有的地方将命案全破称为“世界奇迹”。[⑥] 可以肯定，学界质疑“命案必破”的基本立场是对的，最近的司法实践中的确爆发出赵作海、念斌、张高平叔侄案等类似的冤案，同时公安机关的破案率也很少获得学术界的真实认可。[⑦] 曾经多次受到公

---

① 高小平：《“命案必破”冲击波——重庆市公安局江北分局侦破 26 起命案启示录》，《警察天地》2003 年第 8 期，第 13 页。

② 刘忠：《“命案必破”的合理性论证——一种制度结构分析》，《清华法学》2008 年第 2 期，第 80 页。

③ 《公安部：今年以来命案现案破案率达 96.46%》。

④ 崔敏：《关于“命案必破”的冷静思考》，中国法学会诉讼法研究会 2006 年年会，2006 年 9 月 1 日，第 60 页；杨文革：《质疑“命案必破”》，《山西警官高等专科学校学报》2005 年第 13 期，第 37 页；李林、周婉娇、杨梦晨：《专访刑事诉讼法学界泰斗陈光中——命案必破这样的口号是不正常的》，《中国青年报》2015 年 1 月 6 日第 5 版。

⑤ 李辉：《命案必破的辩思》，《时代法学》2008 年第 6 期，第 65—66 页。

⑥ 尤莉、李孝文：《不破不休，如皋 22 年命案全破的世界奇迹》，《江苏法制报》2013 年 1 月 23 日，第 C 版(江苏如皋，22 年来，所发生的 225 起命案全部当年侦破；命案发案数从 2008 年前平均每年 10 起下降到现在每年 5 至 6 起；群众安全感连续 7 年名列全省前茅)。

⑦ 管光承、刘莹：《我国刑事案件破案率低的原因与对策》，《贵州警官职业学院学报》2005 年第 1 期，第 64 页(2004 年公安部部长助理张新枫，讲到的 2003 年公安机关立案登记的破案率为 41.9%，但管刘相信，全国的实际破案率只在 30%左右)。

安部表彰的河南省公安厅，连续7年破案率全国第一。后因尉氏县精神病人刘卫中顶包案和赵作海冤案，被迫于2013年发布《关于引发〈河南省公安机关关于进一步加强和改进刑事执法工作切实防止发生冤假错案的十项措施〉的通知》，严禁下达“刑事拘留数”、“发案数”、“破案率”、“退查率”等不科学指标。[①] 紧接着，2015年11月6日公安部下发《公安部关于改革完善受案立案制度的意见》指出，“坚决取消发案数、破案率等影响依法如实受案立案的不科学、不合理考评指标”。

事实上，“命案必破”由于集中警力办理命案，必然使有限的公安队伍难以应对其他犯罪。[②] 这个目前并没有受到关注，但可从各个散见的文献中可以发现端倪。[③] 按照现有公安机关机构设置，普通的公安部门下辖国保、经侦、刑侦、治安、交警、禁毒、网络、监管8个支队。刑侦大队负责日常刑事案件，但这少部分警力里面却须集中应对涉及人命的各大刑事“命案”。[④] 由于公安机关的回应型司法主要针对突出的“命案”，那么这从反面显示出“凡不是

① 刘子倩：《河南警方废除破案率指标，媒体称其转身令人瞩目》，《21世纪》2013年第12期，第30页。

② 葛夕芳：《践行“三个代表”实现“命案必破”：如皋市公安局12年命案全破》，《中国刑事警察》2004年第3期（例如，如皋市2004年的公安局民警总共有803人，刑警只有13.6%、109人。

③ 高小平：《“命案必破”冲击波——重庆市公安局江北分局侦破26起命案启示录》，《警察天地》2003年第8期，第12页（重庆江北分局局长董小平坦承，命案必破是对公安机关破案的极限挑战，更是对传统的工作观念、警务机制和侦查模式的极限冲击）；袁晓鹏：《对实践“命案必破”的理性思考》，《武汉公安干部学院学报》2004年第3期，第22页（作者指出，“命案必破”口号在简单杀人纠纷案件中的破案率为90%以上，但稍显复杂的抢劫杀人，绑架杀人，或因果关系不明、现场条件不好的案件，破案率仅为60%以上；工作中，对流窜杀人犯罪的地域、职业犯罪的行业、犯罪的再现、不同群体的心理分析、高新技术把握不深、不透，使得命案侦破的专业化道路越走越窄。）

④ 刘忠：《“命案必破”的合理性论证——一种制度结构分析》，《清华法学》2008年第2期，第75页。

命案”都不是公安的工作重心。这种“抓大放小”的刑事政策，将社会控制的中心放在暴力犯罪现象上。[①] 然而，这忽略了对与暴力犯罪相关但至关重要的其他社会秩序犯罪和经济犯罪的打击。[②] 这种打击上的不力，可能造成公安刑事司法机关对犯罪控制的影响仅限于“命案”，非命案犯罪的控制作用非常有限。白建军对《中国统计年鉴》和《中国法律年鉴》的原始数据计算后发现，中国的总体犯罪率呈上升趋势。[③] 陈硕、刘飞的研究显示，中国从 1995 年至 2009 年除了杀人和强奸犯罪呈明显下降趋势，抢劫和拐卖人口趋势不明显外，盗窃、诈骗、故意伤害犯罪呈明显上升趋势。[④] 因此，这从反面也说明一个问题，以“命案必破”为中心的刑事司法政策，可能分解了公安机关的警力和刑事司法的犯罪控制重心。

近年来各地报道的破案率也仅有“命案”，对于其他犯罪压根未报道，《中国统计年鉴》或《法律年鉴》的整体破案率远低于命案破案率，这些或许都再次说明公安机关对非命案侦破工作不理想。有资料显示，乌克兰 2000—2003 年各类刑事案件的破案率从 74％下降到 67.9％，但犯罪只增加了 0.5％。[⑤] 这可以作为中国

① 蔡道通：《中国刑事政策的理性定位》，《刑事法评论》，2002 年第 2 期，第 50 页（蔡道通，指出“抓大放小”，将刑事政策的重点放在有组织犯罪、暴力犯罪、国家工作人员职务犯罪以及严重危及社会生存与发展、民众安宁与秩序的犯罪）。

② 例如，在 2012 年左右中国开展食品安全严打行动，广州市 2014 年射界的食药犯罪是前 5 年的 1.3 倍，共计 503 件 864 人。这到底是犯罪本身在增长，还是前几年根本没有精力或重视食药安全犯罪，读者可以自由判断。刘锦球：《广州：食药犯罪案件增长六倍，半数涉肉类产品》，《中国食品》2015 年第 14 期。

③ 白建军：《从中国犯罪率数据看罪因、罪行与刑罚的关系》，《中国社会科学》2010 年第 2 期，第 144—159 页。

④ 陈硕、刘飞：《中国转型期犯罪的社会成本估算》，《世界经济文汇》2013 年第 3 期，第 55 页。

⑤ 任磊石：《乌克兰 2000—2003 年犯罪状况分析》，《公安研究》2006 年第 5 期，第 95 页。

"破案率"较低的证据。不可否认,"破案率"不仅涉及潜在的冤案的问题,而且在根源上也还涉及不立案、未破案、证据不足而释放等错放问题。根据威吓理论,如果犯罪人因各种原因未受到刑事司法制裁,刑罚的威吓和惩罚功能并不能实现。结果是,犯罪的机会成本降低,刺激了循环犯罪的投机心理,因此这必然导致犯罪的上升。

(二)控制犯罪与威吓理论

在犯罪学或社会学领域里有大量的理论来解读人们犯罪的社会原因,如迪尔凯姆的失范、边沁的理性选择、莫顿的压力理论,以及社会解组、日常活动、亚文化、冲突理论。就与刑事司法相关的社会控制来说,威吓理论更具有说服力,这已成为各国法学家、犯罪学家、经济学家、社会学家广泛讨论的话题。

几十年来,法学家研究威吓效应的成果依然非常丰富。Harel等的研究指出,破案和定罪的概率具有不确定性,但犯罪人就喜欢这种不确定性,这降低了刑事制裁的稳定性和可预测性。因此,刑事司法应在公正的基础上提高定罪和破案水平,加大对被告人的不利程度,并最终建立更好的威吓效应。[①] Robinson 和 Darley 对美国刑事司法系统的运作进行了批评,他们认为刑事司法系统本来是为威吓和惩罚犯罪而设计,然而系统内的各种刑法和刑事司法规则却限制了威吓效应,甚至没有任何作用。同时,警察的破案、公诉人和法院的自由裁量权,甚至连陪审团都违反法律应尽的

① Alon Harel. Uzi Segal, Criminal Law and Behavioral Law and Economics, Observations on the Neglected Role of Uncertainty in Deterring Crime. American Law and Economics, 1999(1):276.

义务而拒绝定罪。①

犯罪学家研究威吓效应，主要运用社会调查和定量研究技术开展经验研究。犯罪威吓的内容被逐渐证明，且逐步从司法效果、社会认知、犯罪人态度等角度拓宽。早期的研究者，认为惩罚的确定性威吓了犯罪，而不是惩罚的严重性。② Lewis 在回顾先前的研究基础上，认为威吓效果建立在更长的监禁刑和惩罚确定性基础之上。③ 然而，Nagin 的评论和实证调查却显示，量刑的长短与威吓和减少犯罪率没有很强的关系，相反破案率、抓捕率、警察开支等一系列手段总是与犯罪率呈负相关。④ Klepper 和 Nagin 对人们逃税的跟踪访问调查显示，逃税的侦破风险和起诉恐惧都是有力的威吓手段。⑤ Spratling 对反垄断调查的研究指出，1998 年以来反垄断贸易 90％都起诉，且案件报告越早越容易侦破案件，并对潜在的行业或其他国际国内贸易活动中越有威慑力。⑥ 这个研究得到和 Sauvagnat 支持，他也认为授权警察更多的权利，增加调

---

① Paul H. Robinson, and John M. Darley. The Role of Deterrence in the Formulation of Criminal Law Rules：at Its Worst When Doing its Best. Georgetown Law Journal. 2002—2003. 91—951，984—985.

② Raymond Paternoster. The Deterrence effect on the perceived Certainty and Severity of Punishment：A Review of the Evidence and Issues. Justice Quarterly，1983(42)：173—217；Jack P. Gibbs. Crime，Punishment and Deterrence. Social Science Quarterly 58：15—28；Charles R. Titles. Crime Rates and Legal Sanctions. Social Problems，1969 (16)：409—423.

③ Donald E. Lewis. The General Deterrent Effect of Longer Sentences. British Journal of Criminology. 1986，26(1)：47—62.

④ Daniel S. Nagin. General Deterrence：A Review of The Empirical Evidence. In A. Blumstein，J. Cohen and D. Nagin (Eds)，Deterrence and Incapacitation：Estimating The Effect of Criminal Sanctions on Crime. Washington：National Academy of Science. PP. 95—139(110).

⑤ Steven Klepper，Daniel Nagin. The Deterrent Effect of Perceived Certainty and Severity of Punishment Revised. Criminology，1989，27(4)：721.

⑥ Gary R. Spratling. Detection and Deterrence：Rewarding informants for Reporting Violations. George Washington Law Review，2001，69：788.

查便利性、成功起诉和定罪有利于威吓潜在的垄断。[①]

在 1998 年,Nagin 对威吓理论进行了回顾,他指出威吓效应在当前的证据比起 20 年前更加充分,但是理论研究在落实到刑事政策还有一定的距离,因此在刑事政策和犯罪之间的关系上还需检验。[②] 接下来的研究中,Nagin 和他的同事再次证明惩罚的确定性至关重要,这些来源于抓捕率,被抓捕的犯罪嫌疑人是否被起诉,以及被起诉的人是否被定罪、如何制裁等。[③] 在最近的研究中,Grank 和 Brezina 指出监禁对某些犯罪人有用,但对于惯犯或者职业犯(Criminal Lifestyle)来说,监狱代表的惩罚所起的威吓作用非常有限。[④] 然而,在 Carlsmith 等心理学态度调查中,学生们在决定惩罚犯罪人的初衷时,主要考率犯罪严重性和道德谴责性,与侦破率或公开惩罚等威吓犯罪等不敏感。[⑤] 可以肯定,犯罪由多种因素引起,控制和预防的手段也需要多样化,这一点在环境犯罪学里已获得共识。例如,克拉克的情景预防措施更好地解释了控制犯罪的三组因素:改变习惯等改进犯罪预防措施,增加社会监控等犯罪控制措施;建立规则减少犯罪收益。[⑥] 因此,确保抓捕和起诉、定罪的成

---

① Julien Sauvagnat. Prosecution and Leniency Programs: The Role of Bluffing in Opening Investigation. Journal of Industrial Economics. 2015, 63(2): 313.

② Daniel S. Nagin. Criminal Deterrence Research at the Outset of The Twenty-First Century. Crime and Justice, 1998, 23(1):1—42.

③ Daniel S. Nagin. Deterrence: A Review of The Evidence by a Criminologist for Economists. Annual Review of Economics, 2013: 5:83—105; Robert Apel, Daniel S. Nagin. Deterrence: Sanction Perceptions. International Encyclopedia of the Social and Behavioral Science, 2015, 250—254; Steven N. Durlauf, Daniel Nagin. Overview of Imprisonment and Crime: Can Both be Reduced? Criminology & Public Policy, 2011, 10(1):9—12.

④ Beverly R. Crank & Timothy Brezina. Prison Will "Either Make Ya or Break Ya": Punishment, Deterrence, and the Criminal Lifestyle. Deviant Behavior, 34(10): 782.

⑤ Kevin M. Carlsmith and John M. Darley. Why Do We Punish? Deterrence and Just Deserts as Motives for Punishment. Journal of Personality and Social Psychology. 2002,83(2):284.

⑥ Clark R. Situational Criminal Prevention,New York:Harrow and Heston, 1992,13.

功也需要各种手段的混合使用，如提高群众抓捕或报案的配合度，加大巡逻和快速反应力度，合理地配置警员等。①

关于威吓思想，在经济学领域更多关注与成本和效益，可以归功于经济学家加里贝克的开拓。他在1968年提出两个最重要的思想：(a)人们选择实施犯罪，是因为预期收益大于预期成本；(b)加大法律实施和惩罚是增加犯罪威吓的成本的最优办法。② 在过去几十年里，加里贝克的思想获得广泛关注，已激励经济学家或法经济学家研究刑事司法活动与犯罪的关系。③ 例如，Png的模型显示，类型一错误的增加，降低了人们守法的预期收益；类型二错误概率的升高，增加人们从事违法活动的预期收益。④ Samuel的研究指出，警察经费投入的减少，减少警察的巡逻和犯罪的抓捕率，从而造成威吓效应效应的降低和犯罪的增加。⑤ 比贝克研究更深入的经济学家，是艾沙克·厄尔尼希。1972—1973年，他利用美国1940s—1960s的数据，发现刑事司法机关的活动对于各种

① Daniel S. Nagin, Robert M. Solow, Cynthia Lum. Deterrence, Crime Opportunities, and Police. Criminology, 2015, 53(1):74—100.

② Beck, G. S. (1968). Crime and Punishment: An Economic Approach Journal of Political Economy, 76(2): 169—217.

③ Rizzolli, M., Saraceno M., 2013. Better that ten guilty persons escape: Punishment costs explain the standard of evidence. Public Choice, 155(3): 395—411; Posner, R. A., 2007. Economic Analysis of Law. New York: Aspen Publishers; Polinsky, A. M., Shavell, S. 1989. Legal error, litigation, and the incentive to obey the law. Int. Rev. Law Econ. 5(1), 99—108; Persson, M., Siven, C. H., 2007. The Becker paradox and type Ⅰ versus type Ⅱ in The economics of crime. Int. Econ. Rev. 48(1), 211—233; Dekay, M. L., 1996. The difference between Blackstone-like error ratios and probabilistic standards of proof. Law & Soc. Inquiry 21(1), 95—132; Garoupa, N., Rizzolli, M., 2012. Wrongful convictions do lower deterrence. J. Inst. Theor. Econ. 168(2), 224—231.

④ Png, P. L. 1986. Optimal subsidies and damage in the presence of judicial error. Int. Rev. Law Econ. 6(1), 101—105.

⑤ Samuel Cameron. The Economics of Crime Deterrence: A Survey of Theory and Evidence. KYKLOS, 41(2):301—323.

犯罪率均有强烈的威吓作用，财产犯罪中存在收入不公也会导致犯罪。[①] 紧接着，Issac 又发表了肯定死刑对杀人犯罪的威吓作用，[②]由此在《耶律法律评论》引发了一场关于死刑正当性和威吓性的大讨论。[③] 在最近的文献回顾中，Keleher 等对 1973 年以来的数十篇研究刑事司法活动与犯罪率之间的威吓关系的文章进行了 Meta Analysis。他们的研究发现，逮捕率、监禁率与犯罪率之间呈负相关的结论很少有分歧，定罪率和量刑长短之间的关系分歧较大。[④] 这与犯罪学家的研究结论不谋而合，这依然说明刑事司法在威吓犯罪上，需要的是追诉活动的必然性，这至少通过诉讼程序本身对显示了国家在惩治犯罪上的存在性。也正是因为这个原因，破窗理论所产生的犯罪预防和控制效应才得以广为犯罪学家和经济学家们细细品味。[⑤]

---

① Isaac Ehrlich. Participation in Illegitimate Activities: A Theoretical and Empirical Investigation, The Journal of Political Economy, 1973, 81(3):521; Isaac Ehrlich. The Deterrent Effect of Criminal Law Enforcement. Journal of Legal Studies. 1972, 1(2):259—276.

② Ehrlich Isaac. The Deterrent Effect of Capital Punishment: A Question of Life and Death, American Economic Review, 1975, 65(3):397—417.

③ David C. Baldus, James W. L. Cole. A Comparison of the Work of Thorsten Sellin and Isaac Ehrich on the Deterrent Effect of Capital Punishment, Yale Law Journal, 1975,85(2):170—187; William J. Bowers, Glenn L. Pierce. The Illusion of Deterrence in Isaac Ehrlich's Research on Capital Punishment. 1976,85(2):187—208;Isaac Ehrlich. Deterrence: Evidence and Inference. Yale Law Journal 1975,85(2); 209—227; John K. Peck. Deterrent Effect of Capital Punishment: Ehrlich and His Critics, 1976, 85(3): 300—358; Isaac Ehrlich. Rejoinder Rejoinder. 1976, (85)3: 368—370.

④ Richard Kelaher, Vasilis Sarafidis, Maurice Bun. Crime, Deterrence, and Punishment Revised. March 17, 2016, Amsterdam School of Economics Discussion Paper, University Van Amsterdam. p. 19.

⑤ James Q. Wilson, George L. Kelling (1982). Broken Windows: The Police and Neighborhood Safety. The Atlantic Monthly, 249(3),29—38; George L. Kelling, Catherine M. Coles, James Q. Wilson. Fixing Broken Windows: Restoring Order and Reducing Crime in Our Communities. Wilson Quarterly, 1996, Free Press.

总的来讲，犯罪威吓是一个跨学科问题，哲学和政治科学也都有讨论。[①] 理性选择和威吓理论在刑事司法中的实际效果，远比理论家和刑事法本身所预期的效果要差。[②] 然而，有一点可以肯定，刑事诉讼所抓捕、控告、审判、定罪、量刑所起的作用是不可否认的。尽管法律中的“排除合理怀疑”的定罪标准以及“无罪推定”、“正当程序”原则，可能使极少数的无罪裁判让真正的有罪者逃避惩罚成为一种可能。然而，这是法律控制和法制社会的必然代价。不管是定罪与否，还是定罪正确与否，只要刑事司法表达强烈的惩罚犯罪的决心，都可能强烈地威吓潜在的犯罪人。[③] 同时，非正式的社会控制手段，如道德、社会谴责等都扮演了重要角色。[④]

（三）错判和错放问题

“错判”和“错放”不仅是一个社会现象，而且也是一个司法失范的两种情形。错判过多，引发民众对无辜者的同情，怀疑司法正义是否实现。错放过多，又从反面昭示受害者的合法权益未得到救济，从而依然引发民众对社会秩序的担忧。最近爆发出的冤假错案反映出两个问题，一是上世纪末期的“严打”为管控社会秩序，

① Herbert Jacob. Deterrent Effects of Formal and Informal Sanctions. Law & Policy. 1980，2(2)，61—80.

② Raymond Peternoster. How Much Do We Really Know about Criminal Deterrence? The Journal of Criminal Law and Criminology. 2010，100(3)：765.

③ Enrlich Issac. The Optimum Enforcement of Law and the Concept of Justice：A Positive Analysis，International Review of Law and Economics，1982(2)：3—27.

④ Raymond Paternster，Linda E. Saltzman，Gordon P. Waldo，Theodore G. Chiricos. Perceived Risk and Social Control：Do Sanctions Really Deter? Law & Society Review，1983，17(3)：457.

降低了司法实践定罪和追诉的证据要求，从而出现大量错案和长时间羁押，甚至已经执行死刑；二是，无辜者被释放和无罪判决的难度较大，司法机关存在机制性的拒绝纠错现象。[①] 与此相对应，最近司法实践报道出的拐卖儿童、食品安全事件频繁，以及中央反腐倡廉行动所揭示的老虎案又反映出两个问题：一是，司法机关对于早期的犯罪活动未能引起重视，大量真正的犯罪人在犯罪初期没有得到严惩；[②]二是，以食品安全、黑医疗、药品链、商业贿赂等为代表的犯罪引发民众对行业失去信任，不仅使国家产业失去竞争力，而且也使国家制定的若干维稳性策略引发民众对政治、行政的担忧。[③]

上述两种现象，是错判和错放的典型代表，引发中国刑事司法

---

① 参见熊谋林：《两种刑事司法错误的危害相当性：基于中国综合社会调查的考察》，《中外法学》2016 年第 1 期，第 224 页。

② 唐哲："谁制造了大头娃娃"，《中国质量万里行》2004 年第 6 期，页 28（"安徽阜阳市颍州区三合镇农民李喜因其女儿食用空壳奶粉贝佳利遭遇了伤害，多次向当地有关部门投诉无果"）；储槐植、李莎莎："论我国食品安全犯罪刑事政策"，《湖南师范大学社会科学学报》2012 年第 2 期，页 82。（储作者指出，"中国食品安全犯罪的立法上以结果为本位的定罪门槛高，刑事处罚严等特点。但是，刑事司法实践中，却出现食品安全犯罪的控制和查处不力，存在严重的厉而不严，犯罪人漏网等现象"）；利检、何方："放纵犯罪自栽跟头"，《江淮法治》2005 年第 5 期，页 35（利辛县工商局查处 4 期假冒伪劣食品不依法移交刑事案件，致使过期牛肉、不合格奶粉流入市场）；吕贵民："子长县巡警大队中队长触犯法网"，载《陕西日报》2007 年 6 月 5 日，第 004 版（巡警大队队长放纵盗窃犯不立案，结果在释放后的十几天连偷三辆摩托车）；邵双平：《谁为 20 余名少年被害负责》，《杂文选刊》2004 年第 2 期，第 37 页（作者指出，凶手第一次作案时在 2001 年 9 月，发现孩子失踪后家长报了案。也就是说，两年前当地就有了孩子失踪的案件，但公安部门没有引起重视……甚至当家长到公安局询问案件进展时，民警也只是轻描淡写地安慰"说不定孩子出外打工去了"）。

③ 刘昕蕊：《中国奶粉市场现状及建议》，《中国科技投资》2013 年第 35 期，第 336 页（作者指出，近年来，接二连三的国产奶粉事件，使家有宝贝的父母们一度"谈奶色变"，国产奶粉在国民中的信任度消失殆尽……这对我国经济的长远发展极为不利）；欣城：《"工业明胶胶囊"加剧食品药品信任危机》，《金球》2013 年第 12 期；作者（匿名）：《2006 医药行业 10 大事件》，《中国医院院长》2007 年 Z1 期；高强：《化解信任危机：汽车配件搞"药店式"经营》，《现代营销：经营版》，2007 年第 11 期。

走向两种难以摆脱的困境。为了应对司法实践中的错判和错放，多位学者基于错判的危害大于错放，一致提出“宁可错放，不可错判”。[①] 然而，熊谋林的经验研究发现，很难判断“错放”比“错判”的危害哪个更大。据此，他以中国综合社会调查中选择错放和错判危害更大的比例分别是 44.43%、42.18%，重申错判与错放的危害具有相当性。[②] 他的思想可以归纳为三点：

（a）应从宏观和微观层面考察司法错误。微观个案层面上，分别从无辜者和受害人立场上可以看出错判和错放的危害具有相当性；从宏观层面上，错判和错放都可能使有罪者得不到惩罚，从而使秩序陷入混乱。

（b）错判和错放会相互转化。任何坚持错放或错判危害更大的危害偏好理论，必将走向另外一个极端，即担心错判而错放另外的有罪人，担心错放而错判、错关无辜者。

（c）刑事司法应当建立健康的纠错理念。刑事诉讼充满风险，暂时的错判与错放都是正常的刑事司法现象，但应及时纠错才能使有罪者得到惩罚，同时及时拯救无辜者。

错判大于错放是主流观点，危害相当性理念由于较新还尚未

---

① 沈德咏：“论疑罪从无”，《中国法学》2013 年第 5 期，页 8，页 12；何家弘：“‘错判’危害大于‘错放’”，载《新快报》2013 年 5 月 7 日，第 A07 版；沈德咏：“我们应当如何防范冤假错案”，载《人民法院报》2013 年 5 月 6 日，第 2 版；熊秋红：“冤案防范与权利保障”，《法学论坛》2010 年第 4 期，页 34；莫洪宪：“正确把握‘宁可错放，也不可错判’”，载《中国纪检监察报》2013 年 5 月 17 日，第 7 版；杨猛：“‘犯罪从无’：宁可错放，不可错判”，载《民主与法制时报》2002 年 4 月 23 日，第 004 版；王石川：“‘宁可错放，不可错判’是法治理性”，载《兰州日报》2013 年 5 月 9 日，第 005 版；吴蓓：“错放与错判的博弈”，载《人民法院报》2013 年 10 月 26 日，第 002 版；陈宏光：“如何看待‘宁可错放不可错判’”，载《上海法治报》2013 年 5 月 13 日，第 B08 版；汤啸天：“‘错放’与‘错判’的风险评估”，载《人民法院报》2013 年 5 月 28 日，第 002 版。

② 熊谋林：《两种刑事司法错误的危害相当性：基于中国综合社会调查的考察》，《中外法学》2016 年第 1 期，第 258 页。

有学者回应。熊谋林的研究仅提出一个理念，他至少也还没有证明错放的危害性到底有多大。因此，从惩罚的不确定性立场来研究错放，具有一定的理论和实际意义。当然，站在无辜者的个案立场上，刑事司法的公正和正义肯定会因为冤案而受怀疑，尤其是道德和良知的朴素情感上难以超越。然而，当社会秩序长久不稳定时，管理社会又成为当务之急，刑事司法又反而被推到前线。从功能上看，刑事司法机关是维持社会秩序的工具，刑事司法活动中时刻需要惩罚犯罪和抓捕犯罪人，这个过程中难免出现失误。

在这个过程中，刑事司法所能选择的就只有两种，履行社会管理职责，或者因为错误而对犯罪无动于衷。但如果因为担心冤枉好人而过于放纵坏人，刑事司法所预期的正义又必然遭受怀疑。徐美君曾对 1997 年至 2007 年的法律年鉴进行了统计，发现中国刑事诉讼是侦查决定型，十年间平均有 85%的立案没有移送审查起诉，只有 15%的犯罪案件得以审判。① 那这 85%的犯罪分子到哪里去了呢？是什么原因造成的呢？其所带来的社会效果又是什么呢？这个研究的意义，远远超过《法学研究》所能代表的社会影响。遗憾的是，他本人并没有对移送起诉率和人民法院无罪率所蕴含的社会意义进行深入探讨。很可能，中国刑事司法现状因为错案责任或较低的破案率，或者抓大放小的刑事政策影响；也或许，真的是在为了避免 10%不受处罚，宁愿让 9 个有罪人免受处罚。当然，破案率低也仅是部分原因，如果真的如此，中国刑事司法可能还暗藏着大量的社会或机制上的原因，这是继续研究的必要性之一。学者跟风，这容易在狭隘视野下丧失冷静立场，其政治

① 徐美君：《我国刑事诉讼运行状况实证分析》，《法学研究》2010 年第 2 期，第 182—184 页。

价值一般大于学术价值。当前，不少学者只看到冤案，但并没有对当前刑事司法出现的大问题和真问题有所察觉，[①]更无法冷静思考当前困扰社会秩序的根源是什么。

(四) 犯罪增长与威吓

多位研究者已警告中国的犯罪形势呈增长趋势，并探讨了相关的原因。[②] 受限于定量研究方法在法学界并没有展开，有关犯罪增长的实证研究主要集中于经济学领域。早期的法律推理研究，习惯于用系统的思维解释犯罪增长。例如，王顺安就认为，犯罪增长源于私有经济的发展，改革的负效应，精神文明出问题，犯罪能力控制较弱，国际因素影响等因素。[③] 近期的研究中，法学家们尝试用定量方法研究犯罪。张小虎从社会分层角度，认为贫富差距、社会分层的加剧是犯罪率增长的主要原因，但他的研究结论无论是数据本身还是研究方法都需要检验。[④] 白建军对1988—2007年统计年鉴中公安机关立案数进行了分析，发现非正式社会控制的减弱和资源分配结构失衡是犯罪增多的重要原因，但其观点仍有待于继续证明和展开。[⑤] 以上二人均是法学界著名教授，白建军也发现中国的刑罚朝轻缓化方向发展，遗憾的是他们没有

---

① 李金一、顾吉昌：《论破案率和出警率并重》，《吉林公安高等专科学校学报》2011年第3期，第38页（这两位学生，大胆地指出“如果一个国家的犯罪侦破率在20%以下”，那么这个国家就是犯罪者的天堂”）。

② 张小虎：《我国当前犯罪率阶位攀高的社会安全警示》，《犯罪研究》2007年第6期。

③ 王顺安：《现阶段我国犯罪现象增长的综合动因论》，《法学杂志》1998年第4期。

④ 张小虎：《转型时期犯罪率明显增长的社会分层探析》，《社会学研究》2002年第1期，第92—94页。

⑤ 白建军：《从犯罪率数据看罪因、罪行与刑罚的关系》，《中国社会科学》2010年第2期，第144—159页。

将惩罚的确定性和犯罪威吓连接起来。

经济学者们研究犯罪率增长，多与社会经济因素进行检测，如经济增长、收入差距、失业率、教育程度、人口流动率、民生支出等。然而，各种研究因数据来源、研究方法、分析对象和层次的差异，造成研究结论上差异较大。胡联合、胡鞍钢、徐绍刚利用 1981—2004 年法律和统计年鉴中的刑事和治安案件立案数字，得出贫富差距与犯罪（尤其是侵财案）之间具有正相关，表现为全国收入、城乡、地区差距扩大与犯罪的增长有重要关系。① 章元、刘时菁、刘亮利用 1988—2008 年的省级面板数据显示，中国犯罪的犯罪率增长与失业率有关，但与收入差距扩大无关。② 然而，李殊琦、柳庆刚利用 2003—2007 年的省级面板数据研究却显示，犯罪率与收入差距有关，但与失业率并没有关系。③ 相反，张冲、孙炜红利用法律年鉴中 1986—2011 年的时间序列数据，得出财产犯罪与城镇失业率、城乡收入差距显著呈正相关，人均受教育年限与城乡收入差距显著负相关。④ 陈刚、李树利用 2000—2008 年法律和统计年鉴中每万人的逮捕率和公诉率研究也显示，教育扩张显著降低了犯罪率。⑤

陈刚、李树、陈屹立在研究 2000 年和 2005 年 31 个省的数据后发现，大规模人口流动是导致中国犯罪率急剧上升的主要原因，

---

① 胡联合、胡鞍钢、徐绍刚：《贫富差距对违法犯罪活动影响的实证分析》，《管理世界》2005 年第 6 期。

② 章元、刘时菁、刘亮：《城乡收入差距、民工失业与中国犯罪率的上升》，《经济研究》2011 年第 2 期。

③ 李殊琦、柳庆刚：《城乡收入差距、人均收入及失业率对犯罪率的影响——基于 2003—2007 年我国省级数据的面板分析》，《中南财经政法大学学报》，2009 年第 6 期。

④ 张冲、孙炜红：《社会转型背景下城镇失业率对财产犯罪的影响研究——基于中国 1986—2011 年时间序列数据的实证研究》，《江西财经大学学报》2013 年第 6 期。

⑤ 陈刚、李树：《教育对犯罪率的影响研究》，《中国人口科学》2011 年第 3 期。

人口流动性每提高1%导致约3.6%的犯罪率上升。[①] 陈屹立对1978年至2005年盗窃、抢劫、诈骗犯罪的趋势进行了实证研究，他收入差距与财产犯罪呈正相关，但经济增长与财产犯罪呈显著负相关关系。他的解释是，从1978年以来财产犯罪一直占公安立案的80%以上(最高90%以上)，因此经济形势好，财产犯罪就少；反之就多。[②] 陈春良和史晋川对国外的犯罪率与收入差距、劳动力市场之间的关系文献梳理后发现，收入差距扩大、非法市场工资率上升，犯罪的机会成本下降，激励犯罪上升。[③] 史晋川发现收入差距所引发的人口流动与犯罪率增长有关，相关系数0.44。谢旻荻、贾文指出，"经济发展有助于抑制犯罪增长，但贫富差距和开放程度会刺激犯罪率上升。"[④]姜全保、李波的研究显示，犯罪率上升与性别失衡有关，性别比每提高0.01，犯罪率上升3.03%。[⑤] 毛颖利用《中国检察年鉴》中的每万人起诉、逮捕比对1995—2008年的省级面板数据进行了分析，得出结论为民生指出有利于抑制犯罪率上升。[⑥] 陈硕利用历年的省高院和省检院工作报告中的法院受案、判决、批捕、起诉、公安的抓获和治安违法数所形成的面板数据，指出加大司法支出，对控制犯罪没有影响，但这份研究在数据来源上交代不清。[⑦]

---

① 陈刚、李树、陈屹立:《人口流动对犯罪率的影响研究》,《中国人口科学》2009年第4期，第52页。

② 陈屹立:《收入差距、经济增长与中国的财产犯罪——1978—2005年的实证研究》,《法制与社会发展》2007年第5期。

③ 陈春良、史晋川:《收入差距、劳动力市场状况与犯罪率》,《经济学动态》2011年第8期。

④ 谢旻荻、贾文:《经济因素对犯罪率影响的实证研究》,《中国人民公安大学学报(社会科学版)》2006年第1期。

⑤ 姜全保、李波:《性别失衡对犯罪率的影响研究》,《公共管理学报》2011年第1期。

⑥ 毛颖:《民生支出有助于减弱刑事犯罪率吗？——来自于中国(1995—2008)省级面板数据的证据》,《南开经济研究》2011年第4期。

⑦ 陈硕:《转型期中国的犯罪治理政策:堵还是疏?》,《经济学(季刊)》2012年第2期。

经济学家们研究犯罪，毫无疑问会在既有知识结构里挖掘经济影响因子，但却忽略了法律和法学内部的既有理论。尽管多篇文章对加里·贝克和艾沙克·厄尔尼希的文章进行了回顾，但上述文献没有一篇对威吓理论的惩罚性和必然性本质进行深入思考。这主要受限于学科背景，得出的结论也多是常识性且很难以实现的空话。例如，研究经济因素的文章，几乎都会提到缩小贫富差距，但这种研究的实用性其实并不大。因此，纯经济研究对控制犯罪的理论贡献增量较少，只为回顾影响犯罪增长的因素提供了有限参考。真正具有重要贡献的经济文献，应当是陈屹立、张卫国对惩罚对犯罪的威吓效应，以及陈硕、章元对“确定性”和“严厉性”等刑事政策在控制犯罪方面的探讨。

陈屹立、张卫国利用《中国法律年鉴》公布的1981—2007年中的破案率、检察机关的逮捕人数及逮捕率，以及重刑率与每10万人的犯罪率进行了比较。据他们的观察，中国犯罪率的上升与破案率、逮捕率、起诉率、重型率降低有关。在进一步利用OLS回归分析和差分法校正后，他们发现代表惩罚确定性的破案、逮捕、起诉，与代表严厉性的重刑率对暴力犯罪的威吓作用小于犯罪重量和财产犯罪的作用；对暴力犯罪而言，惩罚的严厉性程度的作用要小于确定性。在解释原因时，他们认为暴力犯罪的理性选择程度较低，因此很难用威吓理论来解读。然而，他们的研究无论从因子的选择和指标的界定上都存在缺陷，这主要体现为研究方法和犯罪总类。例如，他们的三个模型中的OLS分析只是二元变量之间的检测，同时在罪名的选择上也没有对暴力和财产犯罪之外的因素进行检测。[①]

---

① 陈屹立、张卫国:《惩罚对犯罪的威慑效应:基于中国数据的实证研究》,《南方经济》2010年第8期。

陈硕、章元借助于各省历年高级法院和省检察院在人代会上报告中的(万人)起诉率和5年以上有期徒刑的比重,Liang的死刑数据,法律年鉴和统计年鉴中的破案率,对1989—2009年的省级面板数据中的犯罪率与相关指标的关系进行了研究。在进行各种复杂的统计分析后,他们提出两个主要观点:严打的策略违背"罪行均衡",单纯通过加大惩罚程度的严厉性策略预期效果不明显;通过提高破案率的确定性策略可以显著降低犯罪率,破案率每增加1%会让犯罪下降1.4%。然而,纵观他们的研究,他们的资料和数据来源上交代不清,这严重降低了上述结论的准确性。例如,各省到底是哪些省、哪些年的统计数据,又如,Liang的文献在文中没有任何指引。尽管如此,他们对犯罪威吓方面的开拓值得充分肯定,需要更全、更翔实的数据弥补这些缺陷。[①]

(五) 总结

从1983年以来,中国对不同犯罪的"严打"运动几乎都没有停止过,每年都有刑事司法打击的新内容。然而,多年的实践经验反映出,官方统计的犯罪数字不但没有减少,反而在逐年升高。一方面,刑事司法在疲于维护社会稳定的同时,还时常备受"正义"和"正当性"的批判。尤其是错判、冤枉好人的指责,以及过错责任追究制度,压制了刑事司法在管理社会秩序中的积极性。由于缺乏足够的惩罚确定性机制,这使得犯罪威吓效应逐年降低,并最终刺激了犯罪的增长;另一方面,恢复性司法的开展,又再次降低了对

---

① 陈硕、章元:《治乱无需重典:转型期中国刑事政策效果分析》,《经济学》(季刊)2014年第7期。

犯罪的惩罚必然性，从立法文件中削弱了刑事司法的刚性。例如，刑事和解制度逐步在各地司法机关开展的同时，中共中央在2006年正式提出“宽严相济”刑事政策，以私立救济和赔偿等方式，合法地帮助犯罪人不被起诉或免罪、免刑、减刑。①

这一系列原因，使今日中国刑事司法面临两难的境地，甚至寸步难行。面对一系列社会问题时，决策者们首先运用的是刑事立法，但却忽略了落实司法本应当承担的角色。② 如果刑事司法措施运用好，则法律的威信和威吓力能够通过对已然犯罪的惩罚，犯罪的巨大成本就足以警示潜在的社会越轨者。反之，如果刑事司法的惩罚具有不确定性，则犯罪的机会成本就偏低，从而鼓励潜在犯罪者以身示法，从而降低法律规范的约束力。这是刑罚威吓和教育作用在使然，刑事司法在应对犯罪过程中，必然会建立起一套行为准则，从而成为公民“为”与“不为”的约束规范。也正因为如此，党和国家领导人多次在中央政法工作会议上提出“严格执法”、“公正司法”、“树立法律权威”的重要性。③ 因此，要理解当前“社

---

① 陈瑞华：《刑事诉讼的私力合作模式——刑事和解在中国的兴起》，《中国法学》2006年第5期，第15页（作者指出，自行和解、司法调解、人民调解所建立的刑事和解制度，使公安司法机关可以获得一系列诉讼收益，有助于社会关系的修复和社会的和谐）；肖仕卫：《刑事法治实践中的回应型司法——从中国暂缓起诉、刑事和解实践出发的分析》，《法制与社会发展》2008年第4期，第17页（刑事和解和暂缓起诉制度反映出的回应型司法制度，应当成为未来刑事司法制度的发展方向）。

② 齐文远：《提升司法公信力的路径思考——兼论人民陪审制向何处去》，《现代法学》2014年第2期，第20—23页；齐文远：《应对中国社会风险的形势政策选择——走出刑法应对风险的误区》，《法学论坛》2011年第4期，第13—16页（齐文远认为，冤假错案、司法腐败、司法不透明，裁判与脱离正义导致司法公信力下降，刑法进入扩张入罪的冒进主义局面）。

③ 习近平：《坚持严格执法公正司法深化改革，促进社会公平正义保障人民安居乐业》，《人民检察》，2014年第1期；孟建柱：《着力解决人民反映强烈的突出问题，促进社会公平正义保障人民安居乐业》，2014年第8期；曹建明：《切实把习近平总书记重要指示精神落到实处，为推进全面深化改革实现依法治国作出新贡献》，人民检察，2014年第5期。

会危机”的根源，离不开探讨与之有关的犯罪控制问题。尽管犯罪的产生、增长有各种原因，然而，刑事司法在控制越轨和犯罪问题上的软弱无力，进一步加剧了中国犯罪率的上升。其最根本的原因在于，刑事司法并没有良好地保障其惩罚的确定性，让大量有罪者得以顺利逃脱法律的制裁。这才是社会问题难以有效管控的社会根源。因此，重新审视中国刑事司法的应对策略和操作实践，对于评估过去几十年的社会形势具有重要作用，这可以从危机的根源上寻找到管理社会秩序的有效方案。

三　危机如何出现：犯罪治理与社会控制

犯罪是所有社会问题的根源，一切的社会问题均可以通过犯罪寻找答案。因此，中国社会当前存在的各种危机，其实就是各种犯罪问题所反映出的不良现象。基于这个逻辑，本文对中国统计年鉴和法律年鉴中1986年至2014年的犯罪形势，以及刑事司法的应对策略进行深度挖掘。其内容包含，公安机关的治安案件、刑事案件的发案、立案、查处，人民检察院的发案、立案、逮捕、起诉，人民法院的受案和结案，分为具体案件的总数和所有案件的总数。

（一）危机：犯罪增长趋势

犯罪是一个法律概念，同时又是一个文化概念。由于刑法对犯罪的定义和概念差异，不同国家中的犯罪有不同的定义。大致看来，根据国际通行的概念，中国刑法中的犯罪和治安违法行为属于广义越轨范畴中的犯罪。① 因此,在描述犯罪问题上,本文也描述了公安机关所查处的治安案件,因为这类案件在国外被大量地看成是轻罪。只是由于中国刑法 13 条的"情节显著轻微"和立案标准,将类似的行为在立法上作为非犯罪化处理。

图一是年鉴 1986—2014 年中的犯罪及其相关刑事司法、治安查处活动的基本情况,一个较长时间序列的纵贯研究可以帮助了解犯罪形势和司法的应对方案。如图 1-1,公安机关的刑事犯罪立案总数从 1986 年的 547115 件上升到 2014 年的 6539692 件,公安机关发现受理的治安案件从 1986 年的 1115858 件上升到 11878456 件,两者均增加了约 10 倍。很显然,当前备受关注的社会问题充分地反映在犯罪或社会越轨问题上。然而,与民众普遍关心的腐败趋势不一样的是,人民检察院直接受理案件和立案案件总体上呈下降趋势。图 1-2,1990 年人民检察院受理直接侦查案件 175341 件,下降到 2014 年只有 63341 件,立案侦查案件从 1986 年的 62726 件下降到 41487 件。与公安机关查处的案件相比,人民检察院受案量缩水 63.9%,立案量缩水 33.9%。图 1-3 显示,1990 年人民检察院批捕、逮捕 385227 件,2014 年上升到 658210 件,增幅达 70.8%。图 1-4 是一审法院刑案的审判合计,收案、结案分别从 1986 年的 299720、298291 件上升到 2014 年的 1040457 件、1023017 件,分别增长 2.5、2.4 倍。

---

① Moulin Xiong, Bin Liang. Solving the Puzzle of Overcriminalization? The Experience of Decriminalization in China. Crime and Criminal Justice International, 2013(21):45—98;熊谋林、梁斌(著),刘美彤、廖茂利、张悦(译):《求解过度犯罪化的迷惑——中国的去罪化经验与国际启示》,《光华法学》2014 年第 7 辑:167—215 页。

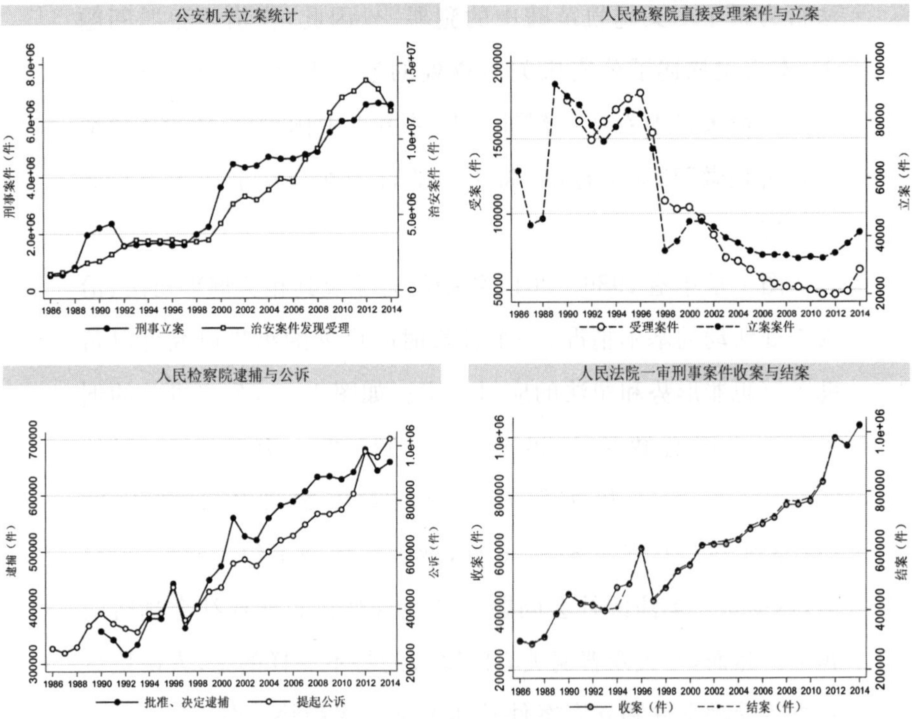

图 1　中国犯罪与治安形势变迁（犯罪与治安），1986—2014

数据来源：中国统计年鉴（1987—2015），中国法律年鉴（1987—2015）。

与直接的犯罪上涨趋势相对应，图一还反映了另外一个重要现象：检察院的逮捕、起诉案件远远少于公安机关的刑事立案统计；人民检察院的实际立案数少于发现受理案件，逮捕案件远少于公诉案件；人民法院的审结案件数与人民检察院的公诉案件数接近，但远少于公安、检察院的立案之和。这反映出，大量刑事案件并没有进入到刑事诉讼流程，而且这是过去三十年刑事司法实践中的不变现象。按照威吓司法的原理，犯罪人若不能获得应有的追诉，惩罚的不确定性很有可能让理性的犯罪人做出继续犯罪的选择。长此以往，当惩罚的不确定性成为常态时，就会激励出如破窗效应的衍生效果。因此，对于中国近年来的犯罪趋势而言，惩罚不确定性所产生的示范效应是危机出现的最重要原因。

（二）危机原因：惩罚的不确定性

为进一步展示惩罚的不确定性，表 1 对统计年鉴中刑事司法未处理犯罪的趋势进行了详细的展示。其参照基数是公安机关的立案总数和人民检察院的立案总数。主要发现如下：

第一，公安机关的破案率早期较高，后期持续下降，平均破案率只有 47.9%，累计 48800112 件刑案未破案，2014 年比 1986 年破案率低 42.3 个百分点。1986 年的 79.2%，未破案件 113800 件，未破案率只有 21.8%。2014 年，刑事破案率只有 36.9%，未破案件达 4124325 件，未破案率达 63.1%。

第二，人民检察院逮捕率较低，1997 年以后连续下降，平均只有 16.4%的立案案件被逮捕。累计 84931939 件犯罪未被逮捕，平均 85.6%的犯罪未被逮捕。1990 年未逮捕案 1947365 件，逮捕率为 15.5%，历年逮捕率最高的是 1996 年刑事诉讼法和刑法修订前后。2014 年的逮捕率仅有 10%，比 1990 年降低5.5个百分点。

第三，人民检察院的起诉率偏低且逐年下降，平均只有15.6%的立案案件被起诉。累计立案而未起诉的案件达 85933702 件，85.4%的犯罪未被起诉。1986 年的起诉率为 42.2%，2014 年的起诉率比 1986 年的起诉率低 26.6 个百分点。

第四，人民法院审判案件比例偏低，且逐年下降，平均只有 17%的案件被法院处理。累计立案而未审判的案件达84496542 件，83%的案件未被法院审判。2014 年的审判率比 1986 年的审判率降低了 33.4 个百分比。

表 1 中国刑事司法未处理犯罪的趋势(件)

年	公检立案	未破案[a]	破案率[a] (%)	未逮捕	逮捕率[b] (%)	未起诉	起诉率[c] (%)	未审判	审判率[d] (%)
1986	609841	113800	79.2	——	——	352622	42.2	311550	48.9
1987	614376	106556	81.3	——	——	373418	39.2	322240	47.6
1988	873776	201105	75.7	——	——	610880	30.1	561301	35.8
1989	2064631	859749	56.4	——	——	1723639	16.5	1675034	18.9
1990	2305592	951757	57.1	1947365	15.5	1919689	16.7	1848040	19.8
1991	2451330	905087	61.7	2108081	14.0	2103560	14.2	2023723	17.4
1992	1661178	503142	68.2	1344193	19.1	1330574	19.9	1236738	25.6
1993	1689758	404991	75.0	1355117	19.8	1372374	18.8	1286581	23.9
1994	1738690	362729	78.2	1357592	21.9	1353419	22.2	1329776	23.5
1995	1774092	340248	79.9	1393443	21.5	1388720	21.7	1278010	28.0
1996	1683072	321625	79.9	1240758	26.3	1201552	28.6	1066396	36.6
1997	1684106	441415	72.6	1320316	21.6	1323410	21.4	1243529	26.2
1998	2021152	721433	63.7	1617942	19.9	1618007	19.9	1540778	23.8
1999	2287701	874210	61.1	1838903	19.6	1822917	20.3	1748366	23.6
2000	3682420	1993213	45.2	3208556	12.9	3202301	13.0	3122309	15.2
2001	4502845	2546944	42.9	3942985	12.4	3932877	12.7	3879053	13.9
2002	4379970	2411622	44.4	3852625	12.0	3796215	13.3	3751421	14.4
2003	4433455	2551194	41.9	3912974	11.7	3872477	12.7	3798502	14.3
2004	4755908	2713981	42.5	4196969	11.8	4143118	12.9	4111660	13.5
2005	4683429	2551032	45.1	4101981	12.4	4028558	14.0	3999432	14.6
2006	4686933	2440640	47.5	4098417	12.6	4016206	14.3	3985554	15.0
2007	4841168	2397509	50.1	4234800	12.5	4130024	14.7	4120502	14.9
2008	4918506	2484394	49.1	4286253	12.9	4167572	15.3	4150376	15.6
2009	5612354	3132400	43.9	4979236	11.3	4862516	13.4	4845608	13.7
2010	6002801	3639945	39.0	5375159	10.5	5236407	12.8	5223160	13.0
2011	6037518	3692119	38.5	5396951	10.6	5213466	13.6	5197545	13.9

（续表）

年	公检立案	未破案[a]	破案率[a]（%）	未逮捕	逮捕率[b]（%）	未起诉	起诉率[c]（%）	未审判	审判率[d]（%）
2012	6585766	3744194	42.8	5905227	10.3	5606049	14.9	5599374	15.0
2013	6635798	3950588	40.1	5993127	9.7	5677071	14.4	5681822	14.4
2014	6581179	4124325	36.9	5922969	10.0	5554064	15.6	5558162	15.5
总计	101799345	48800112	47.9	84931939	16.4	85933702	15.6	84496542	17.0
变化	5971338	4010525	−42.3	3975604	−5.5	5201442	−26.6	5246612	−33.4

注：a 数据只表示公安机关未破案数及其破案率；b（逮捕案）、c（提起公诉）、d（审结案）的计算参照数为公安和检察院的立案总数。

数据来源：根据中国统计年鉴（1987—2015）和中国法律年鉴（1987—2015）计算。

危机如何出现？结合中外关于犯罪威吓和惩罚确定性的文献，答案已经非常清晰，中国刑事诉讼中的犯罪率增长的重要原因是，过去三十年里大量犯罪人并没有被刑事司法逮捕、起诉、审判。与官方所宣称的命案破案率形成鲜明对比的是，中国的整体犯罪率较低，在年复一年的积累效应下，犯罪不受惩罚已经成为常态。当超过 85%的犯罪未受逮捕、起诉获得审判时，刑事司法的放纵变成了犯罪的零成本。对于任何一个有理性的犯罪人而言，都会选择通过犯罪而获得较高的经济和精神享乐。当然，对于公安机关所立的具体案件来说，微观视角下的犯罪嫌疑人可能因犯罪技术、破案成本、犯罪线索等原因逃避制裁，或者因为证据不足、或者犯罪情节轻微而不受处罚。但从宏观角度来说，由任何一个因为证据或者诉讼技术上不能实现的破案、逮捕、起诉累积起来的效应，决定着潜在的真正罪犯逃避了法律的制裁。审判结果对于特定犯罪人来说，所起的作用也是非常有限的，判处何罪，或者判处何种刑罚并不重要。因为惩罚的严厉性比起惩罚的确定性来说，对犯罪的威吓作用要小得多，甚至可以说没有作用。

刑事司法所要追求的是，将罪犯带到刑事审判活动中去，由法院去决定谁有罪，怎么处罚是另外一回事。但如果在立案环节不能破案，则是对真正罪犯的彻底放纵，其危害性与已然或将来犯罪所带来的效果而言并没有差别。因此，危机产生的司法根源在于，刑事司法让真正的罪犯逃避了制裁。但这仅是司法放纵罪犯的原因之一，其更深层次的原因还在于涉及诉讼的体制让罪犯拥有更多的机会被放纵。公安、检察院、法院的自由裁量权让司法腐败有存在的空间，罪犯拥有机会可以免受法律制裁。犯罪黑数、隐私保护等原因，也可以让罪犯公然地免受法律制裁。与刑事法有交集的民事欺诈，行政违法中的治安行为，也让罪犯有不受犯罪处罚的机会。很明显，如果刑事司法不能充分地克服或者树立起惩罚的权威，则犯罪的动机会无限扩张，最终成为罪犯免受处罚的摇篮，并成为产生新犯罪的温床。

（三）放纵罪犯：诉讼机制的危机

刑事司法在衡量有多少犯罪上存在困难，因此司法放纵的评估自然不可能做到绝对客观、正确。然而，比起立案后不能破案的放纵罪犯来说，更可怕的是刑事司法没有对犯罪进行立案。这种绝对的放纵罪犯，不仅让受害者的权利无从救济，而且连刑事司法所起的教育意义也荡然无存。惩罚并非刑事司法的唯一目标，犯罪预防也是刑事司法的重要目标。刑事司法从野蛮时代的报应主义进化到功利主义时代后，教育迁善特定、潜在的犯罪人，以及帮助不特定多数人建立正确的法制观和正义观都异常重要。因此，刑事司法发起诉讼的首要目标是教育犯罪人，而不是惩罚犯罪人，无论是否证据充分，是否可以做到正确定罪、量刑。从这个角度来说，中国刑事司法中的若干不立案对象，即有可能是真正的无辜者，但也有很大可能是犯罪者。因此，在表达上，本文将这些行为称之为“疑似犯罪”。根据中国刑事诉讼法，能够对犯罪发起侦查的司法机关主要有公安、检察院、国家安全机关、军队保卫部门，后两者的立案统计因无法对比其疑似犯罪，因此只对公安和人民检察院的案件进行统计。

如表2所示，本文对治安案件发现受理，以及查处情况作了对比。由于现行统计年鉴中，只有立案总数及其细目，而没有“发现受理”等发案总数或报案总数，因此无法核实有多少起刑事案件发案数。这主要原因，公安机关的刑事案件调查，也主要以治安警察发现案件为前提。人民检察院的统计栏目里面的疑似犯罪，包含年度受理案件和立案案件，以及立案后未起诉案件。据此，本文的基本发现如下：

第一，历年的治安案件是越轨的主体，平均每年有63.5%的治安案件。借助于刑法总论中的预备、未遂、共同犯罪等相关规定，司法实践中由公安机关查处的治安案件中极有可能也属于犯罪。然而，由于当前公安机关的内部组成人员以非法律专业毕业生为主，因此这些潜在的犯罪案件中，被大量按照治安案件处理。除开刑法中的结果犯或情节犯外，以及卖淫、嫖娼和户籍管理等行为外，历年统计年鉴中的殴打他人、故意伤害、诈骗，拐卖妇女、儿童，以及非法携带枪支、弹药、管制刀具等治安违法行为都有可能属于刑法中的犯罪。然而，遗憾的是，由于《治安处罚法》和《刑法》之间的相互交叠，使得大量涉嫌犯罪的行为不是按照犯罪立案，而是直接按治安违法行为处理。很难评估历年累积的274822538件治安违法中，到底有多少属于犯罪。但即使只有10%，平均每年也有94万件犯罪，这基本与人民检察院和法院定罪的案件相近。如果是因为司法腐败等原因引起，那么这个10%的案件将产生180万的犯罪黑数。如果真是这样，就应当注意这一庞大的非犯罪处理的刑事案件，因为这严重降低了惩罚的不确定性。

第二，仅就公安机关的治安案件来说，平均每年也有9%没有查处，30年累计有15906340件。就这类案件来说，按照平均数字计算，平均每年有超过85万件案件没有被处理。如果将这一数字和10%的潜在犯罪没有立案相比，两类案件共计180万件。至于为什么不被查处，目前的文献尚没有揭示出具体原因。然而，这种没有查处的行为，不仅放纵了越轨者，而且有可能使潜在的犯罪人得以逃脱。当然，近年来的警察力量的增加，或者因为其他原因，使治安未处率在2007年以后呈逐年下降趋势。

第三，人民检察院自侦案件中，平均每年受案的案件有49.2%未立案，且呈逐年上升趋势。1990至2014年，累计达1230348件受案未立案，平均每年约5万件没有立案。根据《中国刑事诉讼法》之规定，人民检察院诉讼监督部门对自侦案件有权监督。然而，这种体制内的监督收效甚微，这造成有案不立的现象日益严重。一方面，当前的职务犯罪并非某个检察官能决定，一般是人民检察院领导或受政治因素的影响而受案。另一方面，“和谐”和“官道”的政治文化，使得人民检察院内部各部门之间很难有实质性的监督行为。

第四，人民检察院立案的案件，平均每年有31.4%未立案，但呈逐年下降趋势。1998至2012年，人民检察院累计有173269件立案的案件没被起诉，平均每年有11551件没起诉。从受案和立案总数来看，人民检察院每年的自侦案件呈下降趋势，2012年的立案数只有1990年的1/4。民众近年来对贪污和渎职案件的整体不满感上升，以及近年来党中央对反腐问题的坚决态势可以看出，中国的腐败问题越来越严重。[①] 然而，人民检察院的职务犯罪

---

① 曹伟：《腐败问题急速上升进入前三》，《小康》2012年12期。

侦查不升反降,不立案、不诉等下降趋势共同说明人民检察院在职务犯罪的侦查活动中严重放纵了犯罪人。当然,令人民检察院没想到的是,这反而刺激了中国的腐败形势,最终导致腐败问题愈演愈烈。与早期的数据相比,近年来中国的贪污和渎职类案件的起诉率呈上升趋势,2010 年以来的贪腐不起诉问题有些许缓解。但如何在长期趋势下,保持人民检察院的司法严明、公正,是值得关注的问题。

表 2　公安、检察院疑似犯罪案件趋势(件)

	公安机关案件				检察院刑事案件				
年	刑治案总数	治安总案率(%)	治安未处总数	治安未处率(%)	受案总数	未立案总数	未立案率(%)	立案未诉总数	立案未诉率(%)
1986	1662973	67.1	111655	10.0	——	——	——	——	——
1987	1805349	68.4	108961	8.8	——	——	——	——	——
1988	2237638	63.0	108767	7.7	——	——	——	——	——
1989	3819526	48.4	128515	7.0	——	——	——	——	——
1990	4182660	47.0	129884	6.6	175341	86746	50.5	——	——
1991	4779774	50.5	173417	7.2	161701	76080	53.0	——	——
1992	4539396	65.1	427123	14.4	149023	70504	52.7	——	——
1993	4967895	67.5	511892	15.3	161321	88442	45.2	——	——
1994	4961706	66.5	435218	13.2	169355	91399	46.0	——	——
1995	4980167	66.1	321540	9.8	176425	92740	47.4	——	——
1996	4964352	67.8	246013	7.3	180186	97830	45.7	——	——
1997	4841298	66.7	223870	6.9	153946	83469	45.8	——	——
1998	5218181	61.9	237831	7.4	108828	73744	32.2	12384	35.3
1999	5605402	59.9	250143	7.5	103356	64974	37.1	16974	44.2
2000	8074724	55.0	614406	13.8	104427	59314	43.2	21370	47.4
2001	10171513	56.2	862334	15.1	97240	51974	46.6	21047	46.5
2002	10569062	59.0	1035352	16.6	86187	42929	50.2	21082	48.7

（续表）

年	公安机关案件				检察院刑事案件				
	刑治案总数	治安总案率(%)	治安未处总数	治安未处率(%)	受案总数	未立案总数	未立案率(%)	立案未诉总数	立案未诉率(%)
2003	10389487	57.7	1126003	18.8	71032	31470	55.7	16801	42.5
2004	11365846	58.5	1281937	19.3	68813	31027	54.9	11956	31.6
2005	12026001	61.3	1076828	14.6	63053	28025	55.6	10220	29.2
2006	11850465	60.7	1043501	14.5	57867	24199	58.2	9220	27.4
2007	13516915	64.4	1059613	12.2	53978	20327	62.3	8963	26.6
2008	14296916	65.8	639657	6.8	51961	18415	64.6	6862	20.5
2009	17332390	67.8	699007	5.9	51868	19429	62.5	5925	18.3
2010	18727552	68.1	635522	5.0	49969	17060	65.9	2771	8.4
2011	19170534	68.7	601760	4.6	46833	14266	69.5	5289	16.2
2012	20440920	67.9	578739	4.2	46964	12638	73.1	2405	7.0
2013	19905748	66.9	561008	4.2	49044	11493	76.6	——	——
2014	18418148	64.5	675844	5.7	63341	21854	65.5	——	——
总计/均值	274822538	63.5	15906340	9.1	2502059	1230348	49.2	173269	31.4

按照无罪推定原理，未经人民法院审判没有人是罪犯。因此，本文的各种统计数据，可能被看成是不具有法学基本素养的妄语。然而，“无罪推定”是微观视角下的具体犯罪嫌疑人，没有人会否定保护人权是现代文明社会的基本法理。当大量刑事案件或疑似刑事案件出现不立案、不逮捕、不起诉的现状时，社会管理者应当站在宏观立场上把握犯罪治理形势，并评估其社会问题。因此，治理各种社会风险、社会危机等问题的核心，就是如何控制犯罪。否则，降低惩罚确定性所带来的放纵犯罪，只会让犯罪问题更加严峻，社会形势更加恶化。

四 结论与政策建议:坚持惩罚的确定性

犯罪成为21世纪的最大风险,是日常生活中前所未有的风险。① 管理社会秩序,离不开刑事司法,因为这是正式控制社会秩序的最有效、最有力措施。结论似乎很肯定,坚持从严治罪,把罪犯都带入刑事司法程序。但这不是强调"治乱用重典",而是强调治乱须严格执法,用不可避免的惩罚威吓潜在的犯罪人。刑事司法并不以绝对的结果论正义一样,犯罪威吓的真谛不是在严厉的刑罚,而是在于刑事诉讼程序和抓捕犯罪嫌疑人这一过程本身满足了刑罚的威吓需求。正如 Nagin 所言,"对于威吓,更精确点就是抓捕的确定性,而不是后来的惩罚严重性,是更有效的威吓。"② 因此,摆在当下和将来的重要任务是,中国如何持之以恒地贯彻"法治"的基本精神,如何用法律和司法的手段管理社会秩序。在这方面,有两个基本的司法运作方式应当注意:

第一,坚持司法的持续性,而不只是司法的运动性。"运动式"已成为中国刑事司法的重要一个特征,这彰显了国家管理者对严重社会问题的治理决心。然而。"运动执法"的法治限度,"集中执法"的效果如何坚持,以及执法后的松散和执法懈怠等执法后遗症成为学术批评的焦点。因此,在未来刑事司法中如何克服"运动式"司法的缺陷,将"运动式"司法变成"常态式"司法,是当前以及

---

① 彼得·泰勒-顾柏、詹斯·O·金(编著),黄觉(译):《社会科学中的风险研究》,中国劳动社会保障出版社,2010年版:第77页。

② Daniel S. Nagin, Deterrence in the Twenty-First Century. Crime and Justice: A Review of Research, 42, Ed. Michael Tonry. Chicago, 2013,199.

今后一段时间中国刑事司法应当注意的环节。通过长期、稳定、持续的司法管控，展现刑事司法在惩治犯罪方面的确定性和严厉性，将“犯罪必罚”的刑事政策放入到社会秩序管理中。

第二，坚持司法的严格性，而不是选择性司法。司法常态解决的是宏观的犯罪治理问题，但微观的“选择性执法”如果不能良好控制，也将抵消宏观方面所取得的成绩。理想状态下，“选择性”司法从经济学来说，可以通过最小的惩罚成本换取最大的治理效应。然而，以抓典型为代表的选择性司法，容易造成司法不公、司法腐败、“钓鱼式执法”等一系列问题。刑事司法所代表的正义是国家权力机关对法律效应的期待，司法严格性所产生的犯罪威吓是法律的不可投机性。因此，建立具有普遍效应的犯罪预防策略，是当前刑事司法的重要任务。

可以肯定，不同时期有不同经济、社会政策的重点。但是，犯罪治理问题是任何时候都不能松懈的一环，是任何时期都需坚持的国家重心。否则，因犯罪所带来的秩序混乱和社会问题，将抵消经济、社会所发展的积极效应。过去 30 年，中国的经济的确发展了，民众生活也尝到了改革开放的甜头。然而，民众对社会的不满，以及“维稳”所带来的负面效应一点都没减少。刑事司法松懈，“放纵犯罪”要么给不知法律的公民造成“不是犯罪”的守法错觉，要么造成“犯罪不罚”的侥幸心理。长此以往，惩罚的不确定性反而让公民的犯罪行为成为一种习惯，或者司法不会治罪的假象。而一旦行为习惯形成，矫正行为所付出的代价可能和放纵犯罪所带来的代价一样巨大。因此，刑事司法应当在恶习尚未牢固之时，积极发挥社会管理效应，用司法的正义矫正犯罪的不正义。

惩罚犯罪和刑事司法总会面临困境，两全其美的刑事政策除了具有口号外，压根没有任何实际效应。一方面，当下中国在司法人力、资源、投入、经验等方面存在不足，司法控制的经费和投入日益增长与社会问题的层出不穷成正比，这造成控制犯罪收效甚微。另一方面，刑事司法的某些方面（如医闹、强拆、冤案）过度所造成的社会问题，制约了正常刑事司法活动所取得的正向效应。尽管两方面都是大问题，但当前刑事司法的重心仍然是理性地开展打击犯罪活动。正如腐败治理所取得的积极评价一样，中国刑事司法应当在各个领域积极开展犯罪控制活动，也只有如此才能充分维护好社会秩序的根基。

不可否认，本文有多个问题没有解决，如惩罚不确定性与犯罪增长的时间序列变化的关系缺乏检测。在正式召开会议时，作者将充分完善各个部分，争取以最优的质量与诸位同仁一起探讨。

传媒、民意与司法

——以中国近年来发生的五例具有重大影响的犯罪案件为样本

刘晓梅*

摘　要： 通过查阅报纸、电视、网络等媒体对许霆案、杨佳案、邓玉娇案、药家鑫案、吴英案等典型犯罪个案的报道，分析案件当事人及其亲属，专家学者、网络意见领袖、记者编辑等主体在网络与传统媒体的互动过程中如何形成公众判意和强大的舆论场，并对当下的刑事司法活动产生影响。在刑事司法运作中，媒体通过表达民意，发挥对司法权力的监督、促进法制的完善、促进司法裁判易被接受等正功能。而媒体误导民意，会对刑事司法带来如下不利影响：削弱裁判的可接受性，贬损司法的权威，降低司法的效率。

关键词： 传媒；民意；司法

---

* 作者简介：刘晓梅（1972—　），女，天津人，天津社会科学院法学研究所所长，法学博士，研究员，主要从事法律社会学和犯罪学研究。

此文为刘晓梅主持承担的 2013 年度国家社科基金项目“现代大众传媒对犯罪新闻信息传播的实证研究”课题的阶段性成果之一。

一 问题的提出

20 世纪 30 年代以来，有关犯罪新闻信息传播的研究既是新闻传播研究的重要内容，也是犯罪社会学研究关注的课题——探求传媒与犯罪之间的关系。近年来，我国发生的许霆案、杨佳案、邓玉娇案、药家鑫案、吴英案等刑事犯罪个案，在媒介传播过程中形成民意风暴。[①] 在滔滔民意之中，司法与传媒的紧张与冲突引起了学术界的广泛关注。

贺卫方曾指出，近年来媒体强化了对司法的监督这一可喜的趋势，但是媒体超越合理界限的情况时有发生，如传媒侵犯司法的独立，加剧了法院在审判那些已经被传媒广泛报道过的案件时不能承受来自社会各界的压力，有时只能听命于传媒，导致某些案件无从得到公正的审理。（贺卫方 1998）

张志铭认为，从制度设计的角度分析传媒和司法的关系，关键在于如何处理新闻自由和公平审判这两种在宪政体制中具有根本重要性的价值之间的冲突。就中国目前的状况而言，新闻自由和公平审判的发展皆不充分，人们更习惯将传媒和司法的关系定位于舆论监督和独立审判，没有抓住问题的关键就会不得要领，使问题陷入简单的对峙。（张志铭 2000）

高一飞认为，在处理媒体与司法关系的问题上，西方主要法治国家采用的模式是不相同的。美国采用的是不限制媒体的“司法自我约束模式”；而英国采用的是“司法限制媒体模式”；而大陆法

① 学界将此类案件称为“影响性诉讼”。

国家则采用了一种近乎“放任自流”的“司法向媒体开放模式”。从发展趋势上来看，媒体与司法关系有以下的特点：言论自由形式平等使司法与媒体关系简单化、自主媒体出现使大众传播与人际传播一体化、媒体影响和促成司法裁判体现价值的多元化，这些特点导致我们限制媒体对司法的报道和评论既不合理，也不可能。中国的司法模式类似于大陆法系国家，在司法与媒体的关系规则模式上，应当采纳大陆法国家模式。（高一飞 2010）

有研究对当前我国传媒与司法关系现状进行问卷调查（王松苗等，2011）。2010 年 12 月至 2011 年 2 月底，教育部社科基金项目《中国新闻媒体监督与司法公正问题研究》课题组采用问卷形式分别对司法工作人员、媒体工作者和普通受众三个群体进行了一项抽样调查，结果显示：接受问卷调查的 274 名媒体从业人员中，只有 24%的媒体记者认为“传媒与司法关系越来越和谐”；57%的媒体记者在认为“传媒与司法的关系不和谐突出表现在司法对于传媒的抗拒”。在 244 名司法人员提交的问卷中（共发出问卷 250 份，回收问卷 244 份，其中检察院、法院工作人员占受访人员的 80.8%），总计有 77.6%的被访者认为“当前媒体与司法的关系未处在绝对良性关系之中，媒体不当报道影响了司法公正”。由此可见，半数以上的媒介人员和司法人员都认为传媒与司法关系不够和谐。为什么会出现这种现象？司法人员认为，主要是“炒作新闻干扰司法工作”（52.5%）、“报道断章取义”（46.3%）。而媒体从业人员则认为“正面宣传报道过多，批评性报道不足”（60.4%）、“对司法机关的监督不足”（59.6%）。203 名被访受众的选择依次为：“炒作新闻干扰司法工作”（65%）、“正面宣传报道过多，批评性报道不足”（58.1%）。学者们认为，传媒与司法之间的正常关系应是合作的而不是对抗的（韩元 2006）。最高人民法院副院长景汉朝在《从大局出发,正确把握司法与传媒的关系》一文中谈到,随着我国进入全面的社会转型期,司法与传媒之间微妙而复杂的关系逐渐突出。从大局出发正确认识和把握两者关系,尽可能地化解矛盾冲突,最大限度地实现平衡与契合,是人民法院在新形势下加强和改进司法工作,努力为服务科学发展和实现自身科学发展提供充分思想保障和舆论支持的重大理论和实践问题。①

关于民意和司法之间的关系,主要有三种观点。第一种观点认为民意完全独立于司法。司法独立不仅要排除国家机关、团体和个人的干涉,而且还要排除民意的干涉,如果民意能够左右司法的裁判,就不能说司法独立。第二种观点认为民意是司法合法性的最终基础,司法应当通过完善制度和程序有效回应民意。(苏力 2009)第三种观点认为民意与司法应该保持一定的距离。贺卫方认为,法应该下与民意保持距离,上和权力保持距离。正是在这个意义上,司法才可以成为沟通两者的桥梁,才能够真正制约权力,取得民众的信赖。② 学界关于司法民主化抑或司法专业化之争也是硝烟弥漫,专家各执一词,莫衷一是。以贺卫方和苏力为代表不主张司法民主化,认为司法应当朝专业化方向努力;而何兵、顾培东等则认为,司法专业性不应排斥司法民主性,司法民主化是实现司法公正,矫正司法偏差,尤其是防止司法腐败的重要保证。(何兵 2005,顾培东 2008)

综观已有研究,少有著述深入论证民意、传媒与司法三者之间的关系。近年来,随着网络媒介的不断发展,民意表达呈现出新特点。许霆案、杨佳案、邓玉娇案、药家鑫案、吴英案等在法律意义上颇为普通的刑事案件,在短时间内演变成牵动全国的公共事件。

---

① 引自景汉朝,从大局出发,正确把握司法与传媒的关系[N],人民法院报,2009—10—13。

② 贺卫方,司法应与权力和民意保持距离[N],21 世纪经济报,2004—01—17。

本文以上述典型个案为研究样本，分析案件当事人及其亲属，专家学者、网络意见领袖、记者编辑等主体在网络与传统媒体的互动过程中如何形成强大的舆论场，并对当下的刑事司法活动产生影响。

二　本研究的资料和方法

（一）许霆案

2006 年 4 月 21 日晚至 22 日凌晨，许霆利用自动取款机的故障，超额刷卡取走了 17 万 5 千元。2007 年 11 月 20 日，广州市中院认定许霆盗窃金融机构罪成立，判处许霆无期徒刑，剥夺政治权利终身，并处没收个人全部财产。许霆一案在互联网上得以广泛传播，其定性和判决引发了社会各界包括众多法学界人士的激烈争论。后广东省高院以“事实不清，证据不足”为由裁定发回重审。2008 年 3 月 31 日，广州市中院重审判决，以盗窃罪判处许霆有期徒刑 5 年，并处罚金、追缴违法所得。广东省高级人民法院终审维持了一审判决。

本研究通过搜索中国数字书苑的“数字报纸”，以“许霆案”为检索词检索到 524 篇报道，篇幅所限，仅列举报道篇数位居前五位的国内报纸的数篇报道题目，参见下表：

	报道列举	
南方都市报	许霆不是英雄	2010—08—03/A202 版
	许霆申诉请求重审“许霆案”	2013—05—23/AA16 版/
	许霆出狱了，健全的取款机法律还未出炉	2010—08—02/A02 版
	许霆：最初是想把错出的钱保管起来	2010—07—31/A08 版
	许霆：最大的审判是良心审判	2013—05—28/AA22 版

(续表)

	报 道 列 举	
羊城晚报	许霆还乡	2010—08—01/A01 版
	许霆表现好假释出狱	2010—07—31/A03 版
	确有必要辩透“许霆判例”	2013—05—24/A02 版
	许霆申请再审已递申诉材料	2013—05—23/A04G 版
	账户飞来横财,会不会变成“许霆”?	2010—03—17/A05 版
西安晚报	许霆再申诉　期撤原裁定	2013—05—24/11 版
	许霆表现好假释出狱	2010—08—01/06 版
	许霆回家了　法治进步在路上	2010—08—06/02 版
	ATM 机出错　银行是否有责	2010—05—26/02 版
	银行卡和银行服务亟须同步升级	2009—03—01/04 版
重庆晚报	许霆首度承认曾在案中撒谎两年内不会再去 ATM 机取钱、	2010—08—04/010 版
	5 年前利用 ATM 机漏洞取款 17.5 万元许霆服刑表现好受嘉奖获假释	2010—08—01/010 版
	做人不能如此贪婪	2009—03—25/10 版
东方早报	许霆案如果发生在欧洲……	2008—01—30/23 版
	“许霆案一审量刑明显过重”	2008—03—11/24 版
	盼许霆案争议促成相关立法进步	2008—02—24/10 版
	许霆案判决是在保护银行“出错”	2008—04—09/23 版
	许霆案轻判:司法还是民意的胜利	2008—04—01/22 版

篇幅所限,下表列举“许霆案”如下电视媒体报道:

报道来源	报道题目	报道时间
河北卫视	许霆已正式申诉要求旧案重审	2013—05—24
东方卫视	许霆恶意取款案重审被改判 5 年	2008—03—31
	广东省高院确认收到许霆申诉	2013—05—24
CCTV-1	许霆案全纪录	2008—09—28 今日说法

（续表）

报道来源	报道题目	报道时间
CCTV-13	许霆恶意取款案：改判重塑法治正义	2008—04—01 新闻 1+1
	许霆恶意取款案重审纪实	2008—04—01 法治在线
辽宁卫视	许霆获假释	2010—08—01 第一时间
	获嘉奖许霆假释出狱	2010—07—31 说天下

通过百度搜索“许霆案”，找到相关结果约 486,000 个，篇幅所限，列举如下网络媒体的报道题目：

网络媒体	报道题目	报道来源	时　间
新浪网	庭长谈许霆案重审经过：改判并非迫于舆论压力	央视《新闻调查》	2008—09—15 14:23
搜狐网	专家评许霆案　法院判决缘何与公众感情背离(图)	法制日报	2008—01—11 09:05
新华网	媒体详解许霆案：“史上最牛 ATM 机”谁能惹得起	央视经济半小时	2008—01—03 07:21:52
正义网	能否以新司法理念重新审视“许霆案”	新京报	2013—05—23 08:04:00
腾讯网	许霆案重审该如何判，今日话题，第 533 期① http://view.news.qq.com/zt/2008/xuting/index.htm		
凤凰网	许霆案：银行成高危地带　法律遭遇信任危机		

（二）杨佳案

2008 年 7 月 1 日，杨佳持刀闯入上海公安局闸北分局，连刺

① 文中表格以黑体字标识的题目是专栏探讨的系列报道。

11 人，导致六名警员死亡、四名警员和一名保安人员受伤。杨佳在犯案后被楼内民警制服并逮捕，案件在经过上海市第二中级人民法院和上海市高级人民法院的一审和二审后，判决杨佳死刑，并在最高人民法院核准后执行。

本研究通过搜索中国数字书苑的“数字报纸”，以“杨佳案”为检索词检索到 66 篇报道，篇幅所限，仅列举报道篇数前五位的国内报纸的数篇报道题目，参见下表：

	报道列举	
经济观察报	遏制社会情绪极端化和暴戾化从何下手	2008—10—20/16 版
	民粹主义急流涌动	2011—01—31/45 版
浙江日报	“杨佳袭警案”昨在沪二审开庭	2008—10—14/3 版
	“杨佳故意杀人案”在沪开庭审理	2008—08—27/5 版
	维持对杨佳　死刑原判	2008—10—21/3 版
	杨佳昨被执行死刑	2008—11—27/7 版
武汉晚报	“钓鱼执法”当思“杨佳案”教训	2009—10—22/33 版
	微博直播庭审须避免“选择性播报”	2011—01—19/33 版
	“杨佳案”进入年轻艺术家视野	2009—11—26/20 版
北京晚报	李玫瑾：后来我总在想，为什么？	2011—12—19/19 版
	人民“威武”	2011—07—20/18 版
	寻求法外解决凸显法律危机	2009—07—08/16 版
东方早报	杨佳袭警案终审维持死刑原判	2008—10—21/A8 版
	闸北袭警案杨佳一审被判死刑	2008—09—02/A9 版
	心理专家剖析杨佳：偏执性和冲动性人格的结合体	2008—07—09/A2 版
	杨佳昨被注射执行死刑	2008—11—27/11 版
	斯通冷血，但请别再制造新的冷血	2008—07—15/22 版

篇幅所限，下表列举“杨佳案”如下电视媒体报道：

报道来源	报道题目	报道时间
山东卫视	杨佳袭警案二审开庭　律师请求重做精神鉴定被驳	2008—10—14 10:49
东方卫视	杨佳案二审　法庭驳回精神病鉴定请求	2008—10—14
	上海袭警疑犯与警方争执录音曝光	2008—07—07 20:30
	上海袭警案主犯杨佳上午被执行死刑	2008—11—26 12:11 环球新闻站
CCTV 新闻	上海公安机关公布“杨佳袭警案”案发原因	2008—07—07
	最高法院核准上海袭警案主犯杨佳死刑	2008—11—26
江苏卫视	上海袭警案被告杨佳一审被判死刑	2008—09—01 23:30 1860 新闻眼

通过百度搜索“杨佳案”，找到相关结果约 134,000 个，篇幅所限，列举如下网络媒体的报道题目：

网络媒体	报道题目	报道来源	时　间
新浪网	杨佳袭警案 13 日二审　一审律师被更换	中国新闻网	2008—10—11 04:16
人民网	刑事法学界三位学者剖析杨佳袭警杀人案审判过程	法制日报	2008—10—24 10:28
新华网	刑事法学界权威专家谈杨佳案审判(组图)		2008—10—23 15:34
正义网	“上海袭警案”一审宣判杨佳获死刑	检察日报	2008—09—02
腾讯网	揭秘杨佳案中的律师群像(组图)	南方网	2008—11—17 18:06
凤凰网	杨佳案二审，期待程序正义坚挺到底	郑州晚报	2008—10—16 09:32

(三) 邓玉娇案

2009 年 5 月 10 日，湖北恩施州巴东县野三关镇上发生了服务员邓玉娇刺死镇招商办官员邓贵大的命案。次日，邓玉娇被以涉嫌故意杀人罪遭巴东县公安局刑事拘留。5 月 12 日下午，邓玉娇被巴东警方直接从野三关派出所送至位于湖北恩施土家族苗族自治州州府的优抚医院，准备进行精神方面的检查鉴定。5 月 12 日，巴东县公安局副局长宋俊向巴东县政府通报了“5·10”案件的调查结果及细节，并接受了湖北省内《三峡晚报》、《长江商报》等部分媒体采访。这些情况的汇集，即为外界所称的巴东警方对于邓玉娇案的“第一次情况通报”。5 月 18 日中午，巴东县公安局在互联网上通报了“5·10”案件的一些细节和警方的处置情况，巴东县公安局承认，已经以邓玉娇涉嫌故意杀人对其立案侦查。此为外界所称的巴东警方对于邓玉娇案的“第二次情况通报”。5 月 31 日，湖北省恩施州公安机关认定邓玉娇“防卫过当”，将已侦查终结的该案依法向检察机关移送审查起诉。6 月 16 日，湖北省巴东县人民法院一审公开开庭审理了“邓玉娇案”，并依法作出一审判决对邓玉娇免予刑事处罚，邓玉娇没有上诉。

本研究通过搜索中国数字书苑的“数字报纸”，以“邓玉娇案”为检索词检索到 732 篇报道，篇幅所限，仅列举报道篇数前五位的国内报纸的数篇报道题目，参见下表：

	报道列举	
南方都市报	还原邓玉娇刺死官员案	2009—05—20/A04 版
	邓玉娇案中的民意与法意	2009—07—31/SA30 版
	邓玉娇案：风云诡秘的三天	2009—05—24/A15 版
	“邓玉娇案”侦查终结　属防卫过当	2009—06—01/A11 版
	“邓玉娇案教训：法院不能埋头办案”	2009—09—23/A20 版
	邓玉娇案的盲点：公众如何获知真相？	2009—05—22/A30 版
	最高法：理性处理邓玉娇案	2009—06—03/A18 版
	公正处理邓玉娇案必须回到司法场域	2009—05—23/A02 版

（续表）

	报 道 列 举	
羊城晚报	邓玉娇案写入最高法首份年度报告	2010—07—14/A12 版
	邓玉娇案反映中国公民意识	2009—06—18/A15 版
	司法媒体必须互动	2009—10—29/A4 版
	中国正在增强民众权利意识	2009—05—29/A11 版
	司法与媒体，“冤家”还是战友？	2009—10—29/A4 版
重庆晚报	邓玉娇案今日开庭	2009—06—16/13 版
	如何处理邓玉娇案才能搁得平	2009—05—21/01 版
	警方否认邓玉娇遭遇强奸事实	2009—05—24/11 版
	律师惊爆邓玉娇曾被扯下内裤	2009—05—26/17 版
	警方侦结认定邓玉娇防卫过当	2009—06—01/02 版
	曝光涉黄消费单 是对邓玉娇案的声援吗？	2009—05—26/03 版
	邓玉娇案被起诉至巴东县法院	2009—06—07/02 版
南方日报	邓玉娇衣物被提取作物证	2009—05—23/A06 版
	刺死官员案女服务员未被强奸	2009—05—24/A05 版
	公安机关：属防卫过当	2009—06—01/A06 版
	邓玉娇被免予刑罚当庭释放	2009—06—17/A06 版
	律师界要有敢于挑战强权的勇气和魄力	2011—07—07/02 版
	提高司法公信力要苦练内功	2009—08—20/A03 版
东方早报	邓玉娇案一审：免除刑罚 当庭释放	2009—06—17/A1 版
	“邓玉娇案”侦查终结致人死伤属防卫过当	2009—06—01/A1 版
	律师表现不佳，邓玉娇案前景令人心忧	2009—05—26/23 版
	邓玉娇母亲突然“解雇”律师	2009—05—24/A7 版
	律师：黄德智曾强脱邓玉娇内裤	2009—05—26/20 版
	为什么是防卫过当而不是正当防卫	2009—06—17/A4 版
	邓玉娇一审免刑罚当庭释放	2009—06—17/A4 版

篇幅所限，下表列举“邓玉娇案”如下电视媒体报道：

报道来源	报道题目	报道时间
安徽卫视	烈女邓玉娇刺死官员进精神病院	2009—05—21
东方卫视	湖北恩施警方认定邓玉娇防卫过当	2009—06—01 19:54
	警方认定邓玉娇防卫过当　实施监视居住	2009—06—02 09:12
	《邓玉娇案》一审判决　免刑事处罚当庭释放	2009—06—16
CCTV-1晚间新闻	邓玉娇案作出一审判决	2009—06—16
凤凰卫视	湖北出杀官烈女“阿娇”	2009—05—20 锵锵三人行
湖北卫视	刺死官员女服务员涉嫌故意杀人被刑拘	2009—05—20 08:31
	邓玉娇母亲称关键证据并未销毁	2009—05—29 21:58

通过百度搜索“邓玉娇案”，找到相关结果约418,000个，篇幅所限，列举如下网络媒体的报道题目：

网络媒体	报道题目	报道来源	时　间
网易	邓玉娇案，一个标本	新民周刊	2009—06—24 16:52:01
搜狐网	律师称邓玉娇案为20年来最难 解释痛哭原因(图)	广州日报	2009—05—25 04:16
新华网	著名法学家马克昌就邓玉娇案答新华社记者问	新华网	2009—06—16 21:41:00
法制网	关注邓玉娇案专题	http://www.legaldaily.com.cn/zt2009/2009gzdyj/node_8000.htm	
腾讯网	邓玉娇案尘埃落定	《财经》杂志	2009—06—28 0:00
凤凰网	邓玉娇案的反思	中国经营报	2009—05—30 11:57
	邓玉娇案总回顾：被称为标本展示底层社会生态	新民周刊	2009—06—24 16:37

（四）药家鑫案

2010年10月20日晚，西安音乐学院的一名大三学生药家鑫撞伤张妙之后，由于张妙企图记下药家鑫的车牌号，药家鑫便将其连刺八刀直至其死亡。2010年10月23日，药家鑫在父母的陪同下投案，2011年4月22日，西安市中级人民法院作出一审宣判，药家鑫犯故意杀人罪，被判处死刑，剥夺政治权利终身，并处赔偿被害人家属经济损失45498.5元。同年5月20日，陕西省高级人民法院作出了维持原判的二审判决，6月7日，西安市中级人民法院对药家鑫执行了死刑。

本研究通过搜索中国数字书苑的“数字报纸”，以“药家鑫案”为检索词检索到862篇报道，篇幅所限，仅列举报道篇数前五位的国内报纸的数篇报道题目，参见下表：

	报道列举	
南方都市报	药家鑫案报道的伤在何处？	2011—04—01/A31版
	药家鑫案张家索赠：舆论应挣脱私欲的裹挟	2012—02—14/A16版
	陕高院副院长谈“药家鑫案”：“网络审判”影响司法独立公正	2012—03—08/A13版
	争议药家鑫杀人案不能逾越人性底线	2011—04—05/A02版
	药家鑫杀人案二审维持死刑判决	2011—05—21/A16版
	药家鑫之父诉张显名誉侵权案开审	2011—12—30/A48版
	药家鑫上诉称杀人系平时抑郁所致	2011—05—14/A15版
	药家鑫父亲起诉张显获立案	2011—08—06/A14版
西安晚报	药家鑫案延迟开庭	2011—03—01/05版
	药家鑫案二审维持死刑判决	2011—05—21/01版
	张显及药家代理人转战微博	2012—02—10/08版
	保障公民权益　维护司法公正	2011—06—08/06版
	检察院起诉药家鑫律师收到公诉书	2011—01—22/05版

（续表）

	报 道 列 举	
羊城晚报	药家鑫案受害人家属起诉药家	2012—03—02/A13 版
	药家鑫案二审立案四点上诉理由公开	2011—05—14/A08 版
	家鑫杀人案二审仍判死	2011—05—21/A01 版
	药家鑫父亲告张显名誉侵权	2011—12—29/A10 版
	药家鑫撞人杀人案将于 4 月 22 日一审宣判	2011—04—20/A07 版
	触犯法律者已受制裁　留给社会的思考很多	2011—06—08/A01 版
	张妙家人放弃赔偿	2011—04—27/A03 版
京华时报	药家鑫案彰显了社会公平正义	2011—06—08/002 版
	药家鑫案被害人家属放弃赔偿	2011—04—27/026 版
	药家鑫案 20 万赠款中的情与法	2012—02—09/002 版
	问卷调查并非量刑公正之良方	2011—03—25/002 版
	药庆卫胜诉名誉官司张显被判道歉赔 1 元	2012—08—01/021 版
	自私褊狭促使药家鑫越界行凶	2011—03—25/002 版
东方早报	药家鑫案终审维持死刑判决	2011—05—21/A04 版
	“药家鑫案”善后，需你我共同努力	2011—04—27/A21 版
	从药家鑫案谈死刑存废	2011—04—06/A23 版
	药家鑫案与专家强迫症	2011—04—06/A23 版
	“激情犯罪”之外的药家鑫案	2011—04—13/A23 版
	张显到药家鑫家“索要”捐款发生冲突	2012—02—09/A24 版
	药家鑫上诉理由：“对死刑要慎重”	2011—05—14/A06 版

篇幅所限，下表列举“药家鑫案”如下电视媒体报道：

报道来源	报道题目	报道时间
CCTV-1	柴静专访药家鑫案双方父母	2011—08—15 22:30
CCTV-13	药家鑫：从撞人到杀人	2011—03—23 新闻 1+1
	药家鑫案庭审回顾	2011—06—07 法治在线

（续表）

报道来源	报道题目	报道时间
湖南卫视	药家鑫案再起风波　名誉与尊严的较量	2012—02—25 新闻当事人
上海卫视	药家鑫案二审开庭就是激情杀人辩论	2011—05—20
	药家鑫案：被害人家属坚持其死刑	2011—04—17
	药家鑫案受害方代理人指责药家冷漠	2011—04—20

通过百度搜索“药家鑫案”，找到相关结果约 1460，000 个，篇幅所限，列举如下网络媒体的报道题目：

网络媒体	报道题目	报道来源	时　间
搜狐网	组图：药家鑫案二审今天开庭　大量媒体现场报道	华商网	2011—05—20 10:36
网易新闻	药家鑫案	http://news.163.com/special/yaojiaxinan/	
新华网	罪与罚的辩论 养与教的思考——药家鑫案庭审纪实		2011—03—25 11:28:37
正义网	不要把药家鑫案从悲剧导演成闹剧	检察日报	2012—02—10 08:36:00
腾讯网	药家鑫案：罪与罚的辩论	http://xian.qq.com/zt2011/yjx/index.htm	
凤凰网	反思“药家鑫案”	中国经营报	2011—04—23 00:53

（五）吴英案

2005 年 5 月至 2007 年 1 月间，吴英以给付高额利息为诱饵，采取隐瞒先期资金来源真相、虚假宣传经营状况、虚构投资项目等手段，先后从林卫平、杨卫陵、杨卫江（均另案处理）等 11 人处非法集资人民币 7.7 亿余元，用于偿付集资款本息、购买房产、汽车及个人挥霍等，实际诈骗金额为 3.8 亿余元。2009 年 12 月 18 日，金华市中级人民法院依法作出一审判决，以集资诈骗罪，判处被告人吴英死刑，剥夺政治权利终身，并处没收其个人全部财产。被告人吴英不服，提出上诉。浙江省高级人民法院经公开开庭审理后，裁定驳回被告人吴英的上诉，维持原判，并报请最高人民法院复核。最高人民法院经复核后认为，第一审判决、第二审裁定认定被告人吴英犯集资诈骗罪的事实清楚，证据确实、充分，定性准确，审判程序合法，综合全案考虑，对吴英判处死刑，可不立即执行，裁定发回浙江省高级人民法院重新审判。2012 年 5 月 22 日，浙江省高级人民法院经重新审理后，对被告人吴英集资诈骗案作出终审判决，以集资诈骗罪判处被告人吴英死刑，缓期二年执行，剥夺政治权利终身，并处没收其个人全部财产。

本研究通过搜索中国数字书苑的“数字报纸”，以“吴英案”为检索词检索到 771 篇报道，篇幅所限，仅列举报道篇数前五位的国内报纸的数篇报道题目，参见下表：

	报 道 列 举	
21世纪经济报道	研讨吴英案	2012—02—07/02 版
	吴英案升级：被正式批捕	2007—03—19/1 版
	吴英案背后的“生意”	2007—02—14/1 版
	“吴英案”一案二审 7“帮凶”非法集资逾 11 亿	2008—11—26/10 版
	吴英案真相渐近	2007—03—21/14 版
	吴英死刑未予核准　律师称体现“宽严相济”	2012—04—23/02 版
	以立法破解民间融资“传销化风险”	2012—04—24/02 版
	浙江大学经济学院副院长、浙江民营经济研究中心主任史晋川专访：解读非法集资与私募基金	2007—08—29/4 版

（续表）

	报 道 列 举	
第一财经日报	吴英案终极命运亟待求解	2011—04—15/A07 版
	吴英案 7 亿元资金漩涡	2012—01—19/A02 版
	“吴英案”启示：民间融资犯罪界限需厘清	2012—02—07/A08 版
	罪名不同，命运不同　吴英案适用法条争论	2011—04—15/A07 版
	官方首度披露东阳女富豪发迹路：“吴英案”非法吸储 14 亿	2008—01—22/A4 版
	吴英认罪求生	2011—04—08/A01 版
	严判非法集资　吴英终审死刑	2012—01—19/A02 版
南方都市报	纠结“吴英案”	2012—02—07/A04 版
	吴英案再起变数，司法仍陷两难	2011—11—09/A31 版
	吴英案疑团未尽解法院回应当更给力	2012—02—08/A02 版
	再论吴英案应该刀下留人	2010—01—23/A32 版
	浙高院回应吴英案判死符合法律政策	2012—02—08/A04 版
	我对吴英案定罪的疑惑	2011—04—11/A23 版
	从吴英判死看民间金融功罪	2012—02—07/A01 版
华夏时报	吴英案重审　民间金融大考在即	2011—11—14/A05 版
	风雨五年　吴英案落幕	2012—05—28/A07 版
	吴英案二审将开庭 判决事关灰色借贷模式去向	2010—08—28/A06 版
	吴英案：成文法原则难违背 催生新法需观察	2011—04—18/A46 版
	突换律师　吴英案再起波澜	2012—04—27/A06 版
	为吴英辩护	2012—02—13/A01 版
	换一个方法处理吴英案如何？	2012—03—05/A05 版
东方早报	“吴英案”发回浙江高院重审	2012—04—21/A02 版
	“吴英案”相关 7 人被判非法吸储	2009—01—23/B11 版
	吴英系列案是场“马拉松”	2009—04—17/B9 版
	吴英等被诉非法吸储案金额“缩水”	2008—02—23/23 版
	吴英辩护律师：对死刑复核持乐观态度	2012—03—21/A02 版
	“亿万富姐”吴英被诉集资诈骗 3.9 亿	2008—11—05/B12 版
	吴英资金链解密：最受伤的还是银行	2007—02—13/B8 版

篇幅所限，下表列举“吴英案”如下电视媒体报道：

报道来源	报道题目	报道时间
东方卫视	新华社发文关注吴英案	2012—02—07 19:25 东方夜新闻
	锐观察：再看吴英案	2012—02—07 23:38
凤凰卫视	何亮亮：最高法对吴英案裁决体现程序正义	2012—04—30 21:04:00
CCTV-13 法治在线	最高法院通报吴英集资诈骗案进展：将以法律为准绳 依法审慎处理	2012—02—14 12:51
	吴英非法集资案二审开庭	2012—04—07 12:37
安徽卫视	非法集资 7.7 亿　二审吴英获死刑	2012—01—19 法治时空
	吴英集资诈骗案重审改判死缓	2012—05—22 18:33:23

通过百度搜索“吴英案”，找到相关结果约 1570000 个，篇幅所限，列举如下网络媒体的报道题目：

网络媒体	报道题目	报道网址
新浪网	吴英案进展回顾	http://news.sina.com.cn/z/wyajzhg/
网易财经	多名学者质疑吴英案判决依据　呼吁刀下留人	http://money.163.com/12/0208/14/7POELSF70025335L.html 2012—02—08 14:26:57
新华网	“吴英案”引热议凸显中国金融体制改革急迫性	http://news.xinhuanet.com/fortune/2012—02/06/c_111493224.htm 2012 年 02 月 06 日 22:07:37
正义网	吴英案引民间借贷罪罚之争　学者吁非暴力犯罪免死	http://news.jcrb.com/jxsw/201202/t20120209_801489.html
和讯网	吴英案——刀口下的辩论	http://opinion.hexun.com/2012/help-wuying/index.html
凤凰网	吴英案：应刀下留人	http://news.ifeng.com/opinion/special/wuyingan/
	争议吴英案　金融制度之殇	http://finance.ifeng.com/news/special/zhengyiwuying/

三　研究结论

通过查阅报纸、电视、网络等媒体对上述具有重大影响的五个犯罪案件的报道，笔者认为，传媒犯罪学研究应当重点关注以下几个方面问题：

媒体表达民意，形成公众判意。

信息时代，媒体的渗透力、辐射力空前加大，尤其是网络的普及，使公众参与司法个案的讨论获得了广泛的空间。在对司法个案的披露和讨论的过程中，媒体固然是不容忽略的主体，但媒体的主要功能是传播公众的看法和意见。互联网的出现和运用，不仅突破了传统媒体容量、传导方式及辐射力的局限，也大体排除了媒体对公众意见做出筛选、裁截的可能。以互联网的普及为条件，特别是近年来论坛的开放、博客的普及、微博和微信的运用，互联网技术的革新使世界进入到“人人都有麦克风”的时代。在此情况下，最真实的公众判意的出现和传播成为可能。换言之，公众判意的出现与传媒的发展具有重要的联系。公众判意的形成在很大程度上依赖于传媒的作用，传媒一方面将司法个案的相关情况传导给社会，从而引发公众的关注；另一方面又为公众参与讨论提供平台，并借此将公众的意见和意向向司法机构以及能够对司法机构产生影响的其他权力机构反映和展示。每当具有公共关注价值的司法个案发生，传媒都能够及时、迅速地把相关情节以及个案的处置过程披露于全社会，并汇集社会各方面的反映和意见，使司法个案的处置或多或少地受制于公众意志和社会评价，同时也使个案处置所产生的效应在更广的范围中放大(顾培东 2008)。

以许霆案为例，该案从一审判决无期徒刑以来，众多网民都卷入到了许霆案的激烈讨论当中。网民们尽管理由不一，知识背景不同，都无一例外地坚持认为对其判刑太重。在网易专设的投票专区上，有数十万网友参与投票，占九成的网友认为许霆不该获重刑。甚至有网友语出惊人："这是一桩没有被害人的案件，因为事发后银行已经从提供出错的 ATM 机的广电运通公司获得了赔偿。"还有许多的法学专家、律师等提出意见，也认为量刑过重。有学者指出，广州中院的再审与其说是司法认知发生了改变，不如说是司法屈从于民意的压力。二审改判许霆 5 年有期徒刑是法意与民意博弈的结果。而民意为什么对许霆如此高度关注，无非是认为许霆的行为是常人的行为，而每一个常人的心中都有一个"许霆"，对许霆的判决无异于对公众内心的判决。司法招致民意的强烈反对，其重要的原因在于有罪判决与公众内心认可的大数法则发生了背离。公众对于许霆案的一审判决，表现出强烈的对抗情绪，这是因为判决已经破坏了人们心目中的大数法则，并强烈冲击了人们对维持秩序的法律体系的信任(周安平 2009)。

传统媒体与网络媒体的舆论互动，形成民意风暴。

在当下的信息时代，传统媒体在舆论的形成过程中仍然占据主导地位，媒体的报道和观点发表之后，通过网络民意的聚合最终形成强大的舆论力量。媒体的渗透力、辐射力不断增大，尤其是网络的普及与运用为民众对上述个案的评判提供了信息渠道和交流平台。互联网时代的到来，大大降低了人们参与个案评论的成本，使人们可以摆脱时空的束缚，随时发表自己的意见，表达自己的主张。互联网因此成为"舆情监视器"和"民意晴雨表"，成为公民参与政治、参与社会管理的无形的、非正式的重要通道。一旦有公共关注价值的典型个案发生，媒体能够及时、迅速地将整个事件和处理过程提供给民众，民众则通过媒体表达自己的意见和主张，个案的裁决被完全置于民众的视野之中，并在其中产生不同的效应。因此，互联网的普及和运用是民意表达的不可或缺的条件。篇幅所限，仅以“邓玉娇案”为例。

“邓玉娇案”是2009年5月10日晚发生的。5月11日，《三峡晚报》记者赶到邓玉娇案现场，并从巴东县公安局副局长宋孔辉处证实了该案的发生，因为当时警方正在调查，不方便透露案件细节，野三关镇政府常务副镇长雷玉龙介绍了死者和伤者的身份。5月12日《三峡晚报》在头版刊发这一条消息，同日的《长江商报》刊发“招商办主任命殒娱乐场所”的一篇法制新闻报道，报道披露了“案发巴东野三关，涉案女子已被控制”等信息。当日，这篇报道被全国大型的门户网站新浪、搜狐、网易、凤凰网等转载。在网络信息传播过程中，案件迅速被网民解读为“官员”、“娱乐城”、“烈女子”、“杀贪官”等夺人眼球的关键词，并在网络上以几何级的方式扩散，形成了强劲的网络民意风暴，在新浪网上留言、评论的网友更是多达百万，其他大型网站也随之跟进，把邓玉娇案作为焦点事件给予大篇幅报道，网络世界里迅速掀起了对此案的大讨论，“营救邓玉娇”的呼声也与日俱增，网友们通过有影响力的论坛、门户网站发表评论、跟帖，把多样化的个人意见融合成为社会意见表达出来，并有进一步蔓延的态势。短短数日，在网络虚拟空间里，针对邓玉娇案的讨论，网民以及各专家之间的意见在交流中快速形成一个“网络民意场”。5月14日，湖北省巴东公安局接受了恩施电视台“今晚九点半”的电话访问，在这个节目中，播放了邓玉娇被绑在病床上，呼叫“爸爸，他们打我”的画面，警方称是保护性措施。此时，网民认为邓玉娇被控制“幕后肯定有黑幕”。此后，随着全国性大型媒体如《新京报》、《南方都市报》、《南方周末》等的介入，案件越来越多的细节被披露出来，包括“邓贵大两次将邓玉娇按在沙发上”、“拿出一沓钱搧击邓玉娇头部”等。经过网络与传统媒体的互动传播，民众之前主要质疑的“黑幕”被证实不存在，讨论焦点开始转向邓玉娇是属于“故意杀人”、“防卫过当”还是“正当防卫”这一法律争议。根据央视投票调查显示，“邓玉娇属正当防卫，应无罪释放”的票数高达 92%以上[①]。另据 21CN 网络调查显示，在参与投票的网民当中，93.61%的人认为邓玉娇的行为属于正当防卫；92.48%的网民赞成邓玉娇“反抗到底”的行为。[②] 2009 年 5 月中旬，邓玉娇案一石激起千层浪，在社会引起强烈反响，舆论几乎呈现为一边倒的趋势。邓玉娇虽然杀人，但在大多数网民心目中，她是一位“替天行道”、“为民除害”的“巾帼英雄”。

在互联网时代，传统媒体所发挥的作用仍然无可替代。一方面，传统媒体将网络上的关注与质疑及时地反映给政府，形成现实世界的舆论压力；另一方面，传统媒体报道政府的回应并开展深度挖掘性报道，又将事实真相传递给广大网民。在上述具有重大影响的五个典型个案中，政府要驳斥不实传闻，消除网络疑虑，发布自身观点都需要依靠传统媒体。政府一般会选择那些社会认可度高、具有权威性的官方媒体表达观点，如《人民日报》、央视等传统媒体。对同一个案件的报道，《南方都市报》、《新京报》、《京华时报》等市场化程度较高的传统媒体与官方媒体的报道侧重点和表达技巧等存在显著差异。以《人民日报》和《京华时报》对杨佳袭警案的报道为例：

---

① 黄秀丽：《与邓玉娇案相关：巴东 37 天》，南方周末. [EB/OL]. http://www.infzm.com/content/30225/0。

② 刘艳美：《社会转型期舆论监督对促进司法公正的意义——以邓玉娇案为例》，《新闻世界》2009(9)。

报道摘录：

“上海发生一起袭警事件”　2008年07月02日　来源：《人民日报》

本报上海7月1日电　（记者包蹇）今天上午9时40分许，一名来沪无业人员突然持刀闯入上海市闸北公安分局，连续捅向多名民警和保安，歹徒随即被当场擒获。经初步侦查，犯罪嫌疑人杨某，男，28岁，北京市人。当日上午，杨在办公大楼便门外纵火后，捅伤一名保安，又突然闯入楼内，袭击正在办公的民警，共致9名民警受伤，其中5名民警经抢救无效牺牲。据杨某交代，其对2007年10月因涉嫌偷盗自行车被闸北分局依法审查一事不满，为报复公安民警，实施犯罪行为。

“袭警青年杨佳的人生轨迹”　2008年7月12日　来源：《京华时报》

近日，本报采访了杨佳的家人、同学和朋友，通过他们的言语，勾勒出杨佳28年来的人生轨迹。我们试图从这轨迹中，寻找出悲剧发生的真正祸根。

杨佳的父亲杨明（化名）说，童年的杨佳很少向家中索要玩具，他更喜欢读书。父子俩经常逛北京的各大书市。除夕之夜拿到的压岁钱，杨佳也往往用来买书。而他小时候的生日礼物，也多为书籍。

杨佳的小学同学黄森说，小学时代的杨佳虽然内向，但仍然喜欢参加集体活动，喜欢和同学一起掷沙包做游戏，玩的时候从来不作弊胡闹。

杨佳的好友邓世博说，杨佳在网上和现实生活中性格不太一样，他在网上班级校友录和班级QQ聊天群里很活跃，他是班级QQ群的管理员，平时经常上线。

杨佳姨妈说，杨佳是个特别守规矩的人。有时候一家人出去玩儿，杨佳母亲随手扔一个雪糕包装纸，杨佳都会埋怨他母亲乱扔垃圾，然后把包装纸捡起来扔到垃圾箱去。过马路时，杨佳一定会走人行横道，从不闯红灯，哪怕路上没有车，也会等信号灯变了再走。

她难以理解杨佳行凶的行为。同杨佳的姨妈一样，7月9日，记者再次见到杨佳的父亲时，老人仍在向记者打听杨佳的近况，他说他想了解儿子杀人的真实动机，"杨佳小时从不打架，从来没让父母担心过，我想不通啊！"

杨佳的姨妈和杨佳母亲的朋友都提到了杨佳前年在山西被警察打坏牙齿一事，他们认为，杨佳母亲打官司的经历和在山西的遭遇可能对杨佳有所影响。

舆情对刑事司法判决产生影响

近年来，以上述典型个案为代表的一系列刑事司法案件的社会舆情表现强烈，既有要求严惩犯罪嫌疑人，甚至一片喊杀之"民愤"；也有要求轻判甚至为犯罪人鸣冤之"民怜"。民意作为一种客观存在的大众诉求，在上述影响性刑事案件中越来越多地以"民愤"或"民怜"的形式介入司法活动，甚至大有左右司法审判之"媒体审判"和"公众审判"之势。随着网络媒介的崛起，民意的聚合超越了空间与特定群体的限制，并获得了前所未有的强度。媒体立场、专家观点、网络情绪等等，在媒体传播的过程中，通过种种方式影响民众甚至法官的思维与意见。在"药家鑫案"中，多数网民支持药家鑫判处死刑立即执行，认为其"一死才足以平民愤"。新浪微博发起投票"药家鑫'激情杀人'案应判什么罪?"认为应判"死刑，立即执行”的占95%；“药家鑫二审维持死刑判决，您如何看？”认为“维持原判非常应该”的占63%。截至6月4日，网易新闻“药家鑫案一审宣判：药家鑫被判处死刑”报道有120855人参与讨论，转发微博850次；“药家鑫案二审宣判：维持一审死刑判决”报道有329844人参与讨论，转发微博1265次[①]。“药家鑫案”中饱含民愤的民意“绑架”了审理该案的法官，迫使他们作出了背离废除死刑的国际潮流的判决，干扰了司法，损害了法律的公信力，破坏了国家的法治建设[②]。

又如吴英案自2009年事发被媒体曝光之日，就受到了网民及社会各界人士的广泛关注，在各大媒体密切关注案件进展的同时，人们利用微博这一舆论中心载体高声呼吁“刀下留人”，引起高层关注，才得以保住性命[③]。近年来，微博参与公众事件的讨论越来越多，其已成为社会舆论的重要制造者和引导舆论的助推器。中国互联网络信息中心(CNNIC)发布的《第30次中国互联网络发展状况统计报告》显示，截至2012年6月底，中国微博用户数达到2.74亿。网民使用微博的比例过半，达50.9%。微博在聚合网络舆论方面发挥了巨大作用，发展成长为中国最重要的网络舆论场[④]。在吴英案刑事诉讼的过程中，新媒体赋予民众更大的自主话语空间。吴英因集资诈骗二审被判死刑后，知名门户网站关于吴英案探讨的专题访谈密集推出，许多重量级的意见领袖也纷纷

① 王国华，张剑，毕帅辉：《突发事件网络舆情演变中的意见领袖研究——以药家鑫事件为例》，《情报杂志》2011(12)。

② 王琳琳：“媒介审判”的新流变——以“药家鑫案”为例，《青年记者》2011(32)。

③ 时宜：《新媒体语境下网民意见表达对舆论监督的影响——以“吴英案”为例》，《今传媒》2012(9)。

④ 转引自《2011中国网络舆情指数年度报告》，[EB/OL] http://wenku.baidu.com/view/5c42c3d580eb6294dd886c53.html。

发表意见。这其中既有像茅于轼、张维迎、韩志国、马光远这样的经济学家，也包括江平、陈光中、张思之、何兵、徐昕等法学家。微博名人任志强、潘石屹、李开复、薛蛮子、陈劲松、易中天、吴晓波等，均对吴英案的死刑判决表达了质疑。

凤凰东方传媒V：

【吴英有罪，但罪不至死】吴英积极举报涉案腐败官员，却被判死刑，量刑显然值得探讨。吴英有罪，但与大量亿万贪官比，罪不至死。大部分贪官动辄贪污几千万、几亿，为非作歹，却叛死缓或有期徒刑。石家庄市非法吸收公众存款33亿元人民币的两名主犯，一审分别获刑20年和13年。若判吴英死，不能服众。（2011年1月19日 08:31　来自新浪微博）

徐昕V：

【关于吴英案的呼吁】吴英罪不至死。情势紧迫，为免错杀，呼吁：1. 一流刑辩律师组团，紧急介入死刑复核程序。2. 严格限制死刑。未来——3. 死刑等重大案件，尽快引入真正的陪审制，保障公正，提升司法正当性，分散审判压力。4. 财产犯罪首先废除死刑（考虑国情，贪腐领域可暂保留）。5. 民间金融逐渐合法化。（2011年1月19日 09:04　来自新浪微博）

茅于轼V：

吴英案最高院裁决发回重审。但是最好是异地重审。原来的法官容易受先入为主偏见的影响，也难摆脱当地的人事纠葛。异地重审能更公正一些。（2012年4月23日 22:11　来自腾讯微博）

王晓渔V：

吴英死里逃生，一时百味杂陈，不知如何评价。一个生命得以挽留，无疑是万幸。但是，如果改变的只是个案，虽胜犹败，因为吴英 的活，不能阻止此前此后吴英们的死。只有司法独立，才能保证即使没有民意的介入,吴英们也不至于死去活来。所以,这一次,谢天谢地谢民众,但不感谢最高法院。(2012 年 04 月 20 日 20:44 来自新浪微博)

吴英案二审时的代理人张雁峰律师认为,扭转案件走向的一个重要原因是舆论和民意。在吴英案之前,没有一个经济类案件如此牵动人心。卷入吴英案争论的,不仅有法学界人士,也有经济学、社会学、文学等领域的多位学者、企业家,还有众多的公共知识分子、普通民众和众多媒体[①]。在刑事司法运作中,民意具有对司法权力的监督、促进法制的完善、促进司法裁判易被接受等正功能,同时也具有对司法的错误引导作用的负功能,主要表现为,民意往往会被感性所左右,导致理性的缺失,从而使民意内容失真,对司法可能产生误导作用;民意有可能被利用,从而干扰正常的司法活动(骆群 2011)。在吴英案件的审理过程中,网络民意的一边倒现象也伴随着一些不真实的言论,如浙江高院枉法违心无奈判处吴英死刑的帖子。这些不负责任的言论经网络迅速传播后,很容易产生消极的影响,尤其那些带有强烈情绪性和煽动性的言论,在真假难辨的情况下,很容易干扰普通民众的判断。当前,新媒体技术使参与式的舆论监督成为可能,与此同时,网络民意表达在舆论监督的过程中带来的负面影响同样值得关注。只有社会公众切实了解事实真相,舆论监督才能对司法独立起到应有的正面支持作用。否则,被误导的民意将与刑事司法产生冲突,甚至对司法带来如下不利影响:削弱裁判的可接受性,贬损司法的权威,降低司法的效率。

---

① 陈锋:《吴英案大逆转背后:众多潜在吴英打响拯救战役》,《华夏时报》2013 年 1 月 5 日。

参考文献：

[1] 贺卫方，1998 年第 6 期，“司法与传媒三题”[J]，法学研究。

[2] 张志铭，2000 年第 1 期，“传媒与司法的关系——从制度原理分析”[J]，中外法学。

[3] 韩元，2006 第 2 期，“法学家视野中的司法与传媒——陈兴良、贺卫方、蔡定剑张志铭访谈”[J]，新闻记者。

[4] 王松苗，李曙明，赵倩，2011 年第 12 期，传媒与司法：“冤家”还是“亲家”[J]，中国记者。

[5] 景汉朝，2002 年第 1 期，传媒监督与司法独立的冲突与契合 [J]，现代法学。

[6] 顾培东，2008 年第 4 期，公众判意的法理解析——对许霆案的延伸思考[J]，中国法学。

[7] 何兵，2005 年第 4 期，司法职业化与民主化[J]，法学研究。

[8] 苏力，2009 年第 1 期，法条主义、民意与难办案件[J]，中外法学。

[9] 周安平，2009 年第 1 期，许霆案的民意：按照大数法则的分析[J]，中外法学。

[10] 骆群，2011 年第 10 期，民意在司法运作中的功能[J]，理论月刊。

[11] 郭为华. 2009. 网络舆论与法院审判[M]. 北京：法律出版社。

[12] 高一飞，2010.“媒体与司法关系研究”[M]. 北京：中国人民公安大学出版社。

维权抗争、参与群体状况与暴力犯罪行为

——以 2012 年反日游行示威为例*

石发勇*

摘　要：通过对 2012 年反日游行示威行动的考察，本文探讨了维权抗争中暴力犯罪行为的后果以及参与者群体的作用。研究发现，暴力行为不但会造成严重的经济社会后果，而且也会对维权行动本身造成颠覆性影响。在小型社区维权行动中，暴力行为相对而言比较容易控制。但在大规模集体抗争中，控制暴力行为则更加困难。暴力行为是否发生以及严重程度，除了现有研究已经提及的社会心理和社会结构因素影响外，还取决于参与者群体自身的状况，包括普通参与者的理性程度、领导组织者的存在及其行动策略、积极分子的数量及其执行能力等。因此，在维权抗争运动中，必须通过一定的社会机制建设为参与者群体提供指导，使其在行动中保持理性，尽力防止暴力犯罪行为，才有可能发挥维权行动的正面功能，降低负面效应。

关键词：维权抗争；参与群体状况；暴力犯罪行为；抗争后果

---

*　作者为上海政法学院社会学副教授，新加坡国立大学社会学博士。本文为教育部人文社会科学研究青年项目（编号：10YJCZH126）、上海政法学院城市公共安全与社会稳定研究基地[中央财政专项]项目（编号：2011YC2004）阶段性成果。shifayong@hotmail.com。

一 导 言

2012年8、9月份，为了抗议日本政府的钓鱼岛“国有化”举措和维护国家领土主权，中国很多大中城市都发起了大规模的反日游行。这些游行示威所展示的爱国主义热情引起了国际社会的普遍关注。但与此同时，各地游行示威中也出现了大量针对日系车辆、企业和相关目标的打、砸、抢行为，导致了巨额财产损失，甚至有日系车主受到严重的人身伤害。这些游行中的暴力犯罪行为导致的严重后果使得社会各界十分震惊，进而引发了对于维权抗争行动边界的争论和反思。

在当下中国，群体性维权抗争运动并不少见。实际上，自九十年代中期以来，随着经济改革的推进，中国城乡地区均爆发了大量的维权抗争事件。一方面，在发展和效率语境下，很多商业组织和地方政府极力推行各种发展项目和政策，并常常因此侵犯当地居民合法权益。另一方面，随着权益意识的觉醒和社会环境的变迁，越来越多的普通民众面对侵权时也开始采取种种集体行动以表达利益诉求；这些行动包括集体静坐、上访、游行示威、冲击工地甚至堵塞交通等。在大部分集体维权行动中，参与者都比较理性，采用的手段也比较温和。但近年来，随着社会心理、信息传播渠道等社会条件的变化，很多集体维权行动中开始出现打、砸、抢等重度暴力犯罪行为，造成了严重的社会后果。早在2008年震惊全国的“瓮安事件”中，就因为民众对当地政府处理中学生李树芬非正常死亡事件的方式强烈不满，引发上万人打、砸、抢、烧政府车辆和办公大楼。此后类似事件发生多起。但因这些抗争事件针对的对象是当地政府,在当前普遍存在的对基层政府很不信任的社会情境下,很多民众对此现象并未深入反思。但在2012年反日游行示威中,很多暴力犯罪行为则直接针对一些无辜的日系产品经营者甚至使用者。因此,集体维权抗争中的暴力犯罪现象需要深入地考察。

二 集体抗争与暴力:一个被相对忽视的争议性问题

所谓的维权抗争,一般是指权利受到侵害的弱势一方要求矫正施加侵害的相对强势一方所导致的不公正行为或寻求补偿而开展的集体行动(Pei,2000)。在九十年代中后期,中国城乡维权抗争的主要参与者是下岗工人和农民,聚焦于相当具体的经济问题(如抵制不合理税费征收、要求征地或动迁补偿等)。此后,城市业主维权运动日见增多,比前一类维权运动诉求的问题更为广泛。除了经济问题外,它们更多地涉及一些社区环境问题等。另外,目前也逐渐兴起一些表达新型诉求的抗争行动,包括要求追究相关侵权事件责任人的法律责任,以及要求政府通过颁布新的政策和法规来保护所代表人群的权利等(俞志元,2012)。总之,这类集体行动中的绝大多数针对对象是地方政府或企业组织,其参与人群也大多属于同一阶层或群体。而2012年反日游行特别之处在于其抗争对象是日本政府,参与者包括社会各阶层,抗争目的是保护国家领土主权。总体而言,维权抗争在本质上与群体性事件中的“社会泄愤事件”等集合行为有着较大的差异。集合行为是指那些在相对自发的、无组织的和不稳定的群体情境中,由成员之间的相互暗示、激发和促进而发生的社会行为,如社会骚动等(吴帆,

2007:90)。其主要特征是参与人员往往呈现出狂热和非理智状态,缺乏组织,经常发生暴力行为。而维权抗争事件发起目的是正当的,主要是为了表达参与人群的诉求,维护其合法权益。在抗争行动发起之初,主要参与人员相对比较有理性,呈现出弱组织性,并不打算以暴力行为作为抗争手段(于建嵘,2009a)。因为维权抗争运动在群体性事件中占绝对多数比例,所以引起了国内外学术界的广泛关注。

集体抗争和社会运动向来是社会科学关注的重要课题。该领域的研究者们也相继发展了许多理论框架以解释这些集体抗争的发生机制。六十年代的范式主要从社会心理学的角度对集体抗争进行阐释。如其中具有代表性的"相对剥夺"理论认为,社会运动的爆发是因为弱势群体的"相对剥夺感"日益增强(Gurr,1970)。但 20 世纪七十年代的研究认为这种心理决定论具有很大的局限性。麦卡锡和扎尔德等研究者指出,当时的美国社会运动已经呈现出由基层民众自我主导转向由专业改革者领导的"专业化"倾向。因此他们认为,较之于从属群体自身的不满情绪,外来的资源和帮助可能对于发起社会运动更为重要。是故,麦卡锡等人的"资源动员"理论更注重考察运动的组织动员策略和各种物质或非物质资源的利用(McCarthy & Zald,1973,1987)。至八十年代,很多研究者发现运动者自身的参与动机和动员策略还不足以解释社会运动爆发的原因,他们因此主张要考察更广泛的政治过程。这种"政治过程范式"认为"政治机会结构"的出现是社会运动发生和兴起的主要原因,因为政治情势的变迁为弱势群体通过运动改善自身的处境提供了机会,并有助于市民抗争的成功(Tilly,1978;McAdam,1982;Kitschelt,1986; Tarrow,1994)。

早期欧洲学术界对集体抗争的考察也主要从大众心理入手。

如非理性感染理论(勒庞,1896/2011)认为,集合行为是人们之间情绪互相感染的结果。在大量人群聚集的场合中,由于情绪、观念和暗示的感染和影响,参与者有意识的人格和独立判断精神受到冲击,从而使其在心理上产生行动的倾向。于是大众在冲动的主宰下,卷入非理性的狂乱之中。当代欧洲的"新社会运动"理论则更重视探讨社会运动承载的"意义"。该理论正式兴起于20世纪70年代,其主要研究对象是环保、女权以及反战和平运动等。哈贝马斯等理论家则声称"新社会运动"与过去的工人运动、民族运动不同之处在于其诉求焦点不再是具体的权力和资源的重新分配,而是反对作为社会制度的资本主义和要求限制国家的权力(Habermas,1981;Offe,1985)。近年来流行的"认同政治"范式更强调社会运动在文化和认同建构中的作用,并把社会运动看作是从属阶层挑战统治阶级强加在人们身上的制度规范并保护自己文化和日常生活领域的集体努力(Touraine,1988;Melucci,1995)。但是,这种"文化"解释框架过于强调社会运动的意义建构与争夺。正如有研究者指出,"新社会运动"理论忽略了抗争政治研究的主要问题,即集体行动是如何从既有的社会结构中产生的(Tarrow,1989:62;何明修,2003)。概言之,上述解释框架互相争辩和竞争,共同形成了当今社会运动解释的主要理论来源。

尽管当代社会运动理论范式主导下的研究取得了丰硕的成果,但仍存在不足;其中一个重要问题是没有充分重视和考察集体抗争中暴力冲突的发生机制及其后果。这其中的主要原因,正如缪勒(2002:22—24)所指出,是因为为了简化研究对象,现有主流资源动员理论把考察对象局限在只追求中产阶级改良目标,以及避免把暴力和冲突当作策略或战术手段的那几种社会运动类型之上。这些研究过于偏重结构和组织的分析,以致忽视了暴力抗争所扮演的更为表意性的、自发性的和破坏性角色。这种对于暴力冲突的系统性忽视，使得现有研究把抗争运动看得远比事实上的更有组织性，忽视了遵从现有社会规则和破坏社会规则的抗争运动之间的差别。结果是这些理论难以解释某些社会下层群体的暴力抗争。实际上，在西方民主国家的社会抗争中，暴力冲突也时有发生。塔罗(2005:126—128)认为，暴力是孤立无知的愤怒的人们最容易采取的集体行动形式，不用进行大量协调组织就可发动。这种抗争策略受政治体制的影响较大。在非民主国家，抗议者缺乏参与政治的合法途径，只好以暴力作为主要表达方式。在民主国家，暴力虽然总体比较少见，但对于特定群体也比较常用。

有少数研究者对暴力冲突发生机制进行了探索。他们发现，在集体抗争中，有些参与者有意识地把发动暴力冲突作为一种抗争策略，而这种策略的采用与参与群体的社会位置紧密相关。社会位置"在决定是否把暴力和冲突包括进运动的策略和手段中去这一点上，起着关键作用"(缪勒，2002:23)。也有学者通过实证研究考察了特定社会群体与暴力抗争的关联。如皮文和克劳沃德分析了美国历史上的穷人抗争运动，发现这些社会弱势群体由于缺乏有效的组织资源，因而在抗争中通过采用暴力等破坏性手段扰乱正常的社会秩序，以促使政治精英关注其诉求，从而实现了运用常规性策略所无法达到的目标(Piven & Cloward，1979；皮文、克劳沃德，2002)。但是，暴力并非只是社会底层群体的专门策略。现有研究发现，在美国历史上，所有阶层抗议群体都使用过暴力，并有很多获得成功(Gamson，1990)。同时，暴力也是在抗议周期的衰退阶段日益处于边缘地位的中产阶级抗争者所采用的最后一种有效手段(della Porta and Tarrow，1986；Tarrow，1989；转引自缪勒，2002:27)。但是，也有研究者质疑集体抗争中暴力策略的有效性。塔罗(2005:128—129)发现,暴力在运动的形成中有一个严重的局限,就是会抑制和吓跑同情者,从而影响公众对社会运动的支持。暴力也促使斗争和联盟系统两极分化,并为当权者提供了镇压借口。在很多运动中,都为是否采用暴力而产生分裂。因此,暴力策略的使用可能给运动带来严重的负面影响。综上所述,与对社会运动的结构和组织分析相比较,当代西方本领域研究对抗争中暴力冲突的发生机制和后果考察还相当不足。其实,对抗争后果考察的不足也是整个社会运动研究存在的固有问题。正如已经有学者指出,现有的研究很少澄清集体行动如何重塑一个政体的制度结构,以至于难以得知抗争运动的具体后果(McAdam,1996:36;O'Brien,2003:59)。

在欧美社会运动理论影响下,很多学者也对当代中国社会维权抗争相继提出了多种分析和解释框架。其中一个主要的研究方向是考察集体抗争的策略,也就是抗争者依据社会结构和环境的约束,在抗争的过程中所运用的手段与策略。[①] 在研究当代中国农民维权行动时,郭于华(2002)将多数农民抗争行动归结为运用"弱者的武器"进行"日常抵抗"。李连江、欧博文(1997)和于建嵘(2004)发现其抵制行动日趋显性,先后提出了"依法抗争"和"以法抗争"的解释框架。实际上,这两者都指农民利用国家的法律政策来对抗基层政府的侵权行为,维护自己的合法权益。但于建嵘(2004)认为,"依法抗争"是指农民主要依靠上级政府和国家来解决自己的问题,而很少直接挑战侵权的基层政府;而"以法抗争"是指农民以法律为武器直接挑战违规的地方当局,而以诉诸国家为辅。换言之,较之于

① 关于当代中国集体抗争的不同视角,可参见更全面的文献综述(王国勤,2007;李德满,2009;王金红、黄振辉,2012)。

“依法抗争”策略，“以法抗争”采用更多形式激烈的有组织集体行动。应星(2007)则在拓展“依法抗争”概念基础上，提出了“草根动员”解释。他认为维权积极分子所进行的草根动员，在利益表达方式的选择上具有权宜性，在组织上具有双重性，在政治上具有模糊性。至于城市市民的维权行动，研究者大多认为其重要特点是具有较强的理性。石发勇(2005)发现，市民抗争者除了法律手段外，而且善于运用关系网络作为动员手段。陈映芳(2006)发现，都市社会中产阶级的抗争运动大多组织化程度很高，而且理性策略能力较强。因此，于建嵘(2008)认为城市市民抗争总体上是“理性维权”。

这些研究有助于我们理解中国维权抗争的行动策略。但是，对于当前维权抗争运动中日渐增多的暴力犯罪行为，现有的研究也缺乏比较全面的考察。这可能是因为当代西方社会运动研究存在的类似不足，使得以其理论作为指导的中国研究者也相应缺乏对此议题的关注。在仅有的几个相关研究中，王赐江(2010)发现“集体暴力抗争”现象日益突出，与其他维权方式相比破坏性更强，后果更严重。于建嵘(2008，2009)从社会心理和社会结构角度分析了“社会泄愤事件”中的暴力行为，认为社会不满群体的存在和政府管治能力的低下是导致集体抗争中出现暴力行为的主要诱因，并提出应该从这两个方面入手加强管治。应星(2007b，2009)则从本土文化和情感视角出发，认为农民们因为受“气”(中国人追求承认和尊严、抗拒蔑视和羞辱的情感驱动)，以及他们在未组织化的状态下为了发泄不满，相互激荡而形成的“气场”可能促使他们采取暴力行动。王国勤(2011)则分析了社区社会结构的影响。他发现，在基层“行政社会”里，社会网络所提供的社会资本总量与参与者是否采取暴力行动紧密相关。这些研究要么把暴力冲突看作集合行为或泄愤事件的特有现象和情感驱动的结果，要么将其看作维权行动中的理性策略选择。但在现实中，出现越来越多的一种新动向是很多集体抗争在发起之初是以维权为目标的，但其后随着更多人群的加入和现场情势的变化，往往超越了组织者的控制，出现打砸抢等暴力行动；2012年反日游行示威就是个典型的例子。在这类集体行动中，只有小部分参与者采用暴力，情感解释难以充分解释这一点。这些暴力行动又是随机和无组织的，显然也不是行动者的理性选择。所以，这种维权抗争中暴力行动的发生机制和影响因素需要进一步检视。

既有社会运动理论提示我们，集体抗争的微观动员机制非常重要。社会不满群体的存在和政府管治能力的低下是普遍性状况，但是大多数维权抗争中并没有出现打、砸、抢、烧等严重暴力犯罪行为。这就要求我们必须从集体行动的微观动员机制方面去探索这些暴力行为的主要影响因素并考察其具体后果。因此，本研究关注如下问题：暴力犯罪行为对维权抗争运动本身会产生什么样的后果？维权抗争中的参与群体状况包括社会位置对暴力行为产生何种影响？如何防止严重暴力行为的发生？本文将以2012年反日游行示威为例，来探讨上述问题。①

三 个案简况

自2012年4月开始，中日双方在钓鱼岛主权问题上的矛盾进一步激化。4月16日，日本东京都知事石原慎太郎表示东京政府

① 个案材料来自于媒体和网络报道，网络材料主要参见 http://zh.wikipedia.org/wiki/2012%E5%B9%B4%E4%B8%AD%E5%9B%BD%E5%8F%8D%E6%97%A5%E7%A4%BA%E5%A8%81%E6%B4%BB%E5%8A%A8。

决定将从私人手中购买钓鱼岛。7 月 6 日，日本政府宣布计划年内实现钓鱼岛国有化。日本的做法引起了中国政府和民间的强烈不满。8 月 12 日中午，香港保钓运动人士驾驶渔船前往钓鱼岛宣示主权，并于 8 月 15 日成功登岛。但随后日本警方拘捕全船人员，并将之押到冲绳查办。此后，中国大陆多个城市网民在网上发起号召，召集民众举行游行示威。8 月 19 日，北京、深圳、济南等十几个城市爆发反日游行。9 月 10 日，日本政府正式“购买”钓鱼岛，中国各地继续发生零星反日游行活动；在上海，有数名日本人与中国人冲突并被打伤。9 月 15 日，反日游行升级，共有 50 多个城市发生反日示威活动，游行城市数和人数均超过了 2005 年中国反日游行，北京等城市有数万人参加游行，并蔓延到了小城市和县级市。9 月 16 日，中国有 80 余座城市发生游行示威活动。9 月 18 日是“九・一八事变”81 周年纪念日，全国共有 117 座城市发生了大规模抗议示威。9 月 19 日后，由于中国政府开始采取措施限制民众示威游行，全国范围的示威活动逐渐趋于平息。

2012 年 8、9 月份反日示威活动的一个显著特征就是伴随着很多暴力犯罪行为。在深圳 8 月 19 日的游行示威过程中，不少日本品牌车辆被示威人群推翻，其中包括一辆日本生产的警车。在前往火车站的途中，示威人士还向一家日本拉面馆丢石块袭击。9 月 15 日，在西安的示威活动中，许多停在马路边和行使在路上的日本品牌汽车被部分示威者掀翻，车窗被砸破。一家日式餐厅也被示威者使用打、砸、抢的方式破坏。就连名称有些接近日语的店铺都无法幸免。有些游行者抄着扳手砸毁一家名为“丰田造型”的美发厅的招牌。一些人甚至用砖块、U 形锁和铁榔头攻击钟楼饭店，要求交出日本游客。还有一群人将泥土、砖头和随手抄起的投掷物掷向维持秩序的武警战士，使得一些战士轻度受伤，脸上血迹斑斑。一辆日系轿车在路口被围堵，女车主和她的小女儿被赶下车。“爱国者”群起砸车，小女孩吓得大哭不止。一位保安小伙子挤进人群，想救出这对母女，却遭到这些暴徒殴打。另一辆日系轿车车主李建利因护车与游行者发生冲突，被暴徒用钢锁打穿头部颅骨，并导致暂时失去行走及语言能力。在长沙的示威活动中，日资百货店平和堂的正门玻璃被示威者砸破，店内的高档手表专卖店和高档首饰柜台遭到洗劫。9 月 16 日，深圳有数千名示威者进行示威游行。一部分示威者打砸警车，并向警察投掷石块等物品。在很多城市游行中，甚至一些人使用日本相机拍照都受到辱骂和威胁殴打。面对大量的暴力犯罪行为，国际、国内舆论普遍予以批评。各地警方也采取行动，抓捕了一批犯罪分子；重伤西安车主李建利的犯罪嫌疑人蔡某也被抓获。

其实在很多城市的示威游行中，开始时候大都比较理性。但随着各种社会人群的加入，逐渐出现失控和暴力行为。最典型的是 9 月 15 日西安的示威活动，上午是以学生和中产阶级市民为主，秩序基本良好。但下午随着其他人群的加入，秩序开始混乱，开始出现打砸抢行为，并愈演愈烈。

四　讨论：暴力行为的后果和参与者群体状况的影响

（一）暴力行为的后果

通过反日游行示威运动和很多现有研究考察的城市中产阶级社区维权抗争个案对比，我们发现其行动结果有显著差异。很多城市社区维权抗争是以当地基层政府为对象，但却获得成功，这主要归因于在有能力的组织者领导下，抗争策略和手段得当(如张磊，2005；石发勇，2005；孟伟，2007)。而2012年反日游行示威本来是得到政府默许甚至纵容的，但由于其中出现的大量暴力犯罪行为，造成了严重的经济损失和社会后果，几乎颠覆了人们关于反日游行示威本身正义性的看法。因此，这次民族主义抗争运动几乎可以说是非常失败的。由此可见，在本来目的正当的维权抗争中，如果策略和手段不当，发生严重暴力行为，将会产生很大危害。

具体而言，反日游行示威中的暴力行为带来了很多后果。首先是严重危害他人包括无辜者人身安全。除了一些受到恐吓和殴打的日系产品使用者外，西安车主李建利受重伤就是个典型例子；还有一些维持秩序的警察和武警也受了轻伤。其次是造成巨大的经济财产损失。在2012年整个反日游行期间，全国范围内的个人、企业财产被毁数额难以统计。仅在9月15日青岛游行中，丰田汽车集团一家代理店被纵火，据称损失就过亿；佳世客仓库保管的价值24亿日元的货物中，有一半被抢夺或毁损。三是严重冲击了法律秩序，践踏了法律尊严。这些以“爱国”名义施行的暴力行为，本身直接冲击了法制基础。表达爱国情感是每个人的合法权利，抵制日货也是个人的自由选择。但一切权利都是有限度的，都应该以不侵害别人的权利为前提。这些暴力行为直接践踏了他人最重要的生命财产权利，所以是犯罪行为；其大规模的发生也对法律秩序构成了严重挑战。四是造成社会动荡和分裂。严重的暴力行为使得游行示威所在城市人心惶惶，尤其是日系车主特别紧张。在反日游行后相当长的时期内，社会各界仍对其中的暴力行为产生巨大争议。尽管主流舆论普遍予以谴责，但很多激进群体仍为此种行为辩护。主要社会群体为此争论和相互攻击，使得大众在心理上的分裂进一步加剧,民族团结由此受损。五是使得维权抗争运动诉求目标本身被忽视乃至歪曲。由于反日游行示威中的暴力行为,使得国际国内的舆论集中到对暴力行为本身的关注,大大削弱了对中国领土主权诉求的关注度。示威民众被“暴民”化。实际上,在其他针对地方利益集团的维权抗争中,一旦发生暴力行为,正好为政府歪曲维权行动正当性和采取镇压行动提供口实(黄卫平、陈家喜,2008)。而此次反日游行示威,也同样因为大量暴力行为而使得政府限制更多的行动。六是导致巨大的负面国际影响。在互联网时代,游行示威中发生的部分人野蛮暴力行径很快传遍世界。在国际媒体舆论的关注下,这些暴行让国外民众产生中国民众无理性、暴力倾向严重的印象。因此这些行为使得国家和民族蒙羞,进一步在国际上丑化了中国形象。要扭转这种负面影响,在短期内还难以做到。尤其当前中国和多个周边国家产生领土纠纷,这些负面影响会进一步使得中国在国际舆论中处于不利地位。正是因为以上多方面的严重后果,反日游行示威中的暴力行为才激发了各方深入的反思(石破,2012)。

(二)参与者群体的影响

在规模较大的维权抗争行动中,由于现场群体性气氛的影响,很容易导致激进暴力行为的发生。但通过上述案例考察和现有文献分析,我们发现参与者群体本身状况对维权抗争运动中暴力犯罪行为的发生具有很大的影响和作用。

1. 普通参与者的理性程度。拥有大量理性的参与者是维权抗争成功的基本要素。一方面,只有大量参与者的出现,才能使得抗争对象感受到强大的民意诉求和压力,从而促进抗争目标的实现。另一方面，这些参与者必须保持理性，才能保证抗争行动和平有序，使得强势的抗争对象无法找到强力压制的借口。在西方民主国家，公民素质较高。在经历了长期的社会运动洗礼之后，参与者日见成熟。他们深知权利的诉求和法制的遵守同等重要。所以在抗争行动中，参与者除了常见的静坐、游行示威外，有时也采取一些比较轻微的暴力行动，如扔鸡蛋等。但这些暴力行动大多是象征性的，而极少发生严重的打砸抢行为。在集体行动中发生各种突发情况时，参与者也能够冷静对待。而且他们也明白，在适度表达诉求之后，应该撤离现场，避免政府因感到难以下台而采取镇压措施。正如现有研究已经指出，在西方国家，中产阶级行为相对理性和非暴力，其在抗争行动中达成目标的技术（生产技术）和积累资源的技术（动员技术）都是精心设计的（奥利弗、马维尔，2002）。

在中国，由于抗争行动的敏感性和 90 年代前政府的严厉控制，社会大众从总体上缺乏相关经验，难以把握行动的边界。在农民和下岗工人维权抗争中，由于他们属于社会边缘人群，生计比较艰难，情绪比较愤激，加上教育程度有限等原因，较易失去冷静，因而在抗争行动中经常发生一些暴力行为；典型的如 2009 年 7 月通钢事件中，因为国企股权调整引发抗争事件，工人们将总经理围殴致死。在城市中产阶级市民抗争中，参与者大多相对比较理性。中产阶级虽然有着强烈的权利意识，但较高的生活水平和教育水平使得他们在维权活动中更加谨慎和理性，很少愿意因为维权而触犯法律。一个典型的例子是上海绿街社区维权抗争，当地居民的目标是维护社区绿化环境。这对他们本来比较安适的生活只是锦上添花，绝对不愿意因为维权而犯险。所以在冲击破坏社区绿化的项目工地时，参与者在积极分子的宣传下，十分明了行动的界限和利害关系。他们自觉地服从积极分子的安排，没有采取打砸施工机械的激进行为(石发勇，2005)。在参与人数规模达到万人以上的2007年厦门市民反PX事件和2008年上海市民反磁悬浮事件中，市民采用“散步”的和平方式也是理性维权的典型例子。

但在2012年反日示威游行中，参与者不但有中产阶级市民和学生，还有很多社会底层人员和一些别有用心人士。综合相关媒体报道，可以判断这些参与者具有不同的动机。对于大多数参与者来说，参与游行示威首先是因为心里有“气”，也即尊严被践踏、受到蔑视和羞辱的情感(应星，2007b)。这种“气”主要来自于两个方面的结合。一方面，这种怨气是针对日本。近代中国就是一部受侵略史，在施加侵略的国家中以日本为最。在中国教育课程以及大众传媒的影响下，日本对中国的侵略尤其是其在抗日战争的暴行使得绝大多数中国人都深感刻骨铭心的羞辱。随着钓鱼岛争端的爆发，中国政府的宣传和大众传媒的渲染进一步加剧了民众作为中国人的愤恨情绪。这种普遍的愤恨情绪和爱国主义热情构成了反日大游行的社会心理基础。但在游行示威中，由于无法直接面对日本政府进行抗争，这种愤恨情绪被转移到日系企业、日系产品甚至使用日货的中国人身上。其中的一些极端者认为正是购买日货的中国人“没有骨气”的消费行为，让日本在中国赚取了大量利润，资助了日本经济和军工产业，加大了对中国的威胁。所以在现场狂热气氛的感染下，这些人可能参与暴力行为，打砸日本品牌，发泄针对日本的怨气。另一方面，游行示威中部分参与者的怨气则同时也针对主流社会。近年来，随着中国社会贫富分化加剧，阶层关系日益紧张。对于一些社会底层人员来说，由于他们在社会中地位低下又无能为力，本来就抱有比较严重的仇富心理。

他们对体制不满，却又不敢直接打砸政府；实际上，极少数游行者对维持秩序的武警和警车的攻击也反映了这种愤恨。因此，很多底层人士转而打砸在现行体制中获益而且比较容易攻击的个体"富人"。在他们看来，开外国品牌汽车的都是"富人"，这些"富人"中很多人是利用不平等的体制掠取不义之财致富的，很多人可能本身就是贪官污吏或其亲属，并且为富不仁、缺乏骨气。因此，在"爱国"的名义和众人的围观下，打砸平时所痛恨的"富人"的财产，给了他们前所未有的宣泄感和成就感。在西安日系车主李建利被重伤后，网络上还谣传其是某单位处长，被砸活该。上述两个方面怨气的结合，使得日系车成为暴力攻击的首要目标。由于教育程度的缺乏，加上现场气氛等其他因素，这些暴力施行者却没有想到其行为已经触犯了法律。最典型的例子是重伤李建利的犯罪嫌疑人蔡某。据《南方周末》报道，蔡某 21 岁，小学文化程度，从小爱看抗日剧，在西安一建筑工地做泥瓦工。由于地位低下，他想要得到更多，想证明"我很重要"。他曾在项目经理的奥迪车上撒过一泡尿，为此"感觉很爽"。喧嚣的游行示威给他提供了更大的宣泄"机会"。在砸穿李建利颅骨后，他仍坚持："我是爱国，抵制日货。"① 在广州等地游行中的打砸分子，经警方调查后也证实多为社会底层人士。② 所以正如《新加坡联合早报》发表评论称："一些砸店烧车冲击日本人的举动，并非真的是想表明其反日爱国之心，不过是借此来发泄平日被压抑的对现实的强烈不满。因为在中国，爱国具有极大的政治正确性，在爱国的名义下，即使做出过火行为，政

① 《南方周末：喜欢看抗日剧的西安砸车者蔡洋生存碎片》http://club.kdnet.net/dispbbs.asp?boardid=1&id=8694015。

② 《广州警方辟谣：反日游行中打砸人员里没有日籍留学生》http://politics.caijing.com.cn/2012—09—18/112134565.html。

府也很难追究他们的责任。”[①]还有一些参与者则本来就是地痞流氓。他们通过打砸趁机掠取财物。据西安目击者回忆那些带头砸店、烧车者的特征，“不是黄头发就是有文身，要么就戴着大金链子。……和那些排着队、有秩序的学生、老百姓根本不一样。”[②]此外，在游行队伍中，也可能混杂极少数带有政治目的的人员。网络盛传，深圳警方于2012年9月17日晚在罗湖关抓获2名从香港进入深圳进行打砸抢烧组织者，并当场从其携带的行李中缴获相关犯罪证据和大量美金。据两名犯罪嫌疑人初步交代，资金为境外某敌对势力提供。虽然这种关于“反华组织图谋制造混乱”的阴谋论无法证实，但在其他一些针对地方利益集团的维权抗争中，确实有人蓄意诱导参与者采取暴力行动，以便为镇压提供口实。如在2006年7月北京“天之骄子”社区60多名业主对开发商维权时，在一神秘男子的诱导下失去理智，冲上城市主干道堵塞交通，结果都被拘留。[③] 总之，在大规模的维权抗争中，参与者身份动机都有很大的差异。大众如果不能保持理性，便会出现以当时狂热的场景为基础的互动现象。在少数人的鼓动、示范和感染下，更多的人可能参与暴力犯罪行为。这种暴力行为使得原本目的正当的维权抗争从性质上发生了变化，演变成社会泄愤事件或者集合行为。

2. 领导组织者的存在及其行动策略。现有的研究已经充分证明强有力的组织或抗争领导人对于行动成功的重要性。在西方

---

① 《反日示威与中国民族主义的出路》http://www.zhgpl.com/crn-webapp/mag/docDetail.jsp?coluid=0&docid=102238897&page=2。

② 《目击者：西安反日游行打砸者多为文身男子》http://news.163.com/12/0919/05/8BO7QQ7L0001124J_2.html。

③ 《天之骄子——北京60余业主集体游行被拘 大多为硕士博士》http://news.hsw.cn/system/2006/08/03/004628288.shtml。

社会运动中，一般都有相关组织负责制定规划和行动策略，从而确保抗争行动能有效动员参与者，有力表达诉求（McCarthy & Zald，1973，1987；Gamson，1990）。组织规划另外一个重要功能是保证抗争有序进行，将参与者的表达方式以及可能的暴力行动限定在可控范围内。在中国，由于并不允许此类性质的民间组织存在，所以富有威望和能力的领导者对于维权行动的成功尤其重要。以往的社区维权研究发现中国城乡维权领导者大多是当地社区相对"见过世面"的人，如农村中教育水平较高的教师和参过军的男性比较容易成为集体行动的发起者（应星，2001；于建嵘，2004；Li and O'Brien，2008：13），而改革期国有企业下岗工人维权的组织者则大半为工厂的干部（Cai，2002：334）。城市业主维权抗争组织者则还具有另外一些共同特征：首先，他们大多知识较为广博，对上到国家法规政策下到地方政治过程都有较深的了解，非常清楚如何处理相关事务，如何阐明立场、诉求并说服他人。以上海绿街社区维权抗争组织者沈先生为例，他个人学习能力很强，有强烈的求知欲。虽然已经有五十多岁，他还坚持参加大学自学考试，苦学法律和公共关系知识。实际上，沈对城市规划、物业管理、园林绿化等方面专业知识的掌握都远高于小区其他居民和当地基层政府的一些官员，以至于他在各种围绕社区相关问题的辩论中都占据明显的优势。其次，他们大多具有较强的沟通能力，能够聚拢支持者，甚至有时还能获得一些权力机构的支持。几乎所有和沈先生打过交道的人都至少有一点共识：沈特别能言善辩，交友广泛。这使得他在种种争斗中都能够动员较强的支持力量。第三，他们大多年纪较大，其中很多人在"文革"中锻炼了丰富的组织和斗争经验。沈先生在"文革"中就曾是一个"红卫兵"组织头目。总之，正是这些优于其他社区同辈的素质和能力使得他们成为维权抗争的领导者。因此，在绿街社区维权抗争中，行动成功的一个重要因素是沈先生的领导。沈不但在文革时期就多次参与过集体行动，并且领导了小区前期反对开发商的抗争，有着丰富的斗争经验，并且因为前期领导抗争的成功而在社区中拥有很高的声望。在此次维权抗争中。正是他通过关系向公安局的朋友咨询了行动边界，制定了合理的抗争策略，从而保证了抗争行动的成功。在他“有理有节”的抗争策略下，当地政府找不到把柄对维权积极分子采取强制措施(石发勇，2005)。而在2012年反日示威游行中，从媒体的报道和一些参与人士的回忆来看，各地的行动很多在最初是有人出面组织的。在中国情境下，这些人组织示威游行至少是经过官方默许的。但他们组织领导能力较差，随着现场大量人群的不断涌入和狂热气氛的感染，很快就失去对集体行动的控制。这就使得这些游行示威行动大部分时间处于无组织、无规划状态，以致最终导致暴力频发。

3. 积极分子的数量及其执行能力。社会运动理论关注的一个重要议题是积极分子的形成机制和作用(刘能，2004；张磊，2005；邓燕华、阮横俯，2010)。积极分子是维权抗争行动的骨干。他们的主要作用是执行抗争组织或领导人制定的规划和策略，传递信息，动员普通参与者，并协助维持现场秩序。在发达国家的社会抗争中，往往都有积极分子组成纠察队。他们穿着明显区别于其他人的衣服，在游行示威开始时就向普通参与者交待注意事项。因为参与者很可能并不都是由组织者动员的，在集体行动过程中随时可能有其他人群加入。所以积极分子和纠察队在游行过程中要努力维持秩序，制止激进行为，竭力使得集体行动按照组织者的规划进行。在上海绿街社区维权抗争中，由于前期反对开发商的行动，一套维权积极分子的非正式网络逐渐形成。在社区周围的几乎每一幢高层居民楼内，都出现了一些维权积极分子。从职业身份上看，这些积极分子包括大学教授、工程师、企业白领、普通政府干部和工人、家庭主妇以及退休的老年人等。就政治身份而言，这些积极分子不仅有普通群众和民主党派人士，还有党员。这些积极分子维权意识强烈，并且愿意服从组织者的领导。这些非正式网络的存在使得组织者能够轻易动员居民参与集体维权行动。在当时冲击工地时，正是由于他们积极执行组织者事先交待的注意事项，在现场协助维持秩序。结果居民们既成功地拆除了工地脚手架，捣毁了基地，却没有打砸施工机械。无论是当时接警处置的警方和后来赶到的当地政府官员，都找不到硬性处置的借口（石发勇，2005）。

与之相对照，在2012年反日示威游行中，由于缺乏有组织的积极分子网络协助控制现场秩序，结果在极少数暴徒的示范效应下，示威人群陷入狂热状态；有不少参与者失去理智，参与了打、砸、抢暴力行为。其实当时并非完全没有积极分子发挥维持秩序作用，西安市民韩宠光就是个突出的例子。韩本人也是个游行积极分子。9月15日，他自己曾向警方递交过一份申请，要求和他所在市场的100多个商户进行“保卫钓鱼岛，抗议日本政府”的大游行。但当韩宠光跟着游行队伍，看到连续发生的砸车、打人、砸店的行为后，他深为震惊。韩感到游行已经变味，变成了一场反社会的狂欢。于是他凭一己之力尽可能地救助那些无辜的受害者。他阻止了两起针对女性车主的砸车行动，又救助了被打伤的车主李建利，并用手机拍录下行凶者的影像资料，后来提供给警方作为破案线索。随后，他又阻止了一起打砸汽车店的暴行。在此过程中，他以拉架、劝架者的身份，避免了自己受到伤害，也促使行凶者不好继续施暴。此外，当天还有市民李昭和几个大学生通过举牌提醒等多种方式提醒日系车不要开向游行队伍方向，避免了更多的车辆被砸（石破，2012）。但是，由于当时像韩宠光、李昭等极力协助维持秩序的积极分子数量太少，又缺乏组织协调，难以阻止大规模暴力行为的发生。

除了制定行动规划和维持现场秩序外，维权抗争行动组织者和积极分子的另外一个重要作用就是实施有效的信息传播。在大规模的集体行动中，有效的实时信息是行动保持有序的重要因素。如果缺乏真实信息，参与者会产生恐慌和盲目跟从心理，以致很容易失控。在社区抗争中，由于参与人数很少，组织者和其他积极分子通过面对面人际沟通，就能将真实信息及时全面地传递给其他参与者，这也进一步保证了行动的有序。但在反日游行示威中，由于缺乏领导者和积极分子传递相关实时信息，使得大多数参与者只能从互联网、手机上接受各种来源混杂、真假不明的信息，部分人因此而受误导，参与了暴力行为。

五　结　论

通过对大规模反日游行示威行动的考察，本文探讨了维权抗争中暴力犯罪行为的后果以及参与者群体状况的影响。我们发现，暴力行为不但会造成严重的经济社会后果，而且也会对维权行动本身造成颠覆性影响。在小型社区维权行动中，暴力行为相对而言比较容易控制。但在大规模集体抗争中，控制暴力行为则更加困难。暴力行为是否发生以及严重程度，除了现有研究已经提及的社会心理和社会结构因素影响外，还取决于参与者群体自身的状况，包括普通参与者的理性程度、领导组织者的存在及其行动策略、积极分子的数量及其执行能力等。

随着今后中国社会转型的进一步加剧，大量维权抗争运动的爆发不可避免。对于政府来说，固然要冷静应对，认识到这是公民合法表达利益诉求的一种方式，正确处理有利于社会紧张情绪的宣泄和社会的长久稳定；但对于抗争参与者而言，也须意识到要保证维权抗争行动的成功，应该更多采用如“散步”等和平方式向抗争对象表达诉求，尽力杜绝重度暴力行为的发生。对于大规模抗争行动，要实现这一点，必须通过一定的社会机制建设为参与者提供行动指导。2012 年反日游行示威中大量暴力行为发生后，各地公安机关纷纷通过短信、网络等快捷方式传播信息，要求市民理性表达，主流媒体也呼吁大众理性爱国，就是良好的尝试。这方面的反思、探索和宣传应该保持长期化。同时，虽然在当前中国情景下，不大可能允许专业社会运动组织出现，但是可借助现有的市民组织如工会、业主委员会等在平时就为民众提供维权行动教育和指导，甚至在必要的时候积极介入。实际上，当前很多城市中业主委员会领导下的理性维权就是成功的例子（唐娟主编，2005；Read，2008）。

这种对于参与者群体的指导主要应该包括以下方面：首先，对于维权行动的所有参与者而言，要尽力学习以往集体行动中的经验教训，增强法制意识，时刻保持冷静和理性，防止被诱导参与暴力行为。一旦发生严重的对峙，必须避免采取过激行动导致局势升级和恶化。其次，要尽力推举有威望、有能力的组织领导者，带领大家理性维权。组织者既要有能力根据抗争的态势制定合理的策略，也要有威望控制参与者的行动方向。再次，还要建立紧密的积极分子网络，他们不但要在组织者和普通参与者之间发挥桥梁作用，有效动员参与者，而且要在组织者的领导下尽力维持行动的现场秩序，制止参与者进行打、砸、抢等暴力行为。对于少数人坚持进行暴力行为，积极分子要向公安机关报警和提交证据。一旦现场发生难以控制的暴力行为或其他危险情势，领导者和积极分子要及时组织参与者有序撤离，避免暴力行为扩大化。只有通过以上多个方面的努力，才有可能保证维权抗争行动作为一种非正式政治参与方式能够发挥正面功能，降低负面效应，促进国家与社会的良性互动。

参考文献：

[1] 奥利弗、马维尔，《集体行动的动员技术》，莫里斯、缪勒主编《社会运动理论的前沿领域》，刘能译，北京：北京大学出版社，2002。

[2] 陈映芳，《行动力与制度限制：都市运动中的中产阶层》，《社会学研究》第4期，2006。

[3] 邓燕华、阮横俯，《中国坚定积极分子的形成》，《香港社会科学学报》秋/冬季号，2010。

[4] 郭于华，《弱者的武器与隐藏的文本：研究农民反抗的底层视角》，《读书》第7期，2002。

[5] 何明修，《政治机会结构与社会运动研究》，台湾社会学会年会论文，11月29—30日，台北：政治大学，2003。

[6] 黄卫平、陈家喜，《城市运动中的地方政府与社会》，《东南学术》2008年第6期。

[7] 古斯塔夫·勒庞，《乌合之众：大众心理研究》，中央编译出版社，2011。

[8] 李德满，十年来中国抗争运动研究评述，《社会》第6期，2009。

[9] 李连江、欧博文，《当代中国农民的依法抗争》，吴国光编《九七效应》，（香港）太平洋世纪研究所，1997。

[10] 刘能，《怨恨解释、动员结构和理性选择》，《开放时代》第4期，2004。

[11] 孟伟，《日常生活的政治逻辑》，北京：中国社会科学出版社，2007。

[12] 卡洛尔·麦克拉吉·缪勒,《建构社会运动理论》,莫里斯、缪勒主编《社会运动理论的前沿领域》,刘能译,北京:北京大学出版社,2002。

[13] 皮文、克劳沃德,《使集体性抗议活动常规化》,莫里斯、缪勒主编《社会运动理论的前沿领域》,刘能译,北京:北京大学出版社,2002。

[14] 石发勇,《关系网络与当代中国基层社会运动:以一个街区环保运动个案为例》,《学海》第3期,2005。

石破,《反日游行事件中的理性之光》,《南风窗》2012年26期。

[15] 西德尼·塔罗,《运动中的力量》,吴庆宏译,译林出版社,2005。

[16] 唐娟主编,《城市社区业主委员会发展研究》,重庆出版社,2005。

[17] 王赐江,《集体暴力抗争:值得关注的极端维权方式》,《学习与探索》第2期,2010。

[18] 王国勤,《当前中国集体行动研究述评》,《学术界》第5期,2007。

[19] ——2011《社会网络视野下的集体行动研究》,《开放时代》第2期。

[20] 王金红、黄振辉,《社会抗争研究——西方理论与中国视角述评》,《学术研究》第2期,2012。

[21] 吴帆,《集体理性下的个体社会行为模式分析》,经济科学出版社2007年。

[22] 应星,《大河移民上访的故事——从"讨个说法"到"摆平理顺"》,北京:三联书店,2001。

[23] ——2007a,《草根动员与农民群体利益的表达机制》,《社会学研究》第2期。

[24] ——2007b,《"气"与中国乡村集体行动的再生产》,《开放时代》第6期。

[25] ——2009,《"气场"与群体性事件的发生机制——两个个案的比较》,《社会学研究》第6期。

[26] 于建嵘,2004,《当代中国农民的以法抗争》,《社会学研究》第2期。

[27] ——,2008,《中国的社会泄愤事件与管治困境》,《当代世界与社会主义》1期。

[28] ——,2009,《社会泄愤事件中群体心理研究》,《北京行政学院学报》,2009年第1期。

[29] ——,2009b,《当前我国群体性事件的主要类型及其基本特征》,《中国政法大学学报》2009 年第 6 期。

[30] 俞志元,《集体性抗争行动结果的影响因素——一项基于三个集体性抗争行动的比较研究》,《社会学研究》第 3 期,2012。

[31] 张磊,《业主维权运动:产生原因及动员机制》,《社会学研究》6 期,2005。

[32] 赵鼎新,《西方社会运动与革命理论发展之述评——站在中国的角度思考》,《社会学研究》第 1 期,2005。

[33] Cai Yongshun, 2002,"The resistance of Chinese laid-off workers in the reform period". The China Quarterly.

[34] Gamson William, 1990, The Strategy of Social Protest. Illinois: The Dorsey Press.

[35] Gurr, Ted. R, 1970, Why Men Rebel. Princeton University Press.

[36] Habermas, Jurgen , 1981,"New social movements". Telos. 49 (Fall).

[37] Kitschelt, Herbert. 1986,"Political Opportunity Structures and Political Protest: Anti-Nuclear Movements in Four democracies". British Journal of Political Science 16: 57—85.

[38] Klandermans, Bert & Oegema, Dirk, 1987,"Potentials, networks, movetivations, and barriers: steps toward participation in social movements". Americal Sociological Review, vol. 52.

[39] Li Lianjiang & O'Brien, Kevin. 1996,"Villagers and Popular Resistance in Contemporary China". Modern China 22 (4 Dec).

[40] ——, 2008, "Protest Leadership in Rural China," The China Quarterly, No. 193, March, pp 1—23.

[41] Mamay, Sergey, 2001, Theories of social movements and their current development in Soviet society, http://lucy. ukc. ac. uk/csacpub/russian/mamay. html.

[42] McAdam, Doug, 1982, Political Process and the Development of Black Insurgency 1930—1970. Chicago: Chicago University Press.

[43] ——,1996. "Conceptual Origins, Current Problems, Future Di-

rections."pp. 23—40 in Comparative Perspectives on Social Movements, Doug McAdam, John D. McCarthy, and Mayer N. Zald, eds. New York: Cambridge University Press.

[44] McAdam, Doug and Tarrow, Sidney and Charles Tilly, 2001, Dynamics of Contention. (Cambridge: Cambridge University Press, 2001).

[45] McCarthy, John D. and Mayer N. Zald, 1973, "The Trend of Social Movements in America: Professionalization and Resource Mobilization."Morristown, PA: General Learning Press.

[46] ——, 1987, "Resource Mobilization and Social Movements: A Partial Theory."Social Movements in an Organizational Society, edited by Mayer N. Zald and John D. McCarthy. New Brunswick, NJ: Transaction.

[47] Melucci, Alberto. 1995, "The Process of Collective Identity", in H. Johnston and B. Klandermans, eds, Social movements and Culture. Minneapolis: University of Minnesota Press.

[48] O'Brien, Kevin. 2003, Neither Transgressive Nor Contained: Boundary-spanning Contention in China. Mobilization: An International Journal, 2003, 8 (1): 51—64.

[49] Offe, Claus, 1985. "New Social Movements: Challenging the Boundaries of Institutional Politics". Social Research. vol. 54(4): 817—67.

[50] Pei, Minxin, 2000, "Rights and Resistance: the Changing Context of the Dissident Movement", Chinese Society: Change, Conflict and Resistance/edited by Elizabeth J. Perry and Mark Selden. New York: Routledge, 2000.

[51] Piven, Francis Fox, Richard A. Cloward, 1979, Poor People's Movements. New York: Vintage Books.

[52] Read, Benjamin L, 2008, "Assessing Variation in Civil Society Organizations."Comparative Political Studies, 41(9).

[53] Snow, David A., Louis A. Zurcher, Jr., and Sheldon Ekland-Olson. 1980. "Social Networks and Social Movements: A Microstructural Approach to Differential Recruitment". American Sociological Review 45: 787—801.

[54] Tarrow, Sidney, 1994, Power in movement: social movements,

collective action and politics. Cambridge：Cambridge University Press.

[55] ——，1989，Struggles，Politics and Reform：Collective Action，Social Movements，and Cycles of Protest. Western Societies Program Occasional Paper No. 21，Center for International Studies，Cornell University.

[56] Tilly，Charles，1978，From Mobilization to Revolution. New York：Random House.

[57] Touraine，Alain，1988，Return of the Actor. Minneapolis，MN：University of Minnesota Press.

[58] Zhao，Dingxin 2000，"State-Society Relations and Discourses and Activities of the 1989 Beijing Student Movement". American Journal of Sociology 105：1592—1632.

情境犯罪中的道德博弈：兼论如何避免成为受害人

杜少臣*

摘　要： 随着城市化、工业化的进程，陌生人偶遇情境下的冲突引发的犯罪成为日常生活中不容忽视的风险来源，而交往各方意义世界建构中的道德认知偏差是冲突产生的重要驱动力。人际交往实践中的道德意识更多取决于不断变换的情景而非社会结构。个体善与恶的道德取向决定着冲突事件的最终走向，加害人与受害人处于风险的共同体中，提升德性，存善去恶不仅是避免犯罪，更是避免成为受害人，降低风险，化解冲突的重要理念。

关键词： 情境犯罪；道德；受害人；风险；冲突

一　情境性犯罪——来自身边的风险

早在20世纪90年代，贝克就提出："针对人为未来多样性的

---

*　作者简介：杜少臣（1979—　），男，南开大学周恩来政府管理学院社会学系博士。

预期及其所具有的风险性后果是如何影响和转变现代社会的认知、生存条件和制度的？洞见到未来不可逆转的开放性以及理性化这一特殊现代需求乃是至关重要的。我的预设是对理性化的需求增加了不确定性。”(贝克、邓正来、沈国麟，2010)同宏观世界的不确定性带来的风险一样，我们在时间和空间上无法找到或者寻求可供替代的选择，在人们的日常生活情境中，同样存在因这样的不确定性而导致的风险，我们只能面对，不能漠视或着忽视。伴随着城市化、工业化的进程，中国的社会结构和家庭结构出现深刻的调整。从费老笔下“差序格局”的熟悉社会，到“半熟人社会”，“无主体熟人社会”，独生子女的人口政策将中国的家庭核心化，工业化和现代化的进程又加速了人口的流动，中国已然进入了一个“陌生人”的时代。“就一般趋势来说，如今的个体将不再能投身于任何先赋和固定的集体保护网，而是作为直接暴露在前沿的脆弱个体飘荡在风险全球化的浪潮中。从前在家庭，在农庄社区，及通过求助于社会阶层或群体得以处置的机会、危险和生活矛盾，渐渐只能由个人独自来掌握、解释及应对。因为现代社会的异常复杂性，在个人还不能以富有智识的、负责任的方式做出必须面对的决定之时，这些具有风险的自由。”(成伯清，2007)而犯罪问题作为日常生活中的主要风险存在，也不再是犯罪学家象牙塔里的专利，每个人都依靠生活中的经验对日常生活中的情景做出判断，以规避犯罪风险的威胁。与宏观世界的风险不同，日常生活世界的风险具有隐匿性、经验性和不可预见性。尤其是在社会转型期，在现代化、城镇化、世俗化、原子化的社会里，伴随着人口的流动性增强，各种社交平台的易得性和多样性，发生在陌生人之间的偶遇性情景越来越多。对于普通人而言，每一次与陌生人的偶遇，都充满了未知和风险，都是一次对未知世界的探索，充满了各种可能性，因为每一个陌生人凝聚着他生命历程中的全部能量和智慧，全部情感和道德认知以及养成的行为习惯和思考方式。换句话说，你面对的可能不是一个你所看到的肉体的人，而是他生命历程架构起来的时空和独特的世界。出于对于未来的不确定性，人们的风险意识增强了，“所以风险意识的核心不在现在，而在未来，在风险社会中，过去失去了它决定现在的权力，……不存在的，想象的和虚构的东西成为现在的经验和行为的原因……”(贝克，2004：35)

近年来发生的无论是药家鑫案、大兴摔童案还是山东招远麦当劳案，我们都不难发现其共有的特征：其一，所有涉入者均是陌生人，无任何的情谊关系，不共在于任何的“圈子”或者关系网之中；其二，所有的情景都是即时而生，无预兆，无排练，其中的环境因素都是随机而成，随时变动的；其三，周围的旁观者均随时处于涉入和走出的边缘状态，事件发生时处于监管较弱的状态；其四，涉事主体间情感、道德与心理要素之间的互动是推动事件发展的主要驱动力，而身份、地位、角色等社会结构要素基本处于不在场状态；其五，所有涉案人均无预谋，所有刺激和推进案件一步步深入发展的要素，全部包含在即时即地的情景之中。案件涉入的双方并无预先的策划，动机的产生和行为的发生、发展完全取决于场景中的各种构成元素和时空的转移，并在双方的交往中不断变动；其六，在日常生活中，它具有板块化和漂移化的特征，即人们总是随时会出现在不同的社会情景中，停车场，超市，公共场所的洗手间，餐馆，旅游景点，体育场，KTV，宾馆，网吧，小河边，闹市区的大街上，学校，医院，银行，村口等，并在不同的场景之中不断穿梭转移，我们可以把人们在不同场景中的出现作为一幅幅的画面，那么人们一天的行动，大致可以看作是电影一样的由一幅幅画面拼接而成的动态图片。对个人而言，可能不同的场景之间存在连续的意义衔接和连贯的意识流的，而当不断有人进出你的场景的时候，你们或许互相成为双方场景中的构成元素，或者说，互为背景。而一旦二者发生了意义的共享或者冲突，也就是二者出现在同一场景之中，并且互相成为对方意义世界的建构者，那么本文论题意义上的“情境”就出现了。

伴随着城市化进程的加快，人口流动日益频繁，陌生人偶遇的几率也大大增加。同时，价值观呈现多元化的趋势，人们的道德水平层次不一，偶遇几率增大的同时，偶遇情境下冲突发生的几率和强度也不断飙升。而这种发生在陌生人之间的遭遇性犯罪，很可能就出现在每个人身边，而正因为其发生在人们最平常的生活情境中，发生在人们完全没有预期的情况下，因此，这种在日常情景中，发生在陌生人之间的遭遇性犯罪，无疑是社会冲突的集中体现和最鲜明的表达，而肢体冲突的背后，是价值观、情感、道德意识和心理的博弈和冲突。

二　道德认知偏差——情境犯罪的重要驱动力

情景犯罪预防理论的提出者克拉克认为，犯罪机会的系统减少将会导致社会犯罪率的实质性减少，而由于早期的情境犯罪预防理论主要着眼于通过客观物理环境的改善，增加犯罪难度的来降低犯罪率，因此其批评者则反应说，这种主张过分强调通过操纵环境来减少犯罪风险的做法，对于犯罪动机中的社会和心理因素的重要性考虑得太少。他们辩称，除非犯罪动机也同样被减少，犯罪机会的移除将仅会导致犯罪被重新分配而非减少（如：当甲处安装了闭路电视监控系统，那么很可能罪犯会转移到乙处继续实施犯罪)。为了扶持他们的理论,情景犯罪预防理论的提倡者将一些新的理论融合进了情境犯罪预防理论之中,其中最典型的是日常生活理论、类型理论和理性选择理论。“日常活动理论主张一个犯罪事件至少有三个元素在时间和空间上的集合才行:犯罪动机的犯罪人、恰当的被害目标和缺乏有能力的监护者。要想揭示犯罪,应该把重点放在分析社会活动的时空结构……”(曹立群、周愫娴,2007:72—73)它应对和处理的是社会中犯罪可能性增加的方式。社会学家会将其描述为宏大理论,因为它探求解释较大范围的社会趋势。而类型理论处理和应对的是犯罪者不期而遇或者探寻到犯罪机会的方式。因为它考虑的是犯罪者在其所居住的邻里的情境下,它提供的是中等水平的解释。理性选择理论则提供各种情景影响的说明——动机,欲求,情感,辩护——这些影响导致犯罪者决定利用特殊的犯罪机会的元素。“一个人可能具备犯罪的性格,本来是具备高度的犯罪危险的,但是因为缺乏犯罪机会而终生不会犯罪。”(曹立群、周愫娴,2007:71)因为它集中关注在犯罪的即时场景中,它可以被称为是微观理论。这些理论放在一起,表明犯罪是如何在动机和情景变量的互动中产生的。他们解释了犯罪的机会是如何将人们吸引到犯罪行为上去的。

然而,情境犯罪理论虽然强调通过减少环境或者情境对于有犯罪动机的人的刺激来降低犯罪率,但是对于起初人们质疑的如何减少犯罪动机的问题,它依然未能给出有说服力的解释。

社会解体理论认为,“城市化、工业化造成的小型社会形态的解体,社会控制能力的削弱和和睦的传统关系的消失才是犯罪的重要诱因……而这两者之所以引起犯罪,正是由于他们直接导致了个体道德观念的变化……”(江志华,1995)反观中国当下的社会,工业化、城市化的进程蚕食着传统农业社会的家文化和儒家文明,计划生育政策使得家庭结构呈现“核心化家庭结构”的趋势,这一切都使得初级群体在中国面临着解体的危险,“皮之不存,毛将焉附”,基于以家庭关系为主要依托的亲密关系而形成和设立的一系列的道德信条和社会设置也必定逐渐被遗弃在历史的回收站中。无独有偶,马茨阿的漂移理论认为越轨行为是伴随着社会道德纽带的削弱而产生的,这使得许多年轻人漂移进入越轨的群体。很多人在越轨行为和正常行为之间不断地漂移。传统道德信仰的缺失,道德纽带的削弱不仅造成社会凝聚力的松散,人们道德意识的淡漠,人们缺乏相对统一的道德认知,容易导致社会冲突的发生。而“蒙特罗的犯罪人论认为,犯罪人仅仅是道德低能者,并且由于这种道德低能,最终影响他的意志和自我决定,使他们处于一种不利的地位上,由此可见,他们是道德薄弱,需要保护的人”(吴宗宪,2006:184)也有学者将情境性动机明确列入到犯罪学的概念之中,“情境性犯罪动机是指在情境因素的作用下,在较短的时间内迅速形成的犯罪动机。对于行为人来说,事先没有思考和准备,犯罪动机在相当大的程度上,是由具体的行为情境和行为人当时的心理状态决定的。”(马晓霞,张广宇,2012)“对于休谟来说,真正有价值有功的是动机,它是赋予行为具有道德意义的来源,它是使一种行为成为善良的必要条件,而行为仅仅是动机的外在标志。也就是说,动机对于道德(价值、意义)是构成性的,而不是隶属性的。”(郑明哲,2013:46)因此,从这个意义上讲,情境性犯罪中的动机归根结底,也是个体道德构成中出现的偏差所导致。

我们知道,情境性冲突中是在偶然的遭遇中发生的,双方并未有任何的计划性,所以在遭遇性的情境性冲突中,即时出现的情绪和心态显得特别重要。“而道德规则刺激情感,产生或抑制行为。”(休谟,1980:497)即时情境中所出现的对情绪和心态产生影响的道德因素成为犯罪事实形成和不断推进的重要驱动力。而根据中和技术理论，在犯罪嫌疑人实施犯罪行为之前，一定会在道德上寻找一个支撑，来为自己要实施的犯罪行为辩护，消除心理上的罪恶感。而我们知道，犯罪人往往都是有着道德认知偏差和缺陷的有着“犯罪人格”的个体，所以为自己的犯罪行为实施辩护，努力从对方的言语行为中找到实施攻击的理由，因此，受害人的任何一点点道德的瑕疵都有可能成为犯罪人实施犯罪的借口。所以，综上所述，情境犯罪中，犯罪人道德意识的薄弱是犯罪动机产生的重要构成部分，而受害人自身存在的道德瑕疵，也是刺激犯罪人实施加害行为的重要情境因素。

三　道德取向——情境性冲突走向的决定性力量

“在康德那里，行为的道德性独立并先于任何动机，不是动机产生道德性，而是道德性产生动机。”（郑明哲，2013：48）因此，任何邪恶的动机其背后必然有个体道德构成与道德认知的缺陷与之相对应。儒家讲慎独，主要是指个体在脱离初级群体或者次级群体以及正式组织的监督以后，一个人在独处或是陌生环境中时，是否依然保持内外一致，保持较高的道德修养。情境性犯罪是个体在日常生活中与陌生人偶遇时发生的冲突引发的犯罪，是微观社会矛盾的集中体现，较少受到科技、政治和经济等结构性元素的影响。在情境性犯罪中，冲突双方往往是在双方心理和行为的互动中，不断将案件推向深入，也就是说，双方各自的每一次道德选择，情感、心理的动态，以及表现出来的行为言语上的善意和恶意，都对案件的推进产生重要意义，决定着案件的走向。在境遇性犯罪中，“一方面，被害人处于被侵害的被动地位；而另一方面，他又会对加害行为做出积极的反应，成为加害行为发生过程中的一个积极主体，而其行为本身直接参与了这种相互作用的过程”（赵可，2002）。

案例：时间：2012年11月18日，地点：湖北鄂州。

某技校女生小敏（受害人），搭乘胡某黑出租返校，因车费问题发生纠纷，被胡某挟持威胁后放走，本来小敏可以逃过一劫，无奈好强的她回头瞟了胡某的车牌号，被胡某发现后，担心被举报，将小敏杀害。

此案中的几个细节常被忽略：

其一，小敏上学着急赶路，事前并未与车主达成确定的服务价格，但承诺“多少钱都行”。

其二，胡某正常出车是要载满几个人后再上路，也就是说通常不会专门只载一个人上路，也是为了节约成本，多赚点钱。

其三，小敏到达目的地后未能履行自己的承诺，只给胡某3元，也就是说，她并未顾及胡某在正常出车情况下的相对损失，而坚持给一个自己认为合适的价格。

其四，胡某根据自己的行业经验，要求小敏付15元包车的价格，其实并不过分。

其五，事件经历多个时间和空间的转移：

葛店菜市场（见面，承诺）——校门口（拒履行承诺，争执，互不相让）——高新大道红绿灯与湖滨路之间（门把掰断、捆绑）——严家湖桥附近葛庙路往东方向的窄水泥路上（实施猥亵）——兜圈至天黑——案发现场（树林）

在这个过程中我们不难发现，双方在交往的过程中，犯罪人的每一次选择都是根据受害人的行为做出的反应。

受害人承诺多少钱都行——犯罪人答应载她一个人；

受害人违背承诺，要求付公交车的价格——犯罪人拒绝放行，冲突产生；

受害人拒不相让，始终不做妥协与周旋，忽略对方的感受，感受不到对方心理情绪的变化——犯罪人拉她回原处，并产生报复心理；

受害人剧烈抗争，损害犯罪人的车——犯罪人报复心理激化，实施猥亵；

受害人拒绝妥协和软化——犯罪人仇恨情绪急剧上升，实施伤害；

受害人在犯罪人临走时故意示意犯罪人自己记下了对方的车牌，暗示报复——犯罪人产生杀心，杀人灭口。

在另外一个案例中，山东菏泽许某因邢某开车时，反光镜刮到自己而未道歉，记下车牌号，跟踪到住处，专程从菏泽赶到济宁兖州邢某家中，将其喊出后用刀割喉杀死。这也是典型的，因为受害人首先违背一般社会道德规范，而被带有极端情绪的犯罪人伤害的例子。

以上两个案件中的基本蕴含着如下的逻辑回路：个人在长期的生命体验中养成特定的心理认知和行为模式或者个性，反映在社会交往中体现为一定的道德意识，包括道德认知、道德意志、道德情感和道德行为。而个人的知识储备，包括社会经验和习得的社会知识及道理以及所形成的社会观、生活观、人际观等，以及个人短期内的遭遇会影响到情景发生时的心态。“心态意味着一种心情，它是表现在某种行为方式里的一种情感倾向……一个人对于一种事物特有的感情态度产生于经验而不是原来就有的……感情的真实存在是一种境遇……在一种境遇里面，对于明显不同的环境状况将会有明显不同的反应……从根本上说，心态是一种道德事实；也就是说，是一种根据其结果来评价活动的根源。”（杜威，2012：23）以上的要素共同决定了在特殊情境中道德意识和道德行为的选择。沿着这样的一个逻辑路线，我们不难发现，在种种情境性社会冲突的形成背后，建构彼此意义世界的过程中，以善、恶为主导的道德意识在人们诠释和解释社会行为的整个机制之中起到核心的作用。个人的道德取舍，在互动方那里呈现为善与恶的行为对待，促使对方心态的变化，而人的情绪之对于社会事件的反应，就如打喷嚏和咳嗽对于自然环境变化的反应，是人自我免疫系统开启和行使其功能的表现，负面的情绪是在告诉人们，需要改变。在情境性冲突中，事件的推进和走向不是由一方决定的，这是这类案件的重要特征。而如果说双方道德的博弈决定着事件的走向，那么无疑，受害人也应该承担相应的责任，根据大兴摔童案、药家鑫案以及招远麦当劳案和湖北技校学生受害案，我们大概总结了受害人的个性特征：强势性格；爱出风头、好表现；贪小便宜；轻信；浮躁；疏于防范；情绪化；移情能力和同理心较差等。而以上这些个性特征，表现在日常的言行中，表现为易怒、不善妥协、爱冒险、攻击性强等等，这些大都违背传统的儒、释、道的道德信条，被归为为恶的行为取向。并且在情境性犯罪中极易成为引发犯罪人犯罪动机的导火索。

四　情境性冲突中道德博弈的机制

1. 大众传播与刑事司法——不完整的意义世界（对公众道德形成的误导）

烟台招远麦当劳案和北京大兴摔童案的判决书（展示）（见附

件一）。

北京大兴摔童案中，在官方发布的判决书中，自始至终没有出现受害人的反应，略去了整个事件过程中所有有关受害人反应的信息。同样，在招远麦当劳案中，烟台市中级人民法院的判决书中，也同样自始至终略去了被害人在与施暴者互动中的反应，这样的案例可能还有很多。抛开这背后刑事司法中的修辞腐败和政治歧视不说，从社会学视角看来，在韦伯那里，每个行动者都会赋予自己的行动以一定的意义，且“可能会以他人过去、当前或者预期未来的表现为取向”，而对行动意义系列的理解也就是对行动实际过程的一种解释。在此基础上，布鲁默进一步指出，人们都是根据对对方反应的意义的诠释来做出自己的反应的，于是，刺激——诠释——反应的过程也可以说是具有意义的互动的过程。“诠释的过程也是行动者遭遇到事物后所进行的自我指示活动，而行动就是以符号为基础的一系列由自我所进行的诠释活动。”（高宣扬，2010:425—431）而如果缺失了互动双方中一方的反应，那么我们对于行动者行动的意义也就无从理解，无从解释。正如我们只看到被哥哥打哭的弟弟，没看到顽皮的弟弟弄坏了哥哥心爱的玩具，只看到不孝的儿媳，没看到蛮横的婆婆一样。因此我们必须如实还原事件中所有行动的社会意义的形成，才有可能对行动者的意义进行科学的解释。

大众传播中以及检察机关公诉书中的语言腐败，一方面直接影响甚至误导到判案人员对于案件真实性和完整性的认知与理解，另一方面也影响着社会的总体价值取向和道德意识的流向。英国学者朱克斯曾提出偏离放大螺旋效应的概念，“在一个夸大扭曲预测和象征的框架内对偏离的报道使一系列互相关联的反应发生作用。”这种泛道德化的报道，诱导不良的情绪宣泄，蚕食道德互信。“引发强烈的‘道德恐慌’，而道德恐慌一旦形成，则会致使当政者加强社会控制手段，最终导致‘过剩化犯罪’。”(汪明亮，2014)

总之，无论刑事司法人员还是媒体都不应该为了突出刑事司法的作用和重要性而故意将犯罪的严重性夸大或者缩小，也不应该为了讨好和迎合群众而将主观的政治倾向和情感倾向投射到执法实践中去。这都会导致我们无法看到事实的全貌和本质，无法做出恰当的判断。

2. 意义世界建构的分歧是冲突产生的根源

日常生活情境中，没有了制度关系、规则关系和权力关系的介入，人与人之间的交往完完全全呈现为一种现实经验为基础的主体间的关系。人与人之间呈现为较为单纯的结构和意义。对于社会行动(或行为)的意义的认识，韦伯将其分为主观意义和客观意义，即对于行动者而言的意义和对于观察者而言的意义。“一个动机乃是主观意义的复合体，在行动者本人或是观察者看来，它就是当下行为的充分依据。”(马克斯·韦伯，2010:11)犯罪动机的产生的过程，也是犯罪人主观意义世界的建构过程。而舒茨从现象学的角度也将社会行动的意义分为主客观两种，“并且强调社会行动的意义只能是一种行动者本人的主观意义，自我意义的确立过程和对他人经验的理解是两种完全不同的意义。在理解主观意义时，我们往往是和他处在一个直接经验的世界中，而在理解客观意义时，我们则是处于一个匿名的世界中。”(李南海，2007)因此，理解主观意义，可以帮助我们解释犯罪心理的形成机制，而理解客观意义，并通过对比发现主客观意义的差距，才能帮助我们找到犯罪的根源。关于犯罪的原因，霍布斯抛开社会和政治的基础，只把它归为人们理解上的错误。“一切罪行都是来源于理解上的某种缺陷，推理上的某些错误，或是某种感情爆发。理解上的缺陷成为无知，推理上的缺陷则称为谬见。”从这个意义上来讲，犯罪个体对于各自意义世界的建构才是犯罪行为产生的根源所在。如果说“……每个人的生平情景现有的知识储备以及社会基质的坐标构成了个体日常世界的基础……”(李霞，2011)那么由此决定的人们的需求和动机，以及以此为基础而形成并直接影响个体行为选择的道德认知，则是主体间意义分歧形成的根源所在。社会行动的客观意义主要来自社会一般道德规范的评价。而意义世界建构中的分歧，主要来自个体行为背后在对意义诠释过程中出现的偏差，因此，我们尝试通过对犯罪情景中动机、欲求、情感、道德辩护等的分析，对如何成为情境犯罪中的受害人进行分析和总结。

在药家鑫案中，受害人在被车撞倒，失去行动能力之后，面对犯罪人过来查看情况，故意做出在记车牌号的表情神态，在受害人看来，是要震慑行凶者，使其产生对后果的恐惧，从而对自己做出妥协和善意的行为来补偿错误。而对于行凶者而言，带着对“农村人难缠”的预断，自己作为一名无经济收入且家教甚严的青年学生，无力承担由于撞人所引发的无休止的赔偿和纠缠。而受害人记车牌的动作，在施暴者那里，却成了一种极具挑衅的动作，给他带来极度的不安全感，让他产生恐惧，而如何消除恐惧，在他看来只有杀人灭口。同样，在招远麦当劳案中，作为行凶者一方，出于对宗教的虔诚和忠诚，对于向人索要号码，他们并不觉得是恶意的行为，反而觉得是在救人，是善意的。而对于受害人来讲，对于陌生人前来索要号码，则是一种贸然的、极其无礼且恶意的举动，因此其拒绝行为是正当的，理直气壮的。出于这样的一种预判，而当她以并不友好的一句“一边玩去”作为回应的时候，无疑点燃了犯罪人愤怒的导火索。而在北京大兴摔童案中，犯罪人认为自己的言语行为是礼貌得体的(见附件二根据犯罪人在庭审现场的发言整理的文字),而受害人则更关注犯罪人的行为侵占了公共资源,违背了法律规定,而自己的貌似不礼貌的言语行为,其实是正当的,正义的。以上的三件典型案例都是冲突双方在各自建构自己行为的主体意义时产生的分歧而造成。同样的情景中,互动双方对于各自的行为有着不同的理解和意义诠释。因此,"情境性"犯罪的研究应该首先将如下的隐含性要素提炼出来:主体对于自己心理及所要实施的行为的客观社会意义的认知,主体对于与陌生人交往的理解,主体的语言和行为模式,主体对于情景的理解和判断,主体对于潜在风险的预估以及风险发生后的应对,旁观者或者中介者对于双方的理解,对于情形的判断和涉入风险的预估,双方对于交往意义的建构等。

所有这些要素都隐含在交往过程中双方的语言和行为当中,要发掘、提炼和形成系统有效的证据链,必须对主体的语言和行为模式背后的价值形成与意识模式进行深入理解和还原。

3. 道德认知决定着意义世界建构中善恶观念及行为的形成

意义世界建构的过程,也是动机形成的过程和道德认知重构的过程。"道德不仅是一种社会意识,一种社会规范,而且是人类的实践精神,是人类把握世界的特殊方式……它把世界分成两部分,即善的和恶的……"(魏长领,刘学民,刘晓靖,2013:17)古希腊斯多亚学派的大师说:"善的本质是一种意愿,恶的本质也是一种意愿。"(爱比克泰德,2009:148)道德的实践性决定了,其取决于个体的利益需求,借助情绪和心态的运作机制,依靠个体的意志力,将个人的行为赋予正当的意义并形成独特的道德信仰,最终付诸于实践，变为善与恶的行为取向。道德是调节主、客二元对立的一个概念，它是主观见之于客观的，它从人们的需要出发，通过特定价值观去改造社会，既体现为个体修为，也反映了社会秩序（在儒家那里，更强调社会的自发秩序，强调顺应民心民意，不扰民，不强民之所难）。道强调的是天道、人道，是本来，是本源，是事物本来的面目，是佛教讲的"如来"，是规律，是终极的真理，是万物之始，是万事之理，是最大多数人的福祉。而德则强调的是个人对于社会秩序的尊重，是个人在个体的幸福与最大多数人的幸福和社会秩序之间做出的调和和权衡。"德者，外得于人，内得于己。"（许慎）道德，在内为良知；在外，为调节社会矛盾，化解冲突的润滑剂。主客体统一于道德，主客观统一于道德，个人社会统一于道德。因此，客观上讲，道德应该是一种共识，是标准和尺度，是社会成为可能的价值基础。设想若社会没有了作为共识的道德规范，那么社会冲突何以化解，社会团结何以形成。但是另一方面，道德本身又是被社会成员建构起来的概念，极容易成为权力斗争和阶级统治的工具。道德本身取决于个体的需要与动机，这就使得道德在每个人那里有着不同的意义和多种的选择。每个人可能会根据自己的需要做出不同的道德选择。因此，社会成员个体无论多复杂的心理机制，在其行为之前，首先要使得其在道德上"合法化"（主观意义上而言）。而这也恰恰与赛克斯和马茨阿的中和技术理论（techniques of neutralization theory）相吻合。随着犯罪不断逼近人们的日常生活，情境性犯罪成为道德冲突的集中体现，而人们对于共享世界意义的建构所产生的分歧是导致冲突产生的重要原因，而道德意识是人们理解和解释社会行动，进行自我观照的主要内在标准，因此，道德水平和道德意识的冲突成为情境犯罪的核心和本质所在。在人们意义世界建构的过程中，个体间存在巨大的分歧，是导致冲突的根源，而因为个体生平情境、知识储备的巨大差异，在相同的情境中，人们建构起不同的意义世界，输出不同的行为。这当然取决于每个个体背后的生平情境、知识结构以及心理认知机制，但是无论这背后的形成机制有多复杂，都表现为善与恶两种不同的路向。

在山东招远麦当劳案中，当犯罪人张帆第二次去向受害人出索要号码时，受害人不耐烦地说了一句："一边玩去"。对于受害人而言，是在对对方索要电话号码动机的一种预断的基础上的一种愤怒与抗拒。然而，根据情境犯罪预防理论，对于施暴者而言，则有多种的意义在其中：其一，犯罪人在餐厅曾向多人索要号码，未必均能成功，受挫之后势必积累一定的愤恨情绪，已经成为"具有犯罪性格的人"，而在这样一个公众场所，周围环境之中又缺乏有力的监管者，因此，只要恰当的受害人以及刺激因素出现，则犯罪行为发生的风险将会大大增长。而现实的情况是，周边大多数就餐者多为三人及以上，且大多为有男性在场；其二，大多数人并未表现出明显的不礼貌言语和行为。因此在这种情境之中，受害人的一句"一边玩去"无疑暴露了自己的道德瑕疵，点燃了犯罪人实施犯罪的导火索。而受害人预判对方的动机，将动机当事实。并且对于自己在情境中所处的弱势地位缺乏清醒的认识。即便对方存在明显的不良企图，但是至少对方并未将这种不良企图表现为恶意的言语或行为，如果你把这种预断的不良企图当成事实来对待，很可能会导致对方恼羞成怒，加快实施犯罪的脚步和强度。

4. 道德的情境性建构——日常生活世界的道德意识

以涂尔干为代表的传统的社会学倾向于认为道德是社会结构化的产物，是一种强制力的代表，是社会存在的结构化基础。道德更多作为外在于主体的人，而行使一定社会功能的结构性存在，通过内化成为指导人们行为的道德意识而起到实际上维持社会团结的作用。这种理想化的解释貌似有其合理之处，但是对于相同社会结构中所存在的多样性甚至相互冲突的道德意识，甚至相同个体在不同情形下所表现出的迥异的道德认知状况和水平，则又能作何解释呢？而鲍曼却认为，交往中的道德不同于结构化的道德标准，他引入了内哈马·特克在其大屠杀的研究中曾经引入的大屠杀事件中那些对遇难者实施救助的人。“他们是在非道德环境下坚守道德的人……他们来自‘社会结构’的各个角落与各个部门，证明了道德行为存在‘社会决定因素’的说法完全是子虚乌有。”(转引自齐格蒙·鲍曼，2002：7)随后的论述中，作者鲍曼还引入了世界报中的一篇通讯，里面讲到了“那些一同经历过人质磨难的夫妇有高得出奇的离婚率。……在恐怖事件发生的过程中，……平常的好丈夫‘被证明是’自私的人，只顾自己的死活；大胆的生意人表现出令人厌恶的怯懦；而足智多谋的‘男子汉’形如土灰，只有为他们即将到来的死亡而哀戚……这两面都是受害者所一直具有的品性……他们只是在不同时间和环境下显露而已”(齐格蒙·鲍曼，2002：9)。作为社会结构化产物的道德标准与内化为行动力的道德意念在具体的情境中，具有不同的含义，所以，与其说道德意识的产生源自社会团结的需要，是社会结构化的产物，毋宁说，道德更多的时候产生于人们日常交往的情境当中，是特定时空下，特定社会基质坐标的产物。

道德的领导权并不等于道德的实际统治权，社会拥有结构性的引导大众道德价值取向的作用和社会舆论的监督批评功能，但在实际的日常生活世界中，人们随情境的变化而即时即地产生的基于生存智慧的道德意识并不一定完全与之吻合，甚至大多数时候未必吻合。因此,情境中的道德才是实际中的道德。

五 情境犯罪中的道德博弈——风险共同体背景下的对抗与合作

情境性犯罪中,双方的道德认知和道德意识决定了主体的心态、情绪、意义世界的感知和解释,集中表达为善与恶的博弈所形成的善果与恶果的理性计算。道德博弈的机制、结构和产出有着复杂的运行模式和诸多不可预料的可能性。道德将人的精神世界分为善与恶,好比太极中的阴阳两极,相互包容,同处共存,你中有我,我中有你。当个体被暴露在陌生环境中,面对陌生人,每个人都处于未知的风险中,通常我们所说的受害人和加害人,只是刑事上的对立者,而在现实生活中,从心理学、社会学的视角看,加害人与受害人之间存在多种复杂的关系,包括:很多加害人起初可能首先是受害人,而受害人可能起初是加害者。这一点我们在上文中已经提到。随着客观条件情境中情势的变动,加害人与受害人的角色也始终处于不断的变动之中。在很多由于防卫过当的例子之中,当加害人的加害行为引起受害人的过激反应时,防卫行为就变成了加害行为。当加害人对受害人实施言语攻击、人格侮辱、财产侵害或者名誉损害时,受害人的抗争行为也极有可能瞬间转换为加害行为。我们通常认为,加害者总处于主动的位置,实际上,很多时候,也正是被害人塑造或者影响了加害者。而所以,从这个意义上讲,只要冲突发生,双方同处于风险共同体之中。

情境性犯罪中,因为双方都无预谋实施加害,所以,作为主体的个人无法预料互动方的另一端是否善意或者恶意,甚至无法准确判断双方的力量对比。（此处的力量，不仅是指身体对抗方面的肢体力量，也是指双方在情境中所能调动，可资利用的社会资本的总量。）在情境犯罪中，因为双方是在不期而遇的状况下开始的互动，只有当双方的互动足以刺激到对方的利益和关切，甚至触动彼此底线时，相互间才会从彼此的背景中走出来，成为彼此意义世界的建构者。因此很难确定到底是哪一方的反应首先第一个走进对方的意义世界之中。因此，双方道德意识的碰撞只有在冲突产生时才成为我们研究的对象。通常情况下，个体只有在个人的生存空间受到挤压，利益受到侵害，人格受到侮辱，自尊受到伤害，道德底线受到挑战时才会率先发起攻击。上文我们提到，哪怕是加害者，一般只有在受害人首先出现道德瑕疵时，才会点燃其实施攻击的导火索。在这种博弈当中，通常我们会假设受害人为弱者：

其一，当双方力量对比悬殊时。

弱 强	善	恶
善	好/好	坏/好
恶	坏/坏	坏/坏

作为弱者而言，如果你选择善，则好坏的结果各占一半；而如果你选择恶，因力量对比中不及对方，对方会以你的行为的善恶取向做出回应，不可能得到好的结果。

其二，力量对比均衡。

弱 弱	善	恶
善	好/好	坏/好；好/坏；好/好；坏/坏
恶	坏/好；好/坏；好/好；坏/坏	坏/坏

如果你遇到的是一个同样的弱者，那么如果你选择善，那么好

的概率为60%;如果你选择恶,那么好的概率只有40%。

其一,力量对比悬殊。

强 弱	善	恶
善	好/好	好/坏
恶	好/坏	坏/坏

如果作为强者的你选择善,则因为对方实力较你而言处于劣势,所以,对方无论是回应以善或者恶,都不会给你造成不利的后果,而你有100%的几率获得好的结果;而如果选择恶,则极有可能会激发起对方强烈的防卫反应,致使你自己处于极大的风险之中。

其二,力量对比均衡。

强 强	善	恶
善	好/好	坏/好;坏/坏;好/坏;好/好
恶	坏/坏;好/坏;坏/坏;好/好	坏/坏

若你选择了善,则有60%的几率获得好的结果;而如果你选择了恶,则只有40%的几率获得好的结果。

综上,在情境性犯罪事件中,我们不难发现,处在陌生情境中,潜在的受害人与加害者面临着相同的风险。双方互动中所输出的善与恶的博弈,其实是在共同缔造双方的结局。而只有秉持善念方可以降低风险。只有树立犯罪人与被害人一体化的观念,才能在双方的互动博弈中,找到化解冲突,降低风险的有效治理策略。

鉴于情境性冲突所引发的犯罪的普遍性、高发性、日常性和不可预料性,每个人都是潜在的犯罪人和受害人,情境中存在刺激犯罪发生的变量,双方在共享的社会基质坐标中建构各自不同的意义世界,而意义世界的分歧是冲突发生的根源所在,而这种分歧主要来自双方的道德意识,并表现为不同的道德行为,双方根据各自对对方道德行为的理解进一步做出反应,从而推动事件的发展。在这一过程中,双方的博弈综合体现为一定生平情境、心态和社会资本背景下的道德意识与道德行为的综合博弈。低的道德修养不仅是造成犯罪人实施犯罪的直接动因,更是受害人刺激犯罪人实施犯罪的导火线。20 世纪 60 年代以来,德国出生的英国心理学家汉斯·于尔根·艾森克发展了一种自主神经系统——条件反射理论,基本观点是"为什么大多数人过着符合道德的生活而不从事犯罪活动呢? ……一种经常提到的答案就是,人们之所以不从事犯罪活动,是因为他们身上有一种内在的指路明灯(inner guiding),有一种良心,有一种超我,它指导人们按照符合道德、守法的方式行动……"(吴宗宪,2006:224)

人们日常生活中的道德意识更多产生于交往中随时变换的时空场景,而不是社会结构。人们在陌生人偶遇情境中面对应激事件时,其善与恶的道德选择直接影响到事件的走向,进而影响到双方在彼此意义世界建构中的风险与威胁的形成与解构。如果说在预谋性犯罪中,受害人对于遭受到的犯罪攻击具有不可抗性,在遭遇性犯罪中,受害人很多时候是积极地参与进加害行为之中的。也就是说,受害人能够部分地掌控自己的命运。道德本质上是与人相处的智慧,道德水平的高低,不仅是社会化程度的一个重要考量,也是一个人理解社会,理解人与人之间关系的一门重要的智慧。随着社会结构的变动,原先的差序格局在慢慢瓦解,而理性秩序尚未能建立,人们处理日常事务的方法论逐渐趋于功利主义和工具主义,传统的道德意识和价值观在瓦解,而新的道德秩序很难在短时期内建立起来并达成共识。在一个道德秩序相对混乱的年代，传统文化中的道德意识和信条无疑是最有可能形成共识的重要参考标准。“福祸无门，惟人自召。善恶之报，如影随形。”致其良知，求其“放心”（孟子语），不仅是抑制犯罪人的恶念，而且减少受害人的风险，何乐而不为？风险社会下，按照风险循环理论，罪魁祸首与受害人很容易同一起来。在情境性冲突引发的犯罪事件之中，加害人与被害人之间的角色相互依赖、相互转换、相互影响，共同推动事态的发展。双方道德水平及道德认知的落差成为双方冲突的重要驱动力，而任何一方首先释放善意，才是最终实现双赢的最好的策略。作为被害人，很多时候，“风险没有给受害人带来危险的知觉，而是带来了对恐惧的否认。”（贝克：风险社会）无论是对犯罪人还是受害人而言，提升德性，释放善意，是避免风险的最佳策略。

参考文献：

[1] [古希腊]爱比克泰德，《爱比克泰德论说集》，北京：商务印书馆，2009 年，第 148 页。

[2] 贝克、邓正来、沈国麟，《风险社会与中国——与德国社会学家乌尔里希·贝克的对话》，《社会学研究》2010 年第 5 期。

[3] 曹立群、周愫娴，《犯罪学理论与实证》，北京：群众出版社，2007 年，第 71—73 页。

[4] 成伯清，《风险社会视角下的社会问题》，《南京大学学报》2007 年第 2 期。

[5] 杜威，《杜威全集·中期著作》（第七卷），马迅译，上海：华东师范大学出版社，2012 年，第 23 页。

[6] 高宣扬，《当代社会理论》，北京：中国人民大学出版社，2010 年，第 425—431 页。

[7] 江志华：《“社会解体论”与青少年问题》，《当代青年研究》1995 年第 1 期。

[8] 李南海,《赋予行动以意义——韦伯与舒茨行动理论的比较研究》,《经济与社会发展》2007 年第 3 期。

[9] 李霞,《日常生活世界的主体性意义结构》,《齐鲁学刊》2011 年第 4 期。

[10] 马克斯·韦伯,《经济与社会》(第一卷),阎克文译,上海:上海人民出版社,2010 年,第 11 页。

[11] 马晓霞、张广宇,《情境性伤害犯罪人认知结构研究》,《湖北警官学院学报》2012 年第 9 期。

[12] 转引自齐格蒙·鲍曼,《现代性与大屠杀》,杨渝东、史建华译,南京:凤凰出版传媒集团译林出版社,2002 年,第 7—9 页。

[13] [德]乌尔里希·贝克,《风险社会》,何博闻译,南京:译林出版社,2004 年,第 35 页。

[14] 吴宗宪,《西方犯罪学》,北京:法律出版社,2006 年,第 184 页。

[15] [英]休谟,《人性论》,北京:商务印书馆,1980 年,第 497 页。

[16] 许慎,《说文解字》。

[17] 汪明亮,《过剩犯罪化的道德恐慌视角分析》,《法治研究》2014 年第 9 期。

[18] 魏长领、刘学民、刘晓靖,《道德信仰与社会和谐》,武汉:武汉大学出版社,2013 年,第 17 页。

[19] 郑明哲,《道德力量的来源——基于生命哲学的阐释》,广州:世界图书出版广东有限公司,2013 年,第 46 页。

[20] 赵可,《试论被害人与加害人的相互租用及其角色转换》,《浙江公安高等专科学校学报》2002 年第 1 期。

以危险方法危害公共安全罪形成机理与应对机制

赵运锋*

摘　要： 以危险方法危害公共安全罪的司法适用有扩大趋势，与罪刑法定原则之间的张力也日趋显现。以危险方法危害公共安全罪的司法扩张与实质解释论相勾连，这可以从该罪名适用中的价值判断、结果导向及罪名变换等角度推知。以危险方法危害公共安全罪的扩张性适用易滋生法律风险，如公民行为预期的不足、法治系统后果的淡化及罪刑法定原则的矮化等。针对因该罪名适用可能引发的风险因素，需从构成要件符合性判断、法律论证及适用结果监督等几个方面加以应对。

关键词： 危险方法；危害对象；结果导向；法治系统后果；行为预期

近年来，以危险方法危害公共安全罪不断从幕后走向台前，成

---

*　作者简介：赵运锋，法学博士，上海政法学院刑事司法学院副教授，华东政法大学博士后，研究方向为刑法解释学。

为风险社会下维护社会稳定、保障公共安全的倚重条款，在食品领域、环境领域、交通领域、卫生领域、市政领域等，都能见到以危险方法危害公共安全罪司法适用的影子。并且，随着我国向风险社会纵深方向发展，以危险方法危害公共安全罪发挥作用的空间还将逐步延伸。与此同时，针对该罪名适用现状的批判、异议、指责等声音在司法界与理论界一直不断。基于此，本文试图从以危险方法危害公共安全罪扩大适用的深层原因、风险评估、规制措施等维度展开论证，探寻该罪名司法适用的规范性路径，以达致刑法规范稳定性与妥当性的平衡。

一　以危险方法危害公共安全罪适用梳理

从司法实践看，以危险方法危害公共安全罪的适用处于上升通道，这既表明该罪名治理社会风险的作用彰显，也表明有权主体越发倚重重刑主义观。下文将分别展示近年来关于以危险方法危害公共安全罪适用的热点案例，既可以表明该罪名适用领域的广泛性，还可以为后文的理论诠释及理性反思提供素材。

案例 1. 2007 年 7 月，被告人张玉军在明知三聚氰胺是化工产品不能供人食用，人一旦食用会对身体健康、生命安全造成严重损害的情况下，以三聚氰胺和麦芽糊精为原料配制出专供在原奶中添加以提高原奶蛋白检测含量的含有三聚氰胺的混合物（俗称“蛋白粉”），后购买了搅拌机、封口机等生产工具，购买了编织袋，定制了不干胶胶条，陆续购进三聚氰胺 192.6 吨，麦芽糊精 583 吨，雇佣工人大批量生产、销售“蛋白粉”。张玉军生产、销售的蛋白粉又经赵怀玉、黄瑞康等人分销到石家庄、唐山、邢台、张家口等地的奶厅(站),被经营者添加到原奶中,销售给石家庄三鹿集团股份有限公司。2009 年 11 月 24 日,根据最高人民法院执行死刑的命令,石家庄市中级人民法院对三鹿刑事犯罪案犯张玉军执行死刑。该中级人民法院于 2009 年 1 月 21 日作出刑事判决,认定被告人张玉军犯以危险方法危害公共安全罪,判处死刑,剥夺政治权利终身。后河北省高级人民法院于 2009 年 3 月 26 日裁定驳回张玉军上诉,维持原判,并依法报请最高人民法院核准。[1]

案例 2. 2009 年 8 月 28 日上午,上海周先生驾驶一辆桑塔纳轿车由南向北行驶,在距离十字路口约 100 米处时,行驶在快车道的他发现前面有辆车停着。周先生注意了一下反光镜,发现后面虽有一辆车,但离得较远,于是他打了方向灯准备变道。当变到慢车道车身刚拉直时,感到车子一震,他发现后面的那辆车撞了上来。对方车上下来了两名男子,要求周先生赔偿。周拨打了报警电话。交警赶到现场查看后,认定是周违章变道,应负事故的全部责任。经过协商,周先生赔付对方 1000 元。就在之前的两个月内,该市嘉定、长宁、松江等区连续发生了多起类似的交通事故。警方经初步梳理及串连案件,发现与上述索赔人有密切关联,具有故意制造交通事故骗取赔偿款的重大作案嫌疑。随后,6 人团伙涉嫌以危险方法危害公共安全罪被批捕。[2]

案例 3. 据 2005 年 9 月 15 日《南国今报》报道:“昨日,柳州市柳南区检察院批捕偷盗井盖的犯罪嫌疑人梁立将、周正圆,二人涉嫌的罪名是以危险方法危害公共安全。据悉,这是该市首次以此罪名批捕嫌犯,将对打击日益猖獗的偷盗井盖行为起到威慑作用”,“据柳南区检察院检察官介绍,以前对偷井盖的行为大多以盗窃罪论处,威慑力不足,这也是偷盗井盖现象日益猖獗的原因之一。检察官称,偷盗井盖者即使没有直接故意,但他们对有可能发生的事故持放任态度，属间接故意，从其危害性来看，应以危险方法危害公共安全罪论处。”[3] 2005 年 5 月，北京市海淀区检察院以涉嫌以危险方法危害公共安全罪批捕了两名在北京盲人学校门口盗窃井盖者。业内人士指出，以此罪名指控井盖窃贼在北京尚属首例。此外，郑州、嘉兴、温州、铜陵的法院都曾以危险方法危害公共安全罪对盗窃窨井盖的窃贼作出判决。武汉市政法机关也曾向媒体通报，对盗窃窨井盖者，将以危害公共安全罪定罪量刑。

案例 4. 10 月 23 日晚上 10 点 19 分，建水县陈官派出所接到一位家长的报警：“西湖幼儿园一老师用针头对幼儿注射脏水。”派出所民警赶往幼儿园调查之后发现，这位名叫孙琪琪的老师不仅对一名幼儿园小朋友用针刺的手段进行管教，而是对她所任教班级的一共 24 名学生用了相同的手段，这些幼儿被针扎次数不同，最多的竟多达八九次……。据建水县委宣传部有关负责人介绍，事发之后，建水县已经成立了调查取证组、医疗救护组以及学生家长稳定工作组，共同负责处理此事。目前，孙琪琪因涉嫌“以危险方法危害公共安全罪”被警方刑事拘留。目前，建水县委、县政府正本着“查明真相、准确定性、依法处理”等原则对此事进一步调查处理。[4]

案例 5. 河南省平顶山市新华区四矿原矿长李新军等 4 被告人为谋取非法暴利，拒不执行监管部门严禁该矿组织生产、责令停工整改等规定，在明知矿井存在重大安全隐患，随时可能发生瓦斯爆炸等重大事故的情况下，反而指使他人破坏瓦斯传感器，强令工人下井作业，致 76 人死亡、15 人受伤。2010 年 11 月 16 日，河南省平顶山市中级人民法院一审公开宣判，以危险方法危害公共安全罪、伪造事业单位印章罪数罪并罚，决定执行李新军死刑，缓期二年执行，剥夺政治权利终身；以危险方法危害公共安全罪判处韩二军死刑，缓期二年执行，剥夺政治权利终身，判处侯民无期徒刑，剥夺政治权利终身，判处邓树军有期徒刑十五年，剥夺政治权利五年。[5]

案例6. 2009年8月底，张健飞的儿子上了大学，在家无事可做的他想出去散散心并试着找找工作。他9月初来到北京后，在逛超市时买了一把餐刀，准备带回家用，他平时就把刀随身带在身上。他在北京始终没有找到适合他的工作。9月17日，他退房离开旅社，独自来到前门大栅栏，傍晚在一家东北饭馆吃饭，喝了两小瓶二锅头和1瓶啤酒，喝完后他继续在大栅栏里转悠。张健飞称，当时喝得有些迷糊，记不清是有人撞他，还是他撞别人，总之他在与对面走过来的男子碰了一下后，突然转身回来，从包里拿出尖刀，拽下包装盒，从后面扎了那个人的下身，扎完后，他就拿着刀往前跑，谁挡在他前面他就扎谁。北京市第一中级人民法院透露，该院8日一审以危险方法危害公共安全罪判处张健飞死刑，同时赔偿各被害人以及各被害人家属经济损失共计105万余元。[6]

案例7. 去年12月14日，孙伟铭在中午大量饮酒后，仍驾车在成都市区内穿行往来。17时许，孙伟铭在一路口从后面冲撞与其同向行驶的一辆轿车尾部后，继续驾车逃逸。在往龙泉驿方向行驶的过程中，孙伟铭严重超速并越过道路中心黄色双实线，先后撞上反向正常行驶的4辆轿车。此次事故共造成4人死亡、1人重伤，公私财产损失共5万余元的严重结果。成都市中级人民法院23日对一起特大交通事故作出一审判决。被告人孙伟铭因无证、醉酒驾车造成4人死亡、1人重伤，其行为已构成以危险方法危害公共安全罪，且情节特别恶劣、后果特别严重，被依法判处死刑，并剥夺政治权利终身。[7]

从以上现实案例及其司法定性可以发现，从道路交通秩序领域到市场经济秩序领域、公民个人权利领域、社会管理秩序领域、食品卫生领域、矿业开采领域，以危险方法危害公共安全罪的触角已经越伸越长。从交通肇事到生产非食品原料、车辆“碰瓷”、偷窨井盖、针扎学生、非法采矿，危险方法不一而足。本罪名虽然与放火、爆炸、决水、投放危险物质罪是一种并列的犯罪，但是后果的类似性，再加上“其他”概念的模糊性、公共安全内容的模糊性、主观故意内容基本理论理解的模糊性，致使在理论与实践上，以危险方法危害公共安全罪越来越具有口袋罪的嫌疑。

二　以危险方法危害公共安全罪的适用评析

从司法主体对以危险方法危害公共安全罪的适用来看，主要是沿着实质解释论的角度展开的。换言之，司法主体借助于实质解释将诸多的危害行为涵摄到以危险方法危害公共安全罪的范畴，之所以做如此认定，具体可从刑法解释的价值判断、结果导向性及罪名置换 3 个维度进行探讨。

第一，刑法解释的价值涉入。从刑法规范来看，文义确定、明确的规范不需要解释，只需根据实践需要适用于个案即可，否则就会陷入哲学诠释学的陷阱。如陈金钊教授所言，“在立法者制定的很多法律中，只有那些模糊的语词需要解释，而对那些明确的意义则需要我们认真遵守”[8]。不过，这仅限于明确性或确定性的规范条文，对那些规范疑难的情形则需通过解释方可适用于个案。“解释仅限于怀疑和见解不同的时候。”[9]由于解释的存在，在规范文义当中往往会有价值涉入，因为司法主体的解释过程往往是价值判断的过程。在这个过程中，有关政策、政治、伦理、民意及形势等法外因素会借助解释通道进入文义规范，从而形成主观性的价值判断，这是实质解释的重要特征，即通过价值涉入达到协调规范稳定性与妥当性的需求。“在法律弹性限度允许的范围内，灵活应变、具体问题具体分析、政治性的判断、功利性的权衡等一系列手段在必要的时候还会派上用场。总之，为了满足实质合理性的要求，法官也有很好的理由去牺牲一些形式合理性。”[10]就以危险方法危害公共安全罪而言，该罪名的犯罪构成是开放性的，在主观罪过、危险方法及危害对象的属性上没有明确的界限，基于此，实践中以危险方法危害公共安全罪的扩张性适用已经具有口袋罪的嫌疑。并且，从司法实践看，司法主体在对危险方法与危害对象的评价中确实契合了实质解释论的内涵，都是在充分考量价值因素的情况下而做的判断与选择。比如，就危害行为是否属于危险方法而言，司法主体在判断时往往是根据政策需要、社会形势、公众民意及政治判断等法外因素而得出结论，这些因素构成价值判断的前提。由此，以危险方法危害公共安全罪的司法适用中充斥着价值判断，这与实质解释观具有天然的一致性。

第二，刑法解释的结果导向。形式解释主张刑法规范的确定性，认为刑法规范包含了解决问题的答案，并主张在个案裁量中坚持三段论的司法逻辑。形式解释的优点在于，可以保障公民权利，推动刑法规范的稳定性，有利于促进司法实践形式意义上的平等。不过，形式解释的不足也很明显，最为人诟病的就是三段论逻辑。根据三段论进行司法判断，需要大前提与小前提的明确和正确，然而实践表明，法律规范与法律事实往往存有疑难，这对三段论来说无疑是致命的。“当法院在解释法规的词语、承认其命令具有某些例外、扩大或限制某一法官制定的规则的适用范围或废弃这种规则等方面具有某种程度的自由裁量权时，三段论方法在解决这些问题时就不具有多大作用了。”[11]实质解释论者正是敏锐到发现了形式解释的这个缺陷，并及时提出反三段论的司法逻辑，即结果导向型的思维模式。诚如法国法学家萨勒利斯所言：“一开始就有了结果，然后它找到法律原则，所有的法律解释都是如此。”[12]拉德布鲁赫也指出，是解释追随着解释结果，而不是相反。[13]质言之，实质论者主张，在疑难案件中，可以放弃传统的司法三段论逻辑，采取从结果到规范的思维路径。详言之，在具体的个案裁量中，司法主体先根据司法经验与知识积累得出大致应得出的结论，然而根据预先结论到刑法规范当中寻找符合意图的条文，借以实现刑法规范的稳定性与妥当性的统一。张明楷教授在论述实质刑法解释观时，曾明确指出，可以尝试从刑罚到构成要件的判断，换言之，先考虑应对危害行为处以何种刑罚，然而根据刑罚去解读并选择个罪的构成要件。“在当今社会，不可能要求法官像自动售货机那样处理案件。相反，在定罪时，往往会先有（临时性的）结论，后寻找大前提，并且使大小前提得以对应（所谓三段论的倒置）。”[14]由此，从结果到前提的思维逻辑是实质解释论的显著特征。就当下司法实践中频繁适用的以危险方法危害公共安全罪而言，也具备这个特征。比如，不管是将交通肇事罪上升为以危险方法危害公共安全罪，还是将非法经营罪上升为以危险方法危害公共安全罪，还是将敲诈勒索罪上升为以危险方法危害公共安全罪，还是将重大责任事故罪上升为以危险方法危害公共安全罪，还是将盗窃罪上升为以危险方法危害公共安全罪，在这些罪名的转换当中可以发现一个共同的问题，即司法主体在风险社会的背景下，对传统的危害行为的司法认定开始发生转变，转变的前提是考虑到对上述危害行为采取传统的刑罚规制不符合政策要求、民众诉求抑或个案公正，因此，需要在更为严厉的罪名当中选择规范适用,而以危险方法危害公共安全罪是最好选择。在这里,蕴含的司法逻辑就是从结果到规范的模式,而这正是实质解释论的重要表征。

第三,刑法解释的罪名转换。实质论者坚持司法主体应秉持价值判断,通过修正个案正义推动法治建设与权利保障。实质论者往往会强调,实质解释论有一个优点,就是通过在个案裁量中引入价值判断,将有形式违法性却不具有社会危害性的行为排除到犯罪圈之外。不过,不管是理论上还是实践上,实质解释在刑法适用当中经常起到相反的作用,也即,不是将符合形式违法性不具有社会危害性的行为排除到犯罪圈之外,而是不断地将不符合形式违法性却有社会危害性的行为纳入到犯罪圈当中,这既是对社会危害性政治色彩的典型诠释,也是对罪刑法定原则的公然背离。但是,实质解释论却以弥补法律漏洞、完善刑法规范为借口不断上演类似的故事。邓子滨博士曾就此指出:"并不如实质论者所宣示的那样,都是排除不当罚行为,还有好多不当罚尚有疑问的行为,却被目的论解释进去而不是解释出来啦。"[15]这是实质解释论经常为人指责的一个方面,还有一个方面也在不断侵蚀罪刑法定原则的根基,但并未引起学界的注意,即司法主体常借助实质解释改变危害行为的司法定性,将轻罪行为认定为重罪,根据则是行为有危害性且有当罚性。由于不存在将非罪行为纳入到犯罪圈的情况,仅是调整行为的规范属性,因此,并未引起理论界的关注。不过,在司法当中肆意变更罪名认定,也是在严重弱化罪刑法定原则的刚性特征。比如,将交通肇事罪认定为以危险方法危害公共安全罪,将重大生产责任事故罪认定为以危险方法危害公共安全罪,将敲诈勒索罪上升为以危险方法危害公共安全罪,等等。虽然司法主体在变更罪名过程中遵循的路径不同,或者是改变行为人的罪过形态，或者是改变行为的规范属性，或者是改变行为人的行为动机等，但殊途同归，都是为了对危害行为施以更为严厉的处罚。诚如白建军教授所言："即使说刑法中有再多的堵截式规范禁止某个行为的入罪，只要危害行为的事实清楚、证据充分，法官都可以主动依法找到另一个罪名对被告的行为作出刑法评价，进而启动另一个刑事责任的分配。……在这两个相辅相成、一表一里的前提假定下，变更罪名给刑事司法带来的不确定性变得既合理又合法。"[16]就此而言，这不应该是司法技术的问题，而是法官立场的问题。在这一点上，正是契合了实质解释论的精神。

三 以危险方法危害公共安全罪的风险评估

以危险方法危害公共安全罪的扩张性适用，在诉诸政策需要、民众诉求及社会态势的同时，也在滋生系列的风险因素，并对司法实践造成一定的危害，比如，公众行为预期的丧失、法治系统性后果的缺失、罪刑法定原则的矮化等。对以危险方法危害公共安全罪的扩张趋势需持谨慎态度，因此，对其可能滋生的负面效应认真分析。

第一，公民行为预期丧失。行为预期是指，行为人对其行为法律后果有一个是否合法的预判，并藉此指导与规范公民的行为。由此，规范文义的明确性、司法裁判的稳定性是确保公民行为预期的重要保障。但是，从以危险方法危害公共安全罪的适用看，鉴于司法主体利用实质解释的进路解读规范，在司法裁量中不断借助价值判断完成规范阐释，致使刑法规范文义范围更趋模糊，司法裁判的稳定性已成奢望。正如林维教授指出的："刑法的真正含义从来不会自动浮现，也从来不是一个客观存在，而是解释者价值判断的结果，主观认定的结果。”[17]近年来，以危险方法危害公共安全罪的适用领域一直在延伸，从食品领域到交通领域，从人身权利到矿业安全，从环境卫生到财产权利等，都可以看到以危险方法危害公共安全罪适用的影子。该罪名适用范围之广令人颇感意外，也令社会民众颇感困惑。比如，原属违法行为被纳入到以危险方法危害公共安全罪的范畴，原属于轻罪的行为被处以重罪。其实，从司法主体对以危险方位危害公共安全罪的解读看，存在对刑法规范文义的不当扩展或违法诠释的嫌疑，比如，行为人是间接故意还是过于自信的过失？行为人是否具有报复社会的动机或目的？危害行为是否具有危害公共安全的属性？当对上述规范文义的诠释还存在广泛争论时，当是否应采存疑有利于被告是否及于规范文本时，司法主体就匆忙根据政策需要等法外因素进行定性，结果当然不能令人信服。由此，不管是从规范文义的确定性上看，或者从司法裁判的稳定性上看，以危险方法危害公共安全罪的司法适用都存在值得探讨的空间。“如果法官们可以在任何时候轻易转向新的方向，那么人们就很难计划自己的活动。”[18]由此，根据以危险方法危害公共罪的适用现状可知，当下社会民众对该罪名不具有较为可行、合理的行为预期。

第二，法治系统性后果缺失。系统性后果是相对于个案性后果而言的，前者重视形式法治，主张规范适用的一致性与稳定性；个案性后果则是实质解释的特征，即重视实质法治，主张规范适用的创新性与可变性。在实质解释观念指导下的司法裁判中，司法主体习惯于根据价值判断突破规范文义，对刑法规范做扩张性解读甚至是漏洞补充，于是，形式法治经常被遗忘，个案正义会被重点考量。其实，从形式正义与实质正义的关系考察，二者应是相辅相成、互相制约的关系，并且应形式正义为主、实质正义为辅，惟此，才可以较好地保持规范的稳定性与妥当性的统一。否则，要么导致刑法规范的教条主义，要么导致刑法规范的虚无主义。据此，利用实质解释弥补形式解释的不足并没有问题，但这种补充应该是有限的且应受到规制，否则，就会导致实质化解形式的情形。从理论上看，学者们热衷于实质解释论的倡导，但对实质解释的规制却缺乏关注。于是，当实质解释观贯彻到个罪具体适用当中就会发现，本应是探寻个案正义为例外的司法实践却成为一种司法常态，而法治形态也正是在一次次实质正义的冲击下变得虚弱直至灭亡。正如有点学者所言："就这样，实质论者赢得了不止一次次的战役，却输掉了整场战争。"[15]由此，以危险方法危害公共安全罪的个案适用，在每每展示个案正义的同时，也在蚕食法治社会的根基，在彰显个案性后果的同时，也在忽略系统性后果的保护。"法官发现法律而非制定法律，这一口号的重要性仅仅是我们不要忘记，激进的法官造法可能破坏重要的系统性价值。"[18]

第三，罪刑法定原则矮化。形式解释论主张规范的稳定性，坚持三段论的思维逻辑，属于严格法治主义。在形式法治的概念中，罪刑法定是刑法基本原则，是约束和限制司法权力的铁则。基于此，当司法主体面对个案时，首先想到的不是规范创新，而是规范坚守。然而，随着实质解释论的出现及推广，罪刑法定原则从理论与实践两个层面遭受质疑、指责与弱化。之所以如此，与实质解释论的精神密切关联，因为其不但主张结果导向性的思维逻辑，还追寻刑事判决的妥当性，刑法的稳定性与三段论则被忽略，随之，罪刑法定原则的精神和宗旨在理论上与实践上不断被消解。"实质解释论通过实质的侧面来完善形式的侧面，但其应用实践却偏离了预期目标，非但没有达到坚守形式、坚固实质的效果，反而屡屡动摇形式，最终瓦解了整个罪刑法定原则。”[15]以危险方法危害公共安全罪的扩张性适用，正是实质解释论在司法实践上的表征。从近年来以危险方法危害公共罪的适用情况看，基本都与一个问题相关，若对危害行为沿用传统的罪名定性，显然与社会各界对危害行为刑罚量期待严重背离，于是，司法主体根据刑罚合理性诉求选择合适的刑法罪名，这个罪名就是以危险方法危害公共安全罪。在选择罪名的过程中，司法主体不惜改变罪过的传统认识，对犯罪动机做牵强理解，甚至对危险方法进行类推解释，等等。于是，在此过程中，我们看到的现象是，形式正义被无情地抛弃，个案正义一次次被祭起。尽管屡屡有学者对该罪名适用的合法性进行批判性分析与探讨，不过，似乎也没有影响到司法主体对以危险方法危害公共安全罪的眷顾。更让人担忧的是，实质论者还从不同层面为该类司法行为辩解与张目，试图从理论层面贬低罪刑法定原则的作用和功能，并主张弱化刑法规范的作用。于是，在这些言之凿凿的维护实质主义法治的理论中，制度和法律的权威受到了质疑，打着各种旗号的能动司法被倡导，形式主义法治所张扬的规范作用在降低。换句话说，法律规范作用的隐退已经在法学研究中实现了“软着陆”，成了时髦法学的显著特征。[19]我们认为，矮化罪刑法定原则的理论与行为都是充满风险的，它会侵蚀我国多年来法治社会的机体，腐蚀多年来社会民众对法律的忠诚，消解一直以来我们持有的严格法治主义观。但是，实质论者对该风险从来都三缄其口，更不过要勇敢面对且做风险预判了。在这点上，我们真的应该向日本学者前田雅英学习，因为他至少对其学术观点可能给实务界造成的影响做过风险评估。[20]

四 以危险方法危害公共安全罪的风险控制

以危险方法危害公共安全罪的司法适用存在扩张趋势，因该罪的频繁适用会导致相应的法律风险，基于此，需采取有针对性的措施，对其可能带来的风险进行控制，以达到最大程度降低该罪名可能滋生的负面效应。目前来看，需从以下几个维度探讨该罪名适用时应注意的问题。

第一，构成要件符合性判断。以危险方法危害公共安全罪是一个堵截式罪名，无论立法主体多么睿智，也不能在刑法文本中将所有危害公共安全的行为罗列完毕，不过，为了充分维护秩序安全，尤其是随着风险社会的发展，在刑法典中厘定堵截式罪名显得必要与合理。由此，一定程度上，该罪名具有时代性与合理性。随着我国风险社会被强调，该罪名的作用也得以充分彰显，开始在诸多领域中见到司法主体适用该罪名的情况，对于应对和化解社会各领域中的潜在与现实风险起到了积极作用。然而，我们还看到，该罪名的广泛适用还带来了一些新的风险，比如，罪刑法定原则的突破，法治精神的侵蚀，公民权利的损害等，这不能不引起我们的关注，并需努力尝试从各个层面控制这种风险，以实现刑法规范稳定性与判决结果妥当性的和谐统一。我们认为，为了保证以危险方法危害公共安全罪适用的合法性，需从构成要件符合性判断入手。“构成要件符合性的解释应该以刑法条文用语的解释为前提，同时又指导着刑法条文用语的解释，这是解释学循环的宿命。”[21]首先，行为人需有报复社会的动机。由于该罪名危害的客体是公共安全，行为人对社会具有一定的怨恨，因此，采取危害公共安全的方法报复社会。所以考察一个行为是否符合以危险方法危害公共安全的犯罪构成，应考察行为人的动机如何，是否具有报复社会的动机。其次，危害对象是不特定的或者多数的。传统刑法理论认为，该罪的行为对象是不特定多数人的生命、健康安全或财产安全。对这里的不特定多数应做合理解读，不应将其局限于对象的不特性，而是行为对象的多数性，否则，就会造成侵害特定多数人的危害行为不能做危害公共安全的刑法认定。再次，危险方法应与防火、爆炸、投放危险物质等行为具有同质性。易言之，以危险方法危害公共安全罪中的危险方法应具有严重的危害性与紧迫性。因此，在司法实践中，对那些没有严重危害性与紧迫性的危害行为不能归入到危险方法当中。最后，危险方法与危害公共安全的后果之间应具有直接的因果关系。从因果关系的角度考察，一般而言，直接因果关系影响司法定性，间接因果关系则影响行为量刑，而不是相反。"刑法中的因果关系都是行为所产生的直接结果(偶然因果例外)，不考量直接危险或危害将会使行为与结果脱节，造成因果关系无所适从。"[22] 所以，在司法实践中，司法主体不宜直接根据间接因果关系对行为进行刑法定性，因为这不符合刑法上的因果关系的内在精神与适用规则。

第二，法律论证的强化。法律论证是一种法律方法，要求法律共同体在适用法律规范当中，对规范选择、司法逻辑及价值判断进行详细解读和阐释，这样既可以保证司法行为的透明公正，也便于社会层面对司法裁判的监督。从英美法系的司法传统看，法律论证是司法裁判的重要组成部分，近年来，大陆法系也开始在司法判决当中引入法律论证，以保证判决结果的合法性。我国的司法判决素来缺乏法律论证，判决书的说理论证远远不足。近年来，这种状况虽然有所改观，但还有很大的差距。法律论证与价值判断、规范适用密切相关，因此，在实质解释论中，法律论证应该是贯彻实质解释且保证实质解释正确性的重要方法。由此，在体现实质解释的司法判决当中，法律论证是伴生之物。总的来看，法律论证应从三个方面展开：首先，对传统司法认定的刑法罪名不再适用进行论证。从以危险方法危害公共安全罪的适用状况看，基本都是罪名转换或者是行为入罪。换言之，司法主体用以危险方法危害公共安全罪替代适用已久的罪名，或者将违法行为上升为犯罪行为。对此，司法主体在裁判过程中应进行明确，为何抛弃传统的司法认定，而对相同行为做差别定性。“为了使最终裁决能被接受，他们不得不阐明其解释：即必须证明那种关涉到法律规则解释的判决。”[23]其次，对以危险方法危害公共安全罪的选择进行诠释。司法主体根据案件事实、社会发展及立法精神选择该罪名无可厚非，不过，司法主体应对选择该罪名的原因、推理过程及法律效果进行详细论证，这既是为了保证罪名适用的准确性，也是为了说服社会民众。“法律论证是阐明法律人自己所认定法律的理由，从而不仅说服自己也说服当事人。”[24]再次，对罪名选择过程中的价值因素进行论证。考察以危险方法危害公共安全罪的司法适用可知，与传统三段论的司法模式存在区别，司法主体在裁量过程中引入价值判断，且有结果导向的思维路径，对此，司法主体需给予充分且合理的说明，以表明价值判断在定罪中的作用、影响及效果，还要对从结果到规范的倒置三段论的合理性进行论证。惟此，才真正能让实质解释论在该罪名的实际适用中显得有理、有据、有情。“法律论证一方面能使论证者清晰法律背后的原则、政策、原则，另一方面可以解决现行法中模糊和空缺的部分。”[24]

第三，规范适用结果的监督。实质解释论的适用一方面为司法主体提供了新的法律方法，使裁判结果更多地体现个案公正，还能推动刑规范的完善，这对于克服形式解释的刻板、僵化、滞后具有重要意义。“只有在具体状况中，透过人类妥当衡量与行动所完成的裁判才真正地呈现了正义。不是一般性之抽象规则，而是在对具体各个分殊差异的精致、充分而妥当的比较考量后所作出的裁判，这才是真正符合个案‘本性’之自然法。”[25]然而，实质解释还给罪刑法定带来了风险，即司法主体可能根据实质解释而对刑法规范做违法补充或扩展。对此，并不是无端揣测，从实质解释论者的观点看，对违法行为做犯罪行为认定的并非偶然，从司法实践看，将轻罪行为上升为犯罪行为的做法也不罕见。“追求实质的正义在更严重的程度上侵蚀了法律的普遍性。随着不能允许的社会地位的差别日益扩大，个别化处理问题的需要也相应增长起来。不管实质正义如何定义，它只能通过具体问题具体处理的方法才能实现。”[26]我们认为，实质解释可以在司法适用中发挥作用，但应限于在规范文义内做扩张解释，不能将触角延伸到类推解释领域。但是，实质解释论者热衷于推行价值判断和结果导向型的思维逻辑，却对因该解释方法可能导致的规范创造缺乏警惕。对此，我们不得不采取更为审慎的措施，以应对实质解释论可能对罪刑法定原则的冲击。目前来看，主要需从以下两个维度展开对实质解释结论的监督：首先，从司法程序上监督以危险方法危害公共安全罪的适用。实践中，一审法院对于新的危害公共安全行为认定为以危险方法危害公共安全时，如果裁量结果与传统的司法认定存在不同，应引起二审法院与再审法院的关注，对一审的审判过程及判决结果进行审查，以确保该罪名适用的合法性与准确性。质言之，二审法院与再审法院应重视实质解释因素在罪名定性中的作用，以避免其可能导致类推解释结果。其次，从理论上对以危险方法公共安全罪的司法适用进行监督。理论上的监督属于无权监督，但是，理论上的监督可以引起社会各层面对以危险方法危害公共安全罪的关注，并能影响到司法主体对该罪名适用的选择，引导社会公众对判决结果的反思。由此，理论界应继续加大对以危险方法危害公共安全罪的探讨，尤其是在风险社会态势下，更应该对该罪名在司法适用中如何达致法律效果与社会效果统一进行分析。总之，实质解释论引导下的司法判决会破坏刑法规范的稳定性，并且在缺乏民主制约下进行规范创造，对此，只要加强对实质解释适用的监督才符合构建法治社会的需要。

五 余 论

近年来，实质解释论在我国理论界渐成气候，逐渐与传统的形式解释论成分立之势，并将这种影响逐渐延伸到司法实践领域，对此，我们不需要担心，但需要警醒，因为实质解释论带给我们清新的分析思路的同时，也可能在混淆判决结果合法与否的判断。文章以危险方法危害公共安全罪为分析样本，在阐释该罪名在司法实践中面临的系列问题时，也对实质解释的作用与存在的问题进行了翔实分析。当然，以危险方法危害公共安全罪的适用是司法主体综合考量的结果，实质解释在其中起一定作用而不是全部，文章也是从这个层面论证了实质解释在以危险方法危害公共罪适用过程中的作用及规制，以确保实质解释司法适用的合法性与合理性。

参考文献：

[1] 吴艳霞，三鹿奶粉案 2 名主犯被执行死刑[N]，燕赵都市报，

2009—11—24。

[2] 郭剑烽,“碰瓷”团伙连续制造交通事故[N],新民晚报,2009—11—23。

[3] 何继权,危害公共安全:柳州抓捕两偷井盖窃贼[N],南国今报,2005—9—15。

[4] 李荣,云南针刺学生教师被拘　24 名被刺幼儿未染艾滋病毒[N],春城晚报,2009—10—27。

[5] 韩京红,2010 年度人民法院十大典型案件[N],人民法院报,2011—1—6。

[6] 李京华,北京大栅栏“撒野”凶犯领刑罚[N],人民法院报,2010—11—10。

[7] 杨迪,醉酒驾车致 4 人死被判死刑[N],深圳商报,2009—4—24。

[8] 陈金钊,反对解释与法治的方法之——回应范进学教授[J],现代法学,2008(6)。

[9] [德]卡尔·恩吉斯,法律思维导论[M],郑永流译,北京:法律出版社,2004。

[10] 桑本谦,法律解释的困境[J],法学研究,2004(5)。

[11] [美]博登海默,法理学:法律哲学与法律方法[M],邓正来译,北京:中国政法大学出版社,1999。

[12] Benjamin N. Cardozo, The Nature of Judicial Process, Yale University Press, 1960。

[13] 参见[德]拉德布鲁赫,法学导论[M],米健等译,北京:中国大百科全书出版社,1997。

[14] 张明楷,实质解释论的再提倡[J],中国法学,2011(5)。

[15] 邓子滨,中国实质刑法观批判[M],北京:法律出版社,2009。

[16] 白建军,公正底线——刑事司法公正性实证研究[M],北京:北京大学出版社,2006。

[17] 林维,刑法解释的权力分析[M],北京:中国人民公安大学出版社,2006。

[18] [美]波斯纳,法律、实用主义与民主[M],苏力译,北京:中国政法大学出版社,2005。

[19] 陈金钊,法律人思维中的规范隐退[J],中国法学,2012(1)。

[20] 鲁兰，牧野英一刑事法思想研究[M]，北京：中国方正出版社，1999。

[21] 欧阳本祺，论我国定罪思维的传统与演化[J]，法律科学，2010(3)。

[22] 孙万怀，以危险方法危害公共安全罪何以成为口袋罪[J]，现代法学，2010(5)。

[23] [荷]菲特丽丝，法律论证原理[M]，张其山等译，北京：商务印书馆，2005。

[24] 陈金钊，法治与法律方法[M]，济南：山东人民出版社，2003。

[25] 颜厥安，法与实践理性[M]，北京：中国政法大学出版社，2003。

[26] [美]昂格尔，现代社会中的法律[M]，吴玉章、周汉华译，北京：中国政法大学出版社，1994。

拐卖妇女儿童犯罪实证研究

卢国显*

摘　要： 调查数据显示，在总样本中，拐卖妇女儿童的比例占近5%。在我国，每年都有超过3000件妇女儿童被拐卖的案件立案，跨境拐卖妇女案件呈现上升趋势。拐卖妇女儿童犯罪呈现手段多样化、跨区域大范围作案、侵害对象的范围不断扩大、团伙化、职业化等特征。拐卖妇女儿童犯罪对家庭和公共安全带来了很大影响。男女性别比严重失调、不孕不育现象、制度缺失、买卖双方法制观念淡薄等因素是主要原因。建议制定《反拐卖人口法》，严惩买卖人口双方，完善各种公共政策。

关键词： 拐卖妇女儿童犯罪；公共安全；男女性别比；不孕不育；制度缺失

* 作者简介：卢国显，男，中国人民公安大学治安学院教授，主要研究流动人口与社会治安问题。

一 主要概念的界定与研究价值

（一）拐卖妇女儿童犯罪

拐卖妇女儿童犯罪，是指以出卖或收养为目的，拐骗、绑架、收买、贩卖、接送、中转妇女、儿童的行为。界定拐卖妇女儿童犯罪，首先要弄清楚“拐卖”、“儿童”、“妇女”的基本含义。

拐卖，是指拐骗并卖掉（人）。客观方面表现为拐骗、绑架、收买、贩卖、接送或者中转、偷盗婴幼儿的行为。所谓拐骗，是指行为人以欺骗、利诱等非暴力手段，使犯罪对象处于自己的控制之下，并脱离其家庭或监护人，以便贩卖的行为。所谓绑架，是指行为人以暴力、胁迫或麻醉等方法劫持犯罪对象的行为。所谓收买，是指在出卖之前支付钱物，购买犯罪对象，收买既可以是向其他人贩子收买，也可以是向被害人的亲属收买。所谓贩卖，是指将已控制在手中的犯罪对象转卖给他人。所谓接送或中转，是指在拐卖妇女、儿童的过程中，隐匿、移送、接送被拐卖的妇女、儿童。所谓偷盗婴幼儿，是指秘密窃取儿童的行为。只要实施了前述一种行为，无论拐卖人数多少，无论是否获利，即被认定实施了拐卖行为，均应以拐卖妇女、儿童罪追究刑事责任。

犯罪侵害的对象包括妇女和儿童群体。儿童，指不满 14 周岁的未成年人，包括男童和女童，当然也应包括残疾儿童。妇女，是指已满十四周岁的女性[①]。需要注意的是，拐卖妇女犯罪中的“妇

---

① 根据刑法二百四十条有关拐卖妇女、儿童罪的规定，结合刑法二百三十六条 （转下页注）

女”，既包括具有中国国籍的妇女，也包括具有外国国籍和无国籍的妇女。被拐卖的外国妇女没有身份证明的，不影响对犯罪分子的立案侦查[①]。

从实践上看，拐卖人口犯罪是一种综合犯罪，它不仅包括拐骗、绑架、收买、贩卖、接送、中转妇女、儿童等犯罪行为，还包括强奸、役使妇女卖淫、役使残疾儿童乞讨、殴打妇女儿童等犯罪行为。其次，拐卖人口犯罪的综合性还表现在它是拐卖儿童犯罪和拐卖妇女犯罪两种类型。在当前的立法中，将拐卖妇女儿童犯罪并列，虽然遵从了习惯，但由于将妇女、儿童混为一体，不加区别，在前端预防和末端打击方面出现了很多问题。

（二）被拐卖妇女儿童的类型划分

实践中，人们往往将妇女儿童连用，一并说成“拐卖妇女儿童犯罪”。实际上，这种笼统的说法是造成目前治理拐卖妇女儿童犯罪困难的原因之一。本文认为，拐卖妇女儿童犯罪可以分为拐卖妇女犯罪和拐卖儿童犯罪，并对妇女、儿童的类型进行详细的划分。这是探讨打击拐卖妇女儿童犯罪对策的重要环节。

1. 被拐卖妇女的类型

对被拐卖妇女的类型划分可以有很多方法。第一，可以根据

（接上页注）有关强奸罪的规定得出，不满十四周岁的女性为幼女，已满十四周岁的女性为妇女。同时《关于惩治拐卖妇女儿童犯罪的意见》三、立案 8(2)中提到“接到儿童失踪或已满十四周岁不满十八周岁的妇女失踪报案的”也可以看出妇女的法定年龄为已满十四周岁。

① 《公安部关于打击拐卖妇女儿童犯罪适用法律和政策有关问题的意见》八、《最高人民法院关于审理拐卖妇女案件适用法律有关问题的解释》法释(2000)1 号。

被拐卖妇女的来源地的不同，将之分为国内妇女和国外妇女；第二，可以根据是否自愿的标准，将之区分为被迫拐卖的妇女和自愿卖身的妇女；第三，根据被拐卖妇女的去向，可以将之区分为被拐骗到国外的国内妇女和被拐骗到国内的国外妇女两种类型。当然，还可以根据年龄不同将之划分为婴幼女、青少年妇女、中来年妇女。婴幼女则属于儿童的范畴。二者有交叉，但不能等同。

2. 被拐卖儿童的分类

被拐卖儿童又可以划分为不同类型。第一，根据性别不同，将之划分为被拐卖男童、被拐卖女童；第二，可以根据人口来源地的不同，将之分为境外被拐卖儿童和国内被拐卖儿童；第三，从婴儿家长的意愿上看，有主动被家长卖掉的婴儿和被他人拐卖的儿童。

（三）研究价值

本研究具有重要的研究价值。首先，当前拐卖妇女儿童犯罪高发，对社会公共安全和社会生活构成了严重威胁，并已经引起社会各界的高度重视。最近微信频繁报道加重对拐卖儿童犯罪买卖双方量刑，并引起热议。对于该问题进行综合研究，必将有利于推动相关法律制度的发展，从而遏制此类犯罪的发生率。其次，学术界对于该类犯罪多从定性分析的角度进行研究，本研究结合实证分析数据，对此类犯罪的现状、影响和政策意向进行分析，具有一定的学术价值。

二 调研情况

2013 年 1 月—2014 年 7 月，课题组对河南、河北、山东、安徽、江苏等地农村地区的宗教信仰状况进行问卷调查。调查活动共收到问卷 1078 份。其中，男性样本占 62.7%，女性样本占37.3%。平均年龄 33 岁，农业户口人员占 58.3%，非农业户口人口占 41.7%。文化程度以高中为主，月均收入 2716 元。

三 拐卖妇女儿童犯罪的现状

（一）总体数量特征

目前，在全球被拐卖人口中，妇女儿童占 80%，而中国国内拐卖妇女儿童问题也十分严重，在我国，虽然没有来自官方的关于每年被拐卖妇女儿童的准确数字，但每年都有超过 3000 件妇女儿童被拐卖的案件立案，拐卖妇女儿童犯罪形势严峻。

2008 年至 2012 年，全国法院共审结拐卖妇女、儿童犯罪案件 8599 件①。其中，2008 年，全国法院共审结拐卖妇女、儿童犯罪案件 1353 件。2009 年，全国法院共审结拐卖妇女儿童犯罪案件 1636 件②。2010 年，全国法院共审结拐卖犯罪案件 1919 件。

① 《全国法院 5 年审结拐卖妇女、儿童案件 8599 件》，法制日报，2013—1—29。

② 《关于依法惩治拐卖妇女儿童犯罪的意见》最高人民法院、最高人民检察院、公安部、司法部 2010 年 3 月。

2011 年，全国法院共审结拐卖犯罪案件 1773 件。

据报道，自 2009 年公安部部署全国公安机关开展打击拐卖妇女儿童犯罪专项行动以来，截至 2010 年年底全国共破获拐卖儿童案件 5900 起，解救被拐卖儿童 9388 人[①]。每年 5900 起案件，解救 9388 儿童。2011，全国共解救被拐卖妇女儿童近 1.9 万人[②]。

虽然我们不能确定每年被拐卖妇女儿童准确数量，但是可以确定的是这些让人触目惊心的破获案件数量，远远低于拐卖妇女儿童犯罪的真实数量。

据联合国发布的数据资料显示，全球每时每刻都有不低于 240 万人是此种罪行的受害者，而这其中只有 1%的人最终能够获救；相关犯罪组织通过贩卖人口每年所获的收益可达 320 亿美元[③]。

尽管从建国以后，我国对拐卖妇女儿童犯罪现象引起高度重视，进行了几次专项打击，更针对拐卖儿童妇女犯罪的上升趋势明确了儿童少女失踪被拐等一律立为刑事案件等原则，但拐卖妇女儿童现象仍屡禁不止。

（二）调查对象对拐卖妇女儿童犯罪的主观判断

在社会治安状况调研时，数据发现，有 1.1%的人认为他们家乡买卖妇女的现象较多；有 38.7%的人认为很少；有 56%的人认为没有，回答一般的占 4.2%（总样本为 1078）。

---

① 区鸿雁，人民法院报/2011 年/2 月/21 日/第 008 版打买：拐卖儿童犯罪的治本之策。

② 法制日报/2011 年/2 月/17 日/第 001 版去年全国解救被拐卖妇女儿童 1.9 万人判处拐卖妇女儿童罪犯 3679 人，记者陈丽平。

③ 陈晨，刘砺兵，打击跨国人口贩卖犯罪的现状、误区及对策——以经济全球化为视角，行政与法。

有1.1%的人认为他们家乡买卖儿童现象较多，有39.3%的认为较少，回答没有的占56%。有3.6%的人回答“一般”(总样本为1078)。

在问题“您家和您亲戚家发生孩子和妇女被拐卖的事情吗?”一题中，回答“没有”的占93.2%，回答“有”的占6.8%(总样本1022)。

(三) 拐卖妇女犯罪的新动向

近年来，法院审结的拐卖妇女犯罪案件中，被拐卖妇女以国内被拐卖妇女为主，但跨境拐卖妇女案件呈现上升趋势[①]。以广西崇左的凭祥市为例，2006年，经当地公安部门清理遣返的非法入境越方人员就有接近7万人次，其中未经合法手续与中国边民结婚的有1434人，并已生育子女2109人[②]。据越南公安部统计，在2004年—2009年，共有2400多名越南妇女被拐骗到中国，加上被拐的儿童和那些还未被解救的妇女以及最近三年以来的情况，被拐人数实际上远远超过这个数字[③]。

(四) 拐卖儿童犯罪新动向

拐卖儿童案件总量呈现上升趋势。主动型买卖儿童活动在拐卖儿童犯罪中占较高比例，非法买卖(如代孕)、非法收养婴幼儿行为是拐卖儿童犯罪的新动向。

---

① 《公安部:跨国拐卖妇女犯罪呈上升趋势》中国网2011—12—04。

② 涉外案件渐增　崇左筹建跨国法律援助合作机制[EB/OL]. http://law. heyuan. gov. cn/ShowNews-836. aspx。

③ 蒋惠，广西地区打击跨境拐卖妇女、儿童犯罪的调研报告，广西师范大学2012年硕士论文。

四 拐卖妇女儿童犯罪的特征

拐卖妇女儿童犯罪活动的蔓延和快速多变的发展，严重侵害了妇女儿童的合法权益，摧残了妇女儿童的身心健康，成为严重影响社会精神文明建设和社会和谐稳定的重大问题。我国20世纪70年代初，拐卖妇女儿童犯罪活动开始出现，并迅速发展开来。1980年到1983年上半年，拐卖妇女、儿童罪变得十分猖獗。由此也拉开了我国严厉打击拐卖妇女儿童犯罪活动政策的序幕。1983年开展了在全国范围内的第一次严厉打击以后该类犯罪才慢慢有所收敛。目前，随着经济的不断发展和全球化加剧，拐卖妇女儿童犯罪涉及范围广大、涉案影响也不断扩大。我国拐卖妇女儿童犯罪也逐渐出现一些新的特点和新的趋势。

（一）犯罪手段多样化

以前拐卖妇女儿童犯罪的主要手段是欺骗，犯罪分子通常以介绍人的身份以为妇女找婆家为由帮助那些非常渴望脱离贫困地区的妇女而嫁到富裕的家庭进行拐骗。近年来拐卖妇女儿童犯罪的手段各式各样，逐渐呈多样化发展，犯罪分子非常狡猾，野蛮粗暴，出现了在车站、码头、饭店、旅馆等场所进行偷、抢、绑架、劫持、药物麻醉等等手段拐卖人妇女儿童的情形，犯罪气焰十分嚣张。[①]犯罪分子假借做生意、招工（进城做保姆）或以结伴旅游为诱饵进

① 刘和平，拐卖妇女儿童犯罪的特点、原因及对策[J]，公安研究，2000，(04)。

行行骗。拐卖儿童的案件，犯罪分子会根据不同儿童的喜好，比如利用好吃的、好喝的、好玩的进行引诱、哄骗。作案地点也多选择在车站、广场、饭店、步行街等人口密集、流动性大的公共场所。拐卖的儿童不单是收养的对象而是发展成行乞、诈骗的工具。

（二）跨区域大范围流窜作案、侵害对象的范围不断扩大

以往拐卖妇女、儿童犯罪的重灾区往往是那些经济文化相对落后的贫困地区和偏远山区。但近些年来，拐卖妇女儿童犯罪活动已从农村慢慢扩展到城市，甚至出现了跨国境的拐卖妇女儿童犯罪，犯罪网络错综复杂。一些城市的车站、码头、宾馆、饭店、步行街等人口密集、流动性强的场所是案件常发地。被拐卖的对象也从以前的农村妇女慢慢发展到中学生、女大学生、研究生教师，还有外国妇女。甚至还有些人重利轻义，唯利是图，进而良知泯灭，以致出卖自己的亲属来满足对金钱的欲望。这些人贩子唯利是图，利用"亲情"的特殊身份进行拐骗，近年来，先后出现过表兄拐表妹、堂姐拐堂妹，丈夫拐妻子，甚至亲生父母拐卖儿女的案例。在出卖亲生子女的案件中，大多数是出卖超计划生育的子女，个别也有卖其独生子女的。现在还出现了专门拐卖痴呆、聋哑等残疾妇女儿童，从事行乞、扒窃、抢夺等违法犯罪活动的新动向。

（三）犯罪呈现团伙化、职业化趋势

拐卖妇女、儿童犯罪也正朝着组织化、专业化、集团化的方向发展，犯罪分子相互之间的分工也越来越精准和明确。过去拐卖

妇女、儿童犯罪活动一般是由人贩子单独进行拐骗、运输、贩卖，很少出现犯罪团伙作案的情况。但近年来，犯罪分子往往结伙作案、有着具体的分工。结伙作案占拐卖妇女儿童犯罪总数的80%以上，多数案件犯罪分子三到四人结伙作案，有的甚至结伙十多人、几十人，不少犯罪分子还配备了汽车等作案工具。由拐卖一体化逐渐发展为从拐骗、绑架、接送、中转到出卖等各环节均有较严密的组织系统，把拐和卖相分离，分工负责，形成整体统一但各环节相互独立的流水线犯罪，有的甚至已经形成了职业化的犯罪团伙。

（四）城市流动人口子女被拐骗比率显著上升

此类案件的发案区域主要集中于城郊结合部的出租房、简易住房、施工工地的工棚等居住区，在这些地区居住的大都是城市外来流动人口。外来人员聚居地周边的街道、集贸市场，随处可见人看管的儿童在玩耍，为拐卖儿童犯罪活动提供滋长的土壤。这些年轻父母，迫于生计每日忙碌奔波，没有时间和精力照顾孩子，还有些父母仍习惯于以农村传统方式对孩子进行管教，这都使人贩子有可乘之机。全国妇联发布全国农村留守儿童状况调查报告显示，在被拐卖儿童中，流动儿童居第一位。究其原因，主要是此类受害人的监护人监护意识、方法较为简单、落后，无形中大大降低了人贩子的犯罪风险和成本，造成了类似案件的不断高发。

五　拐卖妇女儿童犯罪对公共安全的影响

在我国现阶段的拐卖妇女儿童犯罪行为已进入到一个新的发展

阶段，严重侵害了妇女儿童的合法权益，摧残了妇女儿童的身心健康，它践踏着社会的公序良俗，且严重威胁着社会的治安秩序，更让人担忧的是在广大人民群众的心里造成莫名的恐慌和害怕。从犯罪学的角度来看，犯罪起源于社会，是一种十分正常的社会现象。对于这种现象我们只可能将其降低到我们能够容忍的范围之内，而不可能将其消灭。然而我国现今的拐卖妇女儿童这一社会现象却远远超出了人们的想像和容忍的限度。该行为不仅侵犯了被拐卖者的自由、健康等人身权利，同时更加严重地伤害了被拐卖者与其亲属间最为宝贵的亲情。①

拐卖妇女、儿童犯罪不仅直接侵害了被拐妇女儿童的身心健康，严重破坏了家庭幸福，并引发了一系列的公共安全问题，产生了更多不良因素，严重影响了社会的和谐与稳定，因拐卖行为导致了无数的家庭妻离子散，家庭破灭，对被拐卖者及其亲属造成了永远无法弥补的精神伤害和永远的痛。对于正处于积极构建和谐社会的我国来说，这种拐卖妇女儿童的犯罪行为无疑是对整个社会道德价值体系和社会精神文明体系的一种挑战。拐卖妇女儿童的行为也是国际社会上公认的重点打击的犯罪行为。

从保护人权和维护人的尊严的角度来看，把人当成商品一样进行交易，本身是对人身权利和人的尊严的一种严重侵犯。人身权是人权的重要内容，而人权是每个人之所以为人的权利，与生俱来，在本质上也是一种道德权利。具体体现在以下几个方面。

（一）被拐卖妇女、儿童身心受到严重创伤

被拐卖的妇女，由于失去个人行动自由，身心受到多种犯罪的

① 徐久生，拐卖妇女儿童罪相关问题探析[D]，中国政法大学，2011。

侵害。第一,被拐妇女就像商品一样被买主挑来拣去,失去了做人的尊严。第二,被强奸。被拐卖的妇女被人贩子先强奸,然后再卖出去的。第三,被毒打。很多人贩子怕被拐卖的妇女逃跑,事先往往对她们进行毒打或关起来。第四,被迫卖淫。有的妇女被迫卖到舞厅等色情场所从事卖淫等服务所受到的虐待和摧残让人不忍目睹。第五,被迫成为生育工具。有的妇女被卖给他人当妻子并被迫与其同居,生儿育女,生了一个又一个,完全失去了自身的自由,成为生子工具。第六,染病死亡。有的妇女在被拐卖过程中遭受打骂、饥饿、拘禁,有的因环境、卫生条件差,染病或麻醉药使用过量而死亡。第七,有时会因无法忍受折磨和虐待而选择自杀。第八,因逃跑不成而被犯罪分子所杀。第九,许多妇女被折磨得精神失常。

由于被拐卖儿童年龄较小,没有自救的能力,她们不仅仅在身体上会受到伤害,在心理上更是伤害严重,甚至个别会造成人格的扭曲。这种影响主要表现在以下几个方面:

第一,可能因遭受打骂、饥饿、拘禁,甚至因环境、卫生条件糟糕或麻醉药使用过量而死亡;

第二,因逃跑不成而被犯罪分子所杀;

第三,性格扭曲,比如反社会人格。被拐卖的妇女儿童的心灵创伤是无法修补的,他们会因自己被拐卖而感到无比自责、羞愧和无助;也会因被没有人性犯罪分子的拐骗、转卖而悲愤甚至仇恨;也会为被惨遭摧残、蹂躏而悲痛欲绝,甚至精神恍惚失常。特别是从小被拐卖的儿童,会在他们幼小的心灵上留下仇视他人或社会的畸形烙印。拐卖儿童犯罪会带给被拐卖儿童极度不健康的心理。

(二) 破坏家庭，给被害人的家庭成员带来巨大精神打击

家庭是社会的细胞。家庭的稳定和健康直接影响着社区的稳定和健康，而社区的稳定和健康直接影响着整个社会的稳定和健康。在中国，人们的家庭观念比较浓厚，追求家庭的幸福、安宁与和睦。然而拐卖妇女儿童犯罪却破坏了被拐卖家庭的幸福、安宁与和睦，造成家庭甚至整个家族的痛苦和不安，为人们所痛恨[①]。一个妇女或儿童被拐卖，受到伤害的往往是他们背后的亲人们。许多家庭因为失去了自己的亲人而绝望，失去了人生的精神支柱，整日沉湎于失去亲人的痛苦之中而无法安心工作终日以泪洗面。为了找到被拐卖的亲人早日团聚，他们不惜流落他乡，倾家荡产，默默承受着所有的痛苦和哀伤。

在问题“您认为孩子或妇女被拐卖对家庭的影响有多大”一题中，调查得知，有 79.7%的人回答很大，有 14.8%的人回答“较大”，两项共计 94.5%；有 2.5%的人回答”较少“和”很少“；有 3%的人回答一般(总样本 1078)。

从上述数据可见，被访问对象对于妇女儿童被拐卖对于家庭的影响具有压倒性认识。

(三) 严重影响公共安全

中国妇女儿童的安全面临着空前的威胁，犯罪侵害对象无限扩大至中国所有可能的未成年人和其家庭，中国公民普遍感到未

① http://www.women.org.cn 中国妇女网。

成年子女没有安全保障,有随时被侵害和掠夺的危险,有些被拐卖的妇女会从事卖淫活动。虽然党和政府多次对其严厉打击和惩治,但效果甚微。虽然说拐卖妇女犯罪不是造成卖淫、嫖娼泛滥的最主要原因,但也可以说起到了推波助澜的作用,从而扰乱了社会治安,败坏了社会风气,严重威胁了公共安全①。

在问题"您认为拐卖妇女儿童现象对公共安全的影响有多大?",回答影响很大的占72.6%,回答比较大的占18.7%,两项共计91.3%;回答比较小和很小的总共占3.7%;回答一般的占5.1%(总样本1078)。

从上述数据可见,绝大多数人都对拐卖妇女儿童对公共安全的危害持压倒性认识。

六　拐卖妇女儿童犯罪的成因

拐卖妇女儿童犯罪作为人类社会都会共同面临的一种社会现象,在世界各国也都存在着相似的犯罪特征,但在现实的犯罪中,我国拐卖妇女儿童犯罪的产生和发展,与政治、经济、文化和社会等因素有密切关系②。拐卖妇女、儿童犯罪的行为之所以会屡禁不止,究其原因自然是方方面面的。主要体现在如下几个方面。

(一) 社会因素的影响

1. 男女性别比严重失调的影响

据2010年第六次全国人口普查数据:大陆31个省、自治区、

① 胡钢,"涉拐必究"引领反拐工作再上新台阶[J],中国刑事警察,2010,(06)。
② 赵星、吕珊,论拐卖人口犯罪的成因及其应对措施[J],山东警察学院学报,2010,(02)。

直辖市和现役军人的人口中，男性人口为 686852572 人，占 51.27%；女性人口为 652872280 人，占 48.73%。总人口性别比（以女性为 100，男性对女性的比例）为 105.20[①]。在有的农村地区，男女性别比为 128∶100，甚至高达 135∶100。性别比的失调，导致婚龄女性总量相对较少，比如出现婚姻危机和婚姻错位现象。男女性别比例失调导致女性需求的上升，这是拐卖妇女犯罪产生的客观条件。

2. 不断上升的不孕不育现象的影响

据《2012 年中国男性精子质量调查白皮书》的调查数据显示，全国约有 4000 万的男女患不孕不育，约占人群的 12%—15%，比照 10 年前的 8%上升不少。其中约 7 成女性不孕和 5 成男性不育，都是由于后天的一些不良生活方式和生活习惯造成的。庞大的不孕不育群体使得人们对于孩子的需求更加强烈，这刺激了代孕市场的发展，给拐卖人口犯罪分子提供了机会。

（二）文化因素的影响

拐卖妇女儿童犯罪在我国现阶段表现非常突出，是与我们社会主义初级阶段的时代特征分不开的。我国目前正处于社会深刻变革的关键时刻，社会生活的各个方面都发生着不同程度的变化和动荡。中国的传统文化虽然存在着能促进社会和谐稳定发展的因素，但与此同时也存在着一些对拐卖妇女儿童犯罪的行为起着明显负面影响的其他因素。

---

① http://zhidao.baidu.com/question/513325852.html。

第一，拐卖妇女、儿童犯罪发生的重要文化诱因就是重男轻女的观念，对拐卖妇女儿童犯罪有很深的影响。很多家庭特别是那些居住在偏远农村、经济落后地区的家庭，觉得女孩子反正将来要嫁人，嫁出去的女儿就是泼出去的水，女儿将不再是自家的成员。在生产劳动方面，男孩能承担重体力劳动，是家庭的主力，而女孩处于劣势，如果家里没有男孩会被人看不起。这些家庭非常渴望生育男孩，当愿望没有实现时，就会不择手段购买男孩。

第二，传宗接代的观念对于拐卖人口犯罪也有很大影响。基于几千年的传统文化，传宗接代、延续香火的观念在父辈们的脑海里已根深蒂固，俗话说不孝有三，无后为大。家族的血脉只有通过子女才能得以延续，没有子女，则是最大的不孝。为了结婚和生男孩，就想方设法从人贩子那里购买妇女和男孩。

第三，陈旧的养老观的影响。在传统文化比较浓郁的地区，人们的观念中普遍存在着养儿防老的偏见思想，使得一些家庭买男孩来养以保障自己的老年生活①。

（三）经济因素的影响

经济方面的影响是拐卖妇女儿童犯罪的重要成因。经济方面的影响是多方面的。

第一，从卖方来讲，暴利的诱惑是这类犯罪发生的最直接原因。据观察，被拐婴儿的价格从以前的几千块到现在的几万块，价格简直飞速增长，利润相当可观。被拐卖妇女的价格有的高达 4 万到 8 万。

---

① 夏成福，四川拐卖人口罪的特点、原因及对策[J]，现代法学，1989(03)。

根据已破获的拐卖越南妇女儿童案件看，拐卖一名妇女儿童，少则可攫取2—3千元，多则可攫取1—2万元不等，极大地刺激了人贩子的金钱欲望[①]。

成本的极小投入与利润的巨大反差极大地助长了拐卖妇女儿童的犯罪分子的犯罪意图，使其在这样的利益驱动下，以身试法，走上了犯罪这条不归路。

第二，从买方来讲，被拐卖人口流入的主要地区是经济不发达和欠发达的地区。这些地区由于收到传统文化的影响，经济地位比较低的家庭，可能因为交不起彩礼或家庭困难而无法成家。在有供给的情况下，宁愿舍弃一生的积蓄而购买被拐骗的妇女。也有的因为彩礼过重和结婚成本较高，看到从人贩子手里买到一个妇女可能更节省资本，从而愿意从人贩子手中买妇女[②]，这助长了拐卖人口犯罪的势头。

（四）制度缺失的严重影响

拐卖妇女儿童犯罪猖獗的重要原因之一就是制度建设不健全。涉及拐卖妇女儿童犯罪的制度有刑事法律制度、计划生育制度、养老保障制度、收养制度、代孕制度、户籍制度和出入境管理制度等。

第一，刑法等法律制度不完善，导致打击力度不够，客观上助长了拐卖人口犯罪。目前，涉及妇女儿童权益保护和打击拐卖人口犯罪的法律有以下几种：《关于预防、禁止和惩治贩运人口特别

---

① 曹勋，打击跨国拐卖越南妇女儿童犯罪动态机制的构建，广西警官高等专科学校学报2013年第26卷第1期。

② 杨慧丽，拐卖妇女儿童罪探析[D]，中国政法大学，2006。

是妇女和儿童行为的议定书》(《巴勒莫议定书》)、《人口贩运受害者保护法》规定。2000 年《打击跨国有组织犯罪公约》(即《巴勒莫公约》)及其三个议定书，尤其是《关于预防、禁止和惩治贩运人口特别是妇女和儿童行为的补充议定书》中对于贩卖人口采用了更为广泛、符合当前实际的定义。《中华人民共和国刑法》、婚姻法、妇女权益保障法、未成年人保护法、预防未成年人犯罪法、刑事诉讼法、治安管理处罚法都有有关规定等。这些法律制度存在与国际法律不衔接、法律本身存在漏洞、法与法之间衔接不够等问题。正是因为这些法律制度不完善，造成处于社会弱势群体的妇女、儿童群体失去了国家和社会的保护，出现了一系列严重的个人安全和公共安全问题。

第二，计划生育制度。计划生育制度被认为是国策，它关系着中国长远的发展与繁荣问题，人口不控制将对社会发展造成严重影响。然而，多年来的实践表明，计划生育制度落实得并不好。计划生育除了能够控制公务员和事业单位的工作人员外，对农村社会人员基本是无效的。农村居民和流动人口超生现象比比皆是。在大城市，我们经常可以看到有 2—3 个孩子的外地人，这是不争的事实。在同一文化背景下，被控制的人员可能会产生不公平的感觉。有些被政策控制只能生 1 个的人员，为了多要 1 个孩子，就必须通过以下几个途径达到目的：其一是非法婚姻；其二是非法收养；其三是非法购买婴幼儿，包括代孕。

第三，养老保障制度不健全。在传统社会，在社会保障体制不健全的条件下，生儿养老是很自然的现象。在当前情况下，虽然社会保障制度在逐步完善，但全社会养老问题还没有完全彻底解决。在农村社会，如果没有孩子，一个人的晚年会非常悲惨。所以，在政府和社会还不能有效解决老年生活安全问题的条件下，为了避免出现个人晚年危机，为了满足养老的需求，一些人就通过买卖婚姻、买卖婴幼儿，达到养老的目的。

我们也可以通过调查数据了解制度需要与供给状况。在“您是否赞同目前农村的养老政策?”一题中，调查显示，有 58.5%的人回答“很赞同”和“比较赞同”，有 19.8%的人回答“不赞同”和“很不赞同”，有 21.7%的人回答“一般”(总样本为 1078)。数据分析结果可见，有五分之一的人对当前养老制度不认可。

第四，收养制度的不健全。目前的收养制度在收养资格、收养程序、收养条件和相应处罚措施方面等方面存在不健全。地方政府对有收养资格的人缺乏详细的登记，也没有主动为有收养资格和愿望的人提供公共服务。由于收养制度对有收养需求的人群没有给予足够的关怀，没有对非法收养的人给予处罚，没有明确简洁的收养程序，导致民间购买并收养婴儿的现象非常普遍。

调查显示，对收养政策了解不够也是拐卖妇女儿童犯罪猖獗的原因之一。在“您对收养孩子和领养孩子的法律政策了解吗?”一题中，调查显示，有 27.2%的人回答“很了解”和“比较了解”，有 48%的人回答“不了解”和“很不了解”，有 24.7%的人回答“一般”(总样本为 1078)。

第五，代孕制度不完善。近年来，不孕不育症人群数量越来越多。据有关数据显示，不孕不育的夫妻占总结婚夫妻的 10%以上。数量非常庞大。这些人群为了拥有后代，要么通过非法购买被他人拐卖的婴幼儿实现，要么通过代孕实现。在当前技术条件尚不成熟的情况下，为了杜绝道德人伦问题，保护献精、献卵人群、代孕出生婴幼儿和代母的人身安全，我国推行完全禁止代孕的制度。我国目前涉及代孕的相关立法只有 2001 年卫生部颁布的《人类辅助生殖技术管理办法》，2002 年出台了《人类辅助生殖技术规范》,2003年颁布了《人类辅助生殖技术和人类精子库伦理原则》。《管理办法》第3条规定:医疗机构和医务人员不得实施任何形式的代孕技术。尽管这一规章仅适用于开展人类辅助生殖技术的各类医疗机构。但是强制性的规定禁止相关医疗机构和人员进行代孕行为,表明了我国立法者对于代孕行为的态度,即目前对代孕采取了完全禁止的态度①。但是,当前的禁止代孕的制度缺乏约束力,制度本身也存在一些漏洞,从而导致一些想超生的人群和没有生育能力的人群,利用制度漏洞,通过代孕实现个人目的。

第六,其他制度。如户政管理制度、外国人入境出境管理制度的漏洞,给拐卖境外人口犯罪创造了可乘之机。

(五)政府有关职能部门打击不力

公安机关单打独斗的局面难以承担整个社会预防、消除拐卖犯罪问题。打击拐卖妇女儿童犯罪是一个社会的综合工程,不能仅仅只依靠公安机关,而需建立起相关部门的联合和协调的打击拐卖妇女儿童犯罪的机制,并且现有的一些网络和渠道也没有被很好利用,比如各地计生部门在基层设立密集的网络,定期的计生排查也可以掌握很多不明婴幼儿童的信息,各地的民政、卫生等部门也需多多掌握这方面的信息,但由于这些部门之间没有一个协作的机制,一些相关信息无法传递给公安部门。②

拐卖妇女儿童犯罪具有跨地域性、流窜性,加大了案件的侦破难度。现在单独一人实施拐卖妇女儿童犯罪的已越来越少,相反

---

① 李鹏,完全禁止代孕并不可行,北京科技报/2013年/4月/8日/第028版。

② 张一宁,遏制拐卖人口犯罪之我见[J],人民检察,1994(09)。

绝大多数是有组织的集团。这些拐卖妇女儿童的犯罪集团一般人数较多且形成了一定的规模，他们之间也往往都是亲戚关系或是同一个地方的熟人，相互之间的分工也十分明确，每次行动都会有周密的计划和安排，因此会屡屡得手。对被拐卖妇女儿童的拐骗、中转、接送、绑架和贩卖各个环节由不同的人负责实施，相互分离，形成了一条流水线作业，这些环节通常也发生在不同的区域，所以公安机关去调查取证也往往会面临着巨大的障碍，导致案件事实本身就很难调查清楚，解救被拐卖的妇女儿童也是雪上加霜。同时，不法分子流窜在全国各地甚至国外，要对他们进行抓捕并追究其刑事责任具有相当大的难度。

在全球经济化的背景下，国际合作与交流日益广泛，出入境政策的放宽，使跨国拐卖妇女儿童犯罪大量增加。由于缺少国际间的相互合作，打击跨国拐卖妇女儿童犯罪就面临着许许多多难以逾越的障碍。虽然当今国际上存在一些公约是关于打击跨国拐卖人口犯罪的，这些公约里有关于国家之间怎么合作问题的约定，但并非所有的国家都签署了这些公约，也就是说非缔约国是不受约束的，就没有合作的义务。比如，当一个犯罪集团由于实施拐卖妇女儿童的行为在A国受到了打击，如果该集团迅速转移到了B国，那么A国的警察是没有办法去B国抓捕的，因为各国要遵守领土主权的原则。如果A、B两国没有打击拐卖妇女儿童犯罪或是引渡等方面的约定，那么打击犯罪分子也常常会感到无能为力，成为法律的漏网之鱼。就算在两国都签署了相关条约的情况下，由于跨国拐卖妇女、儿童犯罪牵涉过广，想要查清案件所有当事人的具体情况、犯罪情节和跨国解救被拐卖妇女儿童等也会遭遇很多艰辛。一些基层政府软弱无力，地方管理制度的不健全使得在婚姻登记、户政管理等方面漏洞很多，使得拐卖妇女儿童犯罪有机可乘。社会治安不是很好，好人怕坏人，干部又怕遭到打击报复，人贩子就肆意横行。[①] 还有一些管理部门放任违法事实婚姻的存在，在招工、计划生育等工作中放任自流、不闻不问，这样客观上助长了拐卖妇女儿童的不良风气[②]。

（六）被拐卖妇女、儿童自身因素的影响

在拐卖妇女犯罪中，受害的妇女一般来自偏远的农村，其整体的知识文化水平较低，与外界接触较少，见识短浅，又没有什么自我保护的意识，容易对他人产生盲目的信任。许多被害妇女对目前经济上贫困的现状感到不满，希望外出打工改变自身的状况，一些不法分子恰恰抓住了受害妇女的这种心理，以招工、洽谈业务等名义将受害人轻而易举地拐骗，同时，拐卖妇女犯罪还出现了假借网络交友、婚介寻偶、结伴旅游等新的作案手段，然后将其贩卖。有的被卖去当苦力，被迫从事高危劳动，有的被卖而从事色情服务，还有的被卖作他人的妻子等等。除了这些传统的贩卖结果外，现在还出现了大量的强迫被拐卖妇女儿童在街头卖艺、行乞、偷盗等新的违法犯罪活动，甚至一些儿童成为器官交易市场的商品。在医院，非常多的病人需要将他人的器官移植到自己体内救助自己，然而通过正当途径可供移植的器官却十分有限，一些不法分子就做起了非法买卖器官这一行，从拐卖儿童入手。同时，被拐卖妇女儿童由发案地云南、广西等经济欠发达的边境省份向国外转移，跨国、跨境拐卖妇女儿童案件常常发生。

---

① 胡钢，“涉拐必究”引领反拐工作再上新台阶[J]，中国刑事警察，2010，(06)。

② 肖艳，拐卖妇女、儿童犯罪分析，重庆大学 2012 硕士论文。

都市外来的务工人员和农民的生存环境较差，儿童教育出现缺失，防范意识不高。由于流动人口聚居区人员居住、管理比较混乱，由于外来务工人员和农民大多收入不高，且经济不稳定，面对收费高昂的幼儿园，他们只能望“园”兴叹。将年幼的孩子带在身边或让其“放任自流”，任其独自玩耍，这些孩子的生活环境给人贩子下手提供了很多便利。[①]

流动人口聚居区通常位于房价相对比较便宜的郊区，这里往往会被行政管理所忽略，成为“行政管理真空”区域。加上又涌入了大量的外来打工流动人口，使本来就处于被忽略的地区，势必会带来一系列的管理、居住等各个方面的压力，使得聚居区处于更加失控和无序的状态。因此，流动人口聚居区特别容易成为治安混乱、拐卖妇女儿童案件高发的区域。

（七）买主和卖主法律观念淡薄

收买被拐卖妇女儿童的案件常常发生在贫困地区或较偏远的山区，由于这些地区大多经济比较落后，导致法律的普及程度也相当糟糕。据统计，在已经发生的拐卖妇女儿童犯罪中，很多卖主和买主都是法盲，儿女双全、多子多福的封建观念在他们心中根深蒂固，然而正常收养门槛过高，农村社会养老保险制度尚未健全，认为花自己的钱买个孩子来养或买个媳妇来帮忙生孩子并没有错，更谈不上违法，所以也十分心安理得。这种无知的法盲意识对拐卖妇女儿童犯罪的恶性增长起了催化剂的作用。他们错误地将拐卖妇女、儿童的犯罪行为与买卖婚姻、收养子女简单等同起来，没

① 赵星、吕珊，论拐卖人口犯罪的成因及其应对措施[J]，山东警察学院学报，2010，(02)。

认识到它们相互之间的根本不同点，认为钱可以买到任何东西，包括老婆和孩子。民间一直流传着嫁女儿收彩礼钱的风俗习惯，在这一观念的影响下，他们将拐卖人口与买卖婚姻混淆，触犯了法律却毫不知情。这些人把妇女儿童当作商品来买卖，认为只要双方都谈好了价格，没有发生矛盾就不存在什么违反法律的问题，不认为买媳妇、买儿子是犯罪。这也为拐卖妇女儿童犯罪的滋生与成长提供了肥沃的土壤。

总之，在拐卖人口犯罪中，有社会因素、文化、经济、制度建设不足等方面的原因，被拐卖妇女儿童自身条件的束缚和参与拐卖的买方和卖方法律意识淡薄也为拐卖人口犯罪提供了条件。所有因素中，每个因素在形成、助长、预防、打击、拐卖人口犯罪行为中，所发挥的作用也不相同。性别比失调、不断上升的不孕不育现象、传统文化的影响，以及社会养老保障的缺失，产生了对妇女和婴幼儿大量的社会需求。这是拐卖人口犯罪的根源所在。经济水平较低和潜在的买卖人口巨大的利润，为拐卖人口提供了动力。制度缺失和制度供给不足一方面不能满足社会成员的生育需求，另一方面不能有效制止违法行为的发生，从而为拐卖人口犯罪行为提供了机会和方便。被害人自身条件的限制，为拐卖人口犯罪提供了条件。公安机关单打独斗的控制方法，一方面造成公共资源的大量浪费，另一方面并不能有效制止拐卖人口犯罪的发生和蔓延。

当然，国际合作不足、拐卖人口犯罪的复杂性也是拐卖人口犯罪猖獗和治理措施失效的重要原因。但本文认为，从治理对策上看，通过文化手段和长期的社会发展政策，进行必要的宣传教育、努力改善欠发达地区的经济面貌和社会综合治理外，政策与制度创新和完善，是有效预防、打击和制止拐卖人口犯罪的当务之急。

七 建 议

（一）当前学术界和职能部门的立法建议

目前，学术界和实践部门提出了若干政策建议，如有人建议，应修改完善刑法，加大惩治力度，严厉打击买卖双方。对 2010 年最高人民法院等四部门联合下发的《关于依法惩治拐卖妇女儿童犯罪的意见》执行情况进行调研，将行之有效的规定吸收入法。将“可以不追究刑事责任”的情形改为“可免于或减轻刑事处罚”的情形，为收买被拐卖妇女儿童定罪明确依据。对于买主的刑事处罚形式，应不仅限于有期徒刑、拘役或管制，应并处罚金及其他处罚措施。

还有人建议恢复原刑法对“拐卖人口罪”的规定，使犯罪对象包括所有拐卖人口罪中的人，以进行扩大解释，可以延伸到成年男性，还可以为其他的罪名（例如收买被拐卖的妇女、儿童罪，聚众阻碍被解救被收买的妇女、儿童罪，不解救被拐卖、绑架妇女、儿童罪以及阻碍解救被拐卖、绑架妇女、儿童罪等）作出参照。也有专家提出，有必要就反人口拐卖进行专门立法，并完善收养制度。还有人建议修改《未成年人保护法》。

（二）本文的政策建议

立法滞后和法律漏洞给公安和司法机关打击绑架拐卖儿童犯罪造成了巨大的障碍，犯罪嫌疑人有恃无恐，利用法律的漏洞肆无忌惮。公安机关在打击犯罪的过程中,陷入了被动的局面。中国妇女儿童的安全面临着空前的威胁。

由于拐卖人口犯罪案件的形成原因比较复杂,犯罪呈现职业化、国际化、成员复杂等发展趋势,再加上打击成本过高,现有法律制度存在漏洞较多和多头立法等问题,降低了法律的威慑力。鉴于上述原因,要想更加长期有效地打击犯罪,保护妇女儿童的社会安全,降低社会成本,本文提出如下建议:

第一,制定《反拐卖人口法》。

就目前情况下,要想彻底根治拐卖人口犯罪,保护妇女儿童人身安全,维护社会稳定,保障居民安居乐业,必须制定《反拐卖人口法》。《反拐卖人口法》立法具有以下三个方面的价值:第一,可避免因为修改法律而带来的繁琐。修改法律是一个系统工程,牵一发动全身。如果要修改《刑法》,就必须考虑与国际立法和国内实体法和程序法的协调问题。一旦修改刑法,就需要修改《刑事诉讼法》、《婚姻法》、《妇女权益保障法》、《未成年人保护法》、《预防未成年人犯罪法》、《治安管理处罚法》等法律制度,工程庞大,不可想象。第二,可以降低社会投入成本。治理拐卖人口犯罪,需要公、检、法和政府其他部门,诸如妇联、综治部门、宣传教育部门等等,投入巨大人力物力资源。虽然投入巨大,但效果很差,贩卖人口犯罪甚嚣尘上。如果能够将多部门规制统一纳入一部专门法中,并提高量刑打击力度,必然事半功倍,收效显著,大大节约社会资源。第三,可以增加犯罪成本,提高治理效果。犯罪成本是犯罪分子在从事违法犯罪行为时必须考虑的因素。目前拐卖人口犯罪猖獗的重要原因是违法犯罪成本较低,而经济收益较高。因此,专门立法可以从多方面对拐卖人口犯罪进行规制,提高打击力度,增加犯罪成本,让违法犯罪分子付出巨大代价,方可以从根本上解决问题。

所有这些是修改刑法所不能达到的效果。

从立法路径上看，首先，我们要对拐卖人口犯罪的状况、特点、类型、原因有一个清醒的认识，这是立法的前提。其次，对诸法在预防打击拐卖人口犯罪方面存在的不足、缺陷、漏洞，以及我国法律与国际相关法律的衔接问题，进行详细梳理。再次，在全国范围内进行实证调查，了解社会反响和民意，进行社会动员。

在立法内容上，首先，专门法需要就妇女、儿童两个群体的权益保护和犯罪打击进行专门的规制。其次，就犯罪对象和犯罪行为进行详细的界定和类型划分，使新法更加严密规整。比如，不仅打击卖方，还要打击买方，不仅打击主犯，还要严惩任何参与拐卖活动的人员。再次，在量刑上要体现专门法的立法必要性，就是要加大量刑力度，突破传统量刑科罚极限，充分体现对拐卖人口犯罪进行严厉制裁的决心和执行力。

第二，开发二代身份证的多种功能。户籍制度的陈旧过时已经是有目共睹的事实。目前，我国政策制定部门对于户籍制度的制定存在争议。一些地方政府为了避开争议，开始实行居住证制度。但本文认为，我国已经颁发了身份证，推行居住证在很大程度上是制度重复，浪费了珍贵的公共资源。要想解决好户籍问题，当务之急就是开发居民身份证的多种功能，使二代身份证具有储蓄卡、护照、驾照、身份识别（加载血型、DNA、指纹、虹膜信息）、犯罪纪录等功能，使之成为有多种功能的一卡通，并以此立法予以保护。户籍制度的完善，对于其他制度的完善将会奠定坚实基础。

第三，完善收养制度。政府应该对有资格收养儿童的家庭进行登记，然后对这些家庭进行特殊关注，尽可能寻找孩子来源，满足一些特殊家庭对抚养孩子的需要。

第四，修改出入境管理制度，对跨国婚姻采取宽容态度，满足社会对因女性缺乏而产生的生育需求。

第五，对完全型代孕采取宽容态度。在目前情况下，对于夫妻自己的精卵子要求代孕的，应该给予满足。但是要杜绝有限代孕，保护献精卵群体、代母和新生婴儿的合法权益。

第六，完善养老保障制度，让没有后代的家庭能安度晚年，避免因没有子女而导致的家庭不幸。

四川省黑社会性质组织犯罪：典型生成与政策应对

——基于晚近5年生效裁判的实证分析

陈世伟*

摘　要： 四川省黑社会性质组织犯罪目前处于“相对平稳发展期”。全部生成于省内的黑社会性质组织对公开暴力的依存度极高，表征其生成处于初级形态；赌博是黑社会性质组织非法控制的最主要行业；省内无业、18—35周岁的男性刑满释放和解除劳动教养人员（以下简称“刑释解教人员”）已为犯罪主力军；以农村宗族血缘为纽带的黑社会性质组织犯罪令人深思。基于此，依法常态化有效治理涉枪等暴力犯罪与赌博违法犯罪活动、增强无业青年技能培训的实效、优化与落实刑释解教人员安置帮教相关政策、增强村民自治力是预防黑社会性质组织犯罪典型生成的基本对策。

关键词： 黑社会性质组织犯罪；农村宗族；赌博；村民自治；刑释解教

---

* 基金项目：国家社会科学基金项目（09FXB066）。

作者简介：陈世伟，西南政法大学法学院副教授，硕士生导师，重庆大学法学博士后流动站工作人员。

始于2006年的第二次“打黑除恶”专项行动目前已经进入纵深阶段。如何构建预防黑社会性质组织犯罪的长效机制成为当下亟待解决的重大课题。在这一宏大背景下，为进一步探究地域性黑社会性质组织犯罪生成典型特征与规律，寻找预防此类犯罪有效对策，课题组选择了四川省第二次“打黑除恶”专项行动。2006—2011年共计21份黑社会性质组织犯罪的生效判决与裁定作为研究样本。课题组整个实证分析过程是首先制作四川省“黑社会性质的组织”与“黑社会性质的组织犯罪自然人主体”两个问卷进行调查，然后利用SPSS软件析出所采集样本中的具体数据。最后，在分析这些数据的基础上，提炼出晚近以来四川省黑社会性质组织犯罪生成过程中的典型特征，并力图有针对性地提出预防对策。

一　黑社会性质组织犯罪的生成调查

（一）黑社会性质组织的调查

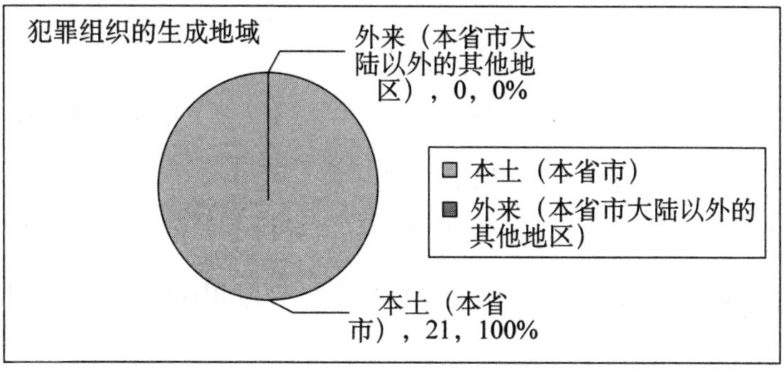

图1-1

图 1－1 的数据表明，21 个黑社会性质组织均生成于四川省内，没有境外黑社会组织的参与。

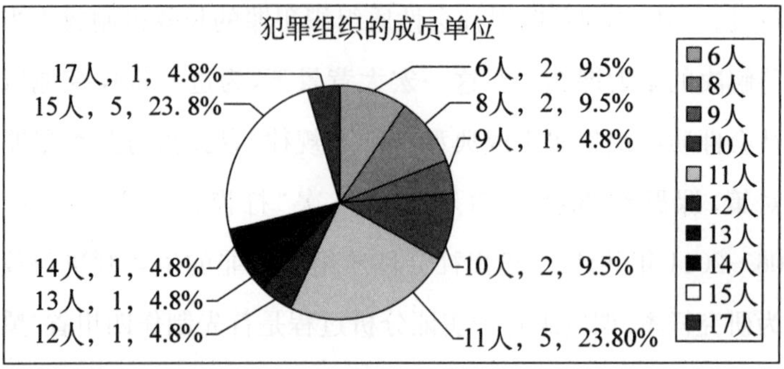

图 1－2

图 1－2 的数据表明，成员人数 5—10 人的黑社会性质组织为 7 个，占 33.3%；11—20 人的 14 个，占 66.7%。其中，人数最少为 6 人，最多为 17 人，平均约为 12 人(11.6 人)。

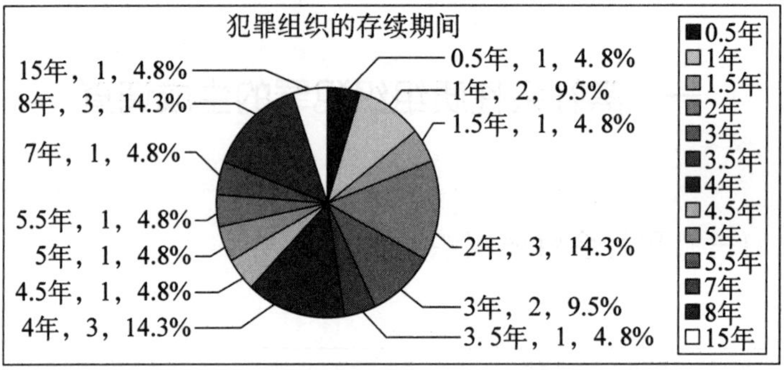

图 1－3

图 1－3 的数据表明，存续时间 0.5—1 年(含 1 年)的黑社会性质组织 3 个，占 14.3%；1 年以上—3 年(含 3 年)的 6 个，占28.6%；3 年以上—5 年(含 5 年)的 6 个，占 28.6%；5 年以上—10 年(含 10 年)的 5 个，占 23.8%；10 年以上的 1 个，占 4.8%。其中，存续时间 2 年、4 年和 8 年的犯罪组织最多，均为 3 个，均占 14.3%；犯罪组织存续时间最短仅为半年，最长的为 15 年，平均存续时间约为 4 年(4.4 年)。

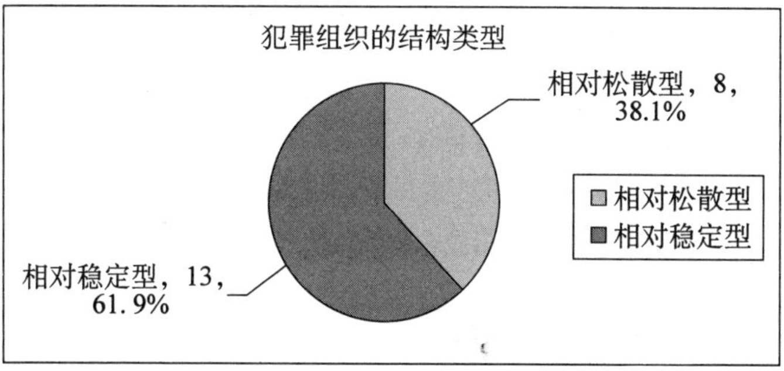

1-4

图1-4的数据表明,“相对稳定型”的黑社会性质组织13个,占61.9%;“相对松散型”8个,占38.1%。

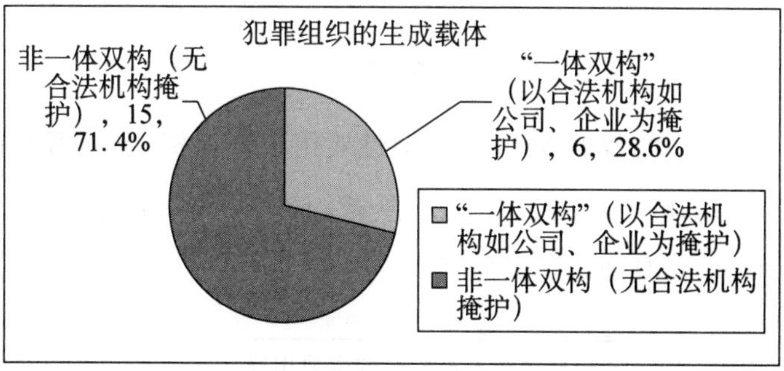

图1-5

图1-5的数据表明,生成过程中不具“一体双构”特征的黑社会性质组织15个,占71.4%;具有“一体双构”的特征6个,占28.6%。

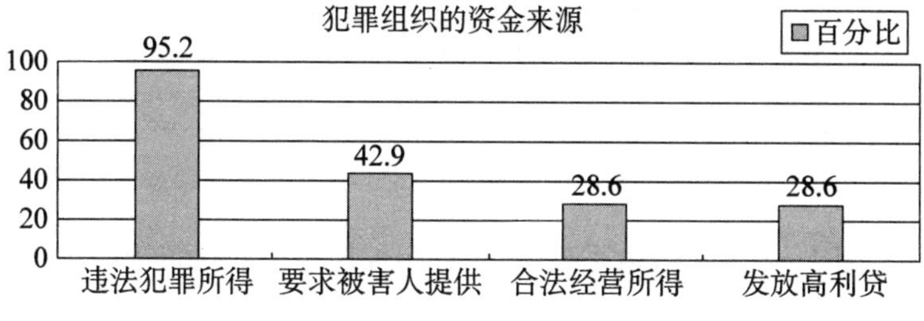

图1-6[①]

① 由于均为复选项,SPSS析出的原始数据表格过长。为更直接无误地展示数据,课题组对原始数据加以整理。若无特别说明,以下均为这一情况。

图1－6的数据表明，黑社会性质组织的资金来源频率从高到低依次是：违法犯罪所得（95.2％）、要求被害人提供（42.9％）、合法经营所得和发放高利贷（均为28.6％）。

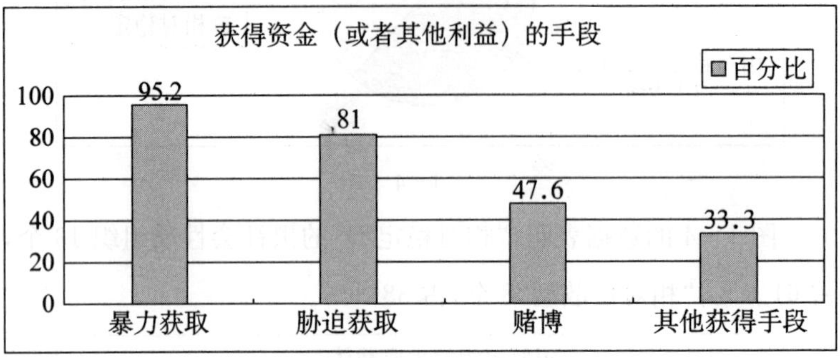

图1－7

图1－7的数据表明，黑社会性质组织获得资金（或者其他利益）的手段，频率从高到低依次是：暴力（95.2％）、胁迫（81％）、赌博（47.6％）、其他（33.3％）。

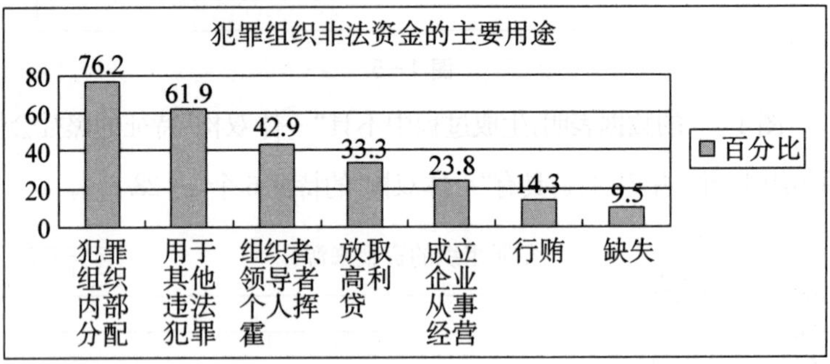

图1－8

图1－8的有效数据表明，黑社会性质组织非法资金的主要用途依次是：犯罪组织内部分配（76.2％）、用于其他违法犯罪（61.9％）、组织者、领导者个人挥霍（42.9％）、放取高利贷（33.3％）、成立企业从事经营（23.8％）、行贿（14.3％）。

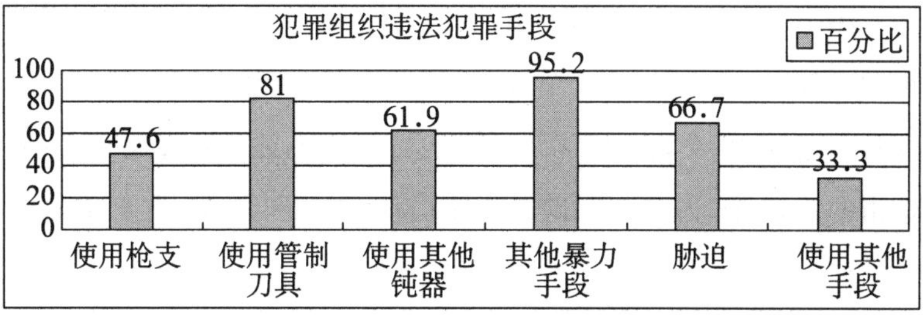

图 1-9

图 1-9 的数据表明,黑社会性质组织违法犯罪手段频率从高到低依次是:其他暴力手段(95.2%)、使用管制刀具(81%)、胁迫(66.7%)、使用其他钝器(61.9%)、使用枪支(47.6%)、使用其他手段(33.3%)。

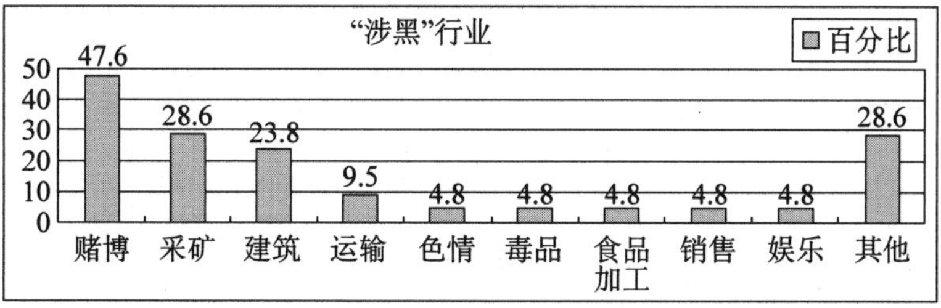

图 1-10

图 1-10 的数据表明,黑社会性质组织涉及赌博业的占 47.6%,其次为采矿业(28.6%)和其他行业(28.6%),再次为建筑业(23.8%),运输业(9.5%),最后为色情、毒品行业、食品加工业、销售业、娱乐业(4.8%)。

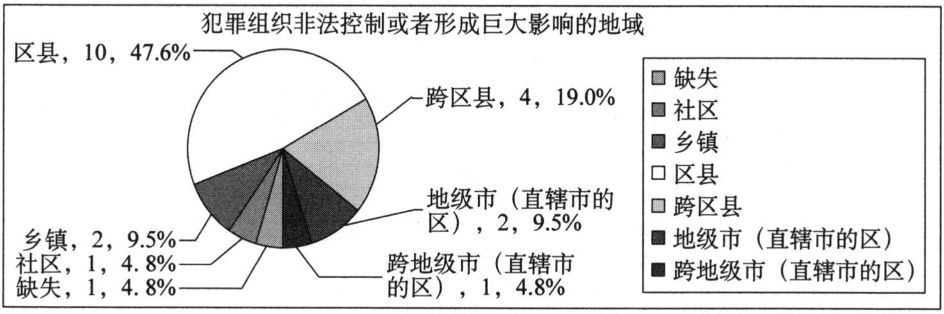

图 1-11

图1-11的有效数据表明，黑社会性质组织非法控制或者形成重大影响在社区层面的1个，占4.8%；乡镇一级的2个，占9.5%；区县一级的10个，占47.6%；跨区县的4个，占19%；地级市（直辖市的区）2个，占9.5%；跨地级市（直辖市的区）1个，占4.8%。

（二）黑社会性质组织犯罪自然人主体调查

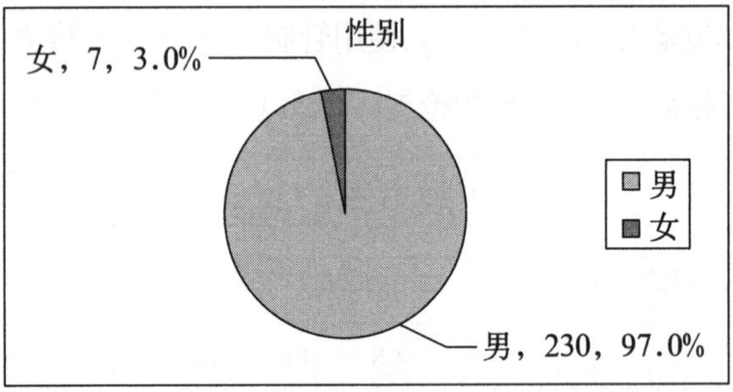

图2-1

图2-1的数据表明，黑社会性质组织犯罪自然人主体中，男性230人，占总人数的97%；女性7人，占3%。

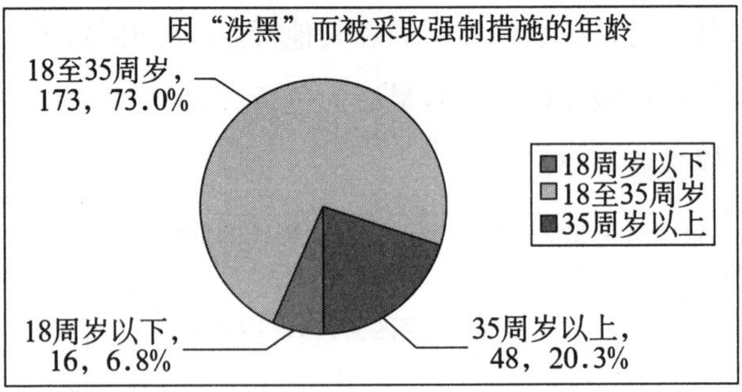

图2-2

图2-2的有效数据表明，因“涉黑”犯罪而被采取强制措施的年龄在18周岁以下的16人，占犯罪总人数的6.8%；18—35周岁的173人，占73%；35周岁以上的48人，占为20.3%。

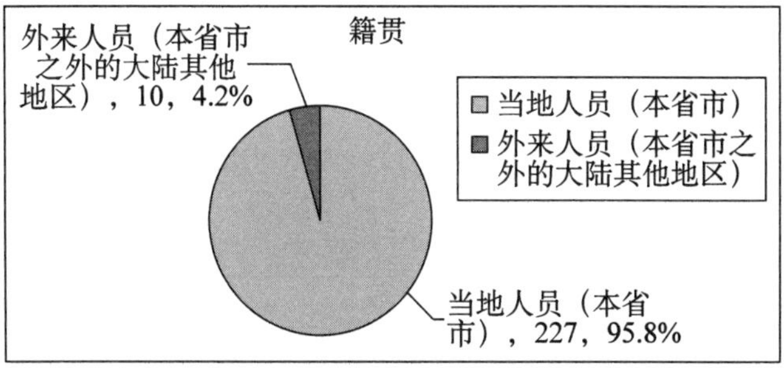

图 2-3

图 2-3 的数据表明，当地人员(本省市)227 人，占 95.8%；外来人员(本省市之外的大陆其他地区)10 人，占 4.2%。

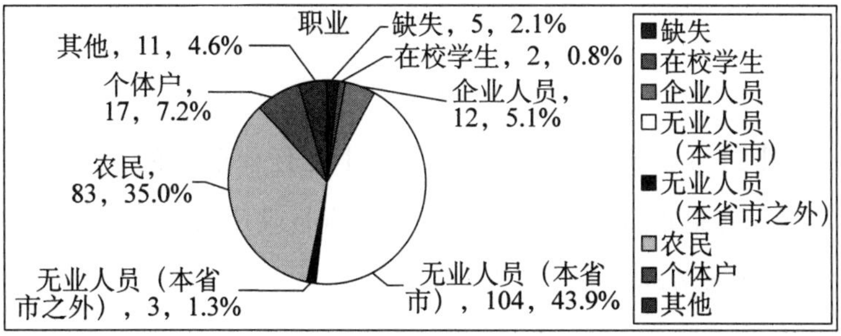

图 2-4

图 2-4 的有效数据表明，职业频率由高到低依次是：无业人员(本省市)104 人，占 43.9%；农民 83 人，占 35%；个体户 17 人，占7.2%；企业人员 12 人，占 5.1%；无业人员(本省市之外)3 人，占 1.3%；在校学生 2 人，占 0.8%；其他 11 人，占 4.6%。

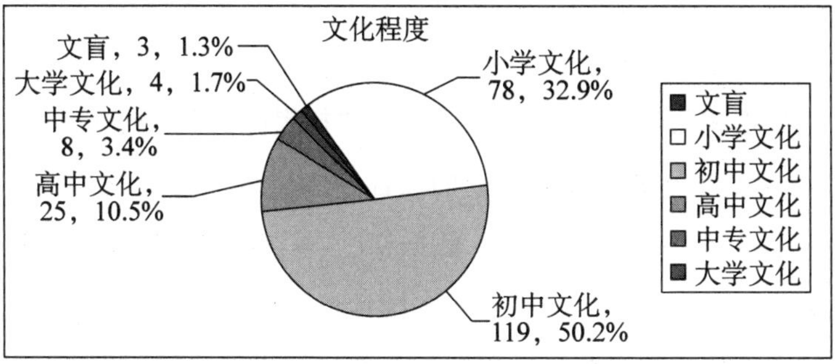

图 2-5

图 2-5 的数据表明，文化程度按照频率高低依次是：初中文化 119 人，占 50.2%；小学文化 78 人，占 32.9%；高中文化 25 人，占 10.5%；中专文化 8 人，占 3.4%；大学文化 4 人，占 1.7%；文盲 3 人，占 1.3%。

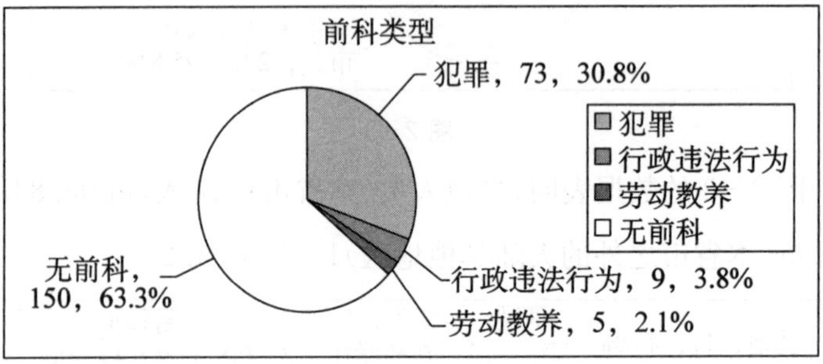

图 2-6

图 2-6 的数据表明，犯罪主体中无任何前科的 150 人，占 63.3%；有犯罪前科 73 人，占 30.8%；有行政违法前科的 9 人，占 3.8%；曾被劳动教养的 5 人，占 2.1%。

二　黑社会性质组织犯罪生成的典型特征

（一）四川省黑社会性质组织犯罪明显处于“相对平稳发展期”

根据相关学者的统计，从第一次“打黑除恶”专项行动来看，2000 年—2005 年四川省查获的黑社会性质组织犯罪数量居西南地区之首，为 34 件。[1]和这一数据相比，本课题组收集到的典型样本数量相对较少。综合考虑样本统计口径（上述数据可能是公安机关立案侦查的黑恶势力犯罪的总数）、样本的典型程度、第二次

“打黑除恶”专项斗争尚未结束等诸多因素,四川省最近 5 年黑社会性质组织犯罪的实际数量不会少于 34 件。由此观之,省内黑社会性质组织犯罪明显处于“相对平稳发展期”。

(二)黑社会性质组织生成显现多种典型特征

首先,“暴力”(95.2%)是犯罪组织违法犯罪的最主要手段,尤其是使用管制刀具(81%)、使用管制刀具之外的其他钝器(61.9%)、使用枪支(47.6%)比较常见。换言之,黑社会性质组织生成过程中对于公开暴力的依存度极高。这从一个侧面表明省域内黑社会性质组织整体处于初级生成阶段。

其次,“赌博”已成为黑社会性质组织非法控制的最主要行业,其比例远高于同期我国大陆其他地区。[2]结合四川省娱乐休闲文化作出预判,赌博将会继续成为省内黑社会性质组织犯罪获取资金的最主要手段和非法控制的最主要行业。

最后,以农村宗族血缘为纽带的黑社会性质组织犯罪令人深思。典型案件如四川省雅安市汉源县的“卜国全案”表明,以农村宗族血缘为纽带的黑社会性质组织犯罪利用村民自治的虚化与农村基层公权的弱化,非法控制村民委员会,甚至与农村基层政权形成公开且有限的对抗。根据法院查明的事实,从 1998 年开始,卜国全就开始纠集其兄弟卜国银、卜国华、卜国兵等人,以实施暴力为主,同时采取滋扰、挡停业主开采等手段,在汉源县乌斯河镇苏古村一带实施违法犯罪活动,并利用国家机关工作人员的帮助、纵容,逐步在当地形成了一定的非法控制。2003 年落选村委会主任后,为达到继续控制村委会的目的,卜国全声称不承认新一届村委会,拒不交出村集体的账务和公章,并登报申明已经作废的乌斯河镇苏古村委会原公章有效。在卜国全的组织、领导和策划下，成立了乌斯河镇苏古村“理财小组”，该“理财小组”在卜国全的操纵下直接掌管村委会收入，取代、控制村民委员会，公然对抗乌斯河镇政府。

（三）黑社会性质组织犯罪人出现令人担忧的现象

梳理前述调查数据可以看出，四川省黑社会性质组织犯罪自然人主体出现以下令人担忧的现象：

首先，省内（227 人，95.8%）18—35 周岁（173 人，73%）的男性（230 人，97%）无业人员（104 人，44.2%）成为最主要的犯罪主体。

其次，犯罪人的文化程度普遍偏低（初中文化 119 人，50.2%；小学文化 78 人，32.9%）。

最后，在黑社会性质组织犯罪主体中，有前科者占到犯罪总人数的近 4 成。这表明刑释解教人员已成为黑社会性质组织成员的主要来源。

三 预防黑社会性质组织犯罪生成的政策应对

（一）依法常态化预防涉枪、涉爆、管制刀具等暴力犯罪

对于暴力依存度极高的黑社会性质组织犯罪来讲，依法常态打击暴力性、尤其是涉枪涉爆、管制刀具犯罪、团伙犯罪是遏制与预防其生成的有效手段。“依法”强调打击黑社会性质组织犯罪必须依

据法律、尤其是刑法与刑事诉讼法，恪守刑事实体与程序正义。这是法治国家治理犯罪必须遵守的最基本原则；“常态化”是指将目前集中开展的治理涉枪涉爆、管制刀具的专项打击行动转变为日常性的综合治理。从这个意义上讲，预防黑社会性质组织犯罪生成，应当逐渐转变目前集中严厉打击的模式，合理、均衡运用公安、司法资源，将黑社会性质组织犯罪控制在社会可容忍的范围内。

（二）依法有效治理赌博违法犯罪活动

如前所述，四川省域内的黑社会性质组织犯罪生成过程中伴生着大量赌博违法犯罪行为，最主要是聚众赌博和开设赌场。因此，预防黑社会性质组织犯罪亟需依法有效治理赌博违法活动。具体来讲，有以下值得实践的经验：

首先，就四川而言，作为休闲娱乐方式之一的赌博行为比较普遍，甚至可以说是国内少有赌博休闲文化比较发达的地区。这一娱乐的刚性需求客观上为赌博违法犯罪活动生成提供了有利条件。因此，有效引导民众健康娱乐、主动远离赌博违法犯罪是预防赌博违法犯罪活动的治本之举。

其次，建议四川省人大常委会及时修改 1989 年制定的《四川省禁止赌博条例》（以下简称《条例》）。从预防黑社会性质组织犯罪生成的角度来讲，亟待修正和完善以下具体内容：首先，应当修正《条例》第 2 条，合理界分新形势下的赌博合法与违法行为，充分保障公民正常的休闲娱乐权。《条例》第 2 条规定：“凡以财物作赌注比输赢的活动，都是赌博行为。任何形式的赌博都是违法行为，必须严厉禁止，坚决取缔。”显然，随着经济社会的不断发展，《条例》将所有赌博行为一概认定为违法行为既不合理更于法无据，无法实现保障公民休闲娱乐权利之目标。2005 年公安部《关于办理赌博违法案件适用法律若干问题的通知》(公通字[2005]30 号)第 9 条明确规定:“不以营利为目的,亲属之间进行带有财物输赢的打麻将、玩扑克等娱乐活动,不予处罚;亲属之外的其他人之间进行带有少量财物输赢的打麻将、玩扑克等娱乐活动,不予处罚。”可以看出,对于不以营利为目的和亲属间的赌博娱乐活动不得认定为违法行为而予以处罚。2006 年施行的《中华人民共和国治安管理处罚法》(以下简称《治安管理处罚法》)重申了这一立场,并比较明确地设定了赌博行为的违法界限。该法第 70 条中规定:“以营利为目的,为赌博提供条件的,或者参与赌博赌资较大的,处 5 日以下拘留或者 500 元以下罚款;情节严重的,处 10 日以上 15 日以下拘留,并处 500 元以上 3000 元以下罚款。”[①]更需警惕的是,对公民合法赌博行为的打击不仅会极大削弱赌博违法犯罪活动的治理力度,造成相关公权的普遍寻租,而且扰乱了公民的法律感觉即合法与非法的合理认知。因此,建议将该条修正为“本条例查禁的赌博,是指以财物作注比输赢,依照本条例规定应受处罚的行为”。在此基础上,《条例》需要进一步明确赌博行为合法与非法的具体界限,细化“赌注、输赢金额、输赢累计金额较大、巨大、特大”的认定标准。对此,课题组建议将“赌博违法行为”限于“赌注、输赢金额、输赢累计金额较大”的情形。综合四川省经济域情,适宜将“赌注较大”确定为“二十元以上,一百元以下”,“输赢金额较大”确定为“二百元以上,二千元以下”,“输赢累计金额较大”确定为“二千元以上,五千元以下”。其次,为了加大对参与赌博违法行为的治

① 从实践行政法的明确性原则并较好规范行政执法自由裁量权角度来讲,《治安管理处罚法》中“参与赌博赌资较大”、“情节严重”均适宜作进一步解释。

理力度，建议《条例》第11条和第12条将“在赌博或者开设赌场过程中发放高利贷”这一情形增列为“从重处罚”情节。

（三）增强无业青年技能培训的实效

职业有无、文化水平高低与犯罪可能性大小的直接关联再度在四川省黑社会性质组织犯罪调查中得到充分证实。经过课题组调研发现，由于文化水平偏低且无相应的技能，这部分青年根本无法寻找到相应的职业。这些无职且文化水平偏低的青年往往容易成为政府职业培训政策遗忘的对象。正是这种“遗忘”使得无业青年将目光投向能够为其提供相对稳定收益的黑社会性质组织犯罪。这可谓无业青年“涉黑”路径的另一种素描。基于此，有效加强无业青年的技能培训并尽可能提高其文化水平是预防这一群体“涉黑”的最直接、最有效的对策之一。具体来讲，应当真正落实《四川省人民政府转发国务院关于加强职业培训促进就业意见的通知》（川府发[2011]29号）相关规定，明确将无业青年作为各级政府职业培训、尤其是免费职业培训的重点对象，尤其是对城乡未继续升学的应届初高中毕业生参加劳动预备制培训，按规定给予相应的培训费补贴，对其中农村学员和城市家庭经济困难学员尽可能给予一定生活费补贴。落实这一对策能够让无业青年获得谋生的职业技能，提供其参与社会的一技之长，从而减少或者阻断黑社会性质犯罪组织的利益诱惑，预防再次违法犯罪或者“涉黑”犯罪。

（四）进一步做好刑释解教人员的安置帮教工作

刑释解教人员安置帮教工作是预防犯罪工作中老生常谈的重

大问题之一。就预防黑社会性质组织犯罪来讲,这一点显得更加急迫。课题组以为,四川省刑释解教人员的安置教帮工作有两个方面亟待进一步优化:

首先,立足统筹城乡的思路来开展刑释解教人员的安置帮教工作。按照目前《中央社会治安综合治理委员会关于进一步加强刑满释放解除劳教人员安置帮教工作的意见》(中办发[2010]5号)来看,对于刑释解教人员仍然是基于城乡二元思维来开展安置帮教工作的。作为我国统筹城乡发展的试点城市,四川省可在成都市基于城乡一体化的思路探索刑释解教人员安置帮教的新路径并构建相应的新制度。尤其需要指出的是,在试点过程中应当摒弃户籍的限制作用而给予所有刑释解教人员以平等对待,能够在城市就业并且符合相应入城条件的可以入城并享受城市居民的所有待遇(比如社会保障、申请公租房等)。

其次,根据目前四川省域内各地区经济情况细化安置帮教企业所享受的优惠政策,以吸引更多企业参与刑释解教人员的安置帮教工作。本课题组建议,优化四川省刑释解教人员安置帮教工作小组、四川省司法厅、四川省国税局、四川省地税局等联合出台的《关于刑释解教人员安置帮教企业(基地)享受有关优惠政策的通知》(川综治委安帮小组[2001]5号)(以下简称《通知》)。从鼓励更多企业(尤其是中小微企业)成为安置帮教企业(基地)的角度出发,《通知》中安置帮教基地设立的硬性条件即"安置刑释解教人员占企业生产人员总数30%以上"可根据企业规模作进一步的细化,并确定一个随着社会经济发展不断调适的机制,防止"一刀切"。按照课题组的初步设想,"人数在1000人以上的企业安置刑释解教人员占企业生产人员总数比例达5%,500人以上的企业达10%,人数在50人以上的达20%,人数低于50人的企业达30%

以上的”均可确定为安置帮教基地。同时,细化刑释解教人员安置企业的减、免税政策。众所周知,目前企业安置刑释解教人员完全依靠政策,因此应当发挥政策灵活性以鼓励更多企业参与此项工作。在当下金融危机形势下,建议将原来“安置刑释解教人员占企业生产人员总数35%以上,免征企业所得税”的比例调整为“30%以上”;增加“安置刑释解教人员占企业生产人员总数的比例已超5%未到10%的企业”的所得税优惠政策。

(五) 依法保障与实现村民自治以防农村黑社会性质组织犯罪的生成

一项针对四川省内十多个农村地区所做的调查统计显示,目前许多地方村民自治实践中现实遭遇的首要难题便是村民对选举缺乏积极性,村民参与自治积极性不高甚至成为村委会选举中一个比较普遍存在的问题。[3]根据本课题组的调研发现,村民参与自治积极性不高则成为农村黑社会性质组织犯罪得以形成的根本原因之一。若在国家城镇化战略背景下进一步作出研判,如果不能有效增强村民的自治合力,城镇化进程中失范地方政策生成的灰色或者黑色利益链条将会给农村黑社会性质组织犯罪的生成提供更为“肥沃”的土壤。从这个角度讲,依法保障和实现村民自治是预防农村有组织犯罪团伙非法攫取利益进而生成黑社会性质组织犯罪的根本对策。如何才能让村民积极参与村民自治进而实现村民自治呢?笔者认为,村民自治得以实现的根本前提就是要让村民从自治中真正获益。换言之,不以村民利益作为根本导向的农村基层民主是无法实现的。因此,除了坚持提高村民文化水平、增强其民主意识等传统对策之外,四川省政府可以利用城乡统筹试点和城镇化战略这一机遇，在省级政府权限内研究更多让利于村民的具体政策，切实关注村民的民生问题，提高村民利益在土地收益中所占比重，使村民能够从其中分享自治的成果，从而增强村民的自治合力。一旦村民从参与自治中获益，参与自治的积极性自然会明显提高，也能减少农村非法利益集团的形成，从而预防黑社会性质组织犯罪的生成。

参考文献：

[1] 武和平，黑社会犯罪新论[M]，北京：中国人民公安大学出版社，2006：128。

[2] 王牧、张凌、赵国玲，中国有组织犯罪实证研究[M]，北京：中国检察出版社，2012，53 及以下。

[3] 任中平，村民自治究竟应当向何处去？[J]，理论与改革，2011(3)。

对农村基层组织人员职务犯罪几个问题的思考

杨 琳 史 焱*

摘 要：职务犯罪因主体的不同而分别构成诸如贪污罪和职务侵占罪、挪用公款罪和挪用资金罪、受贿罪和公司企业人员受贿罪等不同类别的犯罪。其中，农村基层组织人员更因其特殊的身份和所从事的工作而分别成为这两类犯罪的主体。在司法实践中，一般从主体身份、侵犯对象等方面认定某职务犯罪的具体类型，现行刑法对此只有概括性的规定，但仍需在办案过程中予以适当的解释和运用。特别是，新修订的刑法修正案(六)修改了相关条文，使农村基层组织人员也由此成为与受贿罪相对应的公司企业人员受贿罪的主体。

关键词：农村基层组织人员；职务犯罪；主体界定；对象识别

职务犯罪是指具有一定职务的特殊主体，违背职责，利用职权

---

* 杨琳，女，北京市昌平区人民检察院党组成员、反贪污贿赂局局长，研究方向：刑事诉讼法。

史焱，女，北京市昌平区人民检察院法律政策研究室副主任，研究方向：刑事诉讼法。

或通过职务行为进行违法活动，触犯刑法有关规定，应受刑事处罚的行为。[①] 该罪依实施主体的不同而分为二类：一类是刑法第九十三条所规定的国家工作人员和准国家工作人员所进行的犯罪，如贪污罪、挪用公款罪、受贿罪等；另一类是具有一定职责范围的非国家工作人员进行的犯罪，如职务侵占罪、挪用资金罪、公司企业人员受贿罪等。

农村基层组织人员实施的职务违法行为进而涉嫌犯罪的，应归属于哪一类型，决定着最终的定罪量刑，因而亦成为司法实务中必须解决的问题。然而，农村基层组织人员职务犯罪类型的认定却因法律规定的概括性和不确定性而在主体认定、对象识别及罪名选择等方面存在诸多分歧和争议。即：农村基层组织人员是否可以作为国家工作人员从而实施贪污贿赂犯罪？农村基层组织人员对哪些对象进行的犯罪行为可以被视为国家工作人员的职务犯罪？如何选择认定罪名？等等。笔者根据我院近两年来所办理的农村基层组织人员职务犯罪所出现的争议及解决方案拟对上述问题进行简要分析和尽可能的澄清。

一　背景材料

[案例]万某，北京市某区东小口镇马连店村党支部书记、村民委员会主任，在管理和发放本村土地折迁补偿款的过程中，分别于2002年5月21日和5月29日，授意本村出纳宋某，以“拆迁活动

① 张杰：《惩治农村基层干部职务犯罪若干问题研究(一)——我国现阶段农村基层干部职务犯罪主体的界定》，自《综合来源》，2005年第10期。

经费”的名义，采用假发票冲抵的手段，从马连店村土地折迁补偿款中，分两次共提出现金人民币 40000 元，交给万某，被万某据为己有。

其又在负责使用工业大院建设资金的过程中，于 2001 年 9 月 29 日、2001 年 12 月 3 日、2002 年 1 月 21 日，分别以“付工业区活动经费”、“付工业区材料费”、“付工业大院施工费”的名义，采用白条入账的形式，从北京市财政局、北京市昌平区财政局拨付给北京市昌平区东小口镇马连店村用于该村工业大院建设的 47 万元专项扶持、奖励资金中非法占有现金人民币 44000 元，据为己有。

侦查机关以万某涉嫌贪污罪移送审查起诉。公诉部门经审查后认定万某涉嫌贪污罪和职务侵占罪诉至法院。法院最终判决万某犯贪污罪，判处有期徒刑一年六个月，犯职务侵占罪，判处有期徒刑六个月，决定执行有期徒刑一年六个月。

二 农村基层组织人员职务犯罪的主体界定

农村基层组织人员如果被界定为国家工作人员，则其犯罪行为有可能是第一种类型的职务犯罪，如果被界定为非国家工作人员，则其实施的犯罪将被认为是第二种类型的职务犯罪，而法律对这两种类型的犯罪的惩罚是有轻重差别的。由此可见，认定农村基层组织人员实施的是何种类型的职务犯罪，首先要做的就是界定其主体身份，看其是否属于国家工作人员。这种界定将直接关系到对犯罪人的定罪量刑，关系到对腐败活动的打击力度，进而关系到社会主义和谐社会的建设。

进行上述界定的关键因素是澄清国家工作人员的概念和范

围。我国刑法第93条的规定:“本法所称国家工作人员,是指国家机关中从事公务的人员;国有公司、企业、事业单位、人民团体中从事公务的人员和国家机关、国有公司、企业、事业单位委派到非国有公司、企业、事业单位、社会团体从事公务的人员,以及其他依照法律从事公务的人员,以国家工作人员论。”该条规定分两款分别规定了两类国家工作人员,第一款规定的是国家机关工作人员,第二款所规定之主体在理论上称为准国家工作人员。

农村基层组织人员是否可以被认定为“其他依照法律从事公务的人员”,成为准国家工作人员,从而构成国家工作人员职务犯罪?第九届全国人民代表大会常务委员会于2000年4月29日通过的《关于〈中华人民共和国刑法〉第九十三条第二款的解释》(以下简称“立法解释”)对此进行了阐述。该立法解释规定:“村民委员会等村基层组织人员协助人民政府从事下列行政管理工作,属于刑法第九十三条第二款规定的‘其他依照法律从事公务的人员’:(一)救灾、抢险、防汛、优抚、扶贫、移民、救济款物的管理;(二)社会捐助公益事业款物的管理;(三)国有土地的经营和管理;(四)土地征用补偿费用的管理;(五)代征、代缴税款;(六)有关计划生育、户籍、征兵工作;(七)协助人民政府从事的其他行政管理工作。村民委员会等村基层组织人员从事前款规定的公务,利用职务上的便利,非法占有公共财物、挪用公款、索取他人财物或者非法收受他人财物,构成犯罪的,适用刑法第三百八十二条和三百八十三条贪污罪、第三百八十四条挪用公款罪、第三百八十五条和第三百八十六条受贿罪的规定。”这一立法解释对解决农村基层组织人员职务犯罪的法律适用具有重要意义,也即明确了村民委员会等村基层组织人员在七种情形下,可以以国家工作人员论,构成贪污罪、挪用公款罪和受贿罪的主体。

与此同时，该立法解释使用的是“村民委员会等村基层组织人员”以及“协助人民政府从事的其他行政管理工作”等概括性的、不确定性的用语，因此，在实际办案过程中，在界定农村基层组织人员的主体身份时，对于哪些人员属于农村基层组织人员，其从事的哪些工作可以被认定为符合上述七种情形，往往容易导致分歧，引发争议。笔者认为，这两个问题中，前一个问题讲的是农村基层组织人员的身份，后一个问题讲的是农村基层组织人员的公务活动，要确定农村基层组织人员的主体身份，就应将这两个标准有机地结合起来共同进行考量，“身份”和“公务”是认定农村基层组织人员是否构成准国家工作人员的两大要素。事实上，国家工作人员或准国家工作人员从事公务时应具有一定的资格身份，“身份”是从事公务的资格，没有国家工作人员或以国家工作人员论者的身份，便没有资格去从事公务，[①]而“从事公务”则是判定国家工作人员的另一标准，若具备该“身份”资格者从事私人活动亦不能成为国家工作人员或以国家工作人员论。可见，在国家工作人员问题上，“身份”和“公务”是相辅相成，密不可分的有机整体。

（一）农村基层组织人员的身份

立法解释使用的是“村民委员会等村基层组织人员”这样的概括性表述，在判断个人是否是农村基层组织人员时，首要的是决定农村基层组织都包括哪些组织，也即：除村民委员会之外还有哪些组织可以被视为农村基层组织？即农村基层组织的范围。从现在农村基层组织的状况来看，农村基层的党务、村务、协助人民政府

① 江礼华：《论国家工作人员范围的界定》，自《综合来源》，2002年第2期。

从事的行政管理事务和经济事务等均由村党支部、村民委员会、经济合作社等组织承担①，而在实践当中，一些地方可能不设经济合作社等农村集体经济组织，而由村民委员会行使其职责；还有一些地方的人员职责互相交叉，兼任情况非常普及，像前述案例中的被告人即兼任村党支部书记和村委会主任。

根据《村民委员会组织法》第二条之规定，村民委员会是村民自我管理、自我教育、自我服务的基层群众性自治组织，立法解释已明确将其列为村基层组织，这一点没有争议。关键是其下设的村民小组和下属委员会是否属于立法解释所指的村基层组织。《村民委员会组织法》第十条规定："村民委员会可以按照村民居住状况分设若干村民小组，小组长由村民小组会议推选。"第二十五条规定："村民委员会根据需要设人民调解、治安保卫、公共卫生等委员会。"从此规定可以看出，村民委员会本身已是农村基层组织，它可以协助人民政府从事行政管理事务，而村民小组和下属委员会只是协助村民委员会进行村自治事务的管理工作，不是一级独立的村基层组织。

而对于村党支部是否属于立法解释所指的村基层组织，笔者持肯定态度。我国实施的是一党执政的政体，共产党在各级国家机构中都起领导作用，尽管立法机关在制作法律文件时并不对党的组织进行法律上的表述，但是却不能否认实际生活当中人们将其视为与同级法律意义上的组织相同的性质，例如，某省委书记进行的贪污行为被定为贪污罪，那农村的基层党组织人员为什么没有相同的定性呢；而且，《村民委员会组织法》第三条即规定："中国共产党在农村的基层组织，按照中国共产党章程进行工作，发挥领

① 李永红：《农村基层组织人员职务犯罪探析》，自《人民检察》，2001年第8期。

导核心作用；依照宪法和法律，支持和保障村民开展自治活动、直接行使民主权利。”可见，该法明确规定村党支部在农村的自治活动中发挥领导核心作用，应成为农村一级独立的基层组织；此外，在相当数量的农村中党支部的成员与村民委员会的成员往往相互重叠，彼此兼任，因此，否认村党支部为村基层组织在实践中并无太大意义。

至于村集体经济组织是否属于立法解释所指的村基层组织，同样的，《村民委员会组织法》第五条规定：“村民委员会应当尊重集体经济组织依法独立进行经济活动的自主权，……保障集体经济组织……的合法的财产权和其他合法的权利和利益。”从这条规定可以看出，村集体经济组织对本村的经济活动具有自主权，是专门管理本村经济事务的基层组织；同时，《土地管理法》第十条规定：“农民集体所有的土地依法属于村农民集体所有的，由村集体经济组织或者村民委员会经营、管理。”由此可见，村集体经济组织的部分职责甚至与村民委员会的职责互有交叉，而这种情况一般发生在处于平等地位的组织机构之间。因而，农村集体经济组织应当属于村基层组织。

因此，农村基层组织的范围包括村民委员会、村党支部、村集体经济组织，而这些组织的组成人员也就当然是村基层组织人员。

（二）农村基层组织人员从事公务活动

确定农村基层组织人员的内涵和外延并不能当然认定其为刑法第九十三条规定的国家工作人员或准国家工作人员，还有一项重要的判断标准就是其是否“协助人民政府从事行政管理事务”，即其是否从事国家公务活动。

所谓“公务”，依《现代汉语词典》的解释是“关于国家和集体的事务”，即包括国家性质的公务和集体性质的公务，也可以称为国家公务和集体公务。农村集体经济组织人员依其特殊的身份，可能从事这两种公务活动。一方面，它主要从事农村集体自治事务，即依《村民委员会组织法》第二条第二款之规定办理本村的公共事务和公益事业，调解民间纠纷，协助维护社会治安，向人民政府反映村民的意见、要求和提出建议，实践当中常见的就是创办工厂、出租房屋、开设学校、兴修水利等事务；另一方面，它也可能从事国家公务，即依《村民委员会组织法》第四条第二款之规定，协助乡、民族乡、镇的人民政府开展工作，也即立法解释所列举的救灾、抢险、防汛、优抚、扶贫、移民、救济款物的管理；社会捐助公益事业款物的管理；国有土地的经营和管理；土地征用补偿费用的管理；代征、代缴税款；有关计划生育、户籍、征兵工作；协助人民政府从事的其他行政管理工作等七种情形。

因此，如果具有农村基层组织人员身份的个人在从事前述立法解释所规定的七种国家公务活动的过程中，利用职务上的便利，非法占有公共财物、挪用公款、索取他人财物或者非法收受他人财物，就可以构成贪污罪、挪用公款罪、受贿罪；而如果他所从事的是农村集体公务，在履行农村集体事务活动的过程中，利用职务上的便利，非法占有集体财物、挪用集体资金、索取他人财物或者非法收受他人财物，其所构成的就是职务侵占罪、挪用资金罪和公司企业人员受贿罪。

（三）小结

基于前述分析，是否属于农村基层组织人员以及是否从事国家公务活动是判断个人能否构成国家工作人员职务犯罪的主体的两个不可分割的标准。

正因如此，前述案例中的万某兼任农村党支部书记和村民委员会主任，其身份符合所分析的农村基层组织人员的身份特点，应属于农村基层组织人员。

但同时，因为万某所从事公务活动的性质不同，导致对其主体身份认定的不同。万某在从事管理和发放本村土地拆迁补偿款的过程中，其从事的活动符合立法解释第四款“土地征用补偿费用的管理”之规定，应认定其为农村基层组织人员从事国家公务活动，故其在非法侵占 40000 元时的主体身份应为准国家工作人员。

而其侵占 44000 元人民币时进行的是管理使用上级政府拨付的用于该村工业大院建设的专项扶持、奖励资金的活动。对专项扶持资金的管理活动，因该资金是上级政府拨付的专用于村工业大院建设的专项资金，属于对公益事业的管理，该项管理活动自始具有国家公务的性质；而奖励资金是对村工业大院建设活动的一种表彰，自到达马连店村账户时起，其性质即成为村集体所有的财产，对该项资金的管理也当然属于村自治事务的管理而非一种国家公务。但实践中由于难以确定这 44000 元的具体归属，故按照有利于被告人的原则，统一认定其从事的管理二项资金的活动为村集体公务而非国家公务。

三　农村基层组织人员职务犯罪的对象识别

除了上述主体的差异外，在职务犯罪的犯罪构成中，犯罪行为所指向的对象、侵害的客体也是区别国家工作人员职务犯罪与非国家工作人员职务犯罪的重要标准。在我国刑法的相关条文规定的表述中，国家工作人员犯贪污罪是非法占有“公共财物”，国家工作人员犯挪用公款罪是挪用的“公款”或“特定财物”；而非国家工作犯职务侵占罪是非法占有“本单位财物”，犯挪用资金罪是非法挪用“本单位资金”。

这一区别标准在判定农村基层组织人员职务犯罪的性质时意义尤其重大。由前所述，农村基层组织人员从事的活动具有双重性，他既有可能从事设厂办学等村集体公务，又有可能协助人民政府从事土地拆迁款的管理等国家公务，因此，其在从事公务活动中也就可能接触到两类不同性质的财产，一类是国家工作人员职务犯罪的侵害对象“公共财物”或“公款”、“特定公物”，一类是非国家工作人员职务犯罪的侵害对象“本单位财物”或“本单位资金”。也正因此，农村基层组织人员犯罪行为所侵犯的对象的不同，在认定其是否构成国家工作人员职务犯罪时具有重大意义。

（一）贪污罪与职务侵占罪的对象识别

贪污罪的犯罪对象，根据刑法第三百八十二条之规定，为公共财物和国有财物；职务侵占罪的犯罪对象，根据刑法第二百七十一条之规定，为本单位财物。

所谓公共财物，依刑法第九十一条有关公共财产的立法精神，它包括国有财物、劳动群众集体所有的财物、用于扶贫和其他社会公益事业的社会捐助或者专项基金的财物、在国家机关、国有公司、企业、集体企业和人民团体管理、使用或者运输中的私人财物。国有财物是指所有权归属于国家的财物；劳动群众集体所有的财物是指劳动群众集体所有制组织的财物，这里的劳动群众集体包括集体经济组织、村民自治组织、街道居民委员会等特定的集体。[①] 财物既可以是实物形式，也可以是货币形式。

而本单位财物是指所有权归属于本单位的财物，其与公共财物的区别即在于所有权归属的不同。此处所指单位是指非国有的公司、企业或其他单位，包括集体所有的公司企业，也包括个体、私营公司企业、外商投资的公司企业、混合所有制的公司企业。单位财物的本质是一种私人财产，私人财产是区别公共财产而言的，其与公共财产的差异就在于财产的所有权归属的不同，根据刑法第九十二条的规定，它包括“公民的合法收入、储蓄、房屋和其他生活资料；依法归个人、家庭所有的生产资料；个体户和私营企业的合法财产；依法归个人所有的股份、股票、债券和其他财产”。此外，单位财物既可以是本单位的资金，也可以是本单位的实物，它有货币和实物两种表现形式。

（二）挪用公款罪与挪用资金罪的对象识别

挪用公款罪的犯罪对象，根据刑法第三百八十四条的规定，为公款和特定公物；而挪用资金罪的犯罪对象，根据刑法第二百七十二条的规定，为本单位资金。

公款是挪用公款罪的主要犯罪对象，它是以货币形式表现的公共财产[②]，也就是说，作为刑法第九十一条列举的公共财产必须体现为货币形式才可能成为挪用公款罪的犯罪对象。那么，哪些财产属于公共财产呢？我国刑法第九十一条依财产的所有制性质

---

① 唐世月：《贪污罪犯罪对象研究》，自《中国法学》，2000 年第 1 期。

② 宣炳昭、江献军：《挪用公款罪法律适用研究》，自《法律科学》，2002 年第 2 期。

对公共财产的范围种类做了列举性的规定，根据该条规定，公共财产包括国有财产、劳动群众集体所有的财产、用于扶贫和其他公益事业的社会捐助或者专项基金的财产，而在国家机关、国有公司、企业、集体企业和人民团体管理、使用或者运输中的私人财产，也以公共财产论。公款的表现形式是货币，具体包括人民币和外币，支票、国库券、股票、债券等有价证券也可以视为货币，作为公款的一种具体表现形式。

此外，特定公物也是挪用公款罪的犯罪对象，依据刑法的相关规定，包括救灾、抢险、防汛、优抚、扶贫、移民、救济款物七种特定公物。在这里，构成犯罪对象的财物就不仅是前述货币，也包括实物在内，这是因为国家在进行这七种活动时并不只是提供以货币形式表现的资金，还包括救灾物资等实物形式。

单位资金则是挪用资金罪的犯罪对象，本单位资金是以货币形式表现的所有权归属于单位的私人财产。此处的单位是指非国有的公司、企业或其他单位，包括集体所有的公司企业，也包括个体、私营公司企业、外商投资的公司企业、混合所有制的公司企业，这一点区别于公款的所有权归属者国家机关、国有事业单位、国有公司企业、人民团体等国有组织。而它与职务侵占罪所指向的单位财物的区别在于其仅为货币资金，不包括实物，挪用本单位的财物不构成挪用资金罪。

（三）小结

由上可知，被认定为国家工作人员的农村基层组织人员因其从事的公务既可能是国家公务，也可能是集体公务，其在实践中既可能接触公款或公共财物，也可能接触单位资金或单位财物，故其既可能实施贪污罪或挪用公款罪,也可能实施职务侵占罪或挪用资金罪,这就要具体分析所侵犯的对象的性质。

具体到前述案例,万某侵占的40000元,作为已被国家批准征用土地的土地拆迁补偿款,可能既有对集体的补偿,也有对个人的补偿。前者的属性为劳动集体所有的财物,而后者在未发放到个人前由镇政府和村民委员会共同管理,根据刑法第九十一条规定的“在国家机关、国有公司、企业、集体企业和人民团体管理、使用或运输中的私人财产”仍为公共财产,仍然与前者具有相同的性质,即都属于本村“劳动集体所有财产”,符合贪污罪的对象要件。

而万某侵占的44000元,为上级拨付给其村用于村工业大院建设的扶持、奖励专项资金,二者性质有所不同:扶持资金作为上级政府拨付的专用于村工业大院建设的专项资金,属用于公益事业的专项基金,其性质应为国有财产;而奖励资金尽管为专项资金,但其目的是奖励该村的工业大院建设,其自到达马连店村账户上起,性质已发生转变,不再属于国有财产。但在实际办案过程中,因难以认定这44000元的具体来源及归属,按照有利于被告人且从轻的原则,认定其为单位资金,符合职务侵占罪的对象要件。

四　农村基层组织人员可以成为公司企业人员受贿罪的主体

如前所述,职务犯罪因行为主体的不同而区分为国家工作人员或准国家工作人员实施的贪污罪、挪用公款罪、受贿罪,以及非国家工作人员实施的职务侵占罪、挪用资金罪、公司企业人员受贿罪等两大类。这两大类职务犯罪在司法实践中可以分为三组彼此对应的罪名:贪污罪与职务侵占罪、挪用公款罪与挪用资金罪、受贿罪与公司企业人员受贿罪。

根据九七年刑法和立法解释,农村基层组织人员因其特殊身份,既可以协助人民政府从事立法解释中所述七种情形的国家公务活动,以国家工作人员论,构成贪污罪、挪用公款罪或受贿罪的主体;又可以从事上述七种情形之外的管理村自治范围内事务的集体公务,利用职务之便,非法占有本单位财物或者挪用本单位资金归个人使用或借贷他人,构成职务侵占罪和挪用资金罪的犯罪主体。但是,在刑法修正案(六)出台前,农村基层组织人员却不能成为与受贿罪相对应的公司企业人员受贿罪的主体。出现这种差异的原因是,职务侵占罪和挪用资金罪被列入刑法第五章“侵犯财产罪”之中,其主体除了公司企业人员之外,还分别明文规定包括“其他单位的人员”、“其他单位的工作人员”,而公司企业人员受贿罪被列入第三章“破坏社会主义市场经济秩序罪”第三节“妨害对公司企业的管理秩序罪”中,其规定的主体仅包括“公司企业的工作人员”,而没有包含其他单位的人员。故而,某个行政村当然可以作为一个单位看待,农村基层组织人员也就必然属于“其他单位的人员”或者“其他单位的工作人员”,从而可以成为职务侵占罪、挪用资金罪的主体①,但是却因法律规定的缺失而不能成为公司企业人员受贿罪的主体。这是由于立法者在1997年修改刑法时,认为公司企业基于其追求最大化利益的本性易在商业领域发生商业贿赂行为,而医疗、科研、教育等事业单位进行这种商业贿赂的

① 黄太云:《立法解读:刑法修正案及刑法立法解释》117—119页,人民法院出版社,2006年8月第1版。

可能性不大，故未将公司企业以外的其他单位及其工作人员列为公司企业人员商业贿赂犯罪的主体。但这种考虑却导致农村基层组织这样的单位及其工作人员在从事集体公务活动或其他活动时收受贿赂的行为不能被认定为公司企业人员受贿罪，而刑法中又没有其他罪名对其该种行为进行规范，最终导致对其行为不作刑法上的评价，脱离于刑法的调整范围。

2006年6月29日，第十届全国人大常委会通过《刑法修正案(六)》，在该修正案的第七条中对刑法第一百六十三条进行了修改，将公司企业人员受贿罪的主体从"公司、企业的工作人员"扩大到"其他单位的工作人员"，包括非国有公司、企业、事业单位或者其他组织的工作人员，规定："公司、企业或者其他单位的工作人员利用职务上的便利，索取他人财物或者非法收受他人财物，为他人谋取利益，数额较大的，处五年以下有期徒刑或者拘役；数额巨大的，处五年以上有期徒刑，可以并处没收财产。公司、企业或者其他单位的工作人员在经济往来中，利用职务上的便利，违反国家规定，收受各种名义的回扣、手续费，归个人所有的，依照前款的规定处罚。"这样，该罪的主体范围就与职务侵占罪和挪用资金罪的主体范围保持了一致，从而农村作为一级独立行政主体必然为"其他单位"这一范畴所涵盖，而农村基层组织人员也就当然作为"其他单位的工作人员"构成公司、企业人员受贿罪的主体。因而，当农村基层组织人员在从事国家公务活动中，利用职务上的便利，索取他人财物或者非法收受他人财物，为他人谋取利益时，构成受贿罪；而在其从事本村自治事务的管理等集体公务活动中，利用职务上的便利，索取他人财物或者非法收受他人财物，为他人谋取利益，则构成公司、企业人员受贿罪，承担相应的法律责任。

五 其他需要说明的两个问题

(一) 受上级委派的村基层组织人员的身份界定问题

村基层组织包括村党支部、村民委员会、村集体经济组织,村基层组织人员就是这些组织的组成人员。这些人员多为“自下而上”由村民选举产生的人员,但这并不是村基层组织人员产生的唯一方法,实践中,亦存在“自上而下”由上级机关任命委派的人员到基层农村工作的,如村党支部书记的产生,即可能是村党支部选举产生,也可能是上级委派任命。因而,由上级委派任命而产生的人员的身份界定也就成为一个需要特别考量的问题,他们是否属于“受委派从事公务的国家工作人员”,即“国家机关、国有公司、企业、事业单位委派到非国有公司、企业、事业单位、社会团体从事公务的人员”?从而具备国家工作人员职务犯罪的主体身份?

在认定行为人是否具有“受委派从事公务的国家工作人员”的身份时,通常需要满足四个条件:其一,委派主体是否特定,即必须是国家机关、国有公司、企业、事业单位进行的委派,即这种委派既不是其他单位、团体的委派,也不是一般个人的委派,它要体现国家权力的延伸;其二,前述单位是否进行合法委派,即前述单位是否以单位的名义、在其合法的权限范围内、以书面形式对受委派人进行委派,而受委派人也以明确的方式表示接受委派,这里的委派是指委任、派遣,有任命、指派、提名、批准等多种形式;其三,受委派人所到的机构是否特定,即委派单位应将受委派人委派到非国有公司、企业、事业单位、社会团体等非国有单位;其四,委派内容是否特定，即受托人是否到非国有单位代表国家对公共事务进行组织、领导、监督、管理等活动，即受托人所从事的活动是否为公务活动。

由上级机关委派任命的村基层组织人员是否满足上述条件从而成为“受委派从事公务的国家工作人员”？首先，对村党支书进行委派任命的机构往往是乡、镇级党委，属于国有单位的委派，委派主体合格；其次，这类委派往往经过党委成员集体商议表决，以单位名义出具任命书，该类文件往往会在人事部门予以备案并留档保存；其三，村党支部属于村基层群众自治性组织，为非国有单位，故受委派人所到的机构是特定的；其四，受委派人到村基层工作后，一般从事组织、领导、监督、管理等工作，其所从事的活动可认定为公务活动。

因此，由上级机关委派任命的村基层组织人员符合前述四个条件，可认定其构成“受委派从事公务的国家工作人员”，故其实施的职务违法行为涉嫌犯罪的，应认定为属于国家工作人员职务犯罪。

（二）城镇居民委员会人员的身份界定问题

在我国居民委员会与村民委员会的性质是一样的，都是居民自我管理、自我教育、自我服务的基层群众性自治组织，它的组成人员在实践中常协助街道办事处等人民政府机关从事行政管理工作等国家公务活动，从而有机会接触公共财产或公款，那么，在其实施这些行为进而构成犯罪时，主体身份如何识别？能否构成刑法第九十三条第二款所规定的“其他依照法律从事公务的人员”？相应地，其职务犯罪行为能否被认定为国家工作人员的职务犯罪？

全国人大常委会在制定《关于刑法第九十三条第二款的解释》的过程中，曾有部分常务委员、部门和地方提出：《刑法》第九十三条第二款规定的是“其他依照法律从事公务的人员”的主体不仅有村民委员会等基层组织人员，还有城市街道居委会等其他组织人员，因此建议对“村民委员会等基层组织人员是否属于其他依照法律从事公务的人员”进行解释，但在最终制定终稿时，考虑到目前司法机关反映比较突出、亟待解决的是村民委员会等村基层组织人员在从事哪些工作时属于“依照法律从事公务的人员”的问题，因此《立法解释》只对这一问题作出规定，并没有对“依照法律从事公务的人员”的全部范围作规定。

但其后，2003 年 11 月 13 日最高人民法院颁布《全国法院审理经济犯罪案件工作座谈会纪要》关于“其他依照法律从事公务的人员”的认定进行了如下解释：刑法第九十三条第二款规定的“其他依照法律从事公务的人员”应当具有两个特征：一是在特定条件下行使国家管理职能；二是依照法律规定从事公务。具体包括：“……(3)协助乡镇人民政府、街道办事处从事行政管理工作的村民委员会、居民委员会等农村和城市基层组织人员；……”在这一《纪要》中，最高人民法院以相当明确的语言表述认定刑法第九十三条第二款规定的“其他依照法律从事公务的人员”包括“协助街道办事处从事行政管理工作的居民委员会”，该《纪要》采用了《立法解释》所采纳的判定标准，即要求既具有居民委员会的主体身份，又协助政府机关从事行政管理等国家公务活动。该文件的产生较《立法解释》为晚，可以说是我国最高审判机关在实践中针对该类问题所表明的一种态度，但这一文件仅为司法机关的内部参考文件，其法律效力的缺失致使居民委员会的身份界定问题仍然没有最终解决，仍待以后进一步研究。

“扶老人被讹”的社会危害及治理困境

梁德阔*

摘　要：“扶老人被讹”事件加剧社会信任危机，助长社会冷漠，引发破窗效应，亟需社会治理。但治理中又存在道德困境，“不是老人变坏了，而是坏人变老了”使老人群体污名化，与中华民族尊老传统相悖；“不是你撞的，为什么你要救我”成为讹人理由和判决依据，质疑人类的同情心。在“彭宇案”“许云鹤案”“李凯强案”等扶老案中，法院没有坚持“谁主张谁举证”规则，滥用公平原则，违背了公序良俗，留下后遗症。见死不救突破了人类的道德底线，人们呼吁法律介入，“见死不救罪”难产。

关键词：扶老人被讹；坏人变老；道德困境；法律困境

屡屡发生的“扶老人被讹”“老人倒地无人扶”现象挑战了人类道德的底线，凸显世态炎凉、人心冷漠。尊老爱幼、助人为乐是中华民族的传统美德，儒家主张“仁者爱人”“推己及人”，可围观者就是见危不救和见死不救；滴水之恩当涌泉相报，有些老人却恩将仇

*　作者简介：梁德阔，男，上海政法学院教授，社会学博士后。

报。“扶老人被讹”是当今社会的顽疾，十三亿中国人扶不起几个倒地的老人，成为国人心头的痛，治理乃当务之急。法律人士围绕“见死不救入刑”问题争论不休，伦理学者呼吁加强公民道德建设，尽快出台“好人法”。[①] 支付宝推出“扶老人险”，中国好人网设立“搀扶老人奖”。但这些举措收效甚微，“扶老人被讹”事件愈演愈烈，“老人倒地窒息而死”悲剧重演，其根本原因是人们对一些基本问题还没有达成共识，难以建立法律制度，形成有效的对策措施。本文以典型的扶老案为例，分析“扶老人被讹”的社会危害性及治理中的道德困境和法律困境，回应现实生活中的一些热点话题。

一　“扶老人被讹”的社会危害

（一）加剧社会信任危机

很多学者认为当下中国出现了信任危机，老百姓也切实感受到人与人之间的信任缺失问题。郑永年认为，这种信任危机弥散在中国社会的各个方面，不仅存在于不同人群、阶层和行业之间，也不同程度地存在于每个社会细胞内部。[②] 朱虹认为，信任危机

① 关于见死不救入刑问题的争论有 20 多年，赵秉志、郭哲等认为可以入刑，参见赵秉志《相约自杀案件的刑事责任：兼析李某见死不救行为的定性处理》，《人民公安》1997 年第 21 期。大多数法学家反对，参见周安平：《对“见死不救”事件的道德和法律追问》，《江西社会科学》2013 年第 1 期。聂长建认为“损人利己”型、“利人利己”型的见死不救应该入法，“损己利人”型可以不入法，参见聂长建：《“见死不救”入法的道德困境》，《伦理学研究》2013 年第 2 期。美国华裔学者阎云翔教授较早关注到中国社会的助人被讹现象，分析了这类事件的特征、影响、诱因及图景，对中国社会和年轻人抱有积极乐观态度，参见阎云翔：《社会转型期助人被讹现象的人类学分析》，《民族学刊》2010 年第 2 期。

② 郑永年、黄彦杰：《中国社会信任危机》，《文化纵横》2011 年第 2 期。

渗透到社会生活的所有方面，是十三亿中国人都被卷入其中、集体感到焦虑的一种社会心理现象。① 2013 年，中国社会科学院发布的《中国社会心态研究报告》显示，中国社会信任度已跌破 60 分的警戒线，总体社会信任降到了“不信任”水平。② 在日常生活中，人们对特定和不特定的交往对象存在普遍的道德怀疑。在公共场所帮别人拎行李、抱孩子会遭到婉拒；特殊情况下，人们不敢向陌生人伸出援助之手，担心恩将仇报；捡到别人丢失的财物也不敢交还失主和警察，害怕遭到陷害敲诈。父母教育孩子“不吃陌生人的糖果”“不给陌生人开门”；儿女叮嘱老人“陌生的电话号码不接”“买东西不要听陌生人的推荐”；银行门口摆放着提示牌“不给陌生账户打款”；社区警务站贴着海报“陌生人搭讪轻易别理睬”。

屡见不鲜的“扶人被讹”“碰瓷”现象加剧了社会信任危机。一项调查证实：大多数中国人不敢搀扶在街头摔倒的老人。“愿不愿意搀扶”测量的是社会冷漠程度，而“敢不敢搀扶”反映的则是人际信任水平。③ 当前扶老人被讹折射出来的社会信任危机在社会不断弥漫，冲破了社会道德底线，一个社会如果道德底线失守，普通社会成员之间的信任可能就会荡然无存。④ 如果“扶老人被讹”是讹诈者借势而为的话，那么“碰瓷”则是故意而为之。在一些大城市出现了以此谋生的人，经常使用“拾金平分”“你撞倒我了”“自个儿躺倒在车下”等伎俩敲诈。北京 65 岁的孙某是“碰瓷专业户”，九年间用身体“撞车索赔”千余次，已核实案件 300 余起。⑤ 云南

① 朱虹：《信任危机与中国体验》，《江苏行政学院学报》2012 年第 5 期。

② 王俊秀、杨宜音：《中国社会心态研究报告 2012—2013》，北京：中国社会科学文献出版社，2013 年。

③ 朱虹：《必须重塑社会信任》，《社会科学报》2012 年 9 月 5 日。

④ 李发亮：《转型期社会信任危机维度、根源及对策》，《人民论坛》2014 年第 7 期。

⑤ 《65 岁瘸腿老汉专业碰瓷，导演千余起车祸》，《新华网》2010 年 1 月 12 日。

施某6年被撞9次，都是一个姿势和表情。[①] 泛污名化是风险社会信任危机的一种表征[②]，对这种现象人们宁可信其有不会信其无，乃至出现大妈"碰瓷"玩具车、中国老人在日本"碰瓷"等荒唐的假新闻。

我们通常认为"扶人被讹"事件只会发生在陌生人之间，而在"熟人社会"中不会发生。在熟人社会里，人们之间形成了一种"亲而信"的信任模式[③]，共同体成员之间的相互信任是不言而喻的，因为彼此"知根知底"[④]。韦伯认为传统中国社会是一种典型的特殊主义信任，以自己为中心、按照关系远近和亲疏程度呈现出"差序格局"[⑤]。然而，当今社会中的传销、"杀熟"现象，给熟人社会的人际信任一记重重的耳光。"扶老人被讹"事件也不例外，吴伟青和周火仟本是邻村居民，事发时还有一位他们都熟悉的老校长在场，不应该发生讹人现象，但悲剧还是发生了——吴伟青以死证清白。真相之外，村民更愿相信吴伟青是个正直善良、乐于助人的老实人，近百村民、居委会、工作单位为他出具了"人品证明"。[⑥] 王培军与袁老太太也是熟人，袁某经常到王培军店铺买鱼，王平时还会主动送一些鱼鳃给袁某带回家给猫吃。在医院证明袁某没有明显骨折情况下，王培军却被袁某及其子多次索赔，最后被迫自杀。[⑦] 这些案例颠覆了相互信任、守望相助的社区共同体的价值观。以血缘和地缘联结的父子、夫妻、朋友、同事、邻里间似乎都需

① 《碰瓷哥6年被撞9次都是一个姿势和表情》，《中国网》2015年4月16日。
② 张昱、杨彩云：《泛污名化：风险社会信任危机的一种表征》，《河北学刊》2013年第2期。
③ 朱虹：《信任危机与中国体验》，《江苏行政学院学报》2012年第5期。
④ 范可：《当代中国的"信任危机"》，《江苏行政学院学报》2013年第2期。
⑤ 费孝通：《乡土中国　生育制度》，北京：三联书店，1998年，第236页。
⑥ 燎原：《一个农民自证清白之死》，《南风窗》2014年2月11日。
⑦ 《鱼贩王培军之死留下的道德话题》，《南方都市报》2012年8月15日。

要设防，陌生人之间更是人人自危。

（二）助长社会冷漠

鲁迅笔下的“看客”形象地刻画了中国人的麻木与冷漠，他们“赏鉴”日本人枪毙同胞和刽子手杀害革命者，连最起码的同情心也丧失殆尽。近年来，我国又出现了令人发指的围观现象。2015 年 7 月 1 日晚，一辽宁女子跳楼身亡，当她骑在窗口犹豫不决时，楼下围观者催促她“快跳”。① 2016 年 5 月 8 日，济南女子要跳楼，围观者也迫不及待地喊她“快跳”。② 2014 年 5 月 28 日，在山东招远麦当劳店里，一名就餐女子因拒绝给电话号码遭到 6 名男女殴打，不治身亡。令人震惊的是，在大庭广众和光天化日之下，活人被打死却没有人伸出援助之手。2009 年 10 月 24 日，湖北荆州大学生何东旭、方招、陈及时为救溺水儿童壮烈牺牲，打捞公司面对同学们“跪求”却挟尸要价。③ 2015 年 11 月，四川攀枝花市再次发生“挟尸要价”现象，家属因付不起捞尸费，遗体在江中泡水 3 天。④

“小悦悦事件”以一种残忍的方式让全民反思社会冷漠。2011 年 10 月 13 日，广东佛山两岁女童小悦悦被一辆面包车撞倒碾压，肇事车辆逃逸，接着她又被另一辆车碾压。令人痛心的是，7 分钟内经过她身边的 18 个路人见死不救，最后一位拾荒阿姨施以援手，几天后小悦悦经医院抢救无效死亡。23 日，佛山居民聚集在

---

① 《辽宁一女子半裸坠亡，围观者曾起哄“快跳”》，《中国网》2015 年 7 月 3 日。

② 《济南女子要跳楼，围观者竟喊“快跳”》，《生活日报》2016 年 5 月 8 日。

③ 《湖北荆州：“挟尸要价”事件已有初步调查结果》，《南方都市报》2009 年 11 月 6 日。

④ 《攀枝花渔民“挟尸要价”，家属给不起捞尸费，遗体江中泡 3 天》，《华西都市报》2015 年 12 月 8 日。

事发地悼念“小悦悦”，宣誓“不做冷漠佛山人”。冷漠的路人让整个社会震惊，也让全社会陷入道德拷问之中，有人认为这是“彭宇案”留下的后遗症。

这类事件俯拾即是，2010 年 8 月 12 日，在黄埔区长洲安新街深井码头附近，一位老伯在雨中行路时摔倒，一个小时内没有人愿去查看，等到 120 救护车前来抢救，老人已经离开了人世。[①] 2010 年 12 月 15 日，深圳 78 岁老人肖某脸部朝下跌倒，保安和路人不敢搀扶，窒息而死。2011 年 9 月 2 日，武汉 88 岁的李大爷在菜场门口迎面摔倒后，围观者无人敢扶一把，李大爷终因鼻血堵塞呼吸道窒息死亡。[②] 2011 年 10 月 20 日，广东佛山一老人扑倒在地，侧向路面的头部口鼻流血，等医生到场时已无生命迹象。路人纷纷见而避之，摩托车行过都调头而去，“不做冷漠佛山人”再次做了冷漠人。[③] 2015 年 2 月 1 日，浙江玉环县一位老人在公路中间摔倒，8 分钟后遭到轿车碾压，期间有 4 辆车和 23 个行人经过，无人搀扶，只是看看。2015 年 8 月 30 日，河南开封一位 60 岁老人摔倒在积水中挣扎不起，无人敢扶身亡。[④] 2015 年 12 月 20 日，湖南长沙公交车上一男子突发心脏病，他赶忙掏出 1 万元钱塞给司机并高喊“救我”。事后他说看多了路人冷漠，认为花钱求助才保险。

中国素有助人为乐的民风，为什么热心助人者选择了逃避？这是因为太多的扶老人被讹事件让人们心有余悸，好心没好报，反倒惹来麻烦。当遇到老人倒地时公众的第一反应是什么？对

① 田恩祥等：《老人摔倒一个钟　无人闻问寂然死》，《羊城晚报》2010 年 8 月 13 日。

② 周蕾：《武汉 88 岁老人摔倒无人敢扶窒息身亡，离家不到 100 米》，《楚天都市报》2011 年 9 月 13 日。

③ 叶能军：《高明老人跌倒路边当场死亡》，《南方日报》2011 年 10 月 21 日。

④ 《河南开封六旬老人倒地无人扶，不幸身亡》，《人民日报》2015 年 9 月 7 日。

139010人的调查显示，55.6%的人选择直接走开，23.4%的人选择留下证据或找到证人再扶，12.6%的人选择拨打110并等待，仅有5.4%的人选择毫不犹豫主动扶起来。20.2%的受访者承认在自己身边有过老人倒地而得不到帮助的事情发生。87.4%的受访者表示“扶老人”的道德焦虑在当前社会普遍存在，84.9%的受访者坦言自己就存在“扶老人”的道德焦虑，扶不扶老人很纠结。[①]有些调查者表示：“不是不想扶，真的是扶不起。”巨额的医疗费让其有倾家荡产之虞，这种情况下人们多会明哲保身，不管“闲事”。“旁观者效应”表明，有许多人在场，救助老人的责任将会由大家来分担，造成围观者的责任分散，产生一种“我不去救，由别人去救”的侥幸心理，勒庞说：“群体是个无名氏，因此也不必承担责任”[②]，这是造成“集体冷漠”的社会心理原因。

也有人认为中国社会自古以来就是冷漠的。林语堂说：“如果说中国人的耐心是举世无双的话，那他们则更是出了名地冷漠。”[③]中国母亲对儿子的临别嘱咐往往是“少管闲事”。中国人自小潜移默化的教育就是“事不关己高高挂起”，多一事不如少一事，也就是“各人自扫门前雪，不管他人瓦上霜”。陈独秀批评中国人，“人人怀着狭隘的个人主义，完全没有公共心”[④]。阎云翔教授认为，当今中国社会过度功利的个人主义使年轻人忽视了尊重他人同等权利的义务，私人生活的充分自由与公共生活的严格限制，最终会导致“无公德个人”的出现。[⑤] 钱理群教授称之为“精致的利

---

① 向楠、倘凌越：《84.9%公众坦言扶不扶老人很纠结》，《中国青年报》2013年12月10日。
② 古斯夫·勒庞：《乌合之众：大众心理研究》，北京：中央编译出版社，2005年，第16页。
③ 林语堂：《吾国吾民·中国人的冷漠》，西安：陕西师范大学出版社，2006年，第35页。
④ 陈独秀：《陈独秀选集·卑之无甚高论》，天津：天津人民出版社，1990年，第115页。
⑤ 阎云翔：《“无公德个人”缘何产生》，《财新网》2012年6月5日。

己主义者”，他们高智商、世俗、老到、善于表演、懂得配合，更善于利用体制达到自己的目的。[1]

（三）引发破窗效应

破窗效应是指不良现象如果被放任存在，人们就会仿效，甚至变本加厉。当下中国扶人被讹事件屡见不鲜，引发了破窗效应，甚至警察也会躺枪。2015年4月12日，福州两位警察遇见骑电动车的两位老人摔倒在地，赶忙上前救助，不料老人一口咬定是为了避让警车才摔伤的，后来警察调出事发地的监控视频给老人看，老人才终于承认自己不愿承担医疗费，才将责任推到民警身上。2016年3月4日，公交车司机小杨扶起摔倒的老太太，不料被“碰瓷”，尽管全车乘客作证、警察反复调解也无济于事，老太太不依不饶，小杨被迫给20元息事宁人。[2] 近年来，扶人被讹和肇事者冒充好心人的事件普遍发生，从2004年至2015年10月，149起因扶人引发争议的案件，80%的真相被查明，冒充好人撞人者32例，诬陷扶人者84例。[3]

引发破窗效应的重要原因是讹人者成本太低，形成“讹一个算一个，讹不成也没损失”的思维定势，肆意妄为。在中国讹人者唯一受到惩罚的是四川达州扶老案，2013年6月15日，七十多岁的蒋婆婆摔倒后被三个小孩扶起来，出人意料的是，老婆婆死死抓住一个九岁孩子的手不放，声称是他们撞倒的，要求赔偿医药费。经过警方调查和旁观者证明，蒋婆婆及其儿子的行为属于敲诈勒索，

---

① 《北大教授钱理群：北大等大学正培养利己主义者》，《中国青年报》2012年5月27日。

② 《公交司机扶老太反被讹，全车乘客作证谴责摔倒老人》，《新华网》2016年3月4日。

③ 应飞虎：《九成真相率如何突围“扶人困局”》，《人民日报》2015年10月16日。

警察决定给予蒋婆婆行政拘留7日、其子行政拘留10日，又因蒋婆婆年满70岁，依法不予执行。2015年8月22日，中国好人网给这三个小孩颁发了“委屈奖”，奖金5000元；给两名办事民警颁发了“正义奖”，他们开创了中国扶老案中惩罚讹人者的先例。吊诡的是，小江的父亲很快退还了“委屈奖”并举家搬迁，他们厌倦了外界无休止的干扰。在中国绝大多数讹人者除了受到道德谴责外，没有得到应有的法律和经济处罚，当事实真相水落石出后，老人多以“一时糊涂”“记忆模糊”等搪塞过去，有些讹人者及其家属连起码的道歉都没有便“扭头离去”或“躲了起来”。而在新加坡，被救助者若讹诈救助者，则须亲自上门向救助者赔礼道歉，并处以本人医药费一至三倍的罚金；影响恶劣、行为严重，则以污蔑罪论处。[①] 这让讹诈者经济、名誉俱损，远大于道德谴责。

相比讹人者，被讹者往往损失惨重。2013年12月31日，广东省河源市村民吴伟青途中搀扶起摔倒的老人周某，并将他送去医院和先期垫付医药费。然而，老人后来却指证是吴伟青驾驶摩托车撞伤自己，索要10多万元的医疗费，双方争执不下。数天后，吴伟青跳入一口山塘中自杀身亡，试图以死来证明自身清白。[②] 2012年7月25日，湖南省湘潭市鱼贩王培军在狭窄的菜场巷道驾驶摩托车，不慎碰到人力三轮车，三轮车又将83岁的袁某碰倒在地，经医院检查老太太是轻伤。随后，王培军遭遇袁某及其儿子连环索赔（600元、6000元、20万元），并有黑社会分子持刀上门威胁，最终无力应对的老实人王培军在家中喝农药自杀。[③] 上述两案中的讹人者并没有受到惩罚，甚至袁某儿子还责怪王培军太脆

① 《国外的“好人法”》，《中国青年报》2011年12月8日。
② 《扶老人被诬撞人，救人者以死证清白》，《大河报》2014年1月7日。
③ 《鱼贩王培军之死留下的道德话题》，《南方都市报》2012年8月15日。

弱，派出所敷衍推责。

因为讹诈数额通常较小，扶人被讹案多作民事处理，难以上升到敲诈勒索罪，这对讹人者无法形成震慑力。刑法第274条规定：敲诈勒索公私财物，数额较大或者多次敲诈勒索的，处三年以下有期徒刑、拘役或者管制，并处或者单处罚金；数额巨大或者有其他严重情节的，处三年以上十年以下有期徒刑，并处罚金；数额特别巨大或者有其他特别严重情节的，处十年以上有期徒刑，并处罚金。具体的量刑标准，在《最高人民法院最高人民检察院关于办理敲诈勒索刑事案件适用法律若干问题的解释》中规定：敲诈勒索公私财物价值二千元至五千元以上、三万元至十万元以上、三十万元至五十万元以上的，应当分别认定为刑法第二百七十四条规定的"数额较大""数额巨大""数额特别巨大"。

警察和旁观者对讹诈者的姑息养奸，也加剧了"扶老人被讹"现象。面对讹诈者及其家属一哭二闹三上吊，或者把老人丢在派出所，警察也头痛。他们为了"息事宁人"或者保护熟人，只能违心地让助人者赔偿几个小钱。在天津许云鹤案中，交警方面迫于压力不敢开具《交通事故认定书》，交警称王家人每隔几天就来闹一次，严重影响正常工作，还曾威胁要用担架抬着老太太放到队里。旁观者的心态是复杂的，一方面他们对讹诈现象深恶痛绝，另一方面他们又"事不关己，高高挂起"，不愿匡扶正义。在中国发生扶人被讹事件时，总少不了一些"围观者"，他们不断指责"讹诈者"，但需要他们出庭作证时却推诿扯皮。被讹者多属于城市中产阶级和白领人士，[①]相比较弱势群体的老人，老百姓受仇富心理作祟，也不愿意作证。

---

① 阎云翔：《社会转型期助人被讹现象的人类学分析》，《民族学刊》2010年第2期。

国外好人法(又称好撒玛利亚人法)对救助者免责。美国联邦政府和各州法律都鼓励见义勇为,在紧急状态下,救助者因其无偿的救助行为给被救助者造成某种损害时,可以免除救助者的法律责任。美国《联邦证据规则》407款规定不能以侵害事件之后的事后补救行为,来证明行为实施者对侵害行为负有责任;409款规定,不能以支付或承诺支付医疗费及类似费用的行为,来证明支付者或承诺者对该伤害负有责任。2004年美国加州亚历山德拉诉丽莎案败诉,州议会以75:0票通过“好心人免责条例”。美国几乎每个州都制定了《无偿施救者保护法》,做好事的人不应受到惩罚,即使做好事的人在施救过程中存在疏忽或过失。法国《刑法典》第122条第7款明确指出:“如果行为人采取了与危险情况相适应的措施,这一行为将得到刑事上的免责。”《刑事诉讼法》第55条规定:如果受害者因为抢劫、袭击、交通肇事等行为受伤,而好心人的施救之举破坏了现场,影响了警察取证,也不会被追责。在这种情况下,施救者的义举造成的赔偿损失,一方面可以由法国的社会保险体系全部或部分支出,另一方面还可以通过法国的国家赔偿法来解决。

二　“扶老人被讹”的道德困境

(一)“不是老人变坏了,而是坏人变老了”之争

当下中国对“扶老人被讹”的盛行解释是“不是老人变坏了,而是坏人变老了”,意指讹诈者出身于红卫兵,在“文革”中就是一个坏人,至今秉性不改。“几十年前,年轻的红卫兵打砸抢,讹人、坑

人，祸害了一帮老年人。现在，一些老年人碰瓷、讹人，祸害了一帮年轻人。仔细想想，其实不是老年人变坏了，而是那拨坏人变老了。”[①]“（他们）当年到处张贴大字报，挥舞着红宝书，曾经的红小将和武斗积极分子那批人老了，但他们的坏并不会因为老去而减弱。”“这是一帮某个年代没有得到良好的家庭、学校和社会教育的人。成长时期基本公共教育的缺失，再加上当今社会价值多元化、复杂甚至浮躁，使他们认为一切都理所应当，甚至可以不择手段地利己与如此这般的不讲道理。”“他们是喝着狼奶完成启蒙和基础教育，得到的是一种丛林里比划谁的拳头大的价值观。而最要紧的是，没有什么禁忌也没界限。”[②]“文革开始时 15 岁以上的那一代人现在 60 有余，在他们人生观形成的最重要的时候赶上一个全无礼义廉耻、以革命的名义出卖亲友、道德沦丧的时代，心中没有真理、没有信仰，从这种意义上说，‘坏人变老了’而不是‘老人变坏了’，也不是全无道理。”[③]在某些人看来，“文革”时期，这批老人没有接受到正规的学校教育，没有法律意识和道德底线，如今“江山易改，本性难移”。

生命历程理论反映剧烈的社会变迁对个人社会生活的显著影响，它关注多个生命事件构成的序列。从生命历程角度出发，我们仅看到“文革”对这批老人的影响，没有看到他们为“改革”付出的代价，这是不公平的。纵观他们的一生，经历了上山下乡、文革、改革及下岗，长身体时遇到“三年困难时期”，上学时遇到“文化大革

---

① 《不是老人变坏了，而是坏人变老了》，天涯社区，http://bbs.tianya.cn/post-worldlook-1000249—1.shtml，2014—01—18。

② 魏巍：《中国老人，为老不尊》，《自由谈》2013 年总第 665 期。

③ 席怀恩：《洛阳的年轻人：请放心扶起我们》，洛阳社区，http://bbs.lyd.com.cn/thread-6278083—1—1.html，2013—12—03。

命”,实乃不幸的一代人。20 世纪 90 年代大批 4050 工人下岗失业,这批老人首当其冲,成为国企改革的牺牲品。“买断工龄”是当时解决国有企业富余人员的一种重要办法,即参照员工在企业的工作年限、工资水平、工作岗位等条件,经企业与员工双方协商,报有关部门批准,由企业一次性支付给员工一定数额的货币,从而解除企业与富余员工之间的劳动关系,把员工推向社会。恰逢 20 世纪 90 年代,我国建立了由国家、企业和个人共同负担的企业职工基本养老保险制度(1991 年)和医疗保险制度(1998 年),他们因“买断工龄”而错失参加养老保险、医疗保险的机会,这也是一些老人“老无所依”被迫讹人的“难言苦衷”。

著名社会学家戈夫曼认为,污名是一种社会特征,该特征使其拥有者在日常交往和社会互动中身份、社会信誉或社会价值受损。[①] 笔者认为,“坏人变老”论是对当代老年人的污名化。我们不能用一小撮人的行为推导出所有老年人都是这样的,即俗话说的“一粒老鼠屎坏了一锅汤”。在百度搜索“老人捐款”有近 370 万条,“拾荒老人捐款”也有近 20 万条,而这批老人被评为“道德模范”“感动中国人物”的更是不胜枚举。被誉为“中国好长辈”的席怀恩老人就给儿孙立下三条规矩:“不要追究撞倒我的人,他们不是故意的;感谢扶我起来的人,包括撞倒我的人;千万不要讹诈扶起我们的好心人。”他反对“时代论英雄”:“如果说 40 多年前是全民对领袖的盲目崇拜,那么现在是全民对金钱的拼命追求。遍地摄像头、遍地保安与遍地革命、遍地斗争,很难说哪个时代的道德环境更理想,哪个时代的人更优秀。”[②]文革已过去 50 年,陈小鲁、

① 欧文·戈夫曼:《污名:受损身份管理札记》,北京:商务印书馆,2009 年,第 12 页。

② 席怀恩:《洛阳的年轻人:请放心扶起我们》,洛阳社区,http://bbs.lyd.com.cn/thread-6278083—1—1.html,2013—12—03。

宋彬彬、刘进等当年的“红卫兵”深刻反省自己的行为并公开道歉。列宁曾经说过“年轻人犯了错误，上帝都会原谅的”，我们不应给这批老人的年少无知行为贴上“恶性不改”的标签，况且他们也是裹挟在政治运动之中，是非难辨。

在中国人眼里，老人应该是明事理、辨是非、德高望重的长者，可现在却有一部分老人蛮不讲理。文革时期红卫兵高喊“革命无罪，造反有理”，现在他们则认为“跳舞无罪，扰民有理”。因广场舞扰民，温州600住户花26万元买高音炮对抗广场舞大妈；北京某市民难以忍受广场舞音乐，鸣枪、放藏獒驱赶跳舞人群；汉口广场舞大妈遭不堪其扰的住户泼粪，浑身上下湿透。[①] 还有一些老人为老不尊、倚老卖老，保定老大爷因无人让座发飙拦车2小时，表示“谁也别想走”。在西安、石家庄、成都、延安等地，还发生老人强坐女孩腿上事件。[②] 公交车长被老太辱骂，开到终点后晕倒在方向盘上。[③] 诸如此类事件还有中国大妈海外疯狂扫货，机场晒内衣，公共场合大嗓门，集体闯红灯，等等。中国大妈成了“人傻钱多、不守秩序、欠缺文明、贪小便宜”的符号。我们不能将个别老人的不文明行为扩大化为群体行为，更不能先入为主地将老人与讹人联系起来。尊老爱幼是中华民族的优良传统，自古以来就有百善孝为先的说法，我们应该继承和发扬这一美德，不要污名化老人。

这或许与媒体的选择性建构有关。一些“标题党”为了博得读者眼球，枉顾事实。2013年12月2日，一位北京大妈被外籍男子

---

① 庞黎黎：《从高音炮事件，看广场舞扰民如何破题》，《新华网》2014年4月4日。

② 《盘点不断上演的“老人坐女孩身上”案，谁为中国特色“城市伪流氓”埋单》，涅阳小生的博客，http://blog.sina.com.cn/s/blog_65eea2ef0101ibdh.html。

③ 《公交车长被老太辱骂，开到终点后晕倒方向盘上》，《中国青年网》2013年11月19日。

无证驾驶摩托车撞倒，经媒体不实报道《北京街头外国小伙扶摔倒中年女子疑遭讹诈》[①]后，好多人打电话骂这女子，说她讹人。而事实是大妈确实被外国小伙子撞倒，还被爆粗口。[②] 2015 年国庆节期间，一位中国老人在日本旅游被汽车撞伤，肇事者赔偿 10 万日元。随后，一则“中国老人被指在日本碰瓷”的新闻成为热点，再经国内多家媒体报道，国人纷纷指责老人讹诈。最后以日方和最初报道此事的记者道歉结束。[③] 2016 年 3 月 21 日，在重庆巫山县中心市场，一小女孩的玩具车刮伤了老人，确诊为骨折，老人谢绝赔偿，却被不良媒体报道为“讹诈”。网民纷纷指责老人太离谱，连玩具车也不放过。[④] 媒体掌握着“扶老人被讹”报道的话语权，构建了倚老卖老、恩将仇报的环境暗示——扶不起，让全社会患上了被讹恐惧症。在“网络＋”的信息时代，老人们被新媒体边缘化，面对年轻人的网络攻击只能集体失语。

（二）讹诈理由：“不是你撞的，为什么你要救我”

“彭宇案”是中国扶老人被讹的“标志性事件”。2006 年 11 月 20 日，南京老太太徐寿兰在公交车后门摔倒受伤，彭宇发现后将其扶至旁边，并与徐老太家属一起把老人送往医院治疗，给付了 200 元钱。徐老太咬定彭宇是肇事者，要求彭宇赔偿她的医疗费、护理费、营养费等。彭宇对此予以否认，声称他是见义勇为。法院

---

① 《北京街头外国小伙扶摔倒中年女子疑遭讹诈》，《新华网》2013 年 12 月 3 日。

② 王梅、周鑫：《老外扶摔倒女被讹不实，现场监控证实女子确实被撞》，《京华时报》2013 年 12 月 4 日。

③ 《中国老人日本碰瓷？假的》，《北京晚报》2015 年 10 月 8 日。

④ 张旭：《“大妈碰瓷玩具车”是真的吗》，《光明网综合》2016 年 3 月 30 日。

判决，徐老太系与彭宇相撞后受伤，按照公平原则和社会情理，彭宇一次性给付原告徐老太人民币45876.36元。

法院判决的逻辑是“你不误伤他，就不会送她上医院，还垫付了医疗费”，彭宇的行为有悖常理。法院认为，“如果被告是见义勇为做好事，更符合实际的做法应是抓住撞倒原告的人，而不仅仅是好心相扶；如果被告是做好事，根据社会情理，在原告的家人到达后，其完全可以在言明事实经过并让原告的家人将原告送往医院，然后自行离开，但被告未作此等选择，其行为显然与情理相悖”。而彭宇给付的200元钱则是最好的证据，“根据日常生活经验，原、被告素不相识，一般不会贸然借款。……如果撞伤他人，则最符合情理的做法是先行垫付款项”。法院认为彭宇的行为也不符合“见义勇为”，“从现有证据看，被告在本院庭审前及第一次庭审中均未提及其是见义勇为的情节，而是在二次庭审时方才陈述。如果真是见义勇为，在争议期间不可能不首先作为抗辩理由，陈述的时机不能令人信服。因此，对其自称是见义勇为的主张不予采信”①。

根据《中华人民共和国民事诉讼法》第71条规定：“人民法院对当事人的陈述，应当结合本案的其他证据，审查确定能否作为认定事实的根据。”从判决书中我们可以看出，出现了诸如“日常生活经验”“一般情况下”“根据社会情理”等字眼，并没有决定性的证据，故法官在此主要运用了经验法则与“自由心证”。何为“自由心证”？在没有决定性证据的前提下，法官主要根据以往的生活及工作经验、逻辑常识以及自由心性来衡量证据的真实与否，并尝试还原事实真相。可以这样认为，自由心证是公序良俗在具体案件中适用的一种方式，也是法律和道德交集。在没有实质证据的情况

① 南京市鼓楼区人民法院[2007]鼓民一初字第212号民事裁判书。

下，法院应本着道德教化和价值导向的原则，善意推定被告确是本着见义勇为之心将老人扶起并垫付医药费，然一审判决却与中华民族的传统美德及公序良俗的要求相悖。

法院对“彭宇案”在作“有罪推定”（在民事领域应称为“优势证据标准”），违反了“疑罪从无”。所谓有罪推定，是指未经司法机关依法判决有罪，对刑事诉讼过程中的被追诉人，推定其为实际犯罪人。此案中，彭宇无法证明自己无罪，但法律也无法证明彭宇有罪。在一审判决中，法院多以“日常生活经验”“社会情理”判决，据此结案。清华大学张卫平教授认为：“判决书中的社会情理并不具有经验法则的高度盖然性，存在着较大程度的例外可能性，以此为推定也就当然不具备高度盖然性，其正当性也就有了疑问。”①“彭宇案”最终以和解撤诉结束。法院既不向公众解释彭宇一审败诉的原因，也未明确法院不会搞“有罪推定”。在“法律既不能证其善，也不能证其恶”时，法院理应给老百姓一个说法，还法律的威严。这是一种和稀泥的解决办法，“一切皆可调和，惟有真相不可调解”。令人遗憾的是南京二审法院以保密为由放弃了司法公正与社会道德的修复契机。

“不是你撞的，为什么你要救我”，这不仅是上述法院的判决依据，也成为讹诈者的理由。2015 年 9 月 8 日，安徽淮南师范学院女大学生袁大宸，自称她在街头扶起一位摔倒的老太太，被“赖上了”。而老太太家属则称：“不是她撞的，为何陪我母亲去医院”，“不是她撞的，她为什么要拿钱？为什么要到医院陪着？撞到人后，她没有跑，而是下来扶我婆婆的。没有撞人的话，一个大学生

① 张卫平：《司法公正的法律技术与政策：对“彭宇案”的程序法思考》，《法学》2008 年第 8 期。

有那么傻吗?”这与彭宇案“你不误伤她,就不会送她上医院”的逻辑如出一辙。在 2010 年 11 月 23 日的吴俊东案中,被撞老人的认定理由也是“如果不是他撞的,会这么好心来帮我吗?”结果被告吴俊东被判赔偿 7 万多元。在扶人被讹事件中,原告多以此为证据,言之凿凿。

这种荒诞的讹人逻辑破坏了道德回报原则,质疑人类的同情心。中国人喜欢以恩报德,从小便知羊有跪乳之恩、鸦有反哺之义,对别人滴水之恩当涌泉相报。而“扶老人被讹”事件则是恩将仇报,违背了感恩原则。这种讹人逻辑质疑人类的“善”,不相信人们有“恻隐之心”。孟子说:“人之初,性本善”,“恻隐之心,人皆有之。”之所以“人皆有不忍人之心”,是因为人们具有同理心,“老吾老以及人之老,幼吾幼以及人之幼”。而讹诈者及其家属不相信人有同情心,则相信荀子所言“人之性恶,其善者伪也”。一个极端的例子是“药家鑫案”,2010 年 10 月 20 日深夜,西安音乐学院大学生药家鑫驾车撞人后,他不但不抢救,而是刺伤者八刀致其死亡,足见他的残忍和暴虐。其师妹李某还大言不惭地为其辩护“我要是他,我也捅”。

三 “扶老人被讹”的法律困境

(一)“公平原则”滥用

《民法通则》第 132 条规定:“当事人对造成损害都没有过错的,可以根据实际情况,由当事人分担民事责任。”这即是公平原则,其适用条件是:当事人双方都没有过错;有较为严重的损害结果发生;不由双方当事人分担损失,有违公平的民法理念。具体情况包括:(1)无民事行为能力人、限制民事行为能力人致人损害,监护人已尽监护责任的;(2)紧急避险造成损害,危险是由自然原因引起,且避险人采取的措施又无不当的;(3)行为人见义勇为而遭受损害的;(4)堆放物品倒塌致人损害,当事人均无过错的;(5)当事人对造成损害均无过错,但一方是在为对方的利益或共同利益进行活动的过程中受到损害的。

公平原则是对过错原则、无过错原则的补充。《民法通则》第106条规定:“没有过错,但法律规定应当承担民事责任的,应当承担民事责任。”无过错原则适用于法律有特别规定的情况,如民法通则第122条、第123条、第124条、第125条、第127条、第133条规定的侵权行为。具体法定适用范围包括:机关或其工作人员执行职务中的侵权行为;无行为能力人或限制民事行为能力人的侵权行为;法人工作人员的侵权行为;产品缺陷致人损害;高度危险作业致人损害;环境污染致人损害;地面施工致人损害;建筑物等物件脱落致人损害;饲养的动物致人损害。无过错原则的结果是加害人全责或免责,公平原则的结果是双方当事人分担责任,或由法官决定,这是两个原则的主要区别。行为人有过错的,应当承担民事责任,即过错原则,《民法通则》第106条第2款规定:“公民、法人由于过错侵害国家的、集体的财产,侵害他人财产、人身的,应当承担民事责任。”适合过错原则就不适合公平原则。

中华民族素有扶危助困的优良传统,公平原则是这种优良传统在法律中的反映。但在许多扶老案件中,公平原则常被滥用。在彭宇案中,一审法院法官在证据不足、案件事实真伪不明的情况下,基于事故双方均无过错来适用公平原则,判决彭宇给付受害人损失的40%,共45876.6元。在二审过程中双方达成和解,彭宇一次性补偿受害人1万元。这是和谐第一、淡化是非、保护弱者等理念在司法领域的滥用，可能造成救助者被讹的事实。扶人被讹事件多发生在公共场所，若该地有公共摄像头，警察可以查看视频，很容易分辨清楚当事人的责任权利关系；然而，大多数扶人事件中附近没有公共摄像头，围观者也多是事后看见，这给法律工作者出了难题，以致中国出现了多个“扶人被讹”案例，公众至今口诛笔伐。

2008年8月21日，在经过没有交通信号的交叉路口时，骑自行车的宋老太摔倒受伤，她说是被李凯强的电动车所撞，而河南郑州大学生李凯强却说是宋老太撞到自己车，他是助人被讹。一审法院判决李凯强赔偿受害人宋老太7.9万元，二审法院改判为2.1万元。法院认为，因双方当事人均未能举证证明自身不存在过错或完全是对方的过错所致，所以双方在这起交通事故中都存在过错，按照公平原则，各自承担50%的民事责任。[①] 公平原则的适用原则是事故各方均无过错，而这起交通事故中双方或某方肯定存在过错，故本案不适用公平原则。法院在没有分清事故责任时各打五十大板，也显失公平。法院既然没有依据判定李凯强撞倒了宋老太，就应该按照“疑罪从无”判案，而不能让李凯强支付赔偿金。

2009年10月21日，天津许云鹤驾车行驶途中，看见王老太因跨越路中心的护栏被牵绊倒地受伤，可王老太却说许云鹤驾车撞倒她的腿部，被弹起后摔倒在地，真相至今扑朔迷离。天津市天通司法鉴定中心出具的具体情况说明为“不能确定小客车与人体身体接触部位”。人民医院对王老太伤情的诊断是“无法确定原告

---

① 《李凯强与宋林道路交通事故人身损害赔偿纠纷案》，河南省郑州市二七区人民法院民事判决书，案件字号：(2012)二七民一初字第1841号。

伤情的具体成因,但能够确定原告伤情系外伤所致"。2011 年 6 月 16 日,天津市红桥区人民法院就此事作出判决,许云鹤承担 40%的民事责任,赔偿王老太 108606.34 元。法院判决的理由是:"不能确定小客车与王老太身体有接触,也不能排除小客车与王老太没有接触。被告发现原告时只有 4、5 米,在此短距离内作为行人的原告突然发现车辆向其驶来,必然会发生惊慌错乱,其倒地定然会受到驶来车辆的影响。"二审判决驳回许云鹤的上诉请求,维持原审判决。

我国民法向来提倡"公序良俗",重视法律效果与社会效果的统一。《民法通则》第七条规定:"民事活动应当尊重社会公德。不得损害社会公共利益,破坏国家经济计划,扰乱社会经济秩序。"本条规定通常被称为公序良俗原则,它是公共秩序与善良风俗的简称,要求行为人不得违反国家的公共秩序和社会的一般道德。"扶还是不扶"之所以成为社会痛点,就是法律制度未能很好地保护凡人的善举美德,让做好事的人"流血又流泪"。"司法活动的实质并不是认知而是合法性评价,它的目的也并不是追求事实之真而是追求法律之善。"[①]助人为乐是中华民族传统美德,我们应当发扬光大,而不是当事人平均分责,伤了好人的心。正如小品《扶不扶》中所说:"人倒了可以扶起来,人心要是倒了就扶不起来了。"长此以往,内心淳朴者选择了麻木,心存善念者选择了冷漠。

(二)"谁主张谁举证"原则

《民事诉讼法》第 64 条规定:"当事人对自己提出的主张,有责

---

① 郑良成:《法律之内的正义:一个关于司法公正的法律实证主义的解读》,北京:法律出版社,2002 年,第 116—117 页。

任提供证据。”根据此条的规定，当事人在民事官司中对自己所主张的事实，有提供证据加以证明的责任，即“谁主张，谁举证”，这是我国《民事诉讼法》规定的一般举证规则。《最高人民法院关于民事诉讼证据若干问题的规定》第2条规定：“当事人对自己提出的诉讼请求所依据的事实或者反驳对方诉讼请求所依据的事实有责任提供证据加以证明。没有证据或者证据不足以证明当事人的事实主张的，由负有举证责任的当事人承担不利后果。”

在民事案件中，“谁主张谁举证”是最基本的原则，如果受助者认为施助者撞倒了自己而提出索赔主张，则必须提供相应的证据，否则将会承担不利的法律后果。借用刑事案件中的“疑罪从无”法律精神，在扶老纠纷中应该是“疑撞从无”，宁可放过一个坏人也绝不冤枉一个好人。可现实中司法机关往往是宁可冤枉一个好人也绝不放过一个坏人，结果大家都不敢做好人了。即使要做好人，也在救助跌倒老人前进行拍照、录像、找证人，以免成为肇事者。2015年9月8日早，安徽淮南大学生袁大宸扶起摔倒的老太太，结果老人说是被她骑自行车撞倒的要负全责。因监控死角没有拍下事发经过，于是她在微博上发起“寻找目击者”以证清白。[①] 警方曾告诉小袁，如果她找不到证据，就只能自认倒霉，不过这一说法尚未得到警方回应。[②] 在南京彭宇案中，彭宇有没有撞人，老太太同样无法提供证据，但当地法院完全背离“谁主张谁举证”的原则，判决彭宇赔偿。宋老太不但无法证明李凯强撞了自己，还有目击证人证明老太太是自己摔倒，老太涉嫌碰瓷，但法院依然判决李凯强赔偿。虽然王老太太未能提供证据证明许云鹤撞了自己，最

① 范天娇：《安徽淮南女大学生扶老人事件陷“罗生门”》，《法制日报》2015年9月14日。

② 《女大学生扶老人被讹负全责》，《红色军事网》2015年9月22日。

终她还是胜诉，许云鹤愿意悬赏11万元寻找当时的目击证人，还原事实真相。2014年，最高人民法院公布了4起典型案件，其中包括被社会称为天津版"彭宇案"的许云鹤案。最高法院民一庭庭长张勇健认为，这些案件在认定事实或法律适用上存在一定困难。[①]"一次不公正的审判，其恶果甚至超过十次犯罪。因为犯罪虽是无视法律——好比污染了水流，而不公正的审判则毁坏法律——好比污染了水源。"[②]培根名言在扶老问题上可谓得到了最好的验证。

在依法治国的背景下，应从制度上为好心人撑起维权、免责的保护伞，对于确证的讹人者或是撞人后装成纯粹的救人者，应给予严厉处罚。在双方当事人都无法证明自己的证据有更强的证明力时，应该直接推定救助者不是肇事者，要证明救助者就是肇事者的证明责任由受救助者承担。在无法证明的情况下，不能适用公平责任，而应当认定救助者无责任。2011年11月9日，潍坊市奎文区人民法院驳回原告宋老太的诉讼请求，李莉菁不承担责任，因为宋老太提供的证据不足以证明其主张。[③] 2015年8月13日，广州老人伍某状告两名小学生撞到自己一案败诉。双方各执一词，老人坚称学生先撞倒他，学生则辩解称自己是救人之举，最终老人因证据不足而被法院驳回诉讼请求。这两起案例都坚持了"谁主张谁举证"的原则，提供不了有力证据就会败诉。

可喜的是，各地"好人法"相继出台，贯彻了"谁主张谁举证"原则。《深圳经济特区救助人权益保护规定》(2013年8月1日)规定："被救助人主张其人身损害是由救助人造成的，应当提供证据

---

① 《最高法院公布许云鹤案等四起典型案例》，《新华网》2014年7月24日。
② 转引自《"谁主张谁举证"破解"扶不扶"》，《海南日报》2015年9月16日。
③ 《女子好心扶倒地老人反成被告被判无责》，《东方网》2011年11月12日。

予以证明。"这是全国首个保护救助人的专门立法。《珠海经济特区见义勇为人员奖励和保障条例》(2014 年 9 月 1 日)规定:"见义勇为受益人主张见义勇为人员造成其人身损害或者在救助过程中未尽合理注意义务加重其人身损害的,应当提供证据。没有证据或者证据不足以证明受益人主张的,由受益人承担不利后果",坚持了"谁主张谁举证"原则,杜绝"扶人被讹"现象;同时建立"行为人追偿"制度,见义勇为者有权依法要求受益人赔礼道歉、赔偿损失、消除影响、恢复名誉,受益人构成犯罪的,依法追究刑事责任。《杭州市文明行为促进条例》(2016 年 3 月 1 日)第 31 条规定:"被救助人主张其损害是由救助人造成的,或者主张救助人在救助过程中未尽合理限度注意义务加重其损害的,应当依法承担举证责任。"即将实施的《北京市院前医疗急救服务条例(草案)》规定:"患者及其家属如捏造事实向提供帮助者恶意索赔,将承担法律责任。"这样救助者无须自证清白。

(三)"见死不救"能否入法

国外好人法对见死不救者追责。加拿大《魁北克人权宪章》规定:"任何人必须救助处于危险中的人,通过亲自救助或联系急救机构,为危险中的人提供必要的急救,认为救助过程会给自身或第三方身体造成伤害或有其他法律认可的理由除外。"法国《刑法典》第 223 条第 6 款规定:"任何人对处于危险中的他人,能够个人采取行动,或者能唤起救助行动,且对其本人或第三人均无危险,而故意放弃给予救助的,处 5 年监禁并扣 7.5 万欧元罚金。"最著名的案例是"戴妃之死",现场拍摄的"狗仔"被逮捕。德国刑法典第 323 条规定:"意外事故、公共危险或困境发生时需要救助,根据行为人当时的情况急救有可能，尤其对自己无重大危险且又不违背其他重要义务而不进行急救的，处 1 年以下自由刑或罚金。”意大利刑法规定，对见死不救者处以最高 1 年的有期徒刑或相当于 2.26万元人民币的罚款。《意大利公路法》规定，发生交通事故，司机必须马上停车对公路上的受伤者实施必要的救助或通知警察，如果没有履行救助义务使受伤者伤势加重或死亡，则吊销驾照 1—3 年，并给予刑罚制裁。

那么，中国“见死不救”能否入法呢？赞成者有之，反对者更多。2001 年第九届全国人民代表大会第四次会议上，有 32 位代表提议增设“见危不救和见死不救罪”。2005 年、2006 年，全国人大代表陈文希、汪春兰又先后提出类似议案。小悦悦事件发生后，广东省有关部门组织开展了“见死不救行为是否应该立法”的专题研讨，结果，来自广东省法学界的数十位律师、学者一致表示反对。专家们反对立法的理由：[①]一是见死不救为道德问题，而非法律问题，道德的病不能靠法律来医治；二是见死不救并非普遍现象，立法惩治见死不救缺少必要性；三是我国公众的道德水平尚未达到“一见到危险就主动伸出援手”的水平，立法惩治见死不救时机尚不成熟；四是见死不救虽然在文字上容易表达，但在现实中却很难界定，立法难度高，司法难度大；五是立法惩治见死不救，不仅不能杜绝此类行为的发生，还可能适得其反，导致公众为逃避处罚而故意远离事故现场。

特定主体引起的见死不救行为可以入法，没有争议。由先行行为引起的“见死不救”义务，可以入刑，比如驾驶员撞倒老人后，因害怕承担医疗费、赔偿费等而逃逸的，应当定为交通肇事罪，《中

① 李国民：《法律真的管不着“见死不救”吗》，《检查日报》2011 年 11 月 2 日。

华人民共和国道路交通安全法(修正)》《中华人民共和国道路交通安全法实施条例》《机动车交通事故快速处理办法(试行)》对此有明确规定。由职务行为和业务行为引起的“见死不救”,也可以入法,比如警察不施救摔倒的老人可以转为渎职罪,医生不治疗摔倒老人可以转为故意杀人罪。这是因为公安、医疗等政府机构对公民生命负有救助义务,而一般公民对他人生命权利只有尊重的义务,“见死不救”能否入法,争议较大。

“见死不救”是道德问题还是法律问题?这是决定见死不救能否入法的重要条件。法律界人士认为,这是道德问题不应该入法。富勒把道德分为义务的道德和愿望的道德两种,法律只能规定义务的道德,而不能规定愿望的道德。法律不同于道德,法律依靠国家强制力实施,而道德基于自我认同和自律,如果设立“见死不救罪”,就会误入国家暴力强制“善行”的歧途。[①] “见死不救”是高级道德,对当前中国人不具有普遍性,强求把高级道德纳入法律,是对法律核心价值“自由”的毁灭,也会降低人们的实际道德水准,使社会陷入混乱状态。[②] 法律与道德又有一定的联系,法律是底线的道德,反映最基本道德的要求。接连不断发生的“小悦悦”“活人不救,只捞尸体”“老人摔倒无人扶”等恶性事件令人切齿,孟子说:“今人乍见孺子将入于井,皆有怵惕恻隐之心……无恻隐之心,非人也。”这种置人生命于不顾的冷漠行为已经突破人类道德的底线,亟需法律的强制手段予以规制。有人担心见死不救入刑会导致群体性的规避,人们可能故意避开事件现场以免卷入其中,这也从另一个角度说明立法的必要性。

① 王琳:《见死不救罪,国家暴力强制“善行”是歧途》,央视网评,http://opinion.news.cntv.cn/20111021/102554.shtml。

② 聂长建:《“见死不救”入法的道德困境》,《伦理学研究》2013年第2期。

在司法方面，见死不救入法难以操作。“见死不救”的前提是看见并且意识到，但“见”与“未见”很难认定。就是看见了，不救与不能救、不会救也很难区别。[①] 有些旁观者确实是“心有余而力不足”，要求一位不会游泳的人去救溺水者，有失公允。有很多旁观者，应该追究哪个人责任，这也是一个难题，所谓法不责众。从法理上讲，一般主体对他人生命权有尊重的义务，这是一项不作为义务。然而，如上述所列，美国、加拿大、法国、德国、意大利等国家已经在其刑法中明文规定了“见死不救罪”，这说明在立法、司法方面不存在着难以克服的困难，国外成功经验可以为我国提供借鉴。当他人处在危难之际，对那些有能力救助却不实施救助者，一律以见死不救罪论处。

① 周安平：《对“见死不救”事件的道德和法律追问》，《江西社会科学》2013 年第 1 期。

祛魅与妖魔:杀医的生成逻辑

梁德阔*

摘　要: 医师职业的神圣性力量,主要来源于巫术宗教神性和职业道德教育。从词源学考察,医巫同源、医巫一体赋予医师职业以宗教力量,清教徒认为职业是"上帝安排的任务",把世俗职业神圣化。"新千年医学专业精神:医师宪章"指出救死扶伤是医师职业精神的核心,中国儒家文化也强调"医乃仁术"。杀医事件频发,一方面缘于医师职业祛魅,缺少人性关怀、过度治疗、收受红包等凸显医师职业道德底线失守;另一方面因为患者把医生妖魔化,患者则装扮成为正义的化身。

关键词: 祛魅;妖魔;杀医;职业精神

在温岭杀医案凶手被判处死刑之际,央视播放了《杀医的"逻辑"》,引起社会各界热议和反思。罪犯连恩青的"逻辑"是"医生自作孽不可活",但这只是一个精神疾病者的妄想,而非真实的逻辑。

---

* 作者简介:梁德阔,男,安徽霍邱县人,上海政法学院社会管理学院副教授,社会学博士后。

关于杀医案背后的深层次原因,学术界和实务界给出了多种解释。从制度层面分析,主要是医疗体制定位的缺陷、医疗资源总量不足和结果失衡、医疗保障体系不完善、医药监管制度不健全等。从医院方面分析,主要是医疗技术的局限性、医疗趋利性经营行为、医德医风的缺失、医患双方沟通不畅等。从患者方面分析,主要是患者对医方不信任、期望值过高、自我维权把握失度等。[①] 其中"以药养医""以器械补医"是我国医疗体制的最大弊端。除了这些结构性诱因之外,笔者更感兴趣的是医生职业神圣性如何祛魅,以及患者眼中的医生形象如何被妖魔化,企图从职业魅力及主体建构方面揭示出杀医的生成逻辑。

一 吊诡:医患关系紧张

古人云"医乃仁术"。东汉名医张仲景认为医术能"上以疗君亲之疾,下以救贫贱之厄,中以保身长全,以养其生"。晋代杨泉在《论医》中说:"夫医者,非仁爱之士,不可托也。"唐代名医孙思邈在《备急千金要方·大医精诚》中说:"凡大医治病,务当安神定志,无欲无求,先发大慈恻隐之心,誓愿普就含灵之苦。"并提出对患者不分"贵贱贫富,长幼妍媸,怨亲善友,华夷愚智",做到"普同一等,皆

① 关于"医闹"事件和暴力伤医案件的原因探讨成果较多,如,常健、殷向杰:《近十五年来国内医患纠纷及其化解研究》,《天津师范大学学报》(社会科学版)2014年第2期;程文兰:《浅谈医患冲突产生的原因及改善的对策》,《中国医学创新》2012年第21期;蒋德海:《公权在医患纠纷中应有利于医患之间的信任》,《探索与争鸣》2012年第8期;梁立智等:《医患关系现状、原因及对策研究》,《首都医科大学学报》2010年第6期;董文莹:《建立良性医患关系尚需体制完善》,《中国行政管理》2010年第7期,等。已有成果多是关注事件背后的体制机制等结构性因素,忽视了医师职业神圣性的研究,这种宗教力量和道德力量也许是患者内心深处的决定性力量。

如至亲之想”。他还强调对待病人的臭秽恶心排泄物，不能表露出厌恶之心：“其有患疮痍、下痢、臭秽不可瞻视，人所恶见者，但发惭愧凄怜忧恤之意，不得起一念蒂芥之心，是吾之志也。”南宋《小儿卫生总微论方》指出：“凡为医之道，必先正己，然后正物”，且要“性存温雅，志必恭谦，动须礼节，举乃和柔，无自妄尊，不可矫饰”。明代御医龚信在《古今医鉴·明医篇》中认为：医生的首要条件是“心存仁义”。其子龚廷贤的《医家十要》第一要便是“一存仁心，乃是良箴，博施济众，惠泽斯深”。第十要是“勿重利，当存仁义，贫富虽殊，药施无二”。清代喻昌在《医门法律》中说：“医，仁术也。仁人君子，必笃于情，笃于情，则视人犹己，问其所苦，自无不到之处。”“无德不成医”“医者父母心”“悬壶济世”“不为良相，便为良医”，杏林春暖，都留给后人无数佳话。

国内外关于医护人员救死扶伤的感人事迹不胜枚举。加拿大医生白求恩“毫不利己，专门利人”的崇高精神，感动着一代又一代中国人。南丁格尔对英军伤员有责任感和同情心，夜里她经常提着油灯到各个病房巡视，被伤员称为“提灯女神”。2003 年，在抗击“非典”中，我国涌现出一批可歌可泣的医护人员。中山大学附属第三医院邓练贤医生在工作前线中因感染“非典”而去世。广东省中医院护士长叶欣牺牲在抗击“非典”的战场上。谢婉雯是因抢救“非典”病人而不幸染病殉职的第一位香港医生。此外牺牲的医护人员还有李晓红、梁世奎、卫保周等。

医生和患者本是共同体，没有医生，患者的健康就无法得到保障，他们理应同心协力，共同面对疾病，而不是敌视。吊诡的是，我国杀医案和暴力伤医案频发。笔者在网上查询了 2012—2013 年的杀医恶性案件，不包括杀医未遂和暴力伤医事件。2012 年 3 月 23 日，哈尔滨医科大学附属第一医院实习医生王浩被一名 17 岁患者杀害,同时受伤的还有其他三位医生。2012 年 4 月 28 日,衡阳第三医院医生陈妤娜的颈部、头部和胸部被一名患者连刺 28 刀,致其当场死亡。2012 年 11 月 3 日,广东省潮州市男科医院副院长宋某被患者砍死,另有两名工作人员受伤。2012 年 11 月 13 日,安徽医科大学二附院护士长戴光琼被患者持刀砍成重伤抢救无效死亡,另有主任医师、主治医师等四人受伤。2012 年 11 月 29 日,天津中医药大学第一附属医院康红千医生被患者携带的斧子砍死。2013 年 1 月 19 日,内蒙古包钢医院值班医生朱玉飞出诊时,被患者丈夫砍死。2013 年 10 月 25 日,浙江温岭第一人民医院三名医生被患者捅伤,其中医生王云杰因抢救无效死亡。李克强总理对温岭杀医事件做出批示,要求有关部门采取切实有效措施维护医疗秩序。

二 祛魅:医师职业精神失守

2002 年,美国内科理事会(ABIM)基金会、美国内科医生学会—美国内科学会(ACP-ASIM)基金会和欧洲内科医生联盟(European Federation of Internal Medicine)共同研究并发布了“新千年医学专业精神:医师宪章”(Medical Professionalism in the New Millennium:A Physician Charter),标志着医疗行业与社会盟约的形成。该宪章确立了医师职业精神的三条基本原则为“把患者利益放在首位的原则”“患者自主原则”和“社会公平原则”。职业责任包括:对患者诚实、为患者保密、与患者保持适当关系、对职责负责、提高业务能力、促进享有医疗、提高医疗质量、对科学知识负责、对有限资源进行公平分配、通过解决利益冲突而维护信任,等。[①] 西方学者从概念原则出发确定了医师职业精神的内容,提出医师职业精神应包括三方面:人与人之间的职业精神(interpersonal professionalism)、公众职业精神(public professionalism)、个人内心的职业精神(intrapersonal professionalism)。[②] 这是古希腊希波克拉底誓言的继承,他宣扬的"竭尽所能为患者利益着想,不做任何有害患者健康的事情""凭良心行医""替患者保守秘密"等准则一直被医学行业奉为最基本的道德要求。[③] 至今,英国、美国、法国、德国、加拿大等36个国家和地区的120个国际医学组织认可和签署了此宣言。2005年5月22日,中国医师协会开始推行"新世纪医师职业精神:医师宣言"活动,并向全国医师发出倡议。

从词源学上考据,我们会发现医师职业有着神圣性力量。医巫同源,医巫一体,这在中西方词源学中能找到证据,它赋予医师职业的神性。中文繁体的医字为"毉"(或"醫"),下面有一个巫字。《黄帝内经》说:"先巫者,因知百病之胜,先知其病之所生者。"在古代医是巫所兼之职,故巫医常连缀成词。《论语》:"人而无恒,不可以作巫医。"孙思邈《大医精诚》:"故巫医卜筮,艺能之难精者也。"在英文中,medicine既指医术、医学、药物,又指巫术,"巫医"(medicineman)也由这个词根演变而成。到了中世纪,宗教开始占领医学的位置,教士承担了一部分治病的任务,治病和精神救赎相结合。诚如费尔巴哈所言:"凡是在人类文化进程的早期,那些知识领域的活动,例如药剂学,起初都是宗教或神学的事情。"[④]医师

① 转引自《新世纪的医师职业精神:医师宣言》,《中华心血管杂志》2006年第4期。

② 梁莉、王振方:《中西方医学专业精神异同》,《医学与哲学》(人文社会医学版)2009年第10期。

③ 胡林英、丛亚丽:《医学专业精神的初步研究》,《医学与哲学》(人文社会医学版)2007年第3期。

④ 费尔巴哈:《宗教的本质》,参见《费尔巴哈著作选集》(下卷),北京:商务印书馆,1984年,第467页。

执业精神(Medical Professionalism)与两个词汇 Profession(专业)和 Professionalism(职业精神)有着密切联系。① Profession 来源于拉丁语“Professio”,是指带有公开承诺性质的宣言。Profession 也指某些特定群体,这些群体可以公开的形式宣称他们的成员将按照既定的方式行为,而且该群体和社会有权约束和管理那些不依照该方式行为的成员。Pellegrina ED, Relman AS. 等人认为:“个人利益的消除是 Profession 区别于其他职业的重要特征。利他的品质是 Profession 的核心内涵”②。“Professionalism”通常表达成员个体在实践过程中所体现出来的行为、技能和态度,包括道德行为、维持能力水平、诚实信用、遵守行业准则、利他、自律等一些核心观念。“Medical Professionalism”则是指医学作为一种“profession”所具有的特质,主要包括维持行业的技术水平、维护患者的最大利益、服务社会、行业自治等。③

清教徒认为,职业是“上帝安排的任务”,这就把世俗职业神圣化了。德文的“Beruf”(职业、天职)与英文相对应的单词是“calling”(职业、神召),意思是指“上帝安排的任务”。在宗教改革者马丁·路德看来,履行职业的劳动是上帝应许的唯一生存方式,也是胞爱的外在表现和个人道德活动所能采取的最高形式。路德的“天职”观念引出了新教的核心教义:人们要完成与他们的地位相适应的责任和义务,而不是以苦修的禁欲主义超越世俗道德,这是天职。上帝毫无例外地为每个人都安排了一个职业,人们须各事

---

① 胡林英、丛亚丽:《医学专业精神的初步研究》,《医学与哲学》(人文社会医学版)2007 年第 3 期。

② PELLEGRINO E D, RELMAN A S, Professional Medical Associations: Ethical and Practical Guidelines[J], JAMA, 999,(282):984.

③ SWICK, HERBERT M. Toward a Normative Definition of Medical Professionalism: Institutional Issues[J], Academic Medicine, 2000, 75(6): 612—616.

其业，辛勤劳作。职业是上帝向人颁发的命令，人们为神圣的荣耀而劳动。如果你背离现在所从事的职业目的，那么你就是在拒绝成为上帝的仆人。中国人没有宗教精神，诚如梁漱溟所言，“中国缺乏宗教，中国人淡于宗教。”[①]孔子曾说“未能事人，焉能事鬼。”又说“未知生，焉知死。”

救死扶伤是医生的天职，医师职业精神理应受到世人的敬重。医护人员身穿白色工作服，从事治病救人的神圣事业，如同能为患者消除病痛、带来希望和快乐的“天使”，因此人们把医护人员赞颂为“白衣天使”。然而，接二连三的杀医事件和暴力伤医案消解了医师职业的神圣性，部分患者把医生视为不共戴天的仇人。马克斯·韦伯认为，西方社会的理性化过程就是“祛魅”或“除魔”(disenchantment)，即把一切带有巫术性质的知识或宗教伦理实践要素视为迷信与罪恶而加以祛除，人日益从巫魅中解放出来，获得自己理解世界、控制世界的主体性地位。[②] 祛魅过程实质上就是从神圣化走向世俗化、从神秘主义走向理性主义的过程，是对非理性之魅力和神圣感、特别是对“克里斯玛”(Chrismatic)神秘光环的祛除。在暴力伤医事件中，患者世俗化了医师职业的神圣性，把医生看成唯利是图、冷漠无情的人，却没有走上理性化道路，采取了残忍的暴力杀医行为。在一个“专家没有灵魂，纵欲者没有心肝”的“祛魅”社会中，韦伯所关注的是如何拯救人最后的尊严。换言之，医师又是如何失去尊严和神性的呢？近年来愈演愈烈的“看病难，看病贵”“送红包，拿回扣”等问题不断拷问着医师职业道德的底线。

---

① 张建安:《梁漱溟之死》,《中外文摘》2007 年第 8 期。

② 王泽应:《祛魅的意义与危机:马克斯·韦伯祛魅观及其影响探论》,《湖南社会科学》2009 年第 4 期。

医生只关心疾病不关心人。随着医学技术的飞速发展，部分医生的兴趣集中在能客观测量到的疾病的症状和体征上，把病人简化为因机体某一部位损伤或功能失灵需要修理或更换零件的生命机器。看病不再是一个生命救赎的过程，而成了一场冰冷的装配试验。医生见病不见人，就会忽视病人的尊严维护和人性的关怀。在温岭杀医案中，患者连恩青为鼻疾所困，生不如死，特别在医院为他做了微创手术后仍不见好转，他甚至感觉症状加重。他数次投诉医院，但皆未得到他认为满意的答复。其间，医生确有诟病之处，比如病历上的名字打成连恩清，还有将其年龄 33 岁写成 80 岁。他向医生痛诉病症，结果医生“打酱油”似地问他：“你做什么工作？你游不游泳？你有没有老婆？”让他痛感这是推诿和敷衍。院方缺乏足够的沟通耐心和技巧，或者忽略了“得罪”连恩青的后果，最终让连恩青恼羞成怒并铤而走险。医生们也许忘记了“西医老祖先”苏格拉底的名言“常帮助、总安慰、偶治愈”是医生的工作。我国《黄帝内经》也说“病为本，工为标”，强调医术是为病人的生命服务的。

过度医疗、天价医疗费使医院和医生失去公信力。2005 年 11 月，哈尔滨某医院创造了一项“中国之最”——病人住院 67 天花费 550 万元，最终也没能挽留住老人的生命。病人翁某 67 天共有 3025 份化验单，做了 588 次血糖分析，299 次肾功能检查，379 次血气分析，化验血糖、输液 1692 次，输血 968 次，甚至出现一天输液 78604 毫升和 69307 毫升。住院 67 天却收了 88 天的钱。[①] 紧接着，深圳“120 万天价住院案”又被媒体曝光，患者诸某因心累、

① 杨步月：《老人住院花费 550 万　最昂贵死亡揭医疗界伤疤》，《新华网》2005 年 11 月 28 日。

气急入住深圳某医院，在该院 ICU 住院 119 天，住院费用高达 90 余万元，自费购药达 23 万多元。甚至在患者进了殡仪馆后，医院仍打出 15 页费用账单，共计 1.5 万多元。① 据《南方日报》报道，一个出生不到 1 周的婴儿，79 小时内做了 189 项检查，其中包括艾滋病、梅毒、类风湿、糖尿病等项目，花费 6000 元。② 广东高州市 50 多岁的张女士，其右肝有一个直径 3 厘米大小的血管瘤。术后，她反复高烧、身体不适，服药近两年，始终未能痊愈。后经中山大学附属第三医院检查，发现手术操作过度，导致血液供应不畅的肝脏逐渐坏死，最后不得不切掉 2/3 的右肝。③

收红包是医生的“潜规则”。调查显示，54.4%的患者“在住院或手术时，给医生送红包”，而有过手术经历的患者几乎都在“手术时送红包”。④ 22 岁的郑某喜得贵子，可剖宫产手术后不久，她就感到腹疼难忍。一个月后，另一家医院从她的腹中取出一块纱布(长 39 厘米、宽 18 厘米)。因其回盲部、结肠和绝大部分小肠已经溃烂、粘连，医生只能保留她的 1.7 米小肠，其余部分被迫切除。郑某父亲说是因为没有给医生送红包的缘故。⑤ 深圳陈先生的妻子在医院生产时，肛门被缝住。陈先生怀疑是助产士嫌红包给得少故意报复，因为在妻子待产期间，助产士 4 次暗示给红包。⑥ 难怪凤凰网友“qinshihuang-259”调侃：“不给红包，当心把你那肛门缝上，不信你试试。”

---

① 《广东调查深圳 120 万天价医药费案》，《羊城晚报》2005 年 12 月 12 日。

② 《新生儿“被套餐”3 天做 189 项检查 包括艾滋病梅毒》，《南方日报》2010 年 7 月 12 日。

③ 《过度医疗个案》，《家庭医学》2006 年第 1 期。

④ 孔祥金等：《红包与医患诚信：全国 10 城市 4000 名住院患者问卷调查研究》，《医学与哲学》2011 年第 5 期。

⑤ 《天津妇产医生揭秘“红包”潜规则》，《每日新报》2010 年 8 月 3 日。

⑥ 《天津妇产医生揭秘“红包”潜规则》，《每日新报》2010 年 8 月 3 日。

网上疯转名为“一个年轻医生冒死写出的经历,其中的秘密你知道吗”的帖子。该帖子主要揭露了两件事:一是科室医生合谋欺骗一位没有治疗价值的肝癌晚期的贫寒老人,花光他变卖房产的30万元,结果也没有挽留住他的性命。而另一位退休干部,花费了40万元,两个月后也就去世了。因为科室奖金依靠提成获得,他们禁止给病人用便宜的药。二是各个科室之间互相“捧场”,“来个癌症病人,先介绍到外科给他们做手术,让外科把手术的钱赚到了,再把病人转到化疗科化疗,然后再转到放疗科放疗,等这些科室的钱都赚到了,再把病人扔到中医科喝中药。”[①]并且医生间拿回扣。

道德底线失守也许是当代中国人的集体焦虑。不知道是个人道德出了问题,还是各行职业道德突破了底线,人们惊呼道德滑坡,“现在教师被杀,大家会说杀得好,教师都是败类;公务员被杀,大家会说杀得好,又少个贪官;国企员工被杀,大家会说杀得好,凭什么他们活得比我们轻松;老板被杀,大家会说杀得好,为富不仁就该杀;服务员被杀,大家会说杀得好,这群狗整天狗眼看人低;公交司机被杀,大家会说杀得好,开车横冲直撞,对乘客态度恶劣;小贩被杀,大家会说杀得好,这群人整体短斤缺两,以次充好。”[②]总之,没有人是不该杀的。有着“医学界良心”之称的钟南山院士诉说了医疗界的乱象:把活婴当成死婴扔了,该给吃保胎药结果让人家吃了堕胎药……“这说明一些医务人员连基本的医疗道德底线都没了。”他说,医务人员如果能摸着良心行医,很多医患矛盾问题就能得到解决。[③]

---

① 刘墉:《不完美的完美》,《法制博览》2012年第4期。

② 《这样的医生该不该杀》,互联网数据,2012—09—13。

③ 赵文竹:《钟南山批评医疗界乱象:部分医务人员无道德底线》,《齐鲁晚报》2012年3月6日。

三　妖魔:从“白衣天使”到“白狼”

从杀医事件可以看出,患者仇恨的往往是医学界的全体医生,而不是某个具体的医生,所以常会出现杀死的不是主治医生,而是一些不幸的“替罪羊”。在凤凰网社会能见度“哈医大一院杀医案背后”中,节目过分渲染被害的实习医生王浩如何勤奋好学,以及刚刚收到香港中文大学博士录取通知书,使人们无限惋惜和遗憾;与之形成鲜明对比的是,罪犯李梦南家庭贫寒和人生不幸。事实上这不是两个年轻人之间的恩怨,李梦南仇视的是风湿防疫科医生,王浩只不过那天被偶然遇上,这与其他故意犯罪案有很大区别。李梦南行凶的对象也许是主治医生郑某,以及有过交集的赵某、张某和骨外科医生祁某。当他到达犯罪现场时,正好碰到埋头工作的其他医务人员和实习生王浩,悲剧也就发生了。在浙江温岭杀医案中,患者连恩青的主治医生也不是被害人王云杰,他们的交集是在院方的几次会诊以及投诉调解,给连恩青做手术的医生是耳鼻咽喉科医师蔡某,主治医生是汤某。杀医凶手作案时见到任何医护人员都会伤害,而不是针对直接和他发生关系的主治医生;白大褂不是他们畏惧的力量,而是他们识别对象的“符号”。

所有杀医案件中,罪犯都是充满了仇恨,并且言之有理,俨然是正义的化身。罪犯下手凶残,连续捅很多刀,被害人会当场死亡和抢救无效迅速死亡。据受伤较轻的王伟杰回忆:“凶手(连恩青)连扎好几刀,刀刀凶残,就像捅稻草人似的。”当被害人王云杰从门诊室逃出,试图躲避到对面的口腔科时,凶手紧随其后,趁王云杰跌倒,在其背上猛刺数刀。至央视记者董倩采访时,连恩青仍难掩戾气,他始终桀骜狂悖,不时伴以夸张的肢体动作和怪异的冷笑。连恩青把自己打扮成除暴安良、瘅恶彰善的“英雄”。他杀医的逻辑是“(医生)自作孽不可活,他咎由自取”。他行凶杀人不是逞一时之快,泄一己之愤,而是为了揭露医院重重黑幕,“把内幕给它揭出来,同我遭遇一样的人,他们可以得到应有的医治”。在哈医大杀医案中,罪犯李梦南如此解释他杀医的理由:“发病的时候我非常痛苦,腿部膝盖和胯骨都特别疼、肿,行动不便。”“当时我非常生气,我和爷爷大老远来的,他们不理我,我挺恨大夫的。”“当时我和我爷爷来哈医大看病。我感觉大夫好像是麻烦我。之后感觉脑袋一热,就把大夫给杀了。”他承认医生给他解释过不能打“类克”的原因,“但前两个月我就在这儿治疗,当时大夫给我开了两个月的治肺结核的口服药,吃完药再来,结果这次来又不行了。”他说医生不了解他的难处,他的家庭条件非常困难,爷爷患有胃癌,爸爸关在监狱,家距哈尔滨市很远,每次来检查都让他和爷爷特别辛苦。湖南省衡阳市三医院南院女医生陈妤娜也是被患者连捅 28 刀残忍杀害。又如患者王宝洺砍杀北京同仁医院喉科主任徐文事件,他选择了诉讼方式解决此事,自从 2008 年 8 月第一次开庭审理,三年多仍未结案,使得他一提起官司就暴躁、发怒,最后酿成了悲剧。

杀医案没有激起国人的愤怒,反而换得人们的狂欢。哈医大事件发生后,腾讯网转载此事件并做了网民投票调查“读完这篇文章后,您心情如何”,在 6161 人次中,竟然有 4018 人次选择了“高兴”,占到 65%;而选择“愤怒”“难过”和“同情”的,分别只有 879、410 和 258 人次。看完网易的新闻报道后,一位网友这样写到:“应该举国欢庆啊!鞭炮响起来!小酒喝起来!音乐开起来!”出人意料的是,顶这个帖子的数量达到 5172 人。温岭一院耳鼻咽喉科主治医师王文斌对媒体说，他永远也忘不了，当大家心急如焚地守候在王云杰的抢救室时，一位围观的老人却说："医生态度不好，就应该被捅。"还有一名患者说："杀死一个医生，下次来看病，服务态度肯定更好了。"网友们更是"高兴"，"世道"说："这些庸医、黑医为什么不能杀？报应，活该！"网友"再续镜花缘"说："现在的医生基本上都是吸血虫！杀得好！"

网友对杀医者表示同情和支持。凤凰网友说："我为那个青少年（李梦南）难过，有谁理解过他的难处？没有钱、疾病、缺乏亲情，作为老百姓，我绝对地同情他。"网友"工厂独家定制"说："一个三十多岁的年轻人（连恩青），社会底层，鼻子的病痛，让他去医院治疗，花了很多精力和金钱，最后发现，比治疗前的痛苦还难受，他开始怀疑医院，怀疑医生，而医院和医生一次又一次无所谓的态度和敷衍，让他身体和心理双重痛苦……最后刀起刀落！"网友"Elian"说："他早就不在乎死了，每呼吸一次都痛苦，死刑又算什么？杀人不过头点地，但这分分秒秒的煎熬谁受得了。明明没有能力医治的疾病非让人动手术，又因查不出问题就无视病人的痛苦，被杀也是因医生的无知、无能、贪婪和对病人的冷漠而起，没什么可同情的。该怜悯的是欲诉无门、医治无望的空鼻症患者。"凤凰网友认为，"他（连恩青）得的是空鼻症，是因为鼻甲被过度切除导致的，罪犯所描述的症状都是真实存在的。"网友"lesyaya"说："这位患者（连恩青）显然因为手术事故而导致空鼻症，多次求果没有解决而精神崩溃走上极端。"在一个不平等社会里，弱者之间很容易达成共识——仇视强者，网络给他们提供了诉说的平台。

反之，网友们用一些生动案例和亲身经历来揭露医生卑鄙无耻的行为，把他们妖魔化为吃人的"白狼"。一位凤凰网友说："现在公立医院医生护士服务态度都极其不好，跟她家死了人似的，哭丧着脸,说话生硬,……无德的白衣天屎!”网友“草根祖国”说,在某医院看病,病人必须买一本医生写的书,二十多年过去了,他一看见那本书心中就有火。网友“XIMENQUE”说,一个外地妇女舟车劳顿、排了几天队才赶上一位知名的风湿科医生,结果医生非要她回老家拿来老病例才给治疗。这与哈医大案有相似之处。网友“脱缰的骏马”说,有个农民工在某医院缝了数针,后因没带钱,医生又把线拆开了。凤凰网友说,他亲眼看见被车撞伤的病人,因为没有钱,被医生丢弃在走廊上,不管病人怎么求,医生只有一句话:没钱,不救。网友“gheeez”说,他高一时动手术切除鼻子囊肿,因没有给麻醉医生送红包,当时把他痛得“欲生欲死”,从此他宁死也不愿进医院了。网友“阿穆尔吉”说,他每次看完病,就有一种遇到强盗、骗子、贼之类的感觉。网友“世道”说,易治的病医生故意不治好,让病人倾家荡产;医生拿到回扣后到到歌舞厅找小姐潇洒。网友“雨中漫步”说:“死在医院的病人与被杀的医生根本不成比率,难道被看病死的人都是该死。”网友“地狱未空誓不成佛”说:“很多病患者在医院最终结果就是:人财两空!信不信由你。只要你没有交足够的医疗费到医院的财务处,医生们会平静地看着你离开人间;如果你交足了医疗费,医生们会堂而皇之地让你把医院先进的各种医疗设备走一遍,当然费用你得自己出,至于疗效你就听天由命吧。”网友们的这些评论表明,医生做人的道德底线已失守,更不要说他们的职业操守了,从而为杀医行为辩护和合理化。

四 结语与反思:力的二重性

神圣性是宗教的本质属性,许多宗教学家和社会学家称“宗教即神圣”，迪尔凯姆对宗教的定义是，“任何宗教都是一个与神圣事物相关的信念与实践的统一体系。这里说的神圣事物是划分出来的、带禁忌性的。”[①]宗教的神圣性赋予道德一种神圣性以及随之产生的不可侵犯性、权威性和至高无上性，铸就了人们心中的神圣感。救死扶伤是医生的“天职”，自古以来，人们对医学和医师都怀有敬畏之情，其行为会受到一种神圣性的宗教力量和道德力量约束。由此看来，杀医和伤医都是不可思议的事情，当前医师职业的神圣性如何消解？值得我们深刻反思。虽然儒学大师梁漱溟在《中国文化要义》中说中国文化无宗教，是以道德代替宗教，至少说明中国人还有强大的道德力量。

巫术是巫师借助超自然的神秘力量对某些人、事物施加影响或给予控制的方术。从词源学考证，医巫同源和医巫一体，巫术赋予医学和医生一种神圣性力量。这种神圣性力量可以进一步加以区分，古代人是对巫师的敬畏还是对超自然力量的敬畏，本文没有理清。也许古代人表面上会对歪门邪道的巫师加以崇敬，而内心深处则是一种怨恨和蔑视，他们真正敬畏的是那种神秘的超自然力量。这能给当前杀医事件提供重要启示，杀医案的诱因在于医生人格力量和医师职业精神的割裂，人们敬畏的是医学职业精神，而不是掌握医术的医生，患者会把现实中的医生看成一个世俗的人和普通的人，当他们之间发生冲突时会出现杀戮现象，也就是合理的事情了。但是，医学职业精神需要依靠具体的医生践行来实现，二者的关系不可分离，也有着深入研究价值。

---

① 杜尔克姆：《宗教生活的基本形式》，转引自张志刚《宗教学是什么》，北京大学出版社，2002年，第113页。

基于数据治理的社会治安防控创新

单　勇*

摘　要： 数据治理是“以信息化为引领”的社会治安防控工作“关键的具体”。在防控实践中，数据治理面临数据文化未落地生根、缺乏标准化分析模式、数据孤岛问题凸显等困境。对此，在迈入大数据时代的当口，数据治理不仅要向前看，借大数据东风；还要向后看，重视小数据与大数据的联系，从小数据治理传统中汲取智慧。只有向后看，重视小数据，注重基于相关性的风险评估、基于科学实验的量化分析、基于地理信息系统的可视化分析、基于犯罪数据的防控决策；才能更好地向前看，把握大数据带来的历史机遇，以大数据技术夯实治安防控的文化基础、数据基础、技术基础及理论基础。

关键词： 数据治理；社会治安防控；小数据传统；大数据技术；犯罪治理

---

* 本文系2014年度国家社科基金青年项目“基于犯罪热点制图的城市防卫空间研究”（项目编号：14CFX016）的阶段性研究成果。

作者简介：单勇，同济大学法学院副教授，博士。

党的十八大以来，创新社会治安防控体系是“创新社会治理体制、提高社会治理水平”在治安及综治领域的具体体现，也是当前社会建设的重要着力点。正所谓“没有信息化就没有现代化”[①]，2015年4月，中共中央办公厅、国务院办公厅印发的《关于加强社会治安防控体系建设的意见》将“以信息化为引领”作为加强治安防控工作的指导思想。“数据是信息的载体，信息是有背景的数据；进入信息时代，数据成为信息的代名词，两者可以交替使用。”[②]“在信息化时代，数据随时随地与我们相伴而行，‘用数据说话’已成为认知世界的一种方法。”[③]因此，数据治理构成创新治安防控的有益尝试。

一　数据治理：治安防控创新中“关键的具体”

黄仁宇先生提出过一个非常著名的论断，即近代中国动荡局势的原因是“因为中国未能像西方那样实行数目字管理的现代治国手段”。[④] 本文无意对近代中国衰落原因做历史考据，但上述观点映射出掌握及运用数据对治国理政具有重要价值的道理却不容忽视。

数据(data)一词出现于13世纪，源自拉丁语，有寄予的含义。数据的概念是在量的基础上建立起来的，量成为数据的基本单

① 习近平主持召开中央网络安全和信息化领导小组第一次会议[EB/OL]，中国共产党新闻网，http://cpc.people.com.cn/n/2014/0227/c64094—24486402.html。

② 涂子沛，数据之巅：大数据革命，历史、现实与未来[M]，北京：中信出版社，2014:256。

③ 刘红、胡新和，数据革命：从数到大数据的历史考察[J]，自然辩证法通讯，2013(6)。

④ 黄仁宇，万历十五年[M]，北京：生活·读书·新知三联书店 1997。

位。[①] 数据不仅代表“真正的事实”，经由统计工作、系统化收集的成片数据，除代表事实，还蕴藏着事物的发展规律。这种规律支配着整个社会的发展，一旦掌握，就可把握社会的脉搏甚至预测未来。[②] “作为社会管理和公共服务的提供部门，收集数据、使用数据，是自古以来各国政府普遍采用的做法。”所谓数据治理，是指运用数据科学的技术手段，采集、清洗、整理、利用数据，用数据说话、用数据决策的问题分析及解决机制。数据治理具有如下特征：第一，数据治理以量化分析减少不确定性和降低风险，弥补个体经验、直觉及智慧的不足。随着世界的数据化，“我们不再将世界看作是一连串或是自然或是社会现象的事件，我们会意识到本质上世界是由信息构成的，量化一切成为可能。”[③]第二，数据治理主张相关比因果更重要，通过量化不同事物之间的数理关系，以相关关系捕捉现在和预测未来。第三，数据治理以数据科学为基础，以统计软件和数学模型为分析工具。第四，数据治理认为政府处于数据化的环境中，政府的治理活动应以数据为依据，数据化决策，即采集及整理数据——量化分析——相关性测算——预测或决策。第五，数据治理尊重事实、推崇理性、强调数据创新，倡导一种数据治国的数据文化。

当前，针对治安防控的创新问题，研讨较为活跃、视角颇为丰富。有的从地域出发，关注中心城市、老城区、城乡结合部、边境城市、农村等地的防控创新；有的从防控主体出发，关注公安机关、社区、民间组织、志愿者的工作机制创新；有的从防控手段出发，关注人防、技

---

① 郭奕玲、沈慧君，物理学史[M]，北京：清华大学出版社 1993：448。

② 涂子沛，数据之巅：大数据革命，历史、现实与未来[M]，北京：中信出版社，2014：85。

③ [英]维克托·迈尔-舍恩伯格、肯尼思·库克耶，大数据时代[M]，盛杨燕、周涛译，杭州：浙江人民出版社 2013：125—126。

防、物防等手段的改进；有的从系统论出发，研讨治安防控各模块之间的体系创新。实际上，上述研讨基于社会控制、社会失范、系统论、社会冲突、社会结构、科际整合等理论学说进行了充分的逻辑推演、理论思辨、经验归纳及比较分析；但仅凭这些理论及方法还远远不够，各类防控创新举措最终能否成功还离不开数据治理。

首先，各类防控创新均需根植于犯罪数据与社会事实，用数据说话、用数据创新。针对不同地域、防控主体、防控手段及防控体系的创新举措，均离不开对特定空间中的特定因素及犯罪大数据的精确测量。

其次，各类防控创新离不开数据科学中量化方法的运用。如针对城乡结合部的治安防控问题，需根据历史数据、运用数学模型评估出城乡结合部空间中哪些因素存在较强的犯罪吸引力。BBC纪录片《地平线：大数据时代》讲述了数据治理及数学方法、数据分析技术改进犯罪防控的实例，即数学家帮助洛杉矶警察局建立犯罪时空预测模型，以数学模型设计犯罪预测软件，以预测软件规划警察每天的巡逻路线，从而大大降低犯罪率且被美国多个警察机构予以采用。

最后，防控创新举措是否成功离不开数据的检验与评估。声名显赫的破窗理论、情景预防及防卫空间学说、犯罪制图方案均通过了各种实验性项目的严格检测，在实践中取得了显著效果。各类治安防控创新举措如未经现实检验，则仍处于理论设想和方案计划阶段。

正如孟建柱同志 2015 年 1 月在中央政法工作会议上强调政法机关要“善于抓住关键的具体”①；作为关键性基础环节，数据治

① 孟建柱，主动适应形势新变化 坚持以法治为引领[J]，长安，2015(3)。

理就是创新社会治安防控体系的“关键的具体”。此外，虽然数据治理描绘出非常美好的未来，但要想在治安防控中实现数据治理难度可想而知，系统反思开展数据治理的现实困境构成了创新治安防控的起点。

二 数据治理在治安防控中的四重困境

“伴随新一轮信息技术革命浪潮的出现，信息技术在静悄悄的革命中重塑了国家治理的生态，大数据时代的中国国家治理面临一系列全新的机遇和挑战，国家治理能力建设的路径优化成为迫在眉睫的时代命题。”①数据治理已成为国家治理各个领域均要面对的机遇和挑战。依靠数据的犯罪治理源自犯罪统计，但又汲取了犯罪社会学、犯罪地理学、犯罪心理学、犯罪经济学等犯罪学分支学科中的量化分析、犯罪制图、心理评估、数学建模等科学方法。对于治安防控来说，数据治理并非新问题，但在理论上却相当薄弱，在实践中亦困难重重。具体来说，数据治理在治安防控中的困境如下：

第一，在观念上，治安防控中的数据文化尚未落地生根。

在多年的综治工作中，政法委、公安、监狱、法院等防控机构的案卷、档案、报表、文件中积累了大量的犯罪和治安数据。随着办公信息化进程的加速，在公安机关等机构的局域网中，形成了所在辖区的全样本、长时段、标准化、实时性、交互式的刑事案件、治安案件、人口户籍、城市管理等数据。因此，在治安防控中并不缺数

① 唐皇凤、陶建武，大数据时代的中国国家治理能力建设[J]，探索与争鸣，2014(10)。

据,但缺乏重视数据的意识和观念。正如胡适在《差不多先生传》中指出国人具有“凡事差不多”的习惯,“回望历史,中国是个数据文化匮乏的国家;就现状而言,有些数据的公信力弱、质量低,数据定义的一致性差也是不争的事实。过去深入群众、实地考察的工作方法虽仍然有效,但对决策而言,系统采集的数据、科学分析的结果更重要”。防控部门对习惯和经验过于依赖、犯罪数据深层分析有限、对犯罪风险评估不够精确、各项防控决策的量化支持不足、重视犯罪原因忽视犯罪影响条件、重视犯罪预防忽视犯罪预测等现状,均反映出数据文化尚未落地生根。

第二,在机制上,缺乏标准化的犯罪数据分析及应用模式。

当前,犯罪数据获取不是问题,问题在于如何分析和应用。在分析环节上,以往对犯罪数据的分析多限于宏观层面的描述性统计,犯罪与周边环境、人口、空间特征、经济社会因素的相关性分析匮乏,基于相关性分析的数学建模及犯罪预测鲜见;针对微观地理单位及较长历史周期的犯罪时空风险分析有限;基于地理信息系统的犯罪数据可视化分析仍处于探索阶段;关于犯罪原因的分析很多情况下还处于经验描述层面。在应用环节上,由于常态化的犯罪风险评估匮乏,犯罪数据的针对性、实用性、可操作性较为有限,尤其是基于犯罪数据的犯罪预测落后。实际上,基于统计建模、具有数往知来功效的犯罪预测对防控资源的调配和防控布局优化具有重大价值。在操作环节上,各地各级防控部门的犯罪数据分析及应用在目标界定、分析策略、数据标准、数据库建设、分析工具选择、分析报告设计、报表自动化、数据分析师培训等领域尚无统一、规范且经过实践检验的标准模式。

第三,在结构上,“数据孤岛”问题凸显,各部门的数据缺乏共享与整合。

2015年5月，全国多家媒体报道了河南信阳市发生的一起儿童走失案，父母在一个派出所报案后，儿童被同属一个分局的另一个派出所接走后送当地福利院，而后走失儿童病逝于福利院。① 该案反映出各个公安机关之间在数据联网共享与信息管理方面存在一定问题。尽管公安机关等机构掌握所在辖区内的犯罪及治安数据，但各级各地公安机关之间、公安机关与其他防控机构之间的数据缺乏有效兼容与整合。这种现象又称为"数据孤岛"或"信息孤岛"。"信息孤岛在我国当前政府部门的信息化系统之间是一种普遍现象，这从国际上公认衡量各国信息化发展水平的全球电子政务发展指数上也能体现。近十年，我国该指数排名先升后降，从2003年第74位升至2005年第57位，2012年跌至第78位。"准确地说，"数据孤岛"不是技术性问题，而是体制性问题。该问题导致治安防控体系难以形成全国一盘棋，阻碍着上下互通、左右互动、情报共享、实时更新的数据治理的实现。

第四，在开放性上，犯罪数据对社会开放的水平和程度有限。

开放犯罪数据不仅是为了保障公民知情权，更重要的是通过数据公开实现用数据制衡政府公权力运用。以往我国犯罪数据公开仅限于《中国法律年鉴》、《中国统计年鉴》对全国公安机关每年刑事案件立案总数和主要几类案件立案数进行公布，以及"两高"报告、个别省份公安年鉴的总体数据公布。随着包括刑事判决书在内的裁判文书网上公开，全样本的刑事案件信息(未成年人犯罪等案件除外)已实现全国公开；但基于此的刑事司法统计未获同步公布。毕竟，每份判决书本身不能管中窥豹，只有基于全部判决书的刑事

---

① 河南饿死男童被曝受虐　福利院长死活不认谁来负责[EB/OL]，中国网，http://zj.china.com.cn/html/2015/shms_0502/18685_3.html。

司法统计才能准确反映犯罪态势。由于刑事判决书并未被进一步数据化整理，基于判决书的数据抽取仅能靠人工筛选，即通过人工阅读每份判决书，将 Web 文本中如罪名、犯罪时间、犯罪地点、刑期等信息进行抽取并转成 Excel 或 SPSS 格式表格；而依靠机器的智能数据抽取与清洗尚无法真正落实。同时，二审判决书并未与一审判决书形成有效链接，这给人工刑事司法统计带来数据源重复的障碍。此外，治安案件未能纳入公开范围，鉴于犯罪黑数的漏斗效应，比犯罪数据更为庞大的治安案件数据更有参考价值。犯罪数据开放性的上述局限致使独立第三方的专业犯罪风险评估难以出现，普通民众难以根据犯罪数据有针对性地开展被害预防。

三　源自小数据治理传统的防控创新

针对数据治理遭遇的问题，当前流行的应对思路是从大数据的运用上寻找突破口和改进路径，甚至某些治理对策研究已到了言必称大数据的地步。实际上，“1998 年《科学》杂志刊登论文《大数据的处理程序》才第一次使用大数据（big data）一词；2008 年《自然》杂志刊登‘big data’专刊，使“大数据”在学术界得到认可和广泛使用”[①]。在中国，信息产业界公认的“大数据元年”是 2013 年；欧美等国的大数据发展计划是近五年内陆续出现的。理论界建议政府借大数据东风，利用后发优势实现“弯道超车”固然正确；但切不可忽视人类长久以来利用小数据所积淀的治理传统，忽视小数据与大数据之间的内在关联。

① 王世伟，大数据时代信息安全的新挑战[N]，社会科学报，2013—09—05。

从数据可用性上看，大数据的价值主要体现在传统的小数据和结构化数据上。当前人类的数据约75%是非结构化数据，大记录的表现形式就是非结构化数据，而大记录、非结构化数据要体现出价值，当前主要的处理方法还是把它们转化为有严整结构的数据，即传统的小数据。源自记录的非结构化大数据只有转换为能够测量的结构化小数据才有数据治理意义。对于治安防控来说，多数情况下使用的犯罪信息仍系小数据，数据量尚达不到“太字节”(240)这一大数据量级。

从治理传统上看，东西方国家依靠复杂的文官治理系统拥有丰富的小数据治国经验。在我国历史上有商鞅提出“强国知十三数”，《孙子兵法》中“算则胜、不算则不胜，多算胜、少算则不胜”等传统。循数治理在欧美国家更是大放异彩，20世纪八九十年代，源自美国纽约的“Comp Stat”警务模式构成了将数据分析引入治安防控的标志性创举。“从20世纪九十年代起，全美有1/3的警察机构陆续复制了这种基于犯罪地图和数据的警务模式。”随着地理信息系统(GIS)的大发展和桌面GIS的普及，“Comp Stat”模式的数据可视化分析水平获得跨越性提升，基于犯罪制图的地点警务成为美国21世纪的主流防控模式。“Comp Stat”模式及地点警务主要运用的仍是911报警信息、犯罪及越轨行为时空信息、警力配置信息等小数据。

在迈入大数据时代的当口，数据治理不仅要向前看，沐浴大数据的阳光；还要向后看，重视小数据与大数据的联系，从小数据治理传统中汲取智慧、挖掘资源。在某种程度上，只有向后看，重视小数据传统，才能更好地向前看，真正把握大数据带来的历史机遇。具体来说，下述小数据治理传统对防控创新甚为重要：

第一，基于相关性的犯罪风险评估。

因过于专注因果关系，在传统的"现象—原因—对策"犯罪学研究模式中，注重犯罪与各因素相关性的犯罪风险理论几乎无立足之地。如何科学评估不同区域、不同犯罪类型、不同罪犯群体、不同时空层级的犯罪风险，离不开始于小数据时代的相关性分析。"在日常生活中，我们习惯性地用因果关系来考虑事情，所以会认为因果关系浅显易寻，但事实却并非如此。因果关系被完全证实的可能性几乎没有。不像因果关系，证明相关关系的实验耗资少，费时也少。与之相比，分析相关关系，我们既有数学方法，也有统计学方法。"①在此意义上，"相关比因果更重要"②。实际上，只要能将特定因素予以数据化，就可运用统计分析方法和数学模型测算犯罪数量与特定因素的相关关系。这种相关性分析揭示出哪些因素的犯罪吸引力更大、哪些因素的增减与犯罪的增减关系紧密，因而构成研判犯罪风险的主要思路。

第二，基于数理逻辑和科学实验的犯罪量化分析。

自小数据时代，量化分析就备受重视。对于各类防控举措受何种因素影响、是否有效、在多大程度上有效等问题，只有量化分析才能找到答案。如针对地点警务的有效性问题，美国学者威斯伯德(2010年斯德哥尔摩犯罪学奖获得者)研究团队联合警察部门设计实验组(实验区)和对照组(不实施地点警务的毗邻对照区)开展实验性研究，将地点警务实施效果在实验组和对照组中对比分析，从而发现犯罪溢出效应和犯罪转移效应两种犯罪分布规律。③ 数理

---

① 涂子沛，数据之巅：大数据革命，历史、现实与未来[M]，北京：中信出版社，2014：87。

② [美]冯启思，数据统治世界[M]，曲玉彬译，北京：中国人民大学出版社 2013：35。

③ D. Weisburd, Laura A. Wyckoff, J. Ready et al. Does crime just move around corner? A controlled study of spatial displacement and diffusion of crime control benefits [J]. Criminology, 2006, 44(3): 549—592.

逻辑和科学实验构成了数据治理的基础性量化方案，以往常见的描述性统计不过是量化分析的“皮毛”。基于个人经验的防控方案或创新理念，必须被数据实证所检验，而不是仅在价值或主观上“认为应该是对的”，数理逻辑和科学实验完全能超越基于个人经历的智慧。这种量化分析对创新社会治安防控体系，尤其是各地开展防控创新实验具有特别的启示价值。

第三，基于地理信息系统的犯罪数据可视化分析。

“数据可视化技术是利用计算机图形学和图像处理技术，将数据转换成图形或图像在屏幕上显示出来，并进行交互处理的理论、方法和技术。”①在治安防控领域，数据可视化的典范就是犯罪制图。正所谓“一图胜千言”，利用地理信息系统对违法犯罪时空信息及相关警务问题进行空间分析的犯罪制图在欧美国家开展得如火如荼；随着我国“金盾工程”二期的建设，警用地理信息系统平台（PGIS）投入使用。这种寓数于图的犯罪时空数据分析方式不仅能直观展示特定犯罪的空间分布状况，探测犯罪热点，诠释犯罪与空间环境诸因素的相关性，前瞻犯罪在未来的空间分布趋势，还能为防控资源的优化配置（如调整警察巡逻的频度和密度、防卫空间策略如何设计等）提供针对性方案。

第四，基于犯罪数据的防控决策。

数据治理最终要为决策服务，前述量化分析、相关性分析及可视化分析构成数据决策的基础。耶鲁大学法学院丹尼尔·埃斯蒂教授指出，“数据驱动的决策方法，政府将更有效率、更加开放、更加负责，引导政府前进的将是‘基于实证的事实’。”②对治安防控

① 刘勘等，数据可视化的研究与发展[J]，计算机工程 2002(8)。
② 李志刚，大数据：大价值、大机遇、大变革[M]，北京：电子工业出版社 2012：53。

决策来说，经验和智慧不能代替科学，直觉和习惯不能取代事实；各种犯罪专项治理和日常治理的科学开展更离不开犯罪数据的精准支持。如基于犯罪制图探测犯罪热点，针对热点布置高清摄像头和警务室，针对热点路段安排警察定时巡逻等。如在特大型犯罪团伙的侦破中，将已知信息输入社会网络分析软件，破解团伙中众多成员的真实关系，寻找集团首脑和关键性主犯。

四　大数据对防控创新的拉动

“大数据是指那些大小已经超出了传统意义上的尺度，一般的软件工具难以捕捉、存储、管理和分析的数据。”[①]大数据包括自然环境数据、商务过程数据、人的行为数据、物理实体的数据，还可分为结构化、半结构化、非结构化数据。从数据产生上看，传统的小数据源于测量，现代的大数据源于记录；不同于小数据的结构化数据，大数据更多的是非结构化数据。摩尔定律奠定了大数据的物理基础，社交媒体使每个人都变成潜在的数据生成器，数据挖掘技术增强了人类使用数据的能力，大数据时代就是大计算的时代，大数据时代标志着计算型社会的兴起。[②]“大数据的出现为危机或风险信息的全面掌握提供了充分的可能。通过收集、处理海量的数据信息，能提升危机决策者的认知与判断能力，并以过去根本不可能的方式做出决策。”[③]大数据对治安防控创新形成了强大的推

① 涂子沛，大数据[M]，桂林：广西师范大学出版社 2013：57。

② 涂子沛，数据之巅：大数据革命，历史、现实与未来[M]，北京：中信出版社，2014：264—270。

③ 刘润生，大数据对政府的大影响[N]，学习时报，2012—11—26。

动力，为数据治理遭受的困境提供解决思路。

第一，大数据浪潮催生计算型社会的兴起，为数据文化在治安防控中生根发芽提供契机，防控创新的文化基础逐渐形成。

大数据的出现使各种社会问题变得可以被计算，数据治国、循数管理、数据决策的呼声日益高涨且深入人心。如果说之前数据文化对治安防控的影响还是涓涓细流滋润人心的话，那么大数据浪潮下的数据文化俨然成为震耳欲聋的时代强音。以往凭借经验、直觉、传统知识进行防控决策的做法越发受到质疑，凭借数据治理改进治安防控、实施平安建设开始受重视。数据治理逐渐成为决策者、执行者在进行治安防控管理中无法忽视的“前理解”。

第二，大数据技术为犯罪数据库的准备和共享提供支持，防控创新的数据基础日臻完善。

运用大数据技术分析犯罪问题首先要加强数据库建设，没有数据库就无从开展数据分析。数据库建设不仅要在各部门局域网中实现既有数据的结构化整理及数据集建设，更要打通“数据孤岛”实现各部门犯罪防控基础数据的对接和共享，外接各类行政管理数据库，并在互联网及物联网层面有效延伸和覆盖（即与超级数据对接），从而实现全方位、实时性、系统化、多角度、互动式的数据抓取。

第三，大数据技术为犯罪数据分析提供了工业化控制模式，治安防控决策支持系统的技术基础逐渐成熟。

犯罪数据分析是数据治理的关键环节，也是当前治安防控信息化建设中的瓶颈所在。对此，大数据技术提供了两种不同层次的工业化技术路线。其一，将犯罪大数据与防控者的先验知识相结合，人工建模分析数据。如以空间滞后模型分析犯罪空间分布规律，以时间序列模型分析犯罪时间规律等。此种模式的优点是数据分析的目的性和针对性强，分析思路可检验、分析过程可复制；缺点是因数学模型的选择不同，可能导致分析结果不一致。其二，设计人工智能系统，用大量数据对计算机智能系统进行喂养和训练，使计算机获得从数据中自动提取知识的能力，从而实现机器学习。“机器学习主要研究如何使用计算机模拟和实现人类获取知识过程，创新、重构已有的知识，提升自身处理问题的能力。机器学习的最终目的是从数据中获取知识，实现人工智能。”①此种模式代表了未来智能型社会的发展方向，通过不断调试的参数及不断优化的设计方案，计算机智能分析犯罪数据将极大提升犯罪分析的计算能力、扩展犯罪分析的应用范围。当前，美国很多警察局使用的警务自动简报生成系统就是机器学习在治安防控中的初级应用。实际上，上述两种技术路线均是通过标准化的数学模型挖掘犯罪与其他因素之间的相关关系，揭示隐藏于纷繁芜杂表象下的犯罪规律，为防控决策提供隐性知识和预测方案。上述技术路线与推崇智能制造的“工业 4.0”有异曲同工之处，即基于海量犯罪数据，输入拟解决的问题，依靠标准化的智能制造程序，获得相关结论。因此，在本质上，大数据分析是一种工业化的犯罪分析及决策支持模式。第三，大数据的兴起并不意味着“理论的终结”，大数据技术要求不断提升治安防控的理论基础。

《连线》杂志主编克里斯·安德森指出：数据爆炸使得科学的研究方法都落伍了。大量的数据从某种程度上意味着“理论的终结”，用一系列的因果关系来验证各种猜想的传统研究范式已不实用，如今它已被无需理论指导的相关性研究所取代。② 这种观点

---

① 陈康等，大数据时代机器学习的新趋势[J]，电信科学 2012(12)。

② 大数据，改变人类探索世界的方法[EB/OL]，行课网，http://www.hke123.com/pxzx/13/new_4081.html。

反映了当前对数据过于迷信的心态。实际上,大数据只能告知与治安防控有关的信息和提供参考答案,但如何解释及正确使用信息离不开犯罪分析师。相反,随着犯罪大数据的刺激和冲击,如何梳理、解读、分析、反思大数据对治安防控的影响,如何将数据治理理论、数据挖掘技术和数学建模方法引入犯罪学,如何量化犯罪现象以揭示犯罪规律等问题,均要求治安防控理论推陈出新。

总之,在小数据传统与大数据技术的滋养下,以数据治理创新社会治安防控体系适逢其会。预测未来最好的办法就是创造未来,当前迫切期待通过数据治理的实验性项目做出更多的探索。

电话购物诈骗犯罪的区域性实证研究

王向明　史　焱*

摘　要： 近年来，利用电话购物实施诈骗犯罪呈现愈演愈烈之势，此类案件特点鲜明、手段多样、影响广、危害大，暴露出诸多社会管理层面的问题，如公民个人信息保护、电信产品管理、物流企业管理、公司注册登记、房屋租赁管理、流动人口管理等问题。而在司法实践中，在罪名认定、法律适用、证据调取采信、数额认定等方面也都有难解之处。本文以A区检察院办理的该类案件为视角，对上述问题进行分析，并提出应对的建议对策。

关键词： 电话购物；诈骗；区域性实证研究；法律困境

当前，电话购物诈骗犯罪有愈演愈烈之势。以A区检察院为例，该院2008年与2009年两年间共办理电话购物诈骗案件18件

---

* 王向明，男，1967年5月出生，北京市昌平区人民检察院党组书记、检察长，研究方向：刑事诉讼法。
史焱，女，1978年7月出生，北京市昌平区人民检察院法律政策研究室副主任，研究方向：刑事诉讼法。

76人,涉及被害人338人,而到2011年一年间就办理电话购物诈骗案件62件354人。该类案件特点鲜明、手段多样、影响广、危害大,暴露出诸多社会管理层面的问题,同时在罪名认定、法律适用、证据调取采信、数额认定等司法实践层面也都有难解之处。本文以A区检察院办理的该类案件为视角,对案件特点、办案过程存在的法律困境、暴露出的社会管理问题及对策建议等进行深入实证研究。

一 电话购物诈骗案件的主要特点

(一) 诈骗团伙的"组织性"

犯罪分子形成电话购物诈骗犯罪团伙,具有鲜明的组织性:一是人数众多,多为十人或数十人组成,例如,所办理的62件电话购物诈骗案中,10人以上犯罪团伙有11个,占案件总数的17.7%,其中沈某等人诈骗案中到案人数多达47人,苏某等人诈骗案中到案人数达44人。二是分工明确,这些犯罪团伙内部形成分工明确的犯罪网络,既有组织管理人员,也有业务销售人员,各人有明确职责分工,例如,仝某等28人诈骗一案中,其中安某为经理及老板,负责日常管理;仝某为公司创始者及老板,参与分红;李某为主管,负责核单及员工请假;沈某为文员,负责录单和查单;洪某为售后,负责查单和追单;其他皆为话务员,其中王某、高某分别为A、B组组长,各自带领若干话务员具体从事电话购物诈骗活动。三是严格薪金管理制度,团伙内部制定严格的薪金提成管理制度,将销售业绩与个人工资挂钩,使得犯罪分子实施电话购物诈骗的积极性很高，短时间内犯罪团伙的非法收入非常可观。

（二）诈骗手段的"固定性"

电话购物诈骗多利用固定话术进行诈骗，具有固定诈骗模式。电话购物诈骗主要是回馈老客户型。具体而言，第一步，开展准备工作，犯罪组织大多为未取得营业执照的私人公司，且作案所需设备简易，几部电话，一台电脑，几名话务员，再加上低价购进的假冒伪劣商品，即可形成一个犯罪组织，进行电话购物诈骗活动。第二步，购买客户资料，电话购物诈骗针对对象多是曾经进行过电话或电视购物的人员，诈骗组织者从网上或其他渠道购买客户资料，收集电话号码等个人信息。第三步，利用固定话术进行电话购物诈骗，招募话务员向被害人拨打电话，冒充电话购物机构人员称开展回馈老顾客、中奖免费赠送只需支付关税、邮寄费等活动，骗取被害人同意。第四步，销售假、伪、劣产品骗取钱财，通过邮局或快递公司向客户发送假冒伪劣商品，要求其先付款后收货，骗取钱财。

（三）公司身份的"虚构性"

犯罪团伙多为无资质公司，但为获取被害人信任，往往虚构公司单位，或者假冒知名公司、机构经营销售，所假冒单位或为电视购物公司，如北京电信消费数据中心、北京电视购物中心、橡果国际公司、北京订购协会；或为收藏机构，如中视博大收藏中心、中国收藏协会、集邮公司等；或为国家机构，如车辆管理所、国家税务总局；或为医疗机构，如北京癫痫病医院、中国人民解放军301、309医院等。例如，陈某等人于2010年8月至2011年1月间，在位于

A 区西关槐树巷村的“北京九鼎盛鑫阳文化传播有限公司”内，冒充北京电信消费数据中心的工作人员，以积分折抵现金 300 元换礼品的名义，通过电话销售拖把、水杯、世博邮票、欧莱雅化妆品的手段进行诈骗活动，共骗得 5 万余元，经鉴定，上述商品多为伪造品。也有个别虚构单位实施诈骗，如编造中国收藏家协会等。例如犯罪嫌疑人赵某、张某，招募、雇佣、培训多名犯罪嫌疑人虚构“中华收藏家协会”，并以其工作人员身份，以拨打电话的方式，销售《中国共产党成立 90 周年纪念彩色纪念银条》、《玉兔送福金银纪念币》、《世博熊猫纪念章》、《建党伟业 90 周年纪念银币》等实施诈骗，共骗取 6 万余元。

(四) 获取公民个人信息的“非法性”

犯罪组织者通过网络等渠道购买或以其他方式获得客户资料，这些资料包括个人姓名、电话号码、家庭住址等，例如，仝某等 28 人诈骗案中，仝某仅花费 7000 元左右就通过 QQ 号码四次在互联网上购买客户资料共计 10000 条，利用这些客户资料共骗取 5346 人共计 355 万余元。其特点有：一是犯罪对象集中于购物者信息，即商业公司的电视购物信息，被侵犯个人信息者均曾进行过电话或电视购物，在购物过程中填写过个人信息。二是作案方式主要为网络交易，即诈骗团伙的犯罪分子利用百度、谷歌等搜索引擎，或者加入特定的 QQ 群，在互联网上查找信息提供者，再通过 QQ 或者电子邮箱传输信息文件，并以银行转账的方式完成交易，此外，个别犯罪分子采用盗取他人已获得的个人信息的方式。三是作案目的明确，即犯罪分子将获取的公民信息用于电话购物诈骗，即冒充电话购物机构人员开展回馈老顾客、中奖免费赠送只需支付关税、邮寄费等活动，骗取金钱。

(五) 销售(赠送)商品的“伪劣性”

所办理的电话购物诈骗案中，除一件案件以办理汽车购置税退税为名进行诈骗外，其余案件均为犯罪分子以电话销售的方式销售或赠送假冒伪劣商品，这些商品种类繁多，既有生活资料，也有生产资料，既有日常百货，也有高科技产品，既有一般商品，也有高档奢侈品，既有普通商品，也有保健药品，包括如银条、绘画、错版邮票、纪念币、欧莱雅化妆品、苹果手机、劳力士手表等等。其中，通过电话购物诈骗方式销售的假冒伪劣商品集中在知名名牌时尚商品，如劳力士手表、苹果手机、欧莱雅化妆品等，在全部电话购物诈骗案中，销售假冒伪劣手表的有 4 件，销售或赠送假冒伪劣手机收取邮费的有 20 件，销售假冒伪劣化妆品的有 12 件，约占统计案件的 57%。同时，新近犯罪分子偏向于销售假药、假保健品。

(六) 犯罪地点的“集中性”

犯罪分子实施电话购物诈骗的地点较为集中，主要集中于 A 区东小口镇、北七家镇、回龙观镇等城乡结合部的商务写字楼或社区出租房内。从地域分布来看，东小口镇成为该类案件最为集中的地方，有 35 件，占全部案件的 56.5%；北七家镇次之，有 10 件发生在该地区，占 16.1%；回龙观有 7 件，占 11.3%；城区镇有 9 件，占 14.5%。从租赁房屋来看，以租赁商务写字楼为主，有 31 件，占全部案件的一半，其中，东小口镇北方明珠大厦 21 件、回龙观克莱里雅大厦 6 件、城区镇蓝郡商务楼和佳莲时代广场商务楼各2件；而租赁社区民居的有20件，所占比例为32.3%，其中，有12件集中于东小口镇的天通苑社区；租赁农民出租房的有8件，所占比例为12.9%；另有1件的犯罪嫌疑人租住宾馆。

（七）犯罪主体的“外来性”和“年轻化”

参与电话购物诈骗的犯罪嫌疑人的户籍、年龄、学历及性别均有显著特点，表现在：一是主体“外来性”，参与电话购物诈骗的犯罪人员多为外地来京务工人员，这些人由于学历低、工作经验不足，无法找到合适工作，为维持生计，通过网上或者人才市场的招工信息、或者老乡介绍等方式，参与到销售假冒伪劣商品的犯罪活动中。在62件354人中，仅有9人为北京本地人，其余345人均为外地来京务工人员，占全部犯罪人员的97.5%。二是户籍所在地分布广。这些外地务工人员涵盖全国21个省市自治区，其中，仅河北省就有129人，河南省有38人，另湖北、内蒙古、黑龙江、山西等地亦有20左右人参与电话购物诈骗。三是呈现年轻化趋势，在全部354人中，仅有22人为30岁以上(5人为40岁以上、17人为30岁)，亦仅有21人为18岁以下未成年人(13人为17岁、8人为16岁)，其余311人年龄在18岁至29岁之间，其中71人为25岁以上，另240人集中于18岁至24岁之间。四是学历呈现两少一多的特点，即高学历者少，大学本科学历的有10人，大学专科毕业的有53人；低学历者亦少，小学文化程度的有13人；中间学历者多，高中(中专)学历的119人，初中文化的人最多，多达159人。五是性别比例中女性比例高，女性犯罪嫌疑人有208人，是男性嫌疑人(146人)的1.42倍，这一点与其他犯罪行为具有明显区别。

（八）被害人人数的“众多性”和报案的“低比率”

电话购物诈骗案中的被害人人数众多，且遍及全国各地，但案发后及时到公安机关报案的仅占一小部分，给打击犯罪造成一定困难。例如，仅仝某等28人电话购物诈骗案就涉及被害人5000多人，但实际报案并提供证言的仅447人。究其原因，许多被害人虽发觉被骗，但有的考虑到自己所花的钱本身不可能真正买到话务员在电话中吹嘘的产品，便自认倒霉；有的知道被骗，但因被骗数额不大，嫌麻烦不愿报警；还有的因感觉被骗丢人，不愿被他人知道而忍气吞声。

二　办理电话购物诈骗案件的法律困境

（一）罪名选择

实践中，电话购物诈骗的行为既涉及非法获取公民个人信息行为，又有销售伪劣产品行为，还涉及诈骗活动，如何适用法律、准确定性、选择罪名，成为司法实践中必须解决的问题。

1. 诈骗罪与销售伪劣产品罪

诈骗罪是指以非法占有为目的，采用虚构事实或者隐瞒真相的方法，骗取数额较大的公私财物的行为。销售伪劣产品罪是指销售者在产品中掺杂、掺假，以假充真、以次充好或者以不合格产品冒充合格产品，销售金额在5万元以上的行为。一般而言，二者的区别较为明显，但是，随着近年来模糊犯罪分子诈骗手段层出不穷、花样翻新，使得原本界限较为明显的两个罪名在某些行为性质的认定上界限出现模糊，表现为：客观方面，销售伪劣产品罪中以假充真、以次充好或者以不合格产品冒充合格产品的行为，与诈骗罪中的虚构事实、隐瞒真相的行为在性质上难以区分；主观方面，诈骗行为的实施者为了取得被害人的信任，多使用某种工具或行为某种投资制造骗局和陷阱，从而难以区分行为人主观上是销售伪劣产品罪的非法获利目的还是诈骗罪的非法占有目的。

而上述客观方面与主观方面正是区别诈骗罪与销售伪劣产品罪的关键。有鉴于此，要准确界定电话诈骗案件的行为性质，就有必要从主观方面和客观方面进行界定。就主观方面而言，需要认定行为人主观是具有真实交易意图、以获取非法利润为目的，还是将他人财物占为己有、以非法占有为目的；就客观方面而言，需要认定行为人进行的主要是“故意在产品中掺杂，掺假，以次充好，以假充真或者以不合格产品冒充合格产品”的行为，还是“通过虚构事实或者隐瞒真相的手段骗取财物”。

在电话购物诈骗案件中，客观上，行为招募话务员拨打电话，冒充电话购物机构人员称开展回馈老顾客、中奖免费赠送只需支付关税、邮寄费等活动，在被害人同意后，通过邮局或快递公司向客户发送假冒伪劣商品，收取款项，该行为属于虚构销售陷阱、制造销售骗局的行为，而非面向不特定消费者销售假冒伪劣产品、通过买卖双方交易行为的完成获取非法利润的行为；主观上，行为人的目的在于使购买人因认识错误交付货款、定金或购物款，行为人在收到购买人支付的款项后非法占为己有，并没有交付产品、完成交易的意图。①

① 黄福涛：《如何区分销售伪劣产品罪与以销售为幌子的诈骗罪》，载于《人民检察》，2009年第19期。

2. 诈骗罪与非法获取个人信息罪

电话购物诈骗一般都会通过网络或其他渠道非法获取受害者的信息资料来实施诈骗行为，其方法手段行为可能构成非法获取公民个人信息罪等其他犯罪。对此，产生二个疑问，一则在行为人行为既构成诈骗罪又构成非法获取公民个人信息时，如何认定罪名？二则如行为人行为未构成诈骗罪，能否将其方法手段行为纳入定罪处罚范围？

对于第一个问题，属于刑法学所称的牵连犯问题，意指出于一个犯罪目的，实施数个犯罪行为，数个行为之间存在手段与目的或者原因与结果的牵连关系，分别触犯数个罪名的犯罪状态。在电话购物诈骗中，行为人的目的是为了通过欺诈手段非法获取受害人财物，相对于行为人实施诈骗的目的行为，其非法获取受害人信息资料的行为只是手段行为，因而，诈骗行为与非法获取公民个人信息行为是目的与手段的牵连关系。针对牵连犯，我国刑法的处理原则是从一从重处罚原则，因此，当行为人同时实施了上述诈骗与非法获取公民个人信息两个行为时，按照从一从重处罚原则，对行为人仅定诈骗罪。

对于第二个问题，此外，如果行为人诈骗行为未能认定构成犯罪，则其非法获取公民个人信息的行为作为方法手段行为可以单独定罪处罚，这一处理可用以弥补诈骗犯罪调查取证的不足，司法实践中亦多作如此处理。例如，在办理吴某、于某等人电信诈骗案中，现有证据不足认定二人主观方面的诈骗故意，而起获的赃物鉴定也无法推断出二人以假冒产品进行诈骗，故不宜认定诈骗罪。但同时，其通过 QQ 非法购买客户资料的行为有充分证据予以证明，故将二人以非法获取公民个人信息罪起诉，该案最终获得有罪判决。其次,对于犯罪数额难以查证的问题,建议以发送诈骗信息、拨打诈骗电话的数量作为衡量犯罪情节标准来定罪量刑。

(二) 数额认定

电话诈骗多为犯罪集团或团伙作案,具有明确分工,一般而言,分为三类:一是电话诈骗集团的组织者或领导者,组织、领导诈骗集团的活动;二是在诈骗团伙中担任管理者或其他职位,负责人员及事务管理者;三是在电话诈骗案中具体实施拨打电话等诈骗行为者。后二类人员多适用严格的薪金管理制度,采取固定工资加销售提成的方式。对于诈骗犯罪数额的认定,主要涉及共同诈骗中不同人员具体犯罪数额的认定问题。

对此,我国理论界主要有"责任一致说"、"独立责任说"和"结合责任说"三种认定共同犯罪各个行为人诈骗数额的观点。"责任一致说"认为,所有共同诈骗犯罪分子都应对他们共同诈骗的全部数额负责;"独立责任说"认为,共同诈骗中的各个犯罪成员,应对他们自己实际所得的数额承担刑事责任;"结合责任说"认为共同诈骗中,应按照各个犯罪成员个人实际所得的数额,再考虑他在共同犯罪中的地位和作用,来确定其刑事责任。我国最高人民法院和最高人民检察院联合颁布实施的《关于办理诈骗刑事案件具体应用法律若干问题的解释》中明确规定:"对共同诈骗犯罪,应当以行为人参与共同诈骗的数额认定其犯罪数额,并结合行为人在共同犯罪中的地位、作用和非法所得数额等情节依法处罚。"从中可见,"结合责任说"更为符合该司法解释的规定,比另两种学说更为科学和合理,也更具有实践价值。据此,对共同诈骗犯罪数额的认定,应当根据行为人在共同犯罪中所起作用的大小来考虑,这种作用是指行为人在共同犯罪中对法益的侵犯所起的作用。虽然在不少情况下行为人所起的作用与分赃并不相应,即行为人在共同犯罪中起到了主要作用,但所得利益的分赃数额较少,或者相反。在这种情况下,显然仍应根据其在共同犯罪中所起的作用来处理,而不是根据分赃数额来处罚。

共同诈骗的三类人员的犯罪数额可以如下方法予以确认:对于首要分子而言,因其在共同诈骗犯罪中处于主导位置,共同犯罪行为都是在他们的组织、策划、领导下进行的,因此诈骗犯罪的主犯或首要分子应承担共同犯罪的全部责任,应对共同犯罪所骗取的全部数额负责,其诈骗数额也应当是诈骗行为所造成的全部损失之和。对于除首要分子之外的其他主犯,因其明知公司从事诈骗活动,仍然担任重要职位,在整个犯罪中起重要作用,应对其工作期间整个诈骗团伙的犯罪数额承担责任,而非仅以其犯罪所得的分赃予以认定。对于其他具体从事打电话等事务的人员而言,在其主观上明知自己行为属诈骗行为,客观上实施诈骗行为后,对其工作期间个人从事诈骗犯罪的犯罪数额承担责任。

以仝某等 28 人诈骗案为例予以说明,安某为经理及老板,负责日常管理;仝某为公司创始者及老板,参与分红;李某为主管,负责核单及员工请假;沈某为文员,负责录单和查单;洪某为售后,负责查单和追单;其他皆为话务员,其中王某、高某见分别为 A、B 组组长,各自带领若干话务员具体从事电话诈骗活动;除安某和仝某之外,其余人员均得固定工资及每笔诈骗数额的提成讲薪金报酬。这些人员中,安某和仝某作为诈骗团伙的组织者,对犯罪团伙的全部诈骗数额负责;主管李某、文员沈某、售后洪某则作为主犯,对其工作期间犯罪团伙的全部诈骗数额负责;王某和高某对其工作期间负责的话务组的诈骗数额负责;其余话务员,则对其工作期间个人诈骗的数额负责。

（三）证据审查

1. 证据特点

电话购物诈骗案中涉及的证据主要有犯罪嫌疑人的供述和辩解，被害人陈述，被害人信息资料、电话记录、物流公司签收单等物证、书证。这些证据均有各自特点。

（1）犯罪嫌疑人的供述和辩解

犯罪嫌疑人之间相互印证的有罪供述在电话诈骗案的证据体系中占据相对重要的地位，但因嫌疑人出于侥幸或畏罪心理，或者陈述有利情节、回避不利情节，或者对其他人的情节陈述较清、对自己的情节忽略不提。因此，必须全面仔细审查，结合彼此间的供述、其他相关证据，审查真伪，找出矛盾，排除伪证。

（2）被害人陈述

被害人陈述一般会涉及犯罪事实的认定和法定量刑情节，但由于电话诈骗案的被害人往往覆盖面广、未与犯罪嫌疑人直接接触而无法直接指认、多数被害人不选择报案或作证等原因，使被害人陈述并不能成为证明最终认定的所有诈骗犯罪事实的证据，其运用范围受限。此外，在审查被害人陈述时，还应认真审查其真实性，防止出现因受感情因素的影响而夸大其肇事或乱指一气等问题。

（3）物证、书证

电话诈骗案中的电脑、电话、办公场所等物证，以及电话记录本、客房资料、物流公司签收单等书证，是联系犯罪嫌疑人和被害人的必要工具，也是指认犯罪嫌疑人进行诈骗的关键证据，而且这些物证、书证相对稳定，受外界干扰影响较小，证明力较强，收集审查时应予足够重视。但同时，也因为这些物证、书证一般是通过搜查、扣押等方法收集获取，为防止非法证据的出现，应着重审查证据的合法性。

2. 证据审查

电话诈骗的证据审查主要侧重于三个方面：主观方面的证据审查，即是否存在诈骗的故意，是否存在与其他人合伙诈骗的共同故意；客观方面的证据审查，即确定犯罪嫌疑人是否实施诈骗犯罪行为；诈骗数额的证据审查，即确定犯罪嫌疑人的具体诈骗数额。

(1) 主观方面的证据审查

对行为人主观方面是否存在诈骗的故意进行认定的证据主要是犯罪嫌疑人的供述与辩解、被害人陈述以及同案犯的证言三种证据，从中得知其是否明知虚构身份、所售商品为假冒伪劣产品，而意图通过打电话方式骗取被害人钱财并非法占为己有。

但因这三类证据均为言词证据，往往会出现犯罪嫌疑人不如实供述或供述(证言)不稳定的可能，在此情况下就需运用推定的方法，即根据两个事实之间的一般联系规律或"常态联系"，当一个事实存在的时候便可以认定另外一个事实的存在。推定可分为法律推定和事实推定，前者是指由法律明确规定的推定，后者是指司法官在刑事诉讼中依据一定的规则所作的推定。电话诈骗中运用的推定一般是事实推定，推定的前提是基础事实的存在，而且这些基础事实应当有证据加以证实，在此基础上才能进行推定。

(2) 客观方面的证据审查

电话诈骗案中，诈骗事实本身一般比较清楚，即行为虚构事实，通过电话方式骗取被害人钱财。但由于电话诈骗多为分工明确的团伙犯罪,团伙中不同成员的客观行为表现不同,而且行为人一般异地实施诈骗,犯罪与被害之间存在时空差异,因此,运用证据判断某一行为是否为犯罪嫌疑人所为时常常出现困难。所以,就客观方面的证据审查,重点是通过现有证据将某一犯罪事实与行为人联系。

确定犯罪嫌疑人的客观行为表现,涉及的证据主要有犯罪嫌疑人的供述与辩解,被害人陈述,同案犯证言,以及查实的通话记录、物流公司签收单、嫌疑人的电话记录本、主要负责人的电脑记录信息等书证、物证。重点审查每一起诈骗事实是否犯罪嫌疑人所为,并具体指向某个或某几个犯罪嫌疑人所为。

(3) 诈骗数额的证据审查

关于诈骗数额的认定,往往涉及被害人陈述、犯罪嫌疑人供述和辩解、涉及诈骗金额的书证等,鉴于书证的证明力较之犯罪嫌疑人供述和被害人陈述更强一些,实践当中多采用书证进行证明。但在书证的审查方面,往往存在被害人提供的证据材料、嫌疑人自己记录的电话本、物流公司签收单据三份不同书证。在具体审查判断时,往往以犯罪嫌疑人自己记录的电话本为主,参考其他二份书证予以证明。

例如,在李某等 11 人电话诈骗案中,关于如何确定诈骗数额,有被害人材料 65 份,共计 20646 元,仅一人诈骗数额 5 千,其他均为 1000 多元;其次是犯罪嫌疑人自己记录的电话本共计 37 万余元。每个犯罪嫌疑人均够 5 千元;最后是老板记录的 9、10 月份的物流、邮局签署单,共计 37 万余元。通过比对,9、10 月份物流签收单与犯罪嫌疑人的电话本记录情况能够相互印证,比对后得出诈骗 22116 元。因而,话务员的电话记录本较为可信,可以其为准,并参考物流、邮局签署单的情况。最终,按话务员每人电话记录本记载的情况共计 37 万余元起诉。

三 电话购物诈骗案件反映的社会管理问题及原因

(一) 公民个人信息保护不到位

从前述电话购物诈骗案的犯罪手段可以看到，犯罪组织者为挖掘潜在客户，非法获取公民个人信息，导致公民个人信息频遭侵犯，表明我国对公民个人信息的保护存在不到位的问题。出现此种问题的原因主要有：

一是经济利益驱动，非法获取公民个人信息主要用于辅助拓展业务和出售牟利，而且此种行为投入少、获利丰，不断催生公民个人信息的非法交易市场，例如，仅仝某等 28 人诈骗一案中，仝某在互联网上购买 10000 条客户资料共计花费 7000 元左右，而利用这些客户资料骗取了 5300 余人共 355 万余元人民币，投入产出比例惊人。

二是行政监管薄弱，公民个人在进行购房、购车、就医、买保险、电话购物等商业行为时，均会填写包含公民姓名、电话号码、家庭住址等与公民个人存在关联并可以识别特定个人的信息，从而使国家机关、金融、电信、交通、教育、医疗等单位成为持有公民个人信息的机构，但我国对这些机构管理监督严重缺位，使得它们成为个人信息泄露的突破口和重灾区，而一旦造成严重后果，又常常由于责任划分的不明确，责任人的难以确定，使得问题常常不了了之。

三是刑事打击困难，我国《刑法修正案（七）》增设出售、非法提供公民个人信息罪和非法获取公民个人信息罪，将公民个人信息纳入刑法保护范围，但对这二个罪的适用，在法律适用层面仍存在个人信息的界定、情节严重的认定等难题，在司法实践层面则存在信息获取时间、信息来源、信息数量及真实性等调查取证困难的问题，导致对侵犯公民个人信息犯罪的刑事打击力度不够，例如所述电话购物诈骗案件均涉及非法购买公民个人信息的问题，但对于出售者或非法提供者却无从追责。

（二）电信产品管理需加强

信息技术的快速发展极大地便利了人们生活，降低了交易成本，在为经济增长作出贡献的同时，也为违法犯罪活动创造了便利条件，加强监管，规范电信运营秩序，刻不容缓。电信部门推出新的通讯业务，往往先被犯罪分子利用。像最近推出的“VOIP”（语音网络电话），只能接听不能回拨，显示出的号码也不同于现在的固定电话或手机的格式。像这样的电话，受害者连报案都不知道如何报。还有新近推出的“一号通”业务，一个“一号通”号码可以同时捆绑5个其他电话或手机号码。这种“一号通”业务的转接功能，让警方很难弄清楚犯罪分子真实的作案地点，犯罪分子可以购买北京的“一号通”号码，然后转接到其他地方的手机或电话上，受害者手机显示的是北京的号码，而犯罪分子实际可能在北京以外的任何地方。[①]

（三）邮政、物流企业行业管理问题突出

货物运输、文件邮寄等是运输行业的传统业务，运输企业仅仅

① 陈俊鸿：《虚假信息诈骗犯罪频发的原因及治理对策——以福建省安溪县相关案件为视角》，《福建省安溪县人民法院福建法学》，2007年第1期。

起一个传递的作用。随着社会经济发展的需要，物流企业为提高竞争力，增加了许多新的服务内容，代收货款便是其中的一项服务。代收货款在一定程度上可保证交易安全，又可提高工作效率，最初是为了解决远距离交易双方的相互不信任，通过物流企业实现“一手交钱，一手交货”的目的而产生的。但是由于犯罪分子利用非法获取的公民个人信息骗得了事主的信任，使得被害人接受物流企业先交钱后验货，有问题与发货人联系的不平等条款。据犯罪嫌疑人交代，许多物流企业对于这些代收货款的伪劣商品是心知肚明的。物流运输企业有责任对违禁物品拒绝运输，物流企业代收货款，没有相关法律依据，对于传统业务模式的突破须以遵守法律，促进经济发展为目的。此外，在实际运行中也暴露出不少问题，有携款潜逃的，也有的像本案中这样成为诈骗犯罪的帮助犯，希望有关的行政主管部门对此加强管理，也希望行业协会能加强自律，保证行业的健康发展。

(四) 房屋出租管理缺失

我国对城市房屋租赁实行房屋租赁备案登记制度，从而达到摸清出租房屋底数、加强房屋租赁管理、强化流动人口管理的目的。根据我国《城市房地产管理法》、《商品房屋租赁管理办法》等相关规定，房屋租赁合同订立后三十日内，房屋租赁当事人应当到租赁房屋所在地直辖市、市、县人民政府建设(房地产)主管部门办理房屋租赁登记备案。对符合要求的，直辖市、市、县人民政府建设(房地产)主管部门应当在三个工作日内办理房屋租赁登记备案，向租赁当事人开具房屋租赁登记备案证明。

但在实践中，该制度的实施缺乏可操作性，有被架空之嫌，例如，从前述电话购物诈骗的特征分析可见，犯罪分子实施诈骗活动首先需要租赁房屋作为犯罪基地，而其主要集中于城乡结合部的商务写字楼或社区出租房，仅东小口镇的此类房屋租赁就占多半数，如此数量巨大、行为密集的租赁活动没有被及时发觉，表明房屋出租管理存在问题。具体表现在：一是房屋租赁登记备案未被有效执行，该制度的实施有赖于当事人的积极履行，登记机关只有被动等待"善良公民"主动来履行他们的合同义务，制度设计本身导致其不能得到实际贯彻执行。二是对出租房屋的管理不到位，出租人未能有效履行不得向无身份证明的人出租房屋、不得以出租房屋的方式为非法生产经营活动提供便利条件、发现承租人利用出租房屋有犯罪活动嫌疑的及时向公安机关报告等义务，而相关管理部门对利用出租房屋进行无照经营等违法经营行为也未能及时进行监管。三是房屋租赁登记备案管理缺乏强制性，对未进行租赁登记备案的租赁交易进行惩罚的比例很少，也造成了房屋租赁登记管理工作停滞不前。

（五）外来流动人口管理问题突出

如前所述，在涉嫌电话购物诈骗的全部 354 人中，仅有 9 人为北京本地人，其余 345 人均为外地来京务工人员，占全部犯罪人员的 97.5％，这些外来流动人口违法犯罪的日益突出，凸显出流动人口管理存在如下问题：一是流动人口的居所管理，外来流动人口进城务工经商，首要的是选择居住地，而以农民为主的流动人口因为自身生活水平所限，纷纷向生活消费水平较低、交通相对便利、租房价格低廉的城乡结合部聚集，租住城乡结合部的出租房屋，而因此产生的房屋安全、公共卫生、供水供电、道路交通、环境建设等问题日益突出，城中村等流动人口聚居区“三多”(案件多、纠纷多、治安热点多)、“三差”(居住条件差、环境卫生差、公共秩序差)即为此例。二是流动人口的就业管理，由于流动人员的文化素质普遍较低，工作经验不足，导致其个人技能和就业能力有限，同时缺乏有效的就业引导，往往集中于城乡结合部从事低端服务行业的工作，甚至迫于生计从事违法性活动，沦为城市的新贫困阶层，这就使规范引导流动人口的工作就业、增加社会安定因素成为需要考虑的问题。三是流动人口的犯罪预防，愈来愈多的流动人口的聚集，经济社会发展带来的心态失衡，社会关系的改变带来的道德伦理的失范，也使流动人口聚集区域出现社会矛盾突出、社会问题堆积、社会治安混乱等问题，层出不穷的流动人口犯罪也就当然成为我国工业化、城市化发展过程的伴生物，就是如何预防流动人口犯罪成为社会管理的重大问题。

四 防范电话购物诈骗案件高发的对策建议

(一) 加强公民个人信息的保护

一是完善相关法律，我国目前依然缺乏系统保护公民个人信息的专门实体法，来综合运用民事和行政的手段系统而全面地保护公民个人信息，缺乏这一重要前端实体法作为基础，新增条款就如同“空中楼阁”，无法全面、有效地保护公民的个人信息[①]。因

---

① 黄亚蕊:《浅论公民个人信息的法律保护——由全国首例侵犯个人信息安全案引发的思考》，载《法制与社会》，2011 年第 3 期(上)。

而，有必要制定《个人信息保护法》，建立个人信息保护的相关度，对个人信息处理行为进行有效的管制，同时补充完善相关前端实体法，如《护照法》《居民身份证法》《传染病防治法》等法律法规中的保护公民个人信息的相关条款。二是加强行政监管，从社会防控此类犯罪的角度讲，除了追究相关人员的刑事责任，还应加大行政管理、民事诉讼的力度，法律应该明确公民个人信息遭非法泄露后，能否向存在过错的单位、机构索赔，以及如何赔偿，以有效遏制泄露信息的情况发生。

（二）加强电信服务、物流公司的有效监管

电信服务是一项特殊的服务，事关公共利益，我国对电信服务实行严格的准入制度，电信运营企业处于垄断经营地位。电信部门必须在经营利益和社会责任做出明确选择，对提供的服务首先必须要具有控制能力，以防其被用于违法犯罪活动的，必须可以及时采取有效措施予以制止。电信部门应以公众安全为上，以社会利益为上，同时电信行业的行政主管部门也要采取有效措施进行引导、监督和管理。① 同时，通过电视、电话购物购买的商品均是通过邮寄的方式送达消费者手中，其中很大一部分是委托邮政部门或物流公司收取货款。而根据相关规定，邮局方面在向消费者交付包裹时，未履行验货告知义务，存在一定过错，应承担相应责任。因而，应当加强邮政、物流公司的行业自律，邮政、物流公司在投递之前应该认真查验，当发现实物与外包装标识的内容不一致

① 《打击短信诈骗，电信部门责无旁贷》，载于比特网（通信），最后访问时间 2009 年 5 月 20 日。

时，应要求委托方负责退换，直到实物与包装上标识的内容一致时才允许投递，从而避免这一业务上的漏洞被利用而成为诈骗犯罪的帮凶。

（三）加强房屋租赁管理

一是细化登记备案制度的实施，颁布具体实施细则，就备案主体、手续办理、费用承担进行进一步规制，并辅以配套的奖惩机制，严格对不进行租赁登记备案的租赁交易进行惩罚，从而保证制度的有效实施，例如北京市颁行《北京市房屋租赁管理若干规定》，对该制度的实施进行具体规定。二是通过中介公司信息申报落实登记备案制度，房屋租赁中介公司现已成为租赁交易的主要媒体，可以由中介公司进行租赁交易信息的申报，进而促使出租者进行租赁登记备案[①]。三是明确监管主体、加大巡查执法力度，明确主管部门，由其对房屋租赁登记备案工作进行统筹考虑，并对其他各相关行政部门进行统一部署和调度，同时，管理服务部门要定期对辖区内的出租房进行巡查，防止违法经营活动的发生。四是注重法制宣传教育，增强社会大众对房屋租赁登记备案的法律认知度，提高普通民众对该制度的接受度，最终主动配合房屋登记备案管理工作。

（四）加强流动人员管理

一是改善流动人口居住环境，一方面，加强流动人口的居住管

① 赵伟：《加强房屋登记备案管理的对策》，载于《中国房地产》，2010年第5期。

理，做好出租房屋的普查登记工作，完善出租房屋登记管理机制，规范出租、承租双方的权利义务、租赁行为、检查行为；另一方面，加速城中村等流动人口聚居区的改造，加大市政设施、公共服务的投入，逐步推进片区旧村改造工作，使居住条件较差、生活环境恶劣、治安秩序混乱的流动人口聚居区的社区面貌得以根本改观。二是引导流动人口充分就业，畅通就业渠道，劳动部门和社区街道等机构在流动人口聚居区实时发布招工信息，引导其走进工厂、企业、建设工地；免费或依托用人单位开办各种技能培训班，加强流动人口的就业技能；劳动和行政执法部门着力改善劳资关系，支持农民工合理合法维权，妥善处理劳资纠纷。三是完善流动人口犯罪侦防机制，一方面，加大防控，着重对重点人员、重点区域、重点场所、重点环节的查控，如对有前科人员、城乡结合部出租房、网吧等娱乐场所、住所销赃等环节的检查；另一方面，加大教育，加强对流动人口的道德、文化、法制宣传教育，提高其法律意识、文化素质，并吸纳其参加社区服务、文化共建、基层党建、民主选举、志愿者服务和各类文体活动，吸纳其参与社会治安群防群治工作，鼓励其参与社会管理，融入城市生活。

新市民的文化冲突与犯罪预防

何卫卫　曹延彬　薛德庆*

摘　要： 新市民在城市化进程中自身的市民身份与原有农村生活场域之间存在的矛盾造成其自身内部和外部的文化冲突，这种文化冲突导致新市民无法融入主流文化价值中，缺乏社会认同感，反社会意识较强，易产生大量侵财型犯罪和群体性事件；也会导致价值失范，宗族势力易演化成黑恶势力，并使得家庭教育功能弱化，青少年犯罪严重；要综合运用多种手段，促进城乡文化的融合，建立社会稳定的机制，从而缓解由于城乡文化冲突引起的犯罪问题。

关键词： 新市民；文化冲突；犯罪

近年来我国的城市化进程不断加快，据第六次人口普查数据显示，截至 2010 年我国城市人口占到了总人口的 49.68%，与第

---

* 作者简介：何卫卫（1981—　），女，山东警察学院，讲师，研究方向为犯罪社会学。曹延彬（1975—　），男，山东警察学院，讲师，研究方向为管理学、犯罪学。薛德庆（1957—　），男，山东警察学院，副教授，研究方向为社会学。

五次人口普查相比，十年间城镇人口比重上升了 13.46％，大量农村人口转变为城市人口，成为新的市民，生活方式也随之发生变化，传统的乡村文化和现代的城市文化不可避免地发生接触、碰撞，甚至在某些特定场域当中冲突表现得异常激烈，近年来在新市民中群体性事件、农民工犯罪、流动人口犯罪、青少年犯罪的大量增加，就与这种激烈的文化冲突密切相关。为此本调查组在山东省组织开展了关于文化冲突与社会稳定的实证调查，发放问卷 200 份，回收 155 份，有效率 100％，其中城市人口占 54.5％，乡镇人口占 25.4％，农村人口占 20.1％。

一 新市民的文化冲突

本文中的新市民指进城生活的农民(由于农民工的文化背景和现实生活情景与新市民类似，很难将两者完全区分开来讨论，本文一并把它纳入到新市民范畴中)，与原市民相对应。近年来城市新市民不断增加，这与现代化、城镇化的快速发展密切相关，随着社会经济的迅速发展，城市面积不断扩大，一大批重点投资项目和高新技术产业区在城乡结合部动工兴建，同时与现代都市相配套的公用设施也相继建设投入运行，这一区域逐步成为现代都市的新城区，原来的农村居民由于征地拆迁、移民安置等也住上了高楼，变成了城市的一部分，成为了城市的新市民；同时大量新生代农民工进入城市工作并努力寻求长期定居的可能，也成为城市生活的一大稳定群体。这些进入城市的农民虽然在居住条件上或者身份上发生了变化，但是其价值观念和行为规范深受农村生活背景的影响短时间内难以与城市文化协调。塞林把文化冲突分为内在的文化冲突和外部的文化冲突，在调查中我们发现，这两种文化冲突在新市民中不同程度地存在着，62.9%的被调查者并不同意“农民进入了城市生活就变成了城市人”的看法，农民和市民对这一问题的认识并不存在显著差异，由此可见，农民的城市化不是一个简单的由农民向市民的身份转换以及职业转换的过程，从深层次上来讲，这一过程涉及农民自身的文化形态及文化认知范式转换的过程，同时也伴随着原市民对新市民的认同与接受，农民在城市化进程中会既存在自身内部的文化不适，也存在着外部与原市民的隔阂。

（一）新市民的内部文化冲突

塞林认为，所谓内心的文化冲突或心理冲突，是指个人从具有相互冲突的规范的不同群体中获取自己的行为规范的现象。在这种晴况下，文化冲突就被人格化，深入到人的人格中，变成了一种心理现象。文化的核心内容是价值观念和行为规范，它规定了人们的思维方式和生活方式。新市民在其原来的成长情境中所进行的生活积累固化成自身的价值观念和行为规范，他们在城市化进程中就会遭遇自身村落家族文化与城市市民文化间的诸多文化冲突，这些冲突具体表现在：

第一，简单、封闭性的乡村文化与复杂、开放性的城市文化发生冲突。传统的农村社会结构是相对封闭的，以土地生产为主的经济基础，决定了其成员的同质性程度较高，依靠伦理道德约束行为，人与人之间相互熟悉，相处简单、社会矛盾较少，人们的思想观念保守，生活节奏缓慢，文化特性稳定。城市是各种人群的聚居体，社会结构复杂，经济以第二、三产业为主，社会高度分工，成员异质性强，生活方式文明，民主意识强烈，这些特质决定了城市文化的包容性和开放性、多元化和现代化。由于我国长期以来的城乡二元结构,农村文化和城市文化在各自场域内自行发展,当两者处在同一场域当中,不可避免地会产生冲突。

第二,以初级群体为纽带的乡村文化与注重个人奋斗与竞争的城市文化发生冲突,传统的农村社会是“守望相助”的,正如费孝通先生在《乡土中国》中所说的那样,在这片土地上是一个具有“熟人社会”、“长老统治”、“差序格局”、“重视血缘和地缘的社会”,注重家庭,重视情谊,带有浓厚的人情味,这与城市中理性的、功利的市场经济文化是完全不一样的,我们的调查显示,当合法权益受到侵害时,城市居民中有69.1%的人认为最有效的求助方式是法律,农村居民中只有56.5%认为如此,26.1%的农民认为最有效的求助方式是家人或亲属,城市居民中只有17.6%的人认为如此,尤其是新市民初步进入到全新的城市生活中,对于初级群体的依赖会更加强烈,根据相关调查,当农民工的权益受到侵害时,流动就业的农民工则先找亲友帮忙,其次才寻求法律援助,而后再与有关单位协商解决,此三项分别占了农民工数的18.88%、16.92%、16.84%。城市当中人们注重个人奋斗与竞争,追求财富与名望,重视个性与身份,开拓进取,人与人之间是利益关系,这与农村文化中充满人情味的价值观、守望相助的行为规范就会产生冲突,调查显示,75.4%的原市民完全同意“成功是靠自己的努力而不是别人的帮助获得的”,只有24.6%的农民认为如此。由此可见两种文化的差异决定了其在同一社会中不可避免地发生价值冲突。

(二)新市民的外部文化冲突

塞林认为,内外部的文化冲突是在社会分化过程中,某种同质的文化向异质性转化时产生的伴生物。当某种同质的文化变为不同质的若干文化时，就不可避免地产生文化冲突。新市民的外部文化冲突主要表现在平等的乡村文化与歧视性的城市亚文化发生冲突，在城市化过程中原市民对新市民存在一定的社会歧视与社会偏见。李强教授通过对城市农民工的个案调查，发现绝大多数农民工都提到了“被人家看不起”和“受歧视”的问题，而且多数农民工都认为，这一点是他们最不满和最难以忍受的，物质上的、生活上的艰苦倒在其次(李强，1995，4)。在调查中，68.5%的城市居民认为城市中的犯罪现象和进程务工的农民关系密切，从“您愿意和农民工成为以下哪种关系?”的量表中可以明显看到原市民对农民工存在一定的社会距离。

表 1　不同群体对农民工的社会距离

	家人	邻居	朋友	一起乘坐公共汽车
城市	66.7%	84.9%	91.8%	97.3%
乡镇	79.4%	91.2%	97.1%	100%
农村	88.9%	92.6%	92.6%	100%

美国社会学家萨姆纳根据群体成员对待群体的立场和态度，把社会群体划分为内群体与外群体。凡是成员感到自己与群体关系密切，对群体的归属感强的群体，就是内群体。内群体中的人可以产生一种同类意识，在群体内成员表现为合作、友善、互助、尊重。外群体，是与内群体相对应的一个概念，指凡是自己没有加入的、由他人组成的，或这群人与自己无关的群体。人们对外群体常常表现为冷漠、轻视或有偏见，尤其当内群体与外群体对立时。原市民与新市民尤其是农民工有着鲜明的内群体与外群体的意识，分别站在各自的立场上，将对方视为一个与自己群体完全不同类的群体(朱力，2001，6)。原市民与新市民这两大群体虽然存在于

同一时空中，表面上是有所交往的，但在心理意识上，原市民对农民工存在着高度疏离感，在一些原市民心中，农村文化常常和落后、愚昧、传统联系在一起，没有看到农民工对于城市发展作出的贡献，一味认为农民工影响城市卫生、破坏社会治安等，在日常生活中，对他们持着一种异样的、警惕的、不信任的眼光，这样的社会偏见和歧视也导致新市民、尤其是农民工无法建立起对城市的归属感，成为游离于城市的、既缺乏保护也缺乏约束的外群体，极易产生扭曲心理，成为社会的不稳定因素。

二　文化冲突引发的犯罪现象

美国犯罪学家塞林的文化冲突理论认为，作为文明生长过程中的一种副产品，社会中必然存在文化冲突，这种文化冲突是不同价值观、利益、规范和文化准则的冲突，因此，文化冲突易引发价值冲突，价值冲突导致行为失范，行为失范造成犯罪发生。我国农民城市化进程中遭遇的种种非制度性问题的深层次根源就与文化冲突密不可分。在现代化进程中，乡村文化与城市文化的冲突实际上是传统的价值观念和守望相助的行为规范与现代的、理性的、法制的价值观念及行为规范发生激烈碰撞，产生文化震惊，导致思想上的迷惑、混乱和心理上的震撼，而产生越轨行为，所以新市民的犯罪与城乡文化冲突密切相关，表现在：

一是文化冲突使得城市新居民无法融入主流文化价值中，对社会认同感缺失，反社会意识较强，易产生大量侵财型犯罪和群体性事件；处于社会底层的农民工，受到城市拜金主义价值观的影响，当无法通过正当途径获得财富时易产生急功近利的犯罪心理，极易发生大量侵财型犯罪。据一项在北京某监狱的调查，在230名逮捕前为外来民工的犯人中，犯各种与钱财有关的罪行者占全部外来人员犯罪的93%，其中犯盗窃罪者占65.1%，犯抢劫、抢夺罪者占20.8%。据广州流动人口犯罪研究课题组的调查，广州市流动人口犯罪类型前四名排序为：盗窃23.1%，抢劫21.9%，抢夺17.4%，伤害6.8%（张亚辉，2005，42）。此外，新市民对城市缺乏认同感，反社会意识较强，一旦遇到机遇时便积极组织或参与到群体性事件当中宣泄自己的不满情绪，并在混乱中趁机获取利益。

二是文化冲突导致价值失范，宗族势力易演化成黑恶势力。城乡文化冲突使得原有的文化价值体系和道德规范支离破碎，失去约束指导力量，新的价值规范还没有建立起来，整个群体处在价值失范状态，最容易滋生犯罪亚文化。宗族文化是在中国历史发展中形成的以家族为主体、以血缘为基础的一整套行为规范，在农村中大量存在。在价值失范背景下的宗族文化极易发生扭曲，演化成黑恶势力。新市民来到城市后为了更容易获取利益，往往以血缘或者地缘关系联合起来组成势力集团，比如在各个城市中形成的"新疆村"、"河南帮"、"东北帮"、"温州帮"等，他们一起对外进行利益争夺，在争夺过程中常常有意或无意地采用非法手段而侵害他人的人身和财产权利，主要表现为宗族间的械斗和群体性事件。据统计，1989年至1991年，仅江西省吉安县就发生的宗族械斗就达七十三起，其中致死五人，重伤三十七人，轻伤八十三人。另据报道：从1993年到2003年间，我国群体性事件数量已由1万起增加到6万起，参与人数也由约73万人增加到约307万人（2005年中国《社会蓝皮书》统计数据）。这其中就有相当一部分是由宗族势力组织发动或积极参与的（吴雪冬、李红、董佳英，2009，36）。为了获取更大的非法利益，打击被害方的反抗和逃避政府的打击，宗族势力常常会不断巩固并演化成为非作歹的黑恶势力。

三是文化冲突导致家庭教育功能弱化，青少年犯罪严重；近年来，新市民犯罪的年龄越来越低龄化和低教育程度化，在新市民的犯罪当中，19—25 岁是犯罪的主要年龄，占犯罪总数的 46%，其次是年龄在 26—35 岁的犯罪，占犯罪总数的 36.3%，18 岁以下的犯罪，占到总数的 9.1%。据对广州市流动人口的文化程度的情况调查，农民工犯罪人的文化程度大部分集中在小学和初中阶段，两者占农民工犯罪者的 75.6%(《广州市流动人口犯罪研究》课题组，2003，49)。一方面，原市民对新市民的歧视会直接影响到新市民子女的心理健康，农民工的子女从小就能感受到城市对他们在教育、文化等方面的歧视与偏见，这些不公平的待遇在他们的心灵深处留下了深刻的印象，致使他们容易产生对社会的抵触心理；另一方面，许多尚未完成九年义务教育的青少年加入到进城打工者的队伍，他们的父母或者是农民或者是第一代农民工，其价值观念和行为规范无法发挥正确的指导教育功能，加上这些年轻人往往心智很不成熟，对城市的期望值过大，易上当受骗又易感情冲动，缺乏人生经验和法律常识，自我控制力差，极易发生恶性犯罪事件。

三　加快城乡文化融合，预防新市民犯罪的路径分析

随着现代化和城市化进程的加快，越来越多的农民会成为新市民，新市民犯罪不论是在数量上还是性质上都有加剧的趋势，城乡文化引起的内外冲突是导致其犯罪的深层次根源之一。在个人

城市化的过程中，新市民的身份是阶段性的，只有加快新市民的文化融合，促进这一群体在价值观、行为规范、生活方式等方面尽快转变为真正意义上的城市居民，才能从文化冲突的根源上预防和控制新市民的犯罪行为。因此，在新市民犯罪的防控机制上，应该摒弃一味管制与打击的政策，从促进文化融合的角度出发，探寻以预防为主、打击为辅的治理政策。文化融合的含义是两种或多种不同的事物统一于一体，整合、贯通、协调、交融、会通等都属于融合的范畴。文化融合既不是指不同的文化简单地合成一体或同一化，也不是一方吃掉、吞并另一方，而是指不同文化在相互对立、斗争、冲突中达到相互协调、一致、吸收等。文化融合一般要经历一个漫长的过程，但积极主动采取有效的对策，则能加速文化融合的过程(李锡海，2007，11)。

(一) 大力发展小城镇，培育城乡文化融合的载体

费孝通先生提出的城镇化是符合我国国情的一条城市化道路，小城镇不仅是乡镇经济发展的载体，更是城乡文化融合的最佳场域。随着城市和农村两大地域现代化进程的加快，各种文化信息在两者之间快速交流，城乡文化的交流方向也将从自城市流向农村的单向变为双向，城市文化在不断渗入农村文化，农村文化在不断地吸收现代城市文明的同时，城市文化也会积极吸收农村文化中的传统精髓，从而使得城乡文化不断融合，减少了新市民犯罪的文化动因。小城镇是城乡文化交流的中介，是城乡两大文化碰撞的缓冲区，我们的调查显示，城镇在对某些行为规范的包容性比大城市更好，对新市民的认同感也更强，小城镇是培育城乡文化融合的最佳载体。例如，在东部发达地区，小城镇的快速发展已使得

许多城市与周边农村及其他城市出现了城乡一体化、区域一体化的趋势(甄峰,宁登,张敏,1999,51)。

(二) 发挥社区文化功能,搭建城乡文化融合的桥梁

在犯罪防控体系中,社区发挥着重要的作用,社区不但是各类人群的共同聚居体,而且有着自己独特的社区文化,它不仅能够增强成员的归属感,而且能够为居民之间的共同活动提供规则和约束,能有效地防控犯罪。新市民聚居的社区往往在城乡结合部,居民异质性较强,应积极发挥社区的文化整合功能,组织各种文化交流活动,提供其与城市主流社会交流互动的机会,搭建新市民与原市民交流的桥梁,逐步化解新市民和原市民的误解与隔阂。同时在组织管理上,城市政府应该通过社区组织努力将新市民纳入其居住的社区和所在地区的工会组织中,提高他们在城市的组织参与和组织化程度,加速新时期城市社会的整合以及新市民城市意识的发育,解决归属感不足的问题。

(三) 实现城乡基本公共服务均等化,消除城乡文化融合的制度障碍

我国长期的城乡二元结构是造成城乡文化冲突的制度根源,政府应积极采取制度改革,解除城乡二元结构,逐步构建新型的社会管理体制,实现城乡基本公共服务均等化,在社会保障、社会就业、收入分配、医疗卫生、城乡教育、住房保障等基本公共服务上,不仅要对市民和农民一视同仁、平等对待,还要适当保护处于弱势地位的新市民和农民的权益。因为文化上的冲突不仅仅是文化上

的差异，很多时候是源于社会地位和经济利益上的不平等。现在城市的公共政策总体上是排斥、排挤新市民和农民工的，这部分农民虽然从身份上成为市民，在社会地位和社会权利上，如医疗保险、住房条件等却与原市民不能相提并论，不能享受市民待遇。这种不均等的政策无疑将加剧文化冲突，造成更大的社会冲突。要加快城乡文化融合，从文化根源上防控犯罪，就必须要消除城乡文化融合的制度障碍。

（四）重视舆论导向，促进城乡文化积极健康发展

舆论，作为一种社会意识形态，一经形成与传播，就会成为一种强大的精神力量，对人际关系的形成和社会的稳定与发展进程产生影响。舆论是社会控制的强有力手段，要加强城乡文化的融合，就必须借助舆论的引导能力，利用各种媒体积极传播新市民和农民工的优秀事迹，积极评价他们对于城市建设的作用，减少原市民对他们的偏见，同时积极传播优秀的城市文化，从正面积极引导新市民，促使他们更快地接受并且内化现代城市文明。正确地引导社会舆论，传播优秀的城市文化和农村文化，增强先进文化的舆论影响力，将会加快城乡文化融合的脚步，促进城乡文化积极健康发展。

城市化的进程表明，乡村文化与城市文化是可以在冲突过程中通过适当途径相互吸收、融合而共同趋于与社会发展相适应状态的，要综合运用政治的、经济的、行政的、法律的、文化的、教育的、宣传的等多种手段，积极加快文化适应，促进城乡文化的融合，建立社会稳定的机制，从而缓解由于城乡文化冲突引起的犯罪问题。

参考文献：

[1] 李强，1995，关于城市农民工的情绪倾向及社会冲突问题[J]，社会学研究。

[2] 李锡海，2007，论价值冲突与犯罪[J]，河南公安高等专科学校学报。

[3]《广州市流动人口犯罪研究》课题组，2003，广州市流动人口犯罪研究，中国人民公安大学出版社，北京。

[4] 朱力，2001，群体性偏见与歧视——农民工与市民的摩擦性互动[J]，江海学刊。

[5] 张亚辉，2005，从文化冲突的视角解读农民工犯罪问题，菏泽学院学报。

[6] 甄峰，宁登，张敏，1999，城乡现代化与城乡文化一对城市与乡村文化发展的探讨，城市规划汇刊。

[7] 吴雪冬，李红，董佳英，2009，城市化进程中多元文化对社会治安的影响，政法学刊。

美国警务战略创新模式的效果比较

梁德阔*

摘　要： 概述美国社区警务、“破窗”警务、情报引导警务、循证警务、问题导向警务、第三方警务、热点警务和杠杆警务的要素差异，对比分析它们的实施效果。在控制犯罪和社会混乱方面，前四个警务战略创新模式的绩效尚未得到证据支持，而后四个模式效果显著。警务战略创新模式在工作方法的多样性和关注重点的层次性方面超越了标准警务模式，降低了犯罪率，赢得社群认可，却遭遇警察部门的阻力。

关键词： 警务；战略创新；模式；比较

社区警务是我国最早从美国引进的警务战略模式，并得到普遍应用，学术界对此研究成果较多。① 但在美国几十年的警务战

---

* 作者简介：梁德阔(1975—　)，男，汉族，安徽人，博士后，上海政法学院社会管理学院副教授。

① 已有成果介绍了社区警务的基本要素、研究范式、绩效评估、中外比较、经验启示、问题对策等。如，熊一新：《中外社区警务之比较》，《公安大学学报》1999 年第 1 期；栗长江：《美国社区警务概览》，《公安教育》2002 年第 9 页；王岩涛：《社区警务战略在美国推行的问题及其对中国的启示》，《上海公安高等专科学校学报》2004 年第 6 期；熊炎：《社区警务绩效评估中的若干问题研究》，《江西公安专科学校学报》2006 年第 2 期；覃进标：《社区警务本土化的理性反思与实现途径》，《广西警官高等专科学校学报》2012 年第 2 期。

略发展历程中，出现了许多行之有效的警务战略模式，如“破窗”警务、问题导向警务、杠杆警务、第三方警务、热点警务、情报引导警务、循证警务等，这些模式降低了美国的犯罪率，改善了警民关系，国外学者也对它们进行了理论分析和实证研究。遗憾的是，除了社区警务以外，我国学术界对其他警务战略创新模式译介和研究的成果还比较少。① 本文不仅介绍了美国八大警务战略创新模式的基本要素，还对它们的实际效果进行综合比较分析。

一 八大警务战略创新模式的基本要素差异

Weisburd和Braga指出，在20世纪80年代和90年代的美国警务发展过程中，一些在犯罪学领域具有领先地位的学者们，对八大警务战略创新模式提出了截然不同的观点。② 这些警务战略创新模式包括：③社区警务（community policing）、“破窗”警务（“broken windows”policing）、问题导向警务（problem-oriented

① 据笔者在中国知网查阅，主要成果有李本森：《破窗理论与美国的犯罪控制》，《中国社会科学》2010年第5期；罗林·马兹勒、珍妮·莱斯利：《试论第三方警务》，许韬译，《公安学刊》2008年第3期；赵金萍：《美国“情报引导警务”的campstat模式述评》，《铁道警官高等专科学校学报》2009年第5期；李仙翠：《美国警方情报引导警务模式及其扩展系统的试行情况》，《公安研究》2006年第5期；迈克尔·沃恩：《问题导向警务：21世纪警务新理念》，《公安学刊》2010年第2期；郑滋椀、金诚：《犯罪制图：理解犯罪热点》（上下），《预防青少年犯罪研究》2012年第4、6期；汪兰香等：《犯罪热点研究的空间分析方法》，《福建警察学院学报》2012年第1期，等。而关于杠杆警务和循证警务的译介成果少见。

② Weisburd, D. and A. Braga. (Eds.)2006. Police Innovation: Contrasting Perspectives. New York: Cambridge University Press.

③ 这并未穷尽该时期警务战略创新的种类。在实践中这些类别之间也有一些相互重叠。例如，运用社区警务的警察部门会通过问题导向警务和“破窗”警务来处理一些专门的犯罪问题。这里所阐述的八大创新对警察任务、实践和战略产生了深远影响，这些实践和战略也广泛影响到美国社区的警务工作。

policing)、杠杆警务("pulling levers" policing)、第三方警务(third-party policing)、热点警务(hot spots policing)、情报引导警务(Compstat)、循证警务(evidence-based policing)。这些模式反映出警察业务的基本变化。随着犯罪率上升和公众对此越来越多的抱怨,如果条件许可的话,警察部门需要提高其工作能力和创新能力。

社区警务[①]早在1980年代就被广泛实施,[②]它是现代警务创新的最早方法之一;到1990年代,社区警务的理念已影响到了美国大多数的警察机构。在实际工作中警察对社区警务的运用多种多样,并随着时间的推移而有所变化。例如,1980年代,徒步巡逻被认为是社区警务的一个重要部分,而在近期的社区警务方案中,徒步巡逻不再是一个重要的组成部分。社区警务通常与其他警务方案结合在一起开展实施,比如与问题导向警务结合使用,因此很难从其他创新战略中区别出哪些因素是社区警务的重要部分。

---

① 什么是社区警务?目前学术界和实务部门还没有统一的定义。Robert Trojanowicz的定义:"社区警务应该是一种全方位服务的哲学理念,是一种个性化的警务活动模式,警察常驻某一地区巡逻、工作,与居民一起发现社区的问题,处理社区的问题。"Gaines指出:"在警务活动中,警察加强与社区的联系,对社区居民的要求和重点问题做出更有效的回应。"Wycoff和Oettneier则认为:"社区警务以地域为基础,通过警官与居民的相互联系来处理犯罪及日常问题,进而为居民提供服务。"美国休斯敦警察局的定义:"社区警务是存在于警方与社区之间的一种相互作用过程,旨在共同发展和解决已经无法适应新的形势,不能有效地控制犯罪。而社区警务在警方与社区之间建立了一种联盟,目的是通过双方的努力,创造更美好的邻里生活。"转引自栗长江:《美国社区警务概览》,《公安教育》2002年第9页。

② Trojanowicz, R. 1982. An Evaluation of the Neighborhood Foot Patrol Program in Flint, Michigan. East Lansing, MI: National Neighborhood Foot Patrol Center, Michigan State University. Kelling, G. and M. Moore. 1988. "From Political to Reform to Community: The Evolving Strategy of Police." In Jack Greene and Stephen Mastrofski (eds.), Community Policing: Rhetoric or Reality? New York: Praeger. Greene, J. and S. Mastrofski (eds.). 1988. Community Policing: Rhetoric or Reality? New York: Praeger.

社区警务的基本要素包括:[1]一是长期派驻警察在指定区域巡逻。警察徒步或者骑自行车在社区中巡逻;二是社区居民发现问题,与社区警察携手解决问题。社区警察要遵守职业道德,获得社区居民的支持,实施犯罪控制和预防;三是全方位服务。比如,组织社区公益活动,解决社区居民困难等;四是社区警察与非执法团队紧密合作;五是对问题的解决方式进行长期评估。比如,潜在问题分析,居民生活质量及公民对社区警察的满意度调查等。社区警务贯彻"预防为主""警民合作"两大原则,认为防范比简单打击犯罪更有效,而离开社区居民的积极参与,警察不可能有针对性的预防犯罪。

社区警务的最重要特征之一就是社区成员在界定问题的过程中扮演关键角色,这些问题远非常规的执法问题。正如 Kelling 和 Moore 所言:"整个 1950 和 1960 年代,警察认为他们是法律执行机构,主要工作就是打击犯罪。""而在'社区警务年代',警察的功能扩大,警察的工作包括维护秩序、解决纠纷、提供服务以及其他活动。"[2]要理解社区警务的早期发展,重要的是弄清楚它所回应的问题:如果不能阻止犯罪,那么警察存在的正当理由是什么?警务工作的目标就是控制犯罪,而警务工作的新任务可以看成是对警察无法实现这个目标的反应。[3] 在过去的

---

① 粟长江:《美国社区警务概览》,《公安教育》2002 年第 9 页。

② Kelling, G. and M. Moore. 1988. "From Political to Reform to Community: The Evolving Strategy of Police. "In Jack Greene and Stephen Mastrofski (eds.), Community Policing: Rhetoric or Reality? New York: Praeger. pp4、2.

③ Kelling, G., T. Pate, D. Dieckman, and C. Brown. 1974. The Kansas City Preventive Patrol Experiment: A Technical Report. Washington, D. C.: Police Foundation. Spelman, W. and D. Brown. 1984. Calling the Police: Citizen Reporting of Serious Crime.
Washington, DC: U. S. Government Printing Office. Greenwood, P., J. Chaiken, and J. Petersilia. 1977. The Investigation Process. Lexington, MA: Lexington Books.

三十年间，打击犯罪逐渐成为社区警务工作的重点，社区警务模式创新的重要理由就是认识到警察可以解决一些社区问题，这些问题并非传统意义上的犯罪问题，即警务范围要扩大到社区所面临的一系列问题。

1982年3月，James Q. Wilson和George L. Kelling在美国《大西洋月刊》杂志上发表《"破窗"：警察与邻里安全》一文，首次提出"破窗"理论。[①] "破窗"理论认为，犯罪发展是因为警察和市民没有联合起来阻止城市衰败和社会混乱。破窗警务鼓励警察关注社会混乱问题，将犯罪问题放在次要地位或者至少作为警察的第二阶段目标，即警务工作的首要目标是社会混乱问题，其次才是犯罪。Wilson和Kelling认为，社会混乱是造成犯罪问题的一个关键因素，在犯罪情境中，"被忽略的行为导致社区控制因素的破坏"[②]。他们证明了社会混乱与犯罪之间的联系。

"破窗"警务的核心思想包括两个方面：[③]无序与犯罪是否存在相关性？如果两者相关，那么对无序的干预会降低犯罪的发生吗？这又是两个相互联系的问题。对"破窗"警务的理解，关键要分清四个要素(无序、对犯罪的恐惧、社区控制失效和犯罪)之间的递进关系：无序的环境直接导致人们在此环境中对犯罪产生恐惧，进而削弱该区域社会控制力，最终产生严重的违法犯罪。[④] Wilson指出，如果不守秩序的人数以算术级增长，那么人们的焦虑程度就会以几何级

① James Q. Wilson and George L. Kelling, "Broken Windows: The Police and Neighborhood Safety,"The Atlantic Monthly, vol. 249, no. 3 (March 1982), pp. 29—38.

② Wilson, J. Q. and G. Kelling. 1982. "Broken Windows: The Police and Neighborhood Safety. "Atlantic Monthly, March: 31.

③ 李本森：《破窗理论与美国的犯罪控制》，《中国社会科学》2010年第5期。

④ Michael Wagers, William Sousa and George Kelling, "Broken Windows", in Richard Wortley and Lorraine Mazerolle, eds. ,Environmental Criminology and Crime Analysis, Cullompton: Willan Publishing,2008, pp. 256.

增长。[1] 这表明，少数无序的社会现象也许不会轻易引起违法犯罪，但如果无序活动非常频繁发生或者无序状态达到一定规模时，犯罪就会出现。因此，警察可以实施规则性干预有效预防和减少区域性无序，防止因无序的增量而出现犯罪问题。但如果没有社区成员的积极参与仅仅依靠警察有效干预，那么短时间内被清除的无序很快又会滋生，这也是“破窗”警务与社区警务紧密结合的原因。

问题导向警务由 Herman Goldstein 于 1979 年初创，他提出“警察要处理社区里出现的普遍性的犯罪问题”[2]，并认为警察采取不同的方法（即问题导向警务的方法），会对犯罪和其他问题产生积极的影响。为了使工作更加有效率和效果，警察必须收集有关事件的各种信息，即警务工作要掌握问题发生的信息及其根源，并且基于引发问题的基本情况设计合适的应对措施。[3] Eck 和 Spleman 总结说：“问题是由基本条件导致的。这些条件可能包括参与人（罪犯、潜在受害者和其他人）的特征，这些人互动的社会环境、物理环境，以及公众应对这些基本条件的方式。这些条件引发的问题又会产生一个或者更多事件。这些源头相同的事件还会表现出差异性，例如，在恶化的公寓、复杂的社会和物理条件下可能会产生盗窃、破坏行为以及其他事件。其中一些事件被警方注意，这是问题存在的症状。只要造成这些问题的诱因存在，这些事件就会继续下去。”[4]

---

① James Q. Wilson, Foreword," in George L. Kelling and Catherine M. Coles, Fixing Broken Windows: Restoring Order and Reducing Crime in Our Communities", New York: Touchstone, 1997, pp. XIV.

② Goldstein, H. 1979. "Improving Policing: A Problem-Oriented Approach." Crime and Delinquency 25: 236—258.

③ Goldstein, H. 1990. Problem-Oriented Policing. Philadelphia, PA: Temple University Press.

④ Eck, J. and W. Spelman. 1987. Problem-Solving: Problem-Oriented Policing in Newport News. Washington, DC: National Institute of Justice.

Goldstein 指出问题解决的程序和要求:“用更精确的术语认定这些问题,研究每个问题,记录当前警察应对的性质,评价其充分性和现有的权力和资源的充足性,对目前的各种应对方案进行广泛的探索,衡量这些方案的优点,并在其中做出选择。”[①]问题导向警务的基本要素包括:找出具有互相联系的事件性的问题;查找警务要聚焦的根本性问题;突出最终目标的有效性;进行系统化的调查;区分和准确界定问题;对问题中的多元利益进行分析;跟踪评价当下的警务活动;开放性调查并调整警务策略;采取积极的态势;强化决策的程序性和增加责任;评价最新的警务结果。[②]

杠杆警务遵循问题导向的路径,综合运用各种警务战略。相对于传统的问题导向警务,杠杆警务会提供更加广泛和全面的策略。杠杆警务的程序和要素包括:选择一个特定的犯罪问题;成立一个跨部门工作小组,组员由执法人员构成;开展研究以确定关键的罪犯、犯罪群体和行为模式;针对罪犯和犯罪群体,设计不同的制裁手段(“杠杆”)阻止他们继续犯罪;聚焦社会服务和社区资源,为目标罪犯和犯罪团体提供服务,与法律预防犯罪相配合;直接与罪犯反复沟通,使他们了解自己为什么会受到这种特别注意。[③]这些要素概括起来就是选择(特定问题)、合作(执法者)、实施(确

① Goldstein, H. 1979. “Improving Policing: A Problem-Oriented Approach.” Crime and Delinquency 25: 236.

② 李本森:《破窗理论与美国的犯罪控制》,《中国社会科学》2010 年第 5 期。

③ Kennedy, D., A. Piehl, and A. Braga. 1996. “Youth Violence in Boston: Gun Markets, Serious Youth Offenders, and a Use-Reduction Strategy.” Law and Contemporary Problems 59: 147—197. Kennedy, D. 1997. “Pulling Levers: Chronic Offenders, High-Crime Settings, and a Theory of Prevention.” Valparaiso University Law Review 31: 449—484. Kennedy, D. 2006. “Old Wine in New Bottles: Policing and the Lessons of Pulling Levers.” In Police Innovation: Contrasting Perspectives, edited by David L. Weisburd and Anthony A. Braga. New York: Cambridge University Press.

定犯罪主体)、设计(制裁措施即杠杆)、聚焦(社会服务)和沟通(内化)。在波士顿,曾以杠杆警务的方法,处理一个"流行"的青少年暴力问题。①

1979 年,Herman Goldstein 提出了扩展警察策略"工具箱"的建议,第三方警务即是依照此建议,把警察资源扩展到"第三方",第三方资源包括家长、业主、财产主、公共住房机构、房屋和健康监查人员等。所谓第三方警务,就是指警察通过强制和说服方式促使非犯罪群体和各种组织协助警方预防和控制犯罪。第三方警务的关键在于警察利用行政法规、刑事和民事,鼓励和逼迫第三方参与到犯罪控制活动中来。第三方警务的基本要素包括:②主要目的是预防和控制犯罪;发起者应是公共警察部门;关注点是人群(年轻人、帮派成员和毒贩)、地点(年轻人聚集的公园、毒品交易场所和商场)和情境(娱乐场所);最终目标群是参与违法行为的人(年轻人、帮派成员、毒品交易者、故意破坏者和轻微犯罪者);直接目标是控制者或管理者(财产所有者、家长、酒吧老板、商店老板、业主);通过威胁使用或者实际使用一些法律条文以获取相关者的服从。第三方警务大多适用在暴力犯罪、财产犯罪、青少年问题、毒品控制和犯罪多发地等方面。

热点警务(也称地点警务)的提出和兴起主要源自街头犯罪,实证研究发现,犯罪集中发生在一些不相关联的热点地区,③第一

---

① Kennedy, D., A. Piehl, and A. Braga. 1996. "Youth Violence in Boston: Gun Markets, Serious Youth Offenders, and a se-Reduction Strategy." Law and Contemporary Problems 59:147—197.

② 罗林·马兹勒、珍妮·莱斯利:《试论第三方警务》,许韬译,《公安学刊》2008 年第 3 期。

③ Pierce, G., S. Spaar and L. Briggs. 1988. The Character of Police Work: Strategic and Tactical Implications. Boston, MA: Center for Applied Social Research. Sherman, L., P. Gartin, and M. Buerger. 1989. "Hot Spots of Predatory Crime: Routine Activities and the Criminology of Place."Criminology 27(1): 27—56.

次对热点警务的考察是明尼阿波利斯热点实验。[①] Sherman 和 Weisburd 研究认为,预防性的巡逻如果集中在特定地方,会更加有效。“如果一个城市 3%的地方发生一半以上的报警请求,如果城市中 40%的地方和交叉处超过一年都不需要派往警察,如果要求派往警察的 60%中,主要记录中每年只有一次要求,那么将警察集中在几个地点比均匀散布更有价值”[②],即警务部门要重点关注犯罪高发地点。犯罪热点可以是地点(如房间、建筑物等),也可以是区域或城市。[③]

情报引导警务认为警察可以降低犯罪率并要对其负责。正如 Goldstein 所言,传统警务模式的失败是因为警察机构的组织管理问题,情报引导警务试图克服这种缺陷。[④] 因此,情报引导警务较少关注警察使用的警务策略,而较多关注警察机构本身的性质特点。纽约市警察局长 William Bratton 开创并发展了情报引导警务模式,他写道:“我们创造了这样一个系统,其中警察局长以及他的核心执行成员,首先授权,然后询问分局局长,迫使他制订出一个计划来打击犯罪。但事情不应该就此结束。在下一个层次上,应该是分局局长,与局长起着相同的作用,授权并询问排长。然后,在第三个层次上,警察队长要问他的警官……这样层层下去,直到在整个组织中每个人都被授权和调动起来,积极行动、做出评价并获得成功。这在所有的组织中都起作用,无论是 38000 个警

① Sherman, L. and D. Weisburd. 1995. “General Deterrent Effects of Police Patrol in Crime Hot Spots: A Randomized Controlled Trial.”Justice Quarterly 12: 625—648.

② Sherman, L. and D. Rogan. 1995. “Effects of Gun Seizures on Gun Violence: ‘Hot Spots’ Patrol in Kansas City.”Justice Quarterly 12: 629.

③ KeithHarries, PH. D. 1999, “Mapping crime: principle and practice”. Washington: Crime Mapping Research Center, pp 112.

④ Goldstein, H. 1979. “Improving Policing: A Problem-Oriented Approach.”Crime and Delinquency 25: 236—258.

察的组织还是梅伯里的乡村免费邮递组织。”[①]情报引导警务的构成原则为:情报及时准确、战术有效、部署快速、后续行动持续,它们是相互融合的有机整体。

情报引导警务的基本要素包括:比较数据统计报告、辖区指挥官简报、犯罪对策会议。其核心是将统计数据(如逮捕和传唤数据、报警电话数据、犯罪类型、犯罪模式、犯罪特点、作案手段、犯罪趋势)及各类信息输入计算机,在此基础上形成统计报告。利用电脑分析软件标出犯罪高发的地点和类型,探究犯罪规律和发展趋势,依此调整警力部署。在管理层面上,本模式的核心因素是责任到人,上层管理者通过辖区指挥官简报可以掌控辖区指挥官的工作情况,辖区指挥官应对所辖区域的警务工作负责,而不是一线警员负责。犯罪对策会议催生了问题解决团队,各级辖区指挥官共享情报信息资源,现场商讨对策措施。

循证警务认为,有效的警务战略要基于科学的证据。循证警务方法源自一个更广泛的公共政策关注和一个更广泛的政策运动,该运动强调在实践中要使用严密的证据(如循证医学)。很多警察的实践是基于传统的临床经验,这往往是刑事司法工作者唯一的指导。循证警务认为,标准的警务模式之所以失败,是因为成功的策略必须基于科学的证据。该方法呼吁发展科学证据,尤其是要扩大警察实践的控制实验研究。[②]

---

① Bratton, W. 1998. Turnaround: How America's Top Cop Reversed the Crime Epidemic. New York: Random House. pp239.

② Sherman, L. 1998. "Evidence-Based Policing. "Ideas in American Policing Series. Washington, DC: Police Foundation.

二 警务战略创新模式的实际效果分析

Weisburd和Eck认为,警务战略创新使警务工作在两个维度上超越了标准的警务实践:工作方法的多样性和关注重点的层次性(参见下图)。[①] “工作方法的多样性”维度代表警察实践工作的内容或使用的工具。如下图纵轴所示,工具范围从大多数传统的法律执行到一系列方法的广泛使用。“关注重点的层次性”代表警察工作聚焦或指向的区域,由低到高。

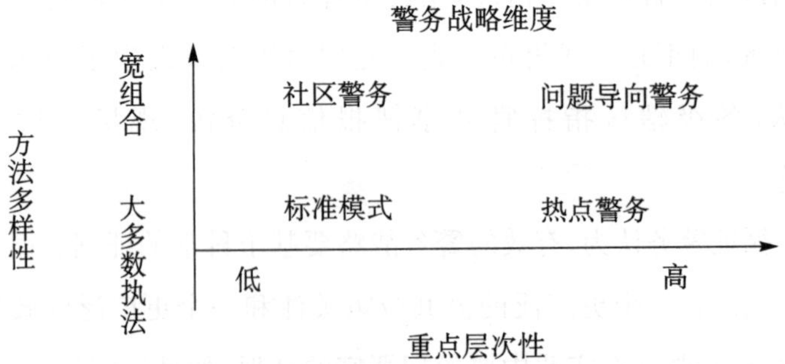

Weisburd和Eck将标准警务(the standard model of policing)与热点警务、问题导向警务和社区警务进行了对比。标准警务模式强调法律的执行和执法权力的普遍适用,在两个维度上得分都较低。热点警务在关注重点的层次性维度上得分高,但是在控制热点区域所使用的工具多样性方面得分低。问题导向警务在两个维度上得分率都较高,因为警官运用精心设计的策略来应对分散犯罪问题。社区警务在方法多样性维度上得分高,因为它充

① Weisburd, D. and J. Eck. 2004. “What Can Police Do to Reduce Crime, Disorder, and Fear?” Annals of the American Academy of Political and Social Science, 593: 42—65.

分利用社群资源来阻止犯罪，以及推动社区人员参与认定和处理问题。但是，如果社区警务不与问题导向警务结合，就不能很好地聚焦犯罪问题，而只是在一个管辖范围内提供一套相同的服务。[①]

除了工作方法的多样性和关注重点的层次性这两个维度之外，还可以增加另一个维度，即战略创新对警务目标改变的程度。在标准警务模式之下，警察部门的主要工作是通过阻止和逮捕罪犯来防止严重犯罪，通过法律制裁使罪犯承担刑事责任而维护正义，为身处危难中的人们提供紧急帮助，以及提供一些非紧急情况下的服务(比如交通控制)。[②] 本文所探讨的警务战略创新模式并未将以上目标从警务工作任务中剔除，而只是重新安排了这些目标的优先顺序并增加了一些新的目标。按照新的警务战略创新模式要求，一些非犯罪的和非紧急的问题得到了更多的重视。社区警务、问题导向警务与标准警务工作分离程度很大，社区警务以各种表现形式，促使警官与市民共同应对一系列广泛的问题，最显著的问题有社会混乱和环境失调、对犯罪的恐惧等。[③] 同样，问题导向警务也为警务工作增加了新的目标，但是它也将警务行动进行了重组，从关注任务单元的事故转变为关注问题的种类，对这些问题的反应完全不同于常规的警务活动。[④]

---

① Weisburd, D. and J. Eck. 2004. "What Can Police Do to Reduce Crime, Disorder, and Fear?" Annals of the American Academy of Political and Social Science, 593: 42—65.

② Eck, J. and D. Rosenbaum. 1994. "The New Police Order: Effectiveness, Equity, and Efficiency in Community Policing." In D. Rosenbaum (Ed.), The Challenge of Community Policing: Testing the Promises. Thousand Oaks, CA: Sage Publications.

③ Skogan, W. 2006. "The Promise of Community Policing." In Police Innovation: Contrasting Perspectives, edited by David L. Weisburd and Anthony A. Braga. New York: Cambridge University Press.

④ Eck, J. 2006. "Science, Values, and Problem-Oriented Policing: Why Problem-Oriented Policing?" In Police Innovation: Contrasting Perspectives, edited by David L. Weisburd and Anthony A. Braga. New York: Cambridge University Press.

其他战略创新模式对标准警务目标的变革没有这么急剧。例如，如果没有社区警务和问题导向警务的介入，"破窗"警务只是将警务工作任务扩展到社会环境混乱，而并不改变警察处理这些问题的方法手段。①

研究表明，犯罪常聚集在一些特定的地方、侵害者和受害者身上。例如，Spelman 和 Eck 进行了几项研究，预测出美国 10%的受害者卷入 40%的受侵害事件，10%的罪犯卷入超过 50%的犯罪，以及 10%的地方是 60%的犯罪发生地点。② 在实践中，引发问题的基本条件和减轻犯罪问题的结果干预，很可能在这些区域重叠。例如，对帮派暴力问题的分析，揭示出许多帮派暴力实质上是报复性的，③今天的罪犯会成为明天的受害者，反之亦然。分析也揭示出帮派暴力常常聚集在城市的某些特定区域。④ 因此，为了减少帮派暴力事件发生，警察干预最好聚焦在特定的区域、罪犯和受害者。

当警察部门集中全力在可以确定的风险上面时，比如犯罪热

① Sousa, W. and G. Kelling. 2006. "Of 'Broken Windows', Criminology and Criminal Justice." In Police Innovation: Contrasting Perspectives, edited by David L. Weisburd and Anthony A. Braga. New York: Cambridge University Press. Taylor, R. 2006. "Incivilities Reduction Policing, Zero Tolerance, and the Retreat from Coproduction: Weak Foundations and Strong Pressures." In Police Innovation: Contrasting Perspectives, edited by David L. Weisburd and Anthony A. Braga. New York: Cambridge University Press.

② Spelman, W. and J. Eck. 1989. "Sitting Ducks, Ravenous Wolves, and Helping Hands: New Approaches to Urban Policing." Public Affairs Comment, 35(2): 1—9.

③ Decker, S. 1996. "Gangs and Violence: The Expressive Character of Collective Involvement." Justice Quarterly 11: 231—250.

④ Block, Carolyn R. and Richard Block. 1993. "Street Gang Crime in Chicago." Research in Brief. Washington, DC: National Institute of Justice, U. S. Department of Justice. Kennedy, D., A. Piehl, and A. Braga. 1996. "Youth Violence in Boston: Gun Markets, Serious Youth Offenders, and a Use-Reduction Strategy." Law and Contemporary Problems 59: 147—197.

点、重复受害者和严重犯罪者,他们可以阻止犯罪和混乱。① 最强有力的证据来自对热点警务行动的评估。② Braga 从五项随机控制实验研究和四项准实验研究发现,热点警务项目达到了犯罪控制目标,并未将犯罪转移到其他地区。③ 这些犯罪控制效果在很多地方得以实现,包括一般的犯罪热点 ④,高发的暴力犯罪地点⑤,枪支暴力热点 ⑥,以及街头毒品交易 ⑦。此外,在研究紧邻地点转移的五次评估中发现,热点警务行动还可能对目标热点紧邻的周边区域产生"犯罪控制辐射效果"。⑧

从简单的没有控制组的前后比较到随机试验,评估设计非常

---

① Braga, A., D. Kennedy, and G. Tita. 2002. "New Approaches to the Strategic Prevention of Gang and Group-Involved Violence." In Gangs in America, Third edition, edited by C. Ronald Huff. Thousand Oaks, CA: Sage Publications. Eck, J. 2003. "Police Problems: The Complexity of Problem Theory, Research and Evaluation." In J. Knutsson (ed.), Problem-Oriented Policing: From Innovation to Mainstream. Monsey, NY: Criminal Justice Press.

② Weisburd, D. and A. Braga. (Eds.) 2006. Police Innovation: Contrasting Perspectives. New York: Cambridge University Press. Skogan, W. and K. Frydl (eds.). 2004. Fairness and Effectiveness in Policing: The Evidence. Committee to Review Research on Police Policy and Practices. Committee on Law and Justice, Division of Behavioral and Social Sciences and Education. Washington, DC: The National Academies Press.

③ Braga, A. 2001. "The Effects of Hot Spots Policing on Crime." Annals of the American Academy of Political and Social Science, 578: 104—125. Braga, A. 2005. "Hot Spots Policing and Crime Prevention: A Systematic Review of Randomized Controlled Trials." Journal of Experimental Criminology, 1 (3): 317—342.

④ Sherman, L. and D. Weisburd. 1995. "General Deterrent Effects of Police Patrol in Crime Hot Spots: A Randomized Controlled Trial." Justice Quarterly 12: 625—648.

⑤ Braga, A., D. Weisburd, E. Waring, L. Green Mazerolle, W. Spelman, and F. Gajewski. 1999. "Problem-Oriented Policing in Violent Crime Places: A Randomized Controlled Experiment." Criminology, 37 (3): 541—580.

⑥ Sherman, L. and D. Rogan. 1995. "Effects of Gun Seizures on Gun Violence: 'Hot Spots' Patrol in Kansas City." Justice Quarterly 12: 673—694.

⑦ Weisburd, David and L. Green. 1995. "Policing Drug Hot Spots: The Jersey City DMA Experiment." Justice Quarterly 12(3): 711—736.

⑧ Clarke, R. V. and D. Weisburd. 1994. "Diffusion of Crime Control Benefits: Observations on the Reverse of Displacement." Crime Prevention Studies, 2: 165—183.

严谨，评估表明，如果恰当地聚焦特定的犯罪问题，问题导向警务确实能够有效地预防犯罪。[①] 研究发现，问题导向警务能够有效控制很多特定的犯罪和混乱问题，比如公寓楼的入室盗窃 [②]，卖淫嫖娼 [③]，便利店抢劫 [④]，在酒吧和俱乐部里因过度饮酒发生的暴力事件 [⑤]。关于第三方警务的科学证据也来自各种严谨的组合研究。但 Mazerolle 和 Ransley 的研究报告声称，第三方警务在处理毒品问题、暴力犯罪问题和年轻人犯罪问题中效果更加显著。[⑥]

杠杆警务战略对于控制惯犯群体的暴力行为有显著效果。[⑦] 尽

---

① Sherman, L. and J. Eck. 2002. "Policing for Prevention." In L. Sherman, D. Farrington, B. Welsh, and D. MacKenzie (eds.), Evidence-Based Crime Prevention. New York: Routledge. Weisburd, D. and J. Eck. 2004. "What Can Police Do to Reduce Crime, Disorder, and Fear?" Annals of the American Academy of Political and Social Science, 593: 42—65. Skogan, W. and K. Frydl (eds.). 2004. Fairness and Effectiveness in Policing: The Evidence. Committee to Review Research on Police Policy and Practices. Committee on Law and Justice, Division of Behavioral and Social Sciences and Education. Washington, DC: The National Academies Press.

② Eck, J. and W. Spelman. 1987. Problem-Solving: Problem-Oriented Policing in Newport News. Washington, DC: National Institute of Justice.

③ Matthews, R. 1990. "Developing More Effective Strategies for Curbing Prostitution." Security Journal, 1: 182—187.

④ Hunter, R. and C. R. Jeffrey. 1992. "Preventing Convenience Store Robbery through Environmental Design." In R. Clarke (ed.), Situational Crime Prevention: Successful Case Studies. Albany, NY: Harrow and Heston.

⑤ Homel, R., M. Hauritz, R. Wortley, G. McIlwain, and R. Carvolth. 1997. "Preventing Alcohol-Related Crime Through Community Action: The Surfers Paradise Safety Action Project." In Ross Homel (ed.), Policing for Prevention: Reducing Crime, Public Intoxication, and Injury. New York: Criminal Justice Press.

⑥ Mazerolle, L. and J. Ransley. 2006. "The Case for Third-Party Policing." In Police Innovation: Contrasting Perspectives, edited by David L. Weisburd and Anthony A. Braga. New York: Cambridge University Press.

⑦ Braga, A. 2001. "The Effects of Hot Spots Policing on Crime." Annals of the American Academy of Political and Social Science, 578: 104—125. Wellford, C., J. Pepper, and C. Petrie (eds.). 2005. Firearms and Violence: A Critical Review. Committee to Improve Research Information and Data on Firearms. Committee on Law and Justice, Division of Behavioral and Social Sciences and Education. Washington, DC: The National Academies Press. Kennedy, D. 2006. "Old Wine in New Bottles: Policing and the Lessons of Pulling Levers." In Police Innovation: Contrasting Perspectives, edited by David L. Weisburd and Anthony A. Braga. New York: Cambridge University Press.

管没有使用随机控制试验设计的“黄金标准”来评估杠杆警务战略，五项准实验和四项简单评估研究发现，杠杆警务能够有效预防暴力犯罪。在波士顿[①]、芝加哥[②]、印第安纳波利斯[③]、洛厄尔[④]以及洛杉矶[⑤]进行的准实验评估表明，使用杠杆警务战略处置犯罪问题的城市和地区比那些没有使用的城市和地区，暴力犯罪事件大幅减少。在巴尔的摩[⑥]、明尼阿波利斯[⑦]、斯托克顿(加州)[⑧]和高点(北卡罗来纳州)[⑨]进行的简单的前后评估研究，也发现了类似的犯罪预防效果。这些证据为杠杆警务项目进一步的发展、研究和评估提供了经验基础。[⑩]

---

① Braga，A. 2001. “The Effects of Hot Spots Policing on Crime. ”Annals of the American Academy of Political and Social Science，578：104—125.

② Papachristos，A.，Meares，T.，and J. Fagan. 2006. “Attention Felons：Evaluating Project Safe Neighborhoods in Chicago. ”Paper presented at the annual meeting of the Law and Society Association，Baltimore，Maryland.

③ McGarrell，E. F.，Chermak，S.，Wilson，J.，and N. Corsaro，N. 2006. “Reducing Homicide Through a ‘Lever-pulling’ Strategy. ”Justice Quarterly，23：214—229.

④ Braga，A.，G. Pierce，J. McDevitt，B. Bond，and S. Cronin. 2006. “The Strategic Prevention of Gun Violence Among Gang-Involved Offenders. ” Unpublished report. Cambridge，MA：John F. Kennedy School of Government，Harvard University.

⑤ Tita，G.，Riley，K. J.，Ridgeway，G.，Grammich，C.，Abrahamse，A.，and P. Greenwood. 2003. Reducing Gun Violence：Results from an Intervention in East Los Angeles. Santa Monica，CA：RAND Corporation.

⑥ Braga，A.，D. Kennedy，and G. Tita. 2002. “New Approaches to the Strategic Prevention of Gang and Group-Involved Violence. ”In Gangs in America，Third edition，edited by C. Ronald Huff. Thousand Oaks，CA：Sage Publications.

⑦ Kennedy，D. and A. Braga. 1998. “Homicide in Minneapolis：Research for Problem Solving. ”Homicide Studies，2 (3)：263—290.

⑧ Wakeling，S. 2003. Ending Gang Homicide：Deterrence Can Work. Perspectives on Violence Prevention，No. 1. Sacramento，CA：California Attorney General's Office/California Health and Human Services Agency.

⑨ Coleman，V.，Holton，W.，Olson，K.，Robinson，S.，and J. Stewart，J. 1999. “Using Knowledge and Teamwork to Reduce Crime. ”National Institute of Justice Journal，October：16—23.

⑩ Welsh，B.，and D. Farrington. 2001. “Toward an Evidence-based Approach to Preventing Crime. ” Annals of the American Academy of Political and Social Science，578：158—173.

作为一种综合性的警务战略，社区警务没有发现具有预防犯罪的效果。[①] 现有的研究表明，未聚焦的面向社区的策略(如徒步巡逻、事务所、通讯和社区会议)并未减少犯罪和混乱的发生；然而，强有力的证据表明，社区警务策略减少了人们对犯罪的恐惧感。[②] 现有的关于“破窗”警务犯罪控制效果的实验证据是混杂的。[③] 警察部门使用“破窗”警务战略是否减少了犯罪，这仍然不得而知。犯罪趋势数据的简单分析表明，在当地的警察部门运用了情报引导警务战略之后，该城市的犯罪减少了。[④] 然而，由于情报引导警务常常与其他犯罪预防行动联合使用，如“破窗”警务和热点警务，因此很难区分出情报引导警务在任何可观察到的犯罪控制效果中的影响。[⑤] 此外，在纽约和其他三个城市，进一步分析揭示出可观察到的犯罪下降开始于情报引导警务实施

① Mastrofski, S. 2006. “Community Policing: A Skeptical View.” In Police Innovation: Contrasting Perspectives, edited by David L. Weisburd and Anthony A. Braga. New York: Cambridge University Press.

② Weisburd, D. and J. Eck. 2004. “What Can Police Do to Reduce Crime, Disorder, and Fear?” Annals of the American Academy of Political and Social Science, 593: 42—65. Skogan, W. and K. Frydl (eds.). 2004. Fairness and Effectiveness in Policing: The Evidence. Committee to Review Research on Police Policy and Practices. Committee on Law and Justice, Division of Behavioral and Social Sciences and Education. Washington, DC: The National Academies Press.

③ Sousa, W. and G. Kelling. 2006. “Of ‘Broken Windows,’ Criminology and Criminal Justice.” In Police Innovation: Contrasting Perspectives, edited by David L. Weisburd and Anthony A. Braga. New York: Cambridge University Press. Taylor, R. 2006. “Incivilities Reduction Policing, Zero Tolerance, and the Retreat from Coproduction: Weak Foundations and Strong Pressures.” In Police Innovation: Contrasting Perspectives, edited by David L. Weisburd and Anthony A. Braga. New York: Cambridge University Press.

④ Silverman, E. 2006. “Compstat's Innovation.” In Police Innovation: Contrasting Perspectives, edited by David L. Weisburd and Anthony A. Braga. New York: Cambridge University Press.

⑤ Weisburd, D. and A. Braga. (Eds.)2006. Police Innovation: Contrasting Perspectives. New York: Cambridge University Press.

之前。[①] 在运用情报引导警务的城市，尚未证明情报引导警务是有效的犯罪控制战略。

循证警务尚未被作为一种整体警务模式进行实验检验。[②] 循证警务的警察部门基于一个坚实的研究基础上制定政策和进行警务实践，这个研究基础是已经被证明对控制犯罪有效的策略。[③] 尽管一个循证的警务方法可能会使证据超越于经验之上，对限制警察警务革新能力产生意想不到的影响，[④]但是没有证据表明，运用循证方法会降低警察部门控制犯罪和社会混乱的有效性。

三 对警务战略创新模式的不同反应

除了对标准警务模式犯罪控制效果的考量之外，1980 年代和 1990 年代的警务创新也受到以下两方面因素的驱使：社区对于警察服务的不满；以及警察部门逐渐意识到市民对警察行动还有更多的需求。市民参与警务是社区警务项目的核心要素，[⑤]从中我

---

① Eck, J. and E. Maguire. 2000. "Have Changes in Policing Reduced Violent Crime? An Assessment of the Evidence. "In A. Blumstein and J. Wallman (Eds.), The Crime Drop in America. New York: Cambridge University Press. Weisburd, D. , S. Mastrofski, A. M. McNally, R. Greenspan, and J. Willis. 2003. "Reforming to Preserve: Compstat and Strategic Problem Solving in American. "

② Welsh, B. 2006. "Evidence-based Policing for Crime Prevention. "In Police Innovation: Contrasting Perspectives, edited by David L. Weisburd and Anthony A. Braga. New York: Cambridge University Press.

③ Sherman, L. 1998. "Evidence-Based Policing. "Ideas in American Policing Series. Washington, DC: Police Foundation.

④ Moore, M. 2006. "Improving Police Through Expertise, Experience, and Experiments. "In Police Innovation: Contrasting Perspectives, edited by David L. Weisburd and Anthony A. Braga. New York: Cambridge University Press.

⑤ Skogan, W. 2006. "The Promise of Community Policing. "In Police Innovation: Contrasting Perspectives, edited by David L. Weisburd and Anthony A. Braga. New York: Cambridge University Press.

们可以获得很多关于市民对于这些项目的反应的信息。总的来说,基础深厚的社区警务行动有效地降低了人们对于犯罪的恐惧感,改善了警察与他们所服务的社区之间的关系。[①] 社区警务战略促进了市民和警察的直接参与,比如社区警务站、市民合同化巡逻、社区警务协商等工作策略,这有效地降低了人们对犯罪的恐惧感和对社区发生犯罪的担忧。[②]

社区警务也增强了警察的合法性。市民的支持和合作与警察合法性密切相关,[③]如果市民将警察部门视为具有合法性的法律权威机构,他们会更愿意与之合作和遵守法律。[④] 公众会对警察执行其权威的方式进行评估,而公众对于警察部门合法性的判断会受到这种评估的影响。[⑤] 现有的证据表明,警察通常会遵守限制其权力的法律。[⑥] 然而,与白人相比,少数民族群体一直对警察

---

① Weisburd, D. and J. Eck. 2004. "What Can Police Do to Reduce Crime, Disorder, and Fear?"Annals of the American Academy of Political and Social Science, 593: 42—65. Skogan, W. and K. Frydl (eds.). 2004. Fairness and Effectiveness in Policing: The Evidence. Committee to Review Research on Police Policy and Practices. Committee on Law and Justice, Division of Behavioral and Social Sciences and Education. Washington, DC: The National Academies Press.

② Pate, T. and W. Skogan. 1985. Coordinated Community Policing: The Newark Experience. Technical Report. Washington, DC: Police Foundation. Wycoff, M. and W. Skogan. 1986. "Storefront Police Offices: The Houston Field Test."In D. Rosenbaum (Ed.), Community Crime Prevention: Does it Work? Thousand Oaks, CA: Sage Publications. Brown, L. and M. Wycoff. 1987. "Policing Houston: Reducing Fear and Improving Service."Crime and Delinquency, 33: 71—89.

③ Tyler, T. 2004. "Enhancing Police Legitimacy."Annals of the American Academy of Political and Social Science, 593: 84—99.

④ Tyler, T. 1990. Why People Obey the Law. New Haven, CT: Yale University Press.

⑤ Tyler, T. 1990. Why People Obey the Law. New Haven, CT: Yale University Press. Tyler, T. 2004. "Enhancing Police Legitimacy."Annals of the American Academy of Political and Social Science, 593: 84—99.

⑥ Skogan, W. and T. Meares. 2004. "Lawful Policing."Annals of the American Academy of Political and Social Science, 593: 66—83.

持有较低的信心。[①] 社区警务改进了市民对于警察行动的评价。[②] 例如，社区警务实行八年之后，对芝加哥市警察的有效性、反应和行为进行评价，该市居民的评价有很大改进；更为重要的是，拉丁裔、非洲裔美国人和白人的评价都改善了。[③] 由此可见，社区警务战略创新有助于增加少数民族群体对警察的信任度。

社区警务会影响市民对警察的满意度，对此课题有着越来越多的系统研究，而关于其他警务战略创新对警察—社区关系影响的研究明显缺乏。这种断裂值得注意，因为研究表明，警力集中的犯罪预防效果与其对警察—社区关系的潜在有害影响之间存在张力。[④] 毫无疑问，合法性与警察预防犯罪和保持社区安全的能力有关。然而，警察也需要公众的支持与合作来有效预防犯罪。在犯罪情况严重的社区，其居民通常会要求更强有力的法律实施，但他们仍然希望警察以受人尊敬的和合法的方式努力控制犯罪。[⑤] 居民不希望家庭成员、朋友和邻居受到法律实施的不公正对待，或

① Tyler, T. 2004. "Enhancing Police Legitimacy." Annals of the American Academy of Political and Social Science, 593: 84—99.

② Skogan, W. 2006. "The Promise of Community Policing." In Police Innovation: Contrasting Perspectives, edited by David L. Weisburd and Anthony A. Braga. New York: Cambridge University Press.

③ Skogan, W. G. and L. Steiner. 2004. Community Policing in Chicago, Year Ten. Chicago: Illinois Criminal Justice Information Authority.

④ Meares, T. 2006. "Third-Party Policing: A Critical View." In Police Innovation: Contrasting Perspectives, edited by David L. Weisburd and Anthony A. Braga. New York: Cambridge University Press. Rosenbaum, D. 2006. "The Limits of Hot Spots Policing." In Police Innovation: Contrasting Perspectives, edited by David L. Weisburd and Anthony A. Braga. New York: Cambridge University Press. Taylor, R. 2006. "Incivilities Reduction Policing, Zero Tolerance, and the Retreat from Coproduction: Weak Foundations and Strong Pressures." In Police Innovation: Contrasting Perspectives, edited by David L. Weisburd and Anthony A. Braga. New York: Cambridge University Press.

⑤ Tyler, T. 2004. "Enhancing Police Legitimacy." Annals of the American Academy of Political and Social Science, 593: 84—99. Skogan, W. and T. Meares. 2004. "Lawful Policing." Annals of the American Academy of Political and Social Science, 593: 66—83.

者受到过于激进的警官的虐待。如果公众对警察的信任和信心遭到破坏,居民将会诉讼、不愿意遵守法律以及退出现有的伙伴关系,警察预防犯罪的能力就会被削弱。[①] 非法的警察行动所产生的政治后果,将会严重阻碍警察部门运用新的犯罪控制方法。

这种困境在其他地方被描述为"信任困境"[②]。若要增强公众对政府机构工作能力的信任,创新是必不可少的。但是在公众允许政府机构真正创新之前,必须确信这些机构有能力创新。[③] 警察部门应该受到鼓励,寻求有效的策略来聚焦一些确定的风险(如犯罪热点、重复受害者和高犯罪率的罪犯)。然而,警察部门在实施这些犯罪预防方法的时候,也必须小心谨慎。例如,坊间证据表明,作为减少犯罪和混乱的合法方式,"破窗"警务战略受到广泛的社区支持。[④] 但是,当"破窗"警务被曲解成所谓的"零容忍"警务时,不分青红皂白的攻击性执法会对警察—社区关系产生负面影响。[⑤] 为

① Tyler, T. 1990. Why People Obey the Law. New Haven, CT: Yale University Press. Tyler, T. 2001. "Public Trust and Confidence in Legal Authorities: What Do Majority and Minority Group Members Want From Legal Authorities?" Behavioral Sciences and the Law, 19: 215—235.

② Altshuler, A. and R. Behn. 1997. "The Dilemmas of Innovation in American Government." In A. Altshuler and R. Behn (eds.), Innovations in American Government: Challenges, Opportunities, and Dilemmas. Washington, DC: Brookings Institution Press.

③ Altshuler, A. and R. Behn. 1997. "The Dilemmas of Innovation in American Government." In A. Altshuler and R. Behn (eds.), Innovations in American Government: Challenges, Opportunities, and Dilemmas. Washington, DC: Brookings Institution Press.

④ Sousa, W. and G. Kelling. 2006. "Of 'Broken Windows,' Criminology and Criminal Justice." In Police Innovation: Contrasting Perspectives, edited by David L. Weisburd and Anthony A. Braga. New York: Cambridge University Press.

⑤ Taylor, R. 2006. "Incivilities Reduction Policing, Zero Tolerance, and the Retreat from Coproduction: Weak Foundations and Strong Pressures." In Police Innovation: Contrasting Perspectives, edited by David L. Weisburd and Anthony A. Braga. New York: Cambridge University Press.

了避免所采取的方法引起社区强烈的负面反应，警察部门应该鼓励和接受社区参与到他们的犯罪预防工作中来。在波士顿，黑人牧师参与到警方领导的杠杆警务的暴力预防战略中来，有助于执法机构寻求更加具有进取性和攻击性的策略，也不会因为缺乏社区参与而不能实施。①

在其背离标准警务模式的程度上，八种警务战略创新都有所不同。最轻程度背离其准军事化分层的组织架构，继续按照事件驱动和反应策略行事，以及保持警察对犯罪问题权力的创新，警察更易于采纳。热点警务只是将传统的执法活动集中在犯罪高发地点。警察熟悉热点警务方法，因为长期以来这些方法运用在问题区域，暂时性地加强执法水平。尽管执法工具被以一种新的方法使用，杠杆警务的威慑战略将现有的司法活动聚焦于惯犯群体。“破窗”警务致力于拘捕轻罪犯人来控制社会混乱，以及达到减少严重犯罪这个最终成效。各种警务战略(如热点警务、“破窗”警务和杠杆警务)受到执法者的欢迎，主要是因为这些战略最大限度地运用新方法盘活传统策略，获得较大的成效。大部分美国警察机构都实行情报引导警务，情报引导警务更多地用来加强警察组织传统的科层制军事模式，而较少地关注警务工作实践的创新。②

尽管绝大部分美国警察机构都声称，社区警务的某种形式是他们工作中的一个重要组成部分，事实上警察普遍拒绝采用。这不足为奇，因为社区警务包括对现存警察组织的最激进的变革。

---

① Braga, A. , and C. Winship. 2006. “Partnership, Accountability, and Innovation: Clarifying Boston's Experience with Pulling Levers. ”In Police Innovation: Contrasting Perspectives, edited by David L. Weisburd and Anthony A. Braga. New York: Cambridge University Press.

② Weisburd, D. and A. Braga. (Eds.)2006. Police Innovation: Contrasting Perspectives. New York: Cambridge University Press.

Skogan 和 Mastrofski 在研究报告中阐明了社区警务三个核心因素——市民参与、问题解决和去中心化，在实际运用中有许多不足之处。[①] 市民通常被用作信息资源而不是创造公共安全的参与伙伴。警官更青睐执法而不是发展和实行多种多样的问题导向反应。大多数“社区导向的”警察机构并未实现组织变革，而这种变革对于让决策权威去中心化到社区层面是必不可少的。同样，现有关于问题导向警务的研究表明，在问题导向过程的所有阶段，警官都遭遇重重困难。[②] 问题分析通常是虚弱无力的，使用的还是传统的执法行动。实践中的问题导向警务只是 Herman Goldstein 提出的一个肤浅的版本。[③] 第三方警务与社区警务、问题导向警务关系密切，因此实施第三方警务的警察部门也会遭遇类似的实践问题。

要对现存的警察实践和组织架构进行最激烈变革的警务战略，在实施过程中会遭遇最大的困难，这不是无稽之谈。尽管如此，现有的证据仍然表明警察的态度逐渐转向愿意采用这些新战略。在整个美国，不仅媒体广泛报道警务实践创新，而且警官对于社区警务和问题导向警务理念的看法也越来越积极。正如 Skogan 所总结的那样，很多研究表明，一旦参与社区警务实践，警官的看法就会发生积极的转变，他们对工作满意度和社区的看法

① Skogan, W. 2006. “The Promise of Community Policing. ”In Police Innovation: Contrasting Perspectives, edited by David L. Weisburd and Anthony A. Braga. New York: Cambridge University Press. Mastrofski, S. 2006. “Community Policing: A Skeptical View. ”In Police Innovation: Contrasting Perspectives, edited by David L. Weisburd and Anthony A. Braga. New York: Cambridge University Press.

② Weisburd, D. and A. Braga. (Eds.)2006. Police Innovation: Contrasting Perspectives. New York: Cambridge University Press.

③ Goldstein, H. 1990. Problem-Oriented Policing. Philadelphia, PA: Temple University Press.

也产生积极的结果，以及更加支持在该地区实施社区警务战略。[①]警察史表明，警务创新模式的全面发展需要经过很长的时间。标准警务模式本身也是针对所谓的警务“政治服务时代”腐败而残暴的警察实践的一种变革。最初阶段，改革运动的推进非常缓慢；1920 年，只有几个警察部门可以称之为“专业的”或者说实施标准警务模式的基本原则。直到 1950 年代，美国所有的警察部门才真正按照 Wilson、August Vollmer 和其他改革者所设立的准则组织起来。[②]

---

① Skogan, W. 2006. “The Promise of Community Policing. ”In Police Innovation: Contrasting Perspectives, edited by David L. Weisburd and Anthony A. Braga. New York: Cambridge University Press.

② Walker, S. 1992. The Police in America: An Introduction. Second edition. New York: McGraw-Hill.

舒缓转型中国的错罪压力

——从全球刑事无罪错案引发的思考(1900—2012)

熊谋林　廉怡然　杨文强*

摘　要： 本文利用美国两大机构的错罪案例，说明刑事无罪错案在全球的普遍性，英美国家的错罪更多。研究发现，法治进步没有彻底阻止错罪发生，全球近30年的无罪错案呈上升趋势；美国错罪受害人平均被监禁11.58年，错罪主要集中在杀人和性犯罪。研究指出，尽管有天价赔偿的少数案例，然而英美国家大量错罪赔偿无法律支持，美国97.1%的错罪受害没赔偿。转型时期，中国最近20年的无罪判决率已下降至0.26%，高达99.74%的定罪率可能隐藏大量无罪案件。中国1994年已出台国家赔偿法，并制定明确的赔偿标准。面对全球刑事错罪的普遍性，中国应勇于面对刑事错案，积极赔偿错罪受害人。

关键词： 错误定罪；全球普遍；冤狱；赔偿；定罪率

---

* 熊谋林，男，1983年10月9日生，西南财经大学法学院讲师，研究方向为：定量犯罪学、法社会学、规范刑法学。廉怡然，女，1992年8月9日生，西南财经大学法学院2011级本科生。杨文强，男，西南财经大学法学院2011级本科生。

如果司法不能定罪准确,冤枉无罪者将使国民处于不安的社会生活中,因为每一个人都有可能被冤枉(Huff,2004)。然而,精确定罪只是立法者的理想,错误定罪是刑事司法难以避免的现象(Quirk,2007;Wu,2011)。中国刑事法学者对刑事错罪问题研究基本持批评态度,这也就决定了中国学术界对错误定罪问题认识比较片面。新近几年陆续出现的错误定罪案例,甚至将中国刑事司法形象建设的努力毁于一旦(李建明,2006)。一时间,刑讯逼供、口供、司法渎职、定罪率等一系列问题,使司法成为"冤枉好人"的代名词(何家弘,2012;冀祥德,2006)。由于缺乏可信的比较对象,这也就决定了舆论界对蒙冤 10 年的 110 万国家赔偿款,提出"'张氏叔侄案'国家赔偿三问"。在此背景下,当然就如何认识中国的国家赔偿,标准是高还是低等问题,欲知却不能作答(徐隽,2013a)。

在评价中国的刑事司法定罪和错罪问题上,中国舆论和理论界常以西方国家严格证据程序或标准和定罪条件为参照镜子,提出中国应采取各种措施彻底避免错案(王晓霞,2006;龙宗智 & 何家弘,2002;王晋 & 刘志远,2007)。对于已经出现的刑事错案的纠错力度,学者也在质疑为何如此效率低下(贺卫方,2010)。这一系列的批评和质疑,固然有一定道理。然而,多年来中国对西方世界刑事司法程序有一种神化倾向,并且总会时不时给留下一个印象,似乎只有中国才会发生这一系列冤家错案。那么如何认识中国的刑事错案呢?本文试图揭开全球的刑事错罪之谜,并就国家赔偿问题做出国际比较,从而希望能对中国刑事法学界和政策制定者客观认识刑事错案提供素材。

一　刑事错案是全球现象！从对古今中外的假设谈起

中国学者在刑事错案领域的研究成果非常丰富，从刑事诉讼的各种层面都进行了深入研究。何家弘教授主编的刑事错案实证研究丛书，目前出版了《刑事错案的原因和对策》、《刑事错案的七种证据》两本理论和实证研究成果，并在证据和错案原因上有深入分析（张丽云，2009；刘品新，2009）。另外，多本专著探讨了中国刑事司法实践中的刑事错案案例及其产生的原因（陈波 & 陈正云，1999；周其华，2004；王佳，2011；王乐龙，2011）

在学术论文上，研究成果更是丰厚。对错案形成的证据问题探讨上，研究对司法证明仅能达到法律真实，而不能成为客观真实的证明标准问题作出了分析（龙宗智 & 何家弘，2002；何家弘，2012；吴行政，1999），因此提出，当前刑事错案最主要原因证据采信问题（何家弘，何然，2008）。在错案原因方面，研究从历史、社会、司法素质与环境、证据规则等多方面研究了刑事错案的原因（张军，2005；刘志伟，2006；郭欣阳，2006；万伟岭，2012）。在刑事赔偿方面，研究从刑事、党纪、经济赔偿等多角度就如何追究刑事错案责任制度作出了探讨（龚举文，1996）。在判定错罪的标准方面，研究指出了目前中国刑事错案判定的不足，并提出从案件性质、类别、认定程序上重新建构科学的错案标准问题（王晋 & 刘志伟，2007；龚佳禾，2007；王晓霞，2006）。在错案预防方面，研究从提高司法人员素质、完善法律、诉讼与证据机制等角度提出多种预防政策（李建明，2006；秦学俭，2010；吴建雄，2011；邹绯箭，2011；

杨宇冠 & 赵珊珊,2010;董坤,2010;何家弘 & 何然,2008)。

尽管成果显著,然而,中国学者至今未能回答如下问题:全球各国的刑事错案及监禁状况究竟如何?各国怎样处理这些刑事错案?当然,一个国家到底发生多少刑事错案,由于涉及错案黑数问题,精确解答这个问题自然不可能(李春 & 王敏娜,2008)。中国学者已认识到这方面的问题,并且努力通过错案的不可避免性,努力重塑中国刑事司法的良好形象。

最高人民法院沈德咏法官 2013 年 5 月指出,百分之百杜绝冤假错案是不可能实现,并指出冤家错案在西方世界同样存在(沈德咏,2013)。各种研究也一致提出,古今中外,刑事错案是一个无处不在的现象(宋远升,2008;王乐龙,2011;杨建军,2011)。诉讼法专家何家弘先生更是形象地指出,冤假错案总是古今中外刑事司法领域中难以驱散的幽灵(何家弘,2008),错判的发生具有普遍性和蛰伏性(何家弘,2012)。冀祥德和董坤也指出,因刑事司法运作的失误致使无罪的人被错误追究刑事责任,是任何一种刑事司法制度和诉讼模式都难以避免的(冀祥德,2006;董坤,2010)。

不过,从中国目前的刑事错案屡屡爆发的背景来看,这些研究难免成为中国刑事错罪做辩护的嫌疑,如果没有翔实的研究数据证明。例如,王乐龙的表述既有如此味道,他明确指出“不仅我国会产生刑事错案,在法治十分发达、监督制约机制比较完备的英、美等国,同样也存在错判的陈年冤案(王乐龙,2011:2)。真实情况是否如此呢,英美等国的刑事错案是否普遍存在?对这个问题的翔实梳理,不仅可以准确把握刑事错案在发达国家的发生情况,若能将视角拓宽,还能发现刑事错案在全球其他国家的情况。

当然,中国学者已经注意到这个问题。为了论证刑事错案在各国的真实存在性,各种研究对西方世界的刑事错案进行了介绍。

何家弘介绍,美国每年错判的大约在5000至10000人之间,被错判监禁的人在2000—4000人之间(何家弘,2012)。王乐龙指出,美国1989年以来的15年间错案的比例急剧上升,从20世纪90年代初每年的12件,2000年以后平均每年上升到43件(王乐龙,2011:3)。甄贞等翻译格罗斯的著作指出,美国1989年以来,被发现的错案总共328起,其中145人通过DNA技术得以洗刷罪名,183人是通过其他证据得以解脱(甄贞等,2006)。宋远升也指出,美国自1973年至1995年间,一审法院作出的死刑裁判有68%在后来的程序中被推翻(宋远升,2008)。常秀丽、刘品新的研究指出,英国1988—1999年期间,被上诉法院刑庭所撤销的案件平均每年达770例,11年共计8470例。这些研究为中国学者提供了有力信息,进一步证明了刑事错案不因国别和法治发达程度而异(宋元升,2008;王乐龙,2011;冀祥德,2006,何家弘,2008;沈德咏,2013)。

仅有空洞的数据,并不能为刑事无罪错案的真实性作论证。为继续印证刑事错罪的普遍性,中国学者对外国刑事错案的案例进行了介绍。沈德咏法官介绍,日本1992年被判处终身监禁的菅家利在2009年真凶出现后被改判无罪,以及美国1989年“中央公园慢跑者”强奸案凶犯于2002年被判处无罪,以及澳大利亚1981年的“暗夜哭声案”杀人犯琳蒂在监禁31年后于2012年被改判无罪(沈德咏,2013)。在最新的成果中,学者还介绍了自20世纪80年代以来,英国著名的Birmingham Six、Guildford Four、Maguire Seven案,以及日本媒体广泛炒作的四大冤案(王乐龙,2011:3)。宋元升对法国1796年至1952年以来的里昂信使等8个案件做了介绍,并对美国的Burrow等17例案件与中国的17例案件类型及原因作出对比,并提出建立控制错案的司法令状制度和提高

DNA分析技术等建议(宋远升,2008)。表1是中国学者已经介绍的刑事错案,从表中可发现中国学者目前所掌握的刑事错案案例并不多,这难以塑造各国刑事错案的全貌。

表1 海外刑事错案研究主要案例中文文献收集列表[a]

法国		美国							英国
无罪者	年份	无罪者[b]	年份	无罪者	年份	无罪者	年份	无罪者	无罪者
普莱纳	1948	Burrows	1992	Jones	1993	范·布洛		乔安妮·利特尔	Beck
多米尼西	1952	Cobb	1983	Manning	1998	鲍威尔	1932	安吉拉·戴维斯	Evans
帕斯居阿尔	1945	Cruz	1994	Orange	1988	马普	1961	戈尔登	Bentley
德莱福斯	1894	Hernandez	1988	Patterson	1992	吉迪恩	1963	阿杰新格	Ellis
拉菲特	1945	Hobley	1994	Porter	1986	米兰达	1966	卡特	Confait
拉隆希尔	1834	Howard	1991	Smith	1990	霍华德	1982	伊文斯	Guildford
杜阿兹	1945	Jimerson	1989	Stweidl	1991	杰克逊		罗伯特·丹尼尔斯	Maguire
里昂信使	1796	Lawson	1994	Tlith	1983	威廉		乔治·怀特摩尔	Biemingham
				Willanms	1982	杰弗里		威廉·琼斯	Ward
						埃斯科博多		赖斯·弗雷德	
						斯科茨伯勒		哈里·西格尔	

注:a何家弘教授介绍了美国和英国11个案例刑事错案,以及德国一例刑事无罪案(何家弘,2012);b仅为伊利诺伊州。来源:宋远升,2008;李春,王敏娜,2007;刘品新,2007、2009。

通过对中国学者对刑事错案的研究，我们发现中国学者虽然提出刑事错案是全球的普遍现象。然而，截止到本文完稿时，我们并没发现对全球开展实证研究的研究成果予以出版。因此，这个命题是否成立，还需要研究予以检验。我们认为，证明这个命题成立，在理论和司法认知上可以实现如下三个目标。首先，观察全球刑事错案的真实发生情况，回答刑事错案是否可以和可能杜绝。其次，为评价中国司法实践的刑事错案提供观察镜子，从而进一步认识刑事错案在刑事司法活动中的不可避免性。再次，建构正确的刑事司法观，消除精确定罪的幻想和杜绝刑事错案的理想化极端，形成定罪和纠错的自然客观态度。因此，本文结构安排如下：

第二部分，首先利用全球两大刑事错案数据库，主要介绍最近100年来全球102个国家的刑事错案基本情况。第三部分，主要介绍全球近100年来刑事错案的时间序列趋势以及变化情况。第四部分，主要介绍美国的刑事错案种类及其刑事处罚措施。第五部分，介绍英美国的刑事错案赔偿及其处理情况，指出英美国家多刑事错罪受害人拒绝赔偿引发的司法不公。第六部分为结语，利用中国最高人民法院的报告中的无罪和定罪案件比例，提出中国的无罪案件在真实司法实践中可能大量存在。最后，全文以中国和英美国家作对比，引出中国已经在立法上明确赔偿标准，中国应当勇于面对刑事错案。

二　宏观考察：全球刑事无罪错案展示

博查德从1913年开始系统性研究无罪错案，然而，刑事无罪的国际化背景研究起步较晚（Gould&Leo，2010；Borchard，1913）。

以至于，美国犯罪学会前主席胡富及克里斯遗憾地提出，系统化的研究还仍然没有展开。因此，他们组织了美国、英国、加拿大、瑞士、法国、德国、波兰、荷兰、以色列等国家的犯罪学专家出版专著《错误定罪：国际视野下的司法失策》(Huff & Killias，2008)。在这本专著中，胡富等重申了各国严重的刑事无罪错案问题，以及对大陆国家基于客观真实（瑞士）和究问系统（荷兰）所出现的诉讼、侦查技术不足等证据问题引发的错案进行了分析（Huff & Killias，2008)。不过，即使如此，学术仍然难以对刑事错案进行检测，并形成有效的司法预防机制。格罗斯和芭芭拉的研究指出了这个问题的核心，理想状态下，如果能够知悉所有的刑事错罪案件，那么错罪者将被昭雪。遗憾的是，并没有精确的资料发现和检测有多少刑事无罪错案(Gross & Barbara，2008)。在分析刑事错案缺乏资料的原因时，罗赫指出，刑事错罪案件的决定是极其困难，这与错误定罪的定义难以界定，以及各级官方并不愿意承认错罪案件，最重要的是缺乏可信的途径去检测错误案件的数量(Roach & Trotter，2005；Roach，2010)。

值得注意，尽管研究错罪的努力非常有限，但这并没有阻止各国刑事法专家对刑事错案问题展开深入的研究。社会学科显然难以达到火箭科学的精确度，但一个逐步的长期努力，可以为破解这个难题作出些许努力。

1. 文献中的无罪错案

早在上世纪70年代，英国犯罪学家布兰德和戴维斯对1950至1970年代的刑事案件研究就发现，至少70个无罪案件被英国上诉法院推翻定罪或者恩赦(Brandon & Davies，1973)。最近的研究中，霍然和格雷芬的研究指出，英国刑事案例评估委员会

(Criminal Case Review Commission)从1997年到2000年,已经为所评论的2,381个案件中的38%改判无罪(Quashed Conviction)(Horan,2000;Griffin,1995)。英国每日电讯报的最新报道显示,最近几年英国有150,000个包括刑事无罪错案的人申请将DNA登记在警察数据库里(Beckford,2012)。

就美国而言,研究刑事错罪的案例仍然相当活跃。哥伦比亚大学李伯曼的研究团队对全美1973年至1995年的4578个死刑上诉案例进行了统计,他们发现有7%的犯罪人属于严重错误引发的无罪(Liebman & Fagan et al, 2000b)。林思格通过对1982至1989年的强奸和杀人死刑案件进行分析,并利用DNA技术分析后发现,至少有3.3%的人属于无罪,在此基础上,他预测真实比例达到5%(Rinsger,2007)。沙米赛、弗兰克、扎拉曼等的研究也估计错罪维持在3%到5%之间(Ramsey & Frank, 2007; Zalman & Smith, et al.,2008)。格罗斯和欧本里恩指出,美国从1973年以来,大约有2.3%的死刑被告被错误定罪,这些人本应当是无罪(Gross & O'Brien, 2008)。在更进一步对无罪问题的研究中,伽斯特维斯等的研究更是发现美国刑事定罪的错罪率高达10%(Gastwirth & Sinclair, 1998; Spencer, 2007; Baldwin & McConville,1979; Givelber, 1997)。不过,胡富的研究略微保守,他估计美国的罪犯中至少有0.5%的人被错误定罪,每年被错误定罪的人达到10000人(Huff, 2004)。

错罪对于加拿大这个一向以司法公正标榜的国度而言,也不是什么稀奇古怪的事(Bajer et al.,2007)。肯特的研究指出,在过去20年里,加拿大有将近40—75个刑事无罪错案被改判无罪,但这只是那些错误定罪者中的冰山一角,因此,肯特预测每年大概有4500个错罪(Kent Roach, 2011)。坎佩尔的研究指出,从2002年到2006年间，加拿大有114个罪犯向司法部申请定罪审查，在22个完成调查的申请中，已经有7个无罪和4个重新审理或上诉的案例(Campbell, 2008)。如此看来，刑事错罪问题至少在英美法系是非常普遍的。

就大陆法系来看，刑事错案仍然难以避免。例如，付酷赛和库洛沙瓦的研究指出，随着日本公诉和警察系统采取更长的拘押措施，已经引发大量无罪的人做有罪供述，并导致了日本最近几年的刑事错罪率上升(Fukurai & Kurosawa, 2010)。福特的研究用1975年以来的死刑无罪错案指出，日本陪审团审理的刑事无罪率达15.4%，并且1.3%—3.7%的法官开庭审理的案子被判处无罪(Footet, 1992:11)。最新的数据统计显示，日本从1912年到2012年，已经有150个人做无罪上诉，或者因被错误逮捕，或错误定罪的刑事案例。即使在最近10年，日本同样发生如尾池治因纵火罪在20011被判无罪，Sumariu因毒品走私在2011被改判无罪、Atsuko因犯伪造公文罪于2009年最终被判无罪的错案监禁(JIAdEP,2012)。同样在亚洲其他国家，莱特的研究也指出，以色列已出现大量针对恐怖犯罪活动的刑事错案(Light,2009)。即使在法国、德国、北爱尔兰等国家，各种刑事无罪错案也是屡屡出现。例如，法国上诉法庭2005年推翻了2000年对6位恋童癖的有罪判决，这是法国历史上最有名的刑事错案(Tchris,2005)。

上述文献展示，已经有理由肯定各国刑事错案的普遍性。不过，这种普遍性还多少有点模糊，由于所介绍的国家有限，且数据之间无法比较。因此，接下来将对各国刑事无罪错案进行系统的介绍。

2. 数据分析：真实的全球错罪

研究之初，我们试图对各国公布的官方数据进行收集。然而,这些努力变得徒劳,由于没有发现一个官方网站对该国的所有刑事无罪错案进行系统的统计。所以,本部分的研究数据,首先借助谢雷尔创办的"预防公正(Forejustice)"数据库网站。为了印证该数据库的准确性,我们再次借助于美国西北大学错误定罪中心(The Center on Wrongful Conviction)(以下正文简称CWC)对全美公开报道的刑事错罪案件进行列表,并按照案件的性质、犯罪种类、错误监禁、赔偿等重新列表完成数据库的分析构建。接下来,我们将分别对这两个数据库的分析情况进行介绍。

A. Forejustice 数据库:全球 102 个国家

Forejustice 通过大量志愿者对各国公开报告刑事错罪进行统计,建立了一个全球 102 个国家或地区的 3650 个因刑事错案被无罪监禁的人的数据库。这些错罪是指,先前被定罪,后来司法判决改判无罪的案例。在这些案例中,已有 573 个人被错误地判处死刑,728 个人被判处判处无期徒刑,有 1486 个被判杀人罪的人被监禁平均超过 9 年,525 个被定强奸罪的人被监禁平均达 10 年以上,161 个人在死后被法庭改判无罪或恩赦。[①] 基于本文主要研究各国刑事错罪的基本情况,我们下载了该数据库中对每一个无罪受害者及被定罪的年份,并按照国家(或地区)编码组合成新的国家和年份系列数据库,并重新利用统计软件 stata 进行分析。[②]

---

① 该数据库最早的刑事错案年份为 1431 年,考虑到数据的连续性,本文仅选择对 1900 年以后的 3470 个刑事错案进行分析,排除 180 个之前的刑事错罪(其中包含年份不明确的刑事定罪)。http://forejustice.org/search_idb.htm http://forejustice.org/search_idb.htm。

② 原始数据请参见 Forjustice:Wrongly Convicted Database Index,http://forejustice.org/db/location/innocents_l.html。

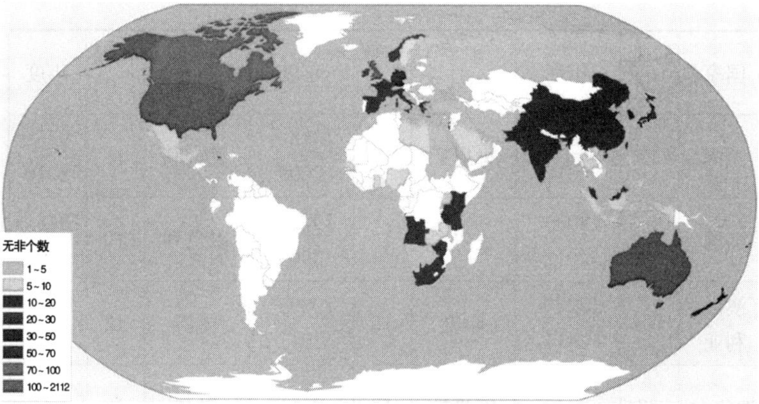

图 1 全球刑事错案分布图(1990—2011),N=3470

数据来源:ForeJustice(分析作图)。

如图一所示,刑事错案全球均有发生,无论司法水平发展程度如何。以日本和德国为代表的大陆法系国家,刑事错罪情况远低于英美法系。Forejustice 数据库显示,向来以司法水平较高和人权保障为司法公正口号的英美国家尤为显著。这是非常有趣的发现,美国 1901 年后共计 2112 人被错误定罪,英国有 503 人,澳大利亚有 108 人被错误定罪(表 2)。即使在新近 30 年,美国 1981 年后每年有 40.6 人被错误定罪,英国 1981 年后每年有 8.8 人被错误定罪。对于大陆法系国家来讲,诸如德国、日本、法国等的严格刑事审判程序也没能成功预防错误定罪。这在台湾和香港,也没有例外。与大陆法系和英美法系的无罪错案相比,Forejustice 数据库中所介绍的中国刑事错案只有 10 例,这可能与信息获取途径有关。但从我们对排名前 30 的国家或地区来看,错罪黑数并不影响刑事错罪本身的发生具有普遍性(沈德咏,2013;何家弘,2012)。

表 2 刑事无罪案件个数排名前 30 位国家(地区)列表

国家	错罪(人)	年度	国家(地区)	错罪(人)	年度	国家	错罪(人)	年度
美国	2112	1901—2012	肯尼亚	19	1983—2009	意大利	12	1935—2010
英国	523	1903—2012	爱尔兰	19	1972—2005	以色列	12	1948—2005
澳大利亚	108	1922—2011	印度	19	1989—2011	斐济	12	2005—2011
加拿大	77	1959—2011	安哥拉	18	2011	巴林	12	2006—2011
新西兰	38	1916—2008	西班牙	17	1998—2007	津巴布韦	11	1992—2010
德国	37	1970—2009	法国	17	1948—2010	挪威	11	1970—1998
南非	26	1928—2007	坦桑尼亚	16	1985—2008	西印度群岛	10	2004—2008
牙买加	22	1922—2011	香港	16	2006—2011	巴基斯坦	10	1992—2010
日本	21	1998—2010	希腊	14	2003—2010	中国	10	1994—2011
马来西亚	19	1924—2011	韩国	12	1961—1983	塞内加尔	9	2009

来源:Forejustice。

B. 西北大学错误定罪中心(CWC):美国错罪

Forejustice 数据库中的数据显示,全美有 2112 个刑事错罪,平均每年超过 40 人被错误定罪。这似乎很难以置信,毕竟美国一贯以严谨和科学公正的刑事诉讼程序著称。为了印证 Forejustice 数据库的准确性,我们继续借助于美国西北大学错误定罪中心(CWC)的数据分析,对全美 51 个州每年公开报道的刑事错罪案例进行统计。为便于后文的统计分析，我们分别对错误定罪、改判无罪的年份，涉嫌案件种类、监禁期限、赔偿金额等分别做出统计。

错误定罪中心(CWC)，将错误定罪描述为“被告先被定罪，后来回复到法律无罪地位，由于没有在被告的审判过程提出证据证明有罪的任何案例”。① 根据该网站的列表，我们对1507个被错误定罪的受害人做了统计②。如图二的四分位图显示，美国1900年以来，临靠大西洋的东部、南部地区，以及太平洋沿岸的加利福尼亚等13个州的刑事定罪数量都在36人以上，排名前四的分别是加州(161)、纽约(155)、伊利诺伊(150)、得克萨斯(139)。由此可见，即使在有严格定罪而彰显司法正义的辛普生案件影响，全美最近100年来的刑事错罪也并非偶然。

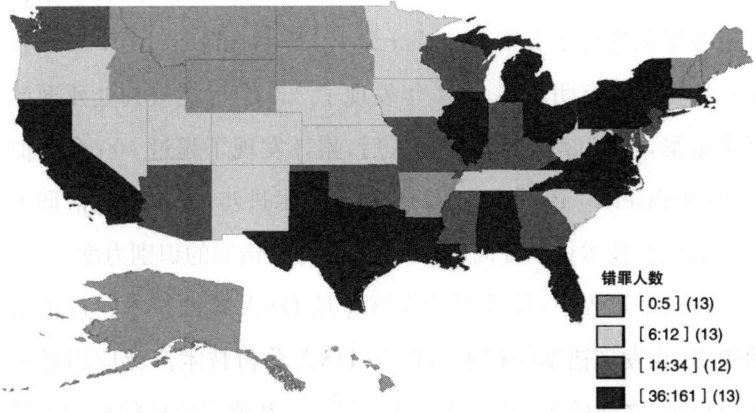

图2 美国错案分布图(1900—2012)，N=1507

来源：Center on Wrongful Convictions(分析作图)。

① Center on Wrongful Conviction：Meet the Exonerated：Criteria for Cases Listed as Exonerations on our Site，http://www.law.northwestern.edu/legalclinic/wrongfulconvictions/exonerations/，访问时间：2013年5月12日。

② 部刑事错罪案件数量为1522人，本部分仅对有明确地点的1507个错误定罪作图分析。原始资料见Center on Wrongful Conviction。

本部分的信息足以显示出刑事错罪的频繁性，但由于时间跨度较长，无法展示各国刑事错案的爆发密度和趋势。因此，我们将在接下来的部分对全球的刑事错罪趋势进行考察，以掌握各国的最新情况。

三　时间趋势：法治进步依然错罪难免

尽管刑事错案对于保护人权来说是一个灾难，尤其是无期和死刑的判决总让人难以接受。然而，这在司法实践中上并不是一件新鲜事，无论是法治进步的今日世界，或是法治进步过程中的新近几十年。博查德在1913年的论文中已经对欧洲国家的65个错误定罪案例进行了分析(Borchard, 1913; Gould & Leo, 2010)。莱德勒特的研究团队在1987年发现了350个可能被判处死刑的刑事错案，在1992年布特曼加入后，累计发现了超过400个类似案例(Radelet & Bedau, 1992)。随着技术进步，发现和确信刑事错罪的检验技术得以提高，从而加大了对于错罪的识别力度。

在这个过程中，最重要的应该算是DNA检测技术。盖威尔博指出，在发现错案的技术历程上，DNA分析技术广泛应用是一个里程碑，之前的很多错罪缺乏检测自白、和错误辨认的科学工具(Givelber, 1997)。然而，DNA对于发现生物证据虽然很有帮助，但在庞大的刑事错罪基数之上，DNA能鉴别的错罪只有很少的案例，其发挥的作用毕竟有限(Findley, 2002)。格罗斯和奥本里恩的研究指出，在非杀人或强奸类犯罪中，例如抢劫罪等，DNA检测技术并没有太多用处(Gross & O'Brien, 2008)。更重要的是，在公诉和警察局千方百计追求职业成功的情况下，刑事案件因难以对案件的真实情况进行全面查验，法院成为了同一条线上的自然顺序审理（one line order）的定罪机构（Gross，1987；Givelber，1997；Marquis，2006；Rattner，1988）。这也就决定了，即使有DNA检测技术的支持，美国也有3%—3.5%的死刑犯存在错误定罪的可能（Risinger，1997）。

因此，有一个问题应该思考：法治和技术进步，可以杜绝刑事错案的发生吗？这个问题貌似不容易回答。一方面，新技术的应用使错案曝光的力度更大；另一方面，新技术的应用范围有限。然而，最近的刑事错案趋势可以看出，各国刑事错案的发生并没有因为立法和司法努力而彻底杜绝刑事错案。不妨让我们重新分析Forejustice数据库以及西北大学错误定罪中心的刑事错罪案件，这些案件都是已经被确认和改判过的刑事错罪。

1. Forejuecie 数据库中的长期趋势

如图三所示，全球102个国家最近100多年来的刑事错案，总体上呈上升趋势，这在英国和澳大利亚特别明显。不可否认，我们的年度统计图也反映出全球（包括美国和英国）在2006年以后有一些轻微的下降趋势，但这并不能说明刑事错案真的在下降。由于Forejustice数据库中的错罪，是审判法庭已经明确裁判的错罪案件，无罪受害者在这个过程中仍然需要在监狱经历一段时间的监禁。例如，美国参议院的官方报告显示，被判处有罪的人在定罪后申请DNA检验的时间就平均要滞后4.5年（Neufeld，2000）。如果能明白，一个确认的错误判决案件，需要漫长的当事人上诉，或者发现新的证据，或者新的犯罪人自白等，那么这种短暂的减少趋势并不一定真实存在（Huff，2005，Bright，2009）。例如，罗赫与特洛特的研究就指出，加拿大过去的20年，仍然面临刑事无罪错案的不断攀升(Roach & Trotter,2005)。图四中(下文)对那些没有犯罪的人逮捕和无罪释放的趋势滞后,以及图五(下文)中美国错罪案件监禁期限即可看出,这些分析的可信度较高。斯密斯的研究明确指出,刑事错罪并不新鲜,而是有着长远的历史,并且正在进入现代刑事司法范畴中(Smith,2005)。

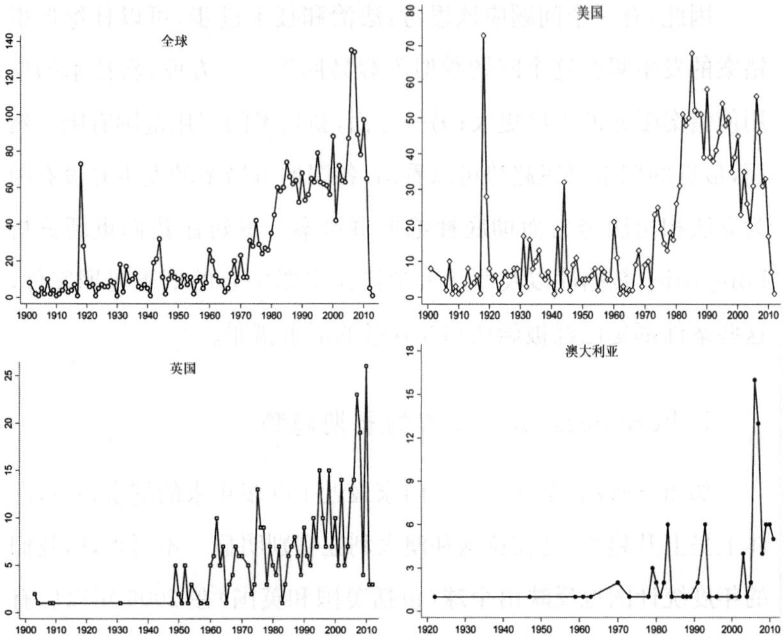

图3　全球刑事错案趋势图(1900—2012)

来源:Forejustice(分析作图)。

2. 错误定罪中心(CWC)中的美国错罪趋势

图四是美国从1900年以来,西北大学刑事错罪中心统计的无罪刑事错案的基本情况。我们用两组数据线表示美国刑事错罪的基本情况,US逮捕数据表示进入无罪数据库中的受害人每年被逮捕的频数,这可以理解为每年有多少人被错误逮捕。US释放指,每年改判无罪并释放的频数,这可以理解为每年发现并最终确认有

多少人是刑事无罪错案的受害人。图四反映出以下三个基本信息：

第一，美国1970年后的定罪错案和逮捕错案呈快速上升，这一数字在1995年以后有所缓解。第二，美国在1990年后陆续发现并释放大量刑事错案的受害人，并且被确认错案的人的数量在1989年以后呈快速上升趋势。第三，刑事错案受害人被逮捕或定罪的年份趋势，与被释放的趋势相比有所滞后。关于这个问题，我们认为有必要详细说明。如上所述，这反映出刑事错案的受害人一般将被错误关押一定的期限。李博曼德的团队对1973年至1995年的599个被判处死刑的案件研究显示，从判处死刑到最终完成人身保护程序(Habeas Corpus)，平均要花7.6年的时间，但这之中有40%的严重错误；发现定罪错误更加花费时间，对2370个死刑案件的分析发现，全美范围内从判处死刑到最后的检查并执行要花9年时间(1989—1995是10.6年)，大多数案件中，要想发现所有错误并推翻之前的判决，所花费的时间周期更长(Liebman & Fagan et al.，2000b)。这些参考信息，足以说明我们的数据分析具有一定可信性。

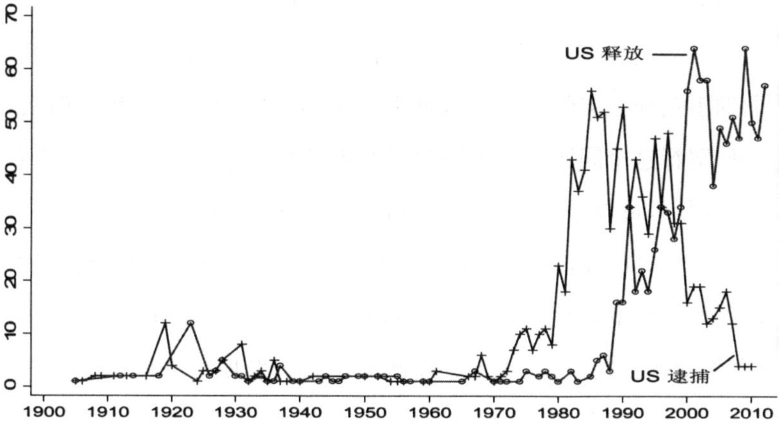

图4 美国无罪错案逮捕及无罪释放时间分布图

来源：Center on Wrongful Conviction。

对于美国出现如此多错罪的原因，前犯罪学会主席胡富提出了多种有说服力的分析方案。他认为如下原因是造成美国刑事错罪的原因：(a)目击证人错误，(b)警察和公诉人的职业不道德，(c)错误自白、强迫自证其罪，(d)同监犯人的不恰当利用，(e)无效的咨询帮助，(f)法医科学错误、无力、欺诈，(g)辩护的不利地位(Huff，2004；also Garrett，2005)。作为一个资深专家，胡富的分析采用了大量有说服力的证据和案例，并由此对美国刑事错罪有深入的思考。但是，胡富本人对于美国刑事错罪的泛滥问题，也以一种客观态度表达了对错罪问题的自然和不可避免性，以及加大对受害人赔偿的无奈(Huff，2004)。对于这些因素，格罗斯和奥本里恩有更深入的分析，他们认为美国刑事错罪盛行的原因是，超过95%的刑事定罪来源于辩诉交易(Gross & O'Berien，2008；Sourcebook of criminal justice statistics online)。布莱特认为，诸如得克萨斯每个死刑案子平均支付给律师175美金或阿拉巴马州支付律师1000美金，导致辩护律师薪酬低廉难以形成有效辩护，这使得美国控辩的司法系统没有发挥作用，从而造成普遍的司法错罪(Bright，2009)。当然，还有更多的研究从警察刑讯逼供、社会舆论压力等角度进行了分析。

既然美国在1989年以后的刑事错罪案件改判数量急剧上升，而刑事错误定罪的人数在数据上显示出一定的减少趋势。那么，如何解释这个问题就成为理解刑事错罪的新近趋势的关键。如下三个原因，可以帮助解释刑事错罪的控制和发现趋势：

第一，DNA识别技术的广泛应用。1989年DNA开始被用于识别刑事错案，自那以后，大量被错误关押的人被研究人员利用DNA检测予以识别，从而导致刑事错罪的发现数量稳定增长(王乐龙，2011；甄贞 等，2006；Garrett，2005)。例如，仅是Bedeau的研究小组，在1989年以后的15年间被发现的错案总共328起，其中145人是通过DNA技术得以洗刷罪名(甄贞 等,2006)。目前,DNA作为检测是否实施犯罪行为,以及是否存在错罪的关键措施,已经被广泛应用于定罪后的检测(Post-Conviction)(Huff,2002、2004)。例如,美国参议院司法委员会主席李赫于2000年提出的无罪保护法案明确要求要确保每一个被定罪的人有一次DNA检验,以证明无罪的机会(Leahy,2002)。海勒的研究指出,自从1976年以来,至少有82个人通过DNA事后检测被证明无罪,并且帮助发现了新的犯罪嫌疑人(Haller,2001)。

第二,立法严格控制刑事定罪的证据。美国一些州,就有著名的21天法则,即裁决做出后提出新发现的无罪证据期限是21天。现在美国有34个州制定了允许定罪后DNA检测的制定法(王乐,2011)。由李赫提出并于2004年通过的无罪保护法案(Innocence Protection Act)在2004年得以立法,其中不乏强制要求DNA事后检验,对于每个死刑犯的法律服务,以及赢得无罪赔偿的力度等(Huff,2004;Leahy,2002)。

第三,学者和学术上的努力。对刑事错罪问题的关注是刑事司法界普遍关心的问题,也引起了各种学术团体、民间组织加大了对刑事错罪者的救助。这些努力,使得传媒、立法界、司法实务界加大对刑事定罪的研究,在提高定罪准确度的同时,大力关心刑事错罪的受害人(Huff,2004)。例如,1992年Centurion Ministries组织救援了32位被监禁者,并利用死刑信息处罚中心(The Death Penalty Information Center)的信息,自1973年以来已经帮助108个被列入死刑处决名单的人完成无罪释放。Scheck & Neufeld,Dwyer利用无辜者计划将一个五天后即将被执行死刑的人救出,以及Marshall帮助对一个48小时后即将被执行死刑的Anthony Poeter救出(刘燕,2006)。纽约卡多佐法学院和多名律师创办的

“无罪计划”中，1989年首度利用DNA平反冤案，在一次有110名获释的无辜囚犯中，有六成是依靠该组织得以伸冤（宋远升，2008；刘品新，2007）。另外一个学术表现是，以专门研究刑事错误定罪而著名的加州大学尔湾分校胡富于2000年在美国当选为犯罪学会主席后，理论和实务界的影响力更是深厚（Huff，2002）。

如果说，较高的司法水平完全可以遏制错罪的话，那么联合国前南斯拉夫法庭的判决就给这个假设一个致命打击。联合国海牙法庭2006年6月以战争罪判处科索沃战争中的纳瑟尔·渥日克（Srebrenica Naser Oric）两年监禁。但在渥日克上诉后，2008年3月国际刑事法庭南斯拉夫法庭以战争任务并不构成有罪的证据为由，推翻了海牙法庭的有罪判决（Forejustice，2013）。[①] 看来，即使是全球顶级的法学家或法官组成的刑事审判法庭，在罪名成立问题与否的裁判问题上，也有可能出现不适当的定罪。这在一定程度上再次说明，法治和司法水平的进步，不可能杜绝刑事错案。既然不能避免，刑事错罪作为刑事司法定罪必然出现的结果，立法和司法上又应当如何应对呢？下文将通过对美国对刑事错罪应对及处理的介绍，略评刑事司法中的错罪应对机制。

四　刑事错罪：纠错成本与犯罪分布

惩罚犯罪和保护公民不受犯罪侵犯，是刑事法的基本价值取向。然而，由于刑事错罪具有不可避免性，追诉犯罪活动也面临刑

---

① 参见 Wrongly Convicted Database Record，http://forejustice.org/db/location/Oric-Srebrenica-Naser.html，访问时间：2013年6月17日。

事司法不可言说的成本尴尬——监禁错误犯罪人(Quirk, 2007; Rattner,1988)。刑事错罪案件的监禁程度如何,这关系到错罪的认定和处罚问题。胡富在 2001 年的美国犯罪学会主席致辞中指出,大量被错误定罪者均被监禁较长时间(Huff,2002)。在进一步的研究过程中,格罗斯对刑事错案被判处死刑的受害人批准逮捕期限做过研究。他的研究显示,58%的无罪者在 30 天以内逮捕,25%的无罪在 121 天以上期限内被逮捕(Gross & O'Berien, 2008)。李伯曼的研究也显示,1973 至 1975 年被错误定罪的死刑犯,从判处死刑到核准死刑,平均要等待 9 年时间(Liebman & Fagan et al. , 2000a、2000)。这说明,无论是被判处死刑的错罪受害人,还是被判处监禁刑的错罪受害人,在改判无罪之前,还将在监狱里面被错误监禁若干年。惩罚犯罪和保护公民不受犯罪侵犯,是刑事法的基本价值取向。

对于普通公民来讲,刑事错罪也将引发公民对司法安全的不确信和人身权的忧虑。如果任何一个公民都有可能面临被冤枉的危险,那么在司法运作成本的选择上,如何控制无罪和提高公民的司法认同安全感就是各国努力解决的问题(Huff,2004)。为了清楚地描述难以言说的司法尴尬,我们从刑事错罪的整体监禁期限和量刑趋势入手,对不同种类的错误定罪案件的刑法措施分布进行分析。在综合掌握这些情况后,我们对刑事错罪案件的识别和救济措施进行了介绍。由于各国官方数据获取上的困难,以及样本上的有效性,我们继续以美国为分析视角重新审视这些问题。

1. 冤狱:错误监禁期限和有期监禁刑趋势对比

值得疑问的是,美国的刑事错罪案的识别周期,如何体现在刑事错罪的关押和监禁期限上呢? 我们目前并没有发现系统研究错罪监禁期限的成果发表，因此，制作这样一个精确的趋势图似乎有困难。不过，在浏览了美国西北大学法学院公布的每一个案例后，我们发现可以计算出刑事错罪的监禁期限。因此，我们决定利用 CWC 数据库中的被逮捕时间（YArrest）和无罪释放时间（YExonerate）作对比，然后用后者减去前者即为错误监禁时间（WIMprisonment）。这个公式可记为：WIMprisonment＝YExonerate－YArrest。

在计算每年的量刑期限时，我们仅对有期徒刑取值，并排除无期徒刑和死刑量刑。在具体方式上，由于美国的有期监禁在部分罪名上存在浮动量刑和超过 100 年的有期徒刑，因此我们选择浮动量刑的最低限，并保留超过 100 年的量刑期限（Center on Wrongful Conviction，2013）。

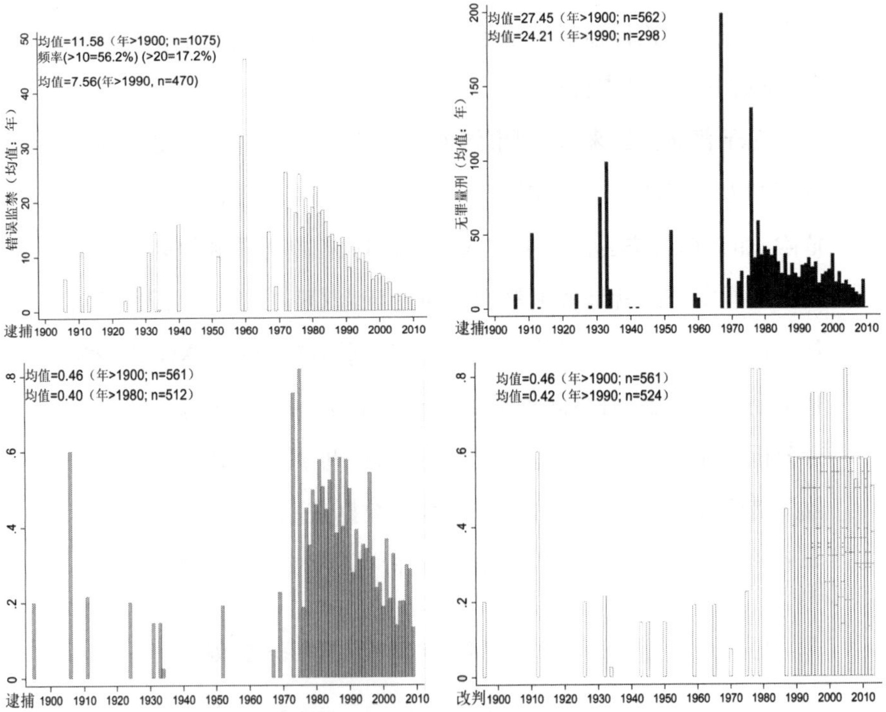

图 5　美国刑事错案监禁与量刑期限趋势图（1900—2012）

来源：Center on Wrongful Conviction。

如图 5 所示,美国的刑事错罪监禁具有如下特点:

(1) 错罪监禁期限较长,无罪受害者从被逮捕到最终改判无罪面临长期的冤狱。数据显示,美国的刑事错罪被监禁 10 至 20 年以上的非常普遍,高达 58.2%的刑事错罪被监禁达 10 年以上,被监禁 20 年以上的也有 17.2%(n=1079)。即使在 1990 年以后,监禁超过 10 年以上的也高达 34%(n=470)。从整体来看,1900 年以后的无罪受害者平均被监禁 11.58 年(n=1079),1990 年以后的无罪受害人平均被错误监禁的期限为 7.56(n=470)。如前述,这与错罪申诉或发现错罪的较长周期有关(Liebman & Fagan et al,2000b)。

(2) 刑事错罪监禁期限在 1980 年代中期起逐渐呈下降趋势。这说明,学术界从 19 世纪 80 年代所提倡的拯救无罪者运动,以及 DNA 技术的广泛应用,对于纠正美国的刑事错罪活动起到较大作用(Smith, 2004;Gould & Leo, 2010)。这一趋势在 2004 年以后尤其明显,平均错误监禁期限不超过 4 年,这与美国无罪保护法案推荐 DNA 检测技术应用于定罪后的检验有关(Huff, 2004; Garrett, 2005)。

(3) 有期监禁的期限量刑较长,最近 10 年的刑事监禁期限有下降趋势。监禁期限的量刑较长,这说明刑事犯罪人所面临指控的犯罪较为严重。监禁期限呈下降趋势,在很大程度上说明美国的法官们在面对错罪问题时,疑罪处罚的力度也越来越轻。例如,1980 年至 2000 年错罪的平均量刑期是 27.65(n=418),但是在 2004 年以后错罪的平均量刑期限下降到 27.65(n=39)。

(4) 刑事错罪的服刑周期普遍周期较长,错罪受害人在被改判无罪时已完成将近一半的刑期。按照被逮捕的时间来看,1980 年以后被逮捕的错误定罪受害人平均完成所判刑期的 40%。按照被改判时间来看,1990 年以后被改判无罪的错误定罪受害人,从被逮捕到被错误定罪之时,已经完成 42%的有期监禁刑。

从以上信息,我们发现刑事错罪的无罪监禁问题,在美国的确是个严重问题。如果能够联想到近年来,中国出现的若干个无罪受害人和错误监禁问题,这多少可以帮助我们的司法评论家们建立公正的评断。当然,中国的无罪监禁时间较长,类似于佘祥林所遭受的 11 年监禁时间,在美国仍然不例外,甚至出现错误监禁 30 至 40 年也是很普通之事。当然,这并不能为刑事错案做正当性辩护,但回顾我们在本文中坚持刑事错案是一个司法风险和成本控制的必然结果,这或许能让国人更加平衡。

2. 刑事错案:犯罪分布与刑种考察

中国学者对于美国的刑事错案类别有所研究。宋远升基于对美国伊利诺伊州 17 个被判死刑的刑事错罪统计,指出在美国有 97%的刑事错罪案件是杀人和强奸案(宋远升,2008)。不过,这个研究结论犯了以点盖面的逻辑毛病,用伊利诺伊州的 17 个死刑案件显然不能代表全美的真实情况。因此,不妨回顾一下,外国学者对刑事错罪的研究情况。那特纳对 205 个文献收集的错罪案件分析显示,杀人、抢劫、强奸、伪造和盗窃是依次排名最高的案件,其中杀人案件占 44%(Rattner,1988)。林斯格对 1982 至 1989 年被判处死刑的 2235 个错罪案例做出分析后指出,21.45%的这些案件是强奸和杀人案件(Risinger,2007)。罗赫的研究团队也指出,大多数无罪案件集中在杀人和强奸类案件(Roach & Trotter, 2005)。不过,格罗斯和奥本里恩的研究数据显示,美国有 95%的错罪案件发生在杀人和强奸案上,这只占 2%的所有重罪定罪(Gross & O'Brien, 2008)。

对于刑事错案的刑种研究，我们目前暂时还没发现有中文研究成果出版。不过，这个问题在美国研究已有成果，并且对各种刑种的处罚作出了评估。那特纳对 205 个文献收集的错罪案件分析显示，一次判处的刑种比例依次是占 54.3%的监禁、33.5%的无期徒刑、12.1%的死刑(Rattner，1988)。当然，死刑裁判的错误是让人害怕的，然而死刑错误定罪并不乏少见。布尔诺的研究显示，美国从 1976 年以来重新采用死刑以后，6000 个男性和女性被判处死刑，但是有 85 个因无罪而被释放(Burlow，1999)。因此，谢克的研究指出，每判处 7 个被执行死刑的人，就有 1 个是无罪的(Barry Scheck et al.，2000)。李博曼的研究团队更是以勤奋和翔实的研究数据指出，美国在死刑问题上的严重错误性。他们对 1973 年至 1995 年 5760 个死刑案例进行评估后发现，其中的 4578 个死刑上诉案件存在严重错误。也即美国在这 23 年时间里判处的死刑案件中，有 79.5%的死刑可能是不应被判死刑，甚至是无罪(Liebman & Fagan et al，2000b)。

基于这些文献考察，我们继续对美国西北大学错误定罪中心的数据进行统计和分析。由于有些案件并没有指明刑种或者案件类别，而我们又希望对各种刑事错罪的处罚进行详细的展示，这造成我们的数据缺损较大。幸运的是，我们的总样本还依然保持了将近 1000 个。并由此了解，全美最近 100 年来进入有组织调查机构的刑事错罪案件类别及其处罚模式。

表 3　美国刑事错案刑事处罚分布表(1990—2012)

	犯罪	未监禁	有期徒刑	无期徒刑	死刑	总计(Obs)	百分比
Murder	杀人	4	227	194	99	524	53.04%
Sexual Assault	性侵害	3	141	47	0	191	19.33%

（续表）

	犯罪	未监禁	有期徒刑	无期徒刑	死刑	总计(Obs)	百分比
Child Sexual Abuse	性虐儿童	1	76	37	0	114	11.54%
Robbery	抢劫	4	49	9	1	63	6.38%
Rape	强奸	1	19	2	10	32	3.24%
Drug Possession/Sale	持有毒品	1	20	3	0	24	2.43%
Assault	伤人	3	15	0	0	18	1.82%
Arson	纵火	1	4	0	0	5	0.51%
Kidnapping	绑架	1	3	1	0	5	0.51%
Burglary/Theft/Larceny	盗窃	1	4	0	0	5	0.51%
Other	其他	0	4	1	0	5	0.51%
Fraud	诈骗	1	1	0	0	2	0.20%
样本总计(Obs)		21	563	294	110	988	100%
百分比		2.13%	56.98%	29.76%	11.13%	100%	

来源：Center on Wrongful Conviction。

我们的研究发现主要如下：

第一，杀人和性侵犯案件是全美主要的刑事错罪案件。杀人案件是刑事错罪案件的主要来源，财产犯罪的刑事错案较少。这可能和生命权保护、伦理道德、破案压力、社会舆论对追诉犯罪的影响有关(Lincoln, et al. 2006; Wilson, 1989; Langdon & Wilson,2005)。如果将性侵害、性虐儿童、强奸等均归类为性犯罪，那么性犯罪和杀人案件占被统计的998件案件中的87.15%。这个数据结果和格罗斯、林思格的研究结果比较接近，这说明我们对美国错罪的统计结果具有一定的代表性。

第二，刑事错罪案件中判处自由刑的案件最多。有期徒刑和无期徒刑占所有量刑的86.74%，这说明在定罪问题出现疑虑时，法官首选处罚措施是自由刑。也或许与生命权和刑罚制裁的谨慎性有关，毕竟自由刑的错误监禁在发现无罪情形下，还有可能采取其他措施挽救。

第三，死刑案件分布具有一定特性。从数据结构来看，无罪受害人被判处死刑，占所有刑事错案的11.13%。在这些死刑案件中，杀人案件的死刑居多，占杀人罪案件的18.9%，占所有死刑案件的90%。毫无疑问，这与64%美国人支持对杀人罪判处死刑的态度有关（Sussman，2000），以及社会和舆论影响有关（Huff，2003；Possley，1995）。强奸罪中的死刑错案占强奸犯罪的31.3%，而在其他诸如盗窃、诈骗、伤人、性侵害等犯罪中的刑事错案并不多。

为什么美国有50%的刑事错罪集中在杀人犯罪呢，以及为什么90%的死刑错罪均是杀人犯罪呢？看来，即使在美国刑事司法里面，仍然逃不了同态复仇和杀人偿命的报应刑法，即使错误定罪也在所不惜(Liebman & Fagan et al，2000b)。当然，美国人在杀人罪上疯狂错误定罪也为之付出了惨重代价，下文描述的天价赔偿案即是例证。

国家动用刑法权力在追诉犯罪人的同时，也面临着刑事司法事故的正常风险。既然是正常风险，那么刑事司法机关也应当为追诉错误承担一定的行为责任。而这种错误追诉，对于错罪的受害人来说，其后果是长达数年的自由监禁，从而蒙受冤狱。对于这种错误，最好的方法即是用金钱给予补偿，用国家的司法责任给予错罪受害人以精神慰藉。例如，伊利诺伊州因为对Paula Gray等四人错误定谋杀罪，支付3740万(原文3600万)美金作为赔偿自然很有说服力，其中 2 个人被判处死刑（Armstrong & Mills，2000）。当然，这种错误定罪的几率对于特定的刑事受害人来说，其伤害程度自然难以让人承受。但如果思考到，刑事错罪本身的不可避免性，这种愤怒的极端自然有所缓解（何家弘，2012；刘品新，2007；Tomlin，2013；Huff，2004）。不过，这些天价赔偿仅是个案而不具有普遍性，如果据此认为英美国家的刑事错罪国家赔偿制度非常美好，下文的内容可能会让你感觉到失望。

五　对错罪受害人补偿：拒绝赔偿与司法不公

刑事错罪的发生之所以并否偶然，其原因在于错罪的产生是多方面原因造成的结果。从法律内来看，包含证人作证、诉讼参与者作伪证，DNA 检测技术等。在法律范畴之外，刑事诉讼参与各方的警察、辩护律师、法官，都有可能造成刑事错罪。事实远非如此简单，传媒、舆论压力和特定区域的文化氛围也将对定罪公正产生影响，尤其是在犯罪高峰期（Lincoln，et al. 2006；Wilson，1989；Langdon & Wilson，2005）。这种多原因诱发的刑事错罪，间接说明精确定罪并非易事，政事刑事错案的发生，并为刑事错罪的纠正和救济提供了正当性解释。

格罗斯等的研究揭示，即使在美国洛杉矶、达拉斯、图里亚等大城市，当地警察通过做伪证，已将 135 个无罪的人关进监狱，尤其是洛杉矶的警察丑闻被揭露后导致 110 个人的定罪被推翻（Gross & O'Berien，2008；Cannon，2000；Gorman，2002；Yagman & Bing，2001；Duggan，2002；McDonald，2002）。何家弘介绍了朱莉的冤案，在这个案件中，公诉人兰德斯在已经改判无罪的人被释放后,立即千方百计穷尽诉讼手段欲求重新定罪也并不少见(何家弘,2012)。李博曼的研究团队,在对美国 1973 至 1995 年的死刑案件分析后,也指出法官在案件审理过程中在证据问题上有偏向公诉人的嫌疑,从而造成 68%的死刑判决均出现严重错误(Liebman & Fagan et al, 2000b)。辩护律师引发的刑事错案无法救济也并非少见,布莱特的研究介绍了两个得克萨斯州因支付法律援助律师费太低,律师怠于履行职责而造成该案错过上诉期导致错罪案件得不到纠正(Bright,2009)。证人或证据等原因引发的刑事错罪案件,在世界各国更是异常频繁,例如目击者错误、狱友作假证、证人作伪证、DNA 鉴定错误等(何家弘,2012; 董坤,2010; Rattner,1988; Huff,2004; Gould & Leo, 2007; Smith, 2005; Garrett, 2005)。胡富的研究指出,刑事错误定罪还与犯罪波(Crime Waves)有关,在高犯罪压力之下,警察、公诉人、法官在社会治安和舆论压力下更容易出现错罪(Huff,2003)。

上述刑事错案的原因介绍,并非多余,这是理解刑事错案不可避免性以及国家对刑事错案进行救济的合理前提。面对刑事错案引发的不公问题,国际社会一方面持批评态度,另一方面也因其不可避免性而无奈地倡议对其进行补救。例如,联合国 1976 年生效的《公民权利和政治权利公约》第 14 条(6)项明确规定:与会成员应当对遭受司法不公而错误定罪的人做出赔偿①。然而,即使对于当今世界法制文明的国家,在刑事错案问题上也表现出一定程度的犹豫,各国或地区对刑事错罪的态度迥异。

---

① 联合国《公民权利与政治权利公约》,1976, Art 14(6):"在一人按照最后决定已被判定犯刑事罪而其后根据新的或新发现的事实确实表明发生误审,他的定罪被推翻或被赦免的情况下,因这种定罪而受刑罚的人应依法得到赔偿,除非经证明当时不知道的事实未被及时揭露完全是或部分是由于他自己的缘故。"

我们的文献收集发现，除新西兰规定有明确的赔偿标准和范围外，美国、英国、澳大利亚、加拿大等国至今没有制定明确而统一的赔偿标准。因此，这造成了大量刑事错案受害人无法得到赔偿。新西兰 2001 年通过的《刑事案件错误定罪赔偿和恩赦法案》赋予了法官一个自由裁量系统，但对被错误监禁的人赔偿的最低限度是每年 100,000 新元(Patterson, 2004)。

1. 赔偿与差异：天价赔偿背后的不予赔偿

澳大利亚除首都区有立法规定对错误定罪者补偿以外，目前官方并没有制定法案对个各区刑事无罪受害人进行赔偿(Hoel, 2008)。从澳洲的个别案例来看，赔偿标准还是非常高。2009 年西澳大利亚政府为以谋杀罪错误定罪的 Andrew Mallard 支付了 350 万澳元，作为对其 12 年错误监禁的补偿；2010 年维多利亚政府为以强奸罪错误定罪的 Abdulkadir Jama 支付了 50 万作为对其 15 个月错误监禁的补偿(Bindman & Bruck et al., 2011:7)。2007 年，昆士兰一名抗争者因为被警察错误监禁几小时，法官判处赔偿金 2 万澳元；新南威尔士一名被警察错误逮捕并监禁 56 天的人，被法院判赔偿金 7.5 万澳元；另外一名新南威尔士的人被警察毫无理由逮捕 3 小时被判赔偿金 2.5 万元；维多利亚区 1988 年被错误定罪并监禁 4 年的灿博林(Chamberlain)，在 2005 年获赔 130 万澳元(Hoel, 2008)[1]。皮尔斯的研究也揭示，一个 1979 年被错误指控谋杀罪的并被量刑 16 年监禁的安德森案，在服刑 7 年以后被无条件释放，每人获得赔偿金 10 万澳元；新南威尔士的道

① See also *Coleman v Watson* [2007] QSC 343, BC200709939; *Spautz v Butterworth* (1996) 41 NSWLR 1; *Zaravinos v NSW* (2005) 214 ALR 234; *Re Conviction of Chamberlain* (1988) 93 FLR 239.

格拉斯于1980年被定罪谋杀妻子，服刑8年后被改判无罪，并获得10万澳元赔偿金；西澳大利亚区的布登在1962年被定罪，2003年该案重新告破，布登被释放后获得40万澳元赔偿金（Percy，2007）。不过，由于澳大利亚目前并没有无罪补偿的强制性法案，即使是首都区规定有对错误定罪者给予补偿，但如何判定错罪和赔偿的标准至今没有出台（Hoel，2008）。因此，这些获得赔偿的案例仅是成功获得赔偿的极少数案例，皮尔斯指出尚有大量的刑事错罪案例没有得到任何补偿（Percy，2007）。

英国已经获赔案例的赔偿标准也较高，但由于没有官方标准，这导致英国在是否赔偿和赔偿多少问题上出现较大差异。泰勒的研究指出，从平均水平看，英国的赔偿标准大概是每监禁一年补偿1.3—1.4万英镑，一名被错误定罪并被监禁25年的士兵被补偿35万英镑（Taylor，2003：232）。对于遭受刑事错案的受害人来说，获得赔偿当然是一件幸运的事，但是对于那些没能成功申请甚至是被拒绝支付赔偿金来说，命运就显得令人遗憾（Lincoln & Morrison，2006）。例如，英国最高法院2013年再一次拒绝了Barry George的赔偿申请，George于1999年被控谋杀罪，后因于2007上诉至上诉法院而被改判无罪。尽管已经遭受8年冤狱，但Goorge提出的赔偿50万的申请被排除在刑事错罪赔偿范围之外（Milmo & Cusick，2013）。

加拿大政府同样面临着错罪的赔偿问题。虽然加拿大联邦和州政府在1988年，出台了关于上诉法院确定无罪或执行机构恩赦的人可以获得赔偿，但最高限制是10万加元。更严重的问题是，加拿大至今没有立法规定对《公民与政治权利公约》的错罪进行赔偿的相关内容，以至于这是对该公约缺乏执行（Roach，2011）。尽管如此，加拿大司法实践中，一些地方法院的自愿赔偿却突破了数额的限制,并有意加大对刑事错案受害者的赔偿力度。目前可以发现的最高额赔偿是 Réjean Hinse 案,他在 1964 年因加重抢劫而被判处 15 年有期徒刑,2011 年加拿大最高法院判决无罪后,由加拿大联邦政府和魁北克政府共同支付 1320 万加元作为赔偿金(Moles, 2012)。Hinse 在 2011 年的赔偿数额,刷新了 Migaard 之前 1000 万加元的赔偿纪录。在 1992 年,加拿大最高法院为因错误定谋杀罪而被监禁 23 年的 David Milgaard 赔偿 1000 万加元(Bindman & Bruck et al., 2011: 21; Roach, 2011)。另外,Thomas Sophonow[①] 和 Clayton Johnson 分别获得 250 万加元的赔偿,Stephen Trust 因 1959 年谋杀定罪而在 2007 年被安大略上诉法庭改判无罪,安大略政府最终赔偿 650 万加元(Roach, 2011)。然而,加拿大的赔偿却充满了戏剧性,在其他案子中的低赔偿引发了学术界对刑事无罪受害人赔偿的公正性批判。例如 1971 年 17 岁的 Donald Marshall 因谋杀罪而被监禁 11 年,但加拿大新斯科舍省上诉法庭只赔偿 25 万加元(Roach,2011)。

美国的刑事错案受害人赔偿如出一辙,但其赔偿标准因司法双轨制而各州之间的差别较大。美国无罪保护法案(Innocence Protection Act)讨论过程中,曾提出对于被错误定罪并被监禁的人按照死刑犯 10 万美金/年,其他被错误关押的以 5 万美金/年的标准赔偿(Innocence Protection Act, 2001; Weiers & Shapiro, 2003; Zalman, 2007)。就目前来看,这个法案的赔偿标准已经被

① 1981 年 Thomas Sophonow 以涉嫌用绳子勒死 16 岁女孩 Barbara Stoppel,而被以谋杀罪起诉,该案在三次审理以后,于 1985 年被 Manitoba 上诉法庭改判无罪。无罪释放后,他持续地为全面洗清罪名而努力。1998 年 Winnipe 警察局重新调查该案,2000 年承认 Sophonow 事实上是无罪,并且真正的凶手已经被找到。See The Inquiry Regarding Thomas Sophonow, available at http://www.gov.mb.ca/justice/sophonow/index.html (last visited Apr. 5, 2002)。

介绍到佐治亚州、密歇根州和犹他州(Hunt, 2006; Tucker, 2006)。然而,如图 6 所示,美国有 28 个州目前并没有制定任何赔偿标准,蒙大拿州甚至明确规定对刑事错罪受害人不给予赔偿(CNN News)。

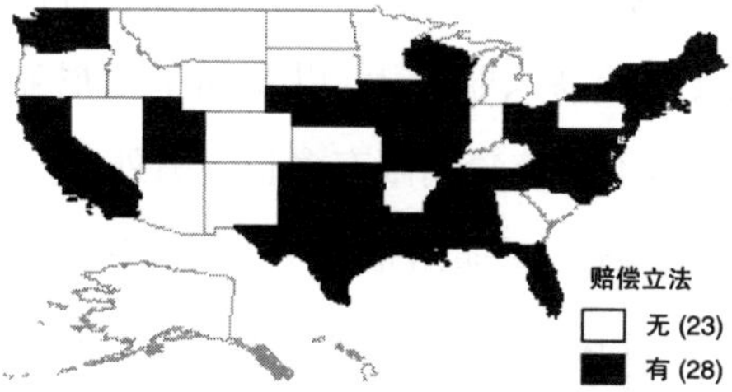
赔偿立法
无 (23)
有 (28)
(a) 新罕布什威尔只赔偿2万↓;(b) 俄克拉荷马统一赔偿17.5万;(c) 马里兰、哥伦比亚、康州、纽约不限;(d) 缅因30万↓、麻州50万↓、田州100万↓;(e) 阿拉巴马最低5万/年↑;(f) 蒙大拿不赔偿;(g) 爱荷华&密苏里50元/天;(h) 伊利诺伊浮动标准;
(f) 犹他(非农)&弗吉尼亚(90%)按年均收入;(g) 下列州按年计算,但有最高额限制:佛州(5万↑/年,但200万↓)路易斯安娜1.5万/年,15万↓内布拉斯加0.25万/年,50万↓犹他、弗吉尼亚按人均收入计算

图 6　美国各州刑事错罪赔偿立法情况表

来源:CNN News;Innocence Project(分析作图)。

就目前的实践来看,美国也已出现多个天价赔偿案。例如,Jones 一案芝加哥警察局因扣押有利证据而错误入罪被判赔偿 80.1 万,Reasonover 案因错误监禁 16 年赔偿 750 万,Martinez 案因恶意起诉而羁押 6 个月获赔 826 万,底特律警察对 18 岁的残疾人 Gayles 刑讯逼供后认罪一级谋杀而被错误羁押 90 天赔偿 80 万[①]。伊利诺伊州对 3 个经 DNA 检验后改判无罪的 Kenneth Adams 等,判赔 3600 万(Robert Becker, 1999)。因受错误指控和警察操纵而被判死刑的 Manning 案,在等候死刑执行 14 年后被改判无罪并被陪审团给予 660 万赔偿,附加 1500 万损失赔偿(Hua, 1998; Korecki, 2005)。上述案例表达了美国刑事司法中的高额赔偿,这对无罪受害人来说当然是好事。

---

① See Jones v. City of Chicago, 856 F. 2d 985, 988, 996 (7th Cir. 1988); Reasonover v. St. Louis County, 4:01 CV 01210 (CEJ)(E. D. Mo. 2004); Martinez v. Brink's, Inc., No. CL0103469AH (S. D. Fla. Oct. 2, 2003); Gayles v. City of Detroit, 16 MICH. TRIAL RPTR., No. 01-CV-60038 (Mich. Cir. Ct. June 11, 2003).

然而,对于那些憧憬于美国的刑事法律能够公正到无处不在的人来说,大量刑事错罪受害人根本不能获得有效的刑事赔偿的真实情况可能是一个严重打击。这表现为两个方面:一方面,美国有28个州至今没有对刑事错罪受害人给予赔偿进行立法。① 另一方面,即使是少有的几个州有给予赔偿的立法,也只是象征性的补偿。典型的如,新罕布什威尔最高只赔2万,以及加里福尼亚1999年规定最高只赔10000元,不管监禁期限有多长。另外,有8个州还有类似的数额限制,如路易斯安那州最高只赔15万美元(Bernhard,2004)。面对这种不公正的情况,有研究者认为这些州根本不存在赔偿,或者是可怜的捐赠(Bernhard,1999,2004;Chunias & Aufgang, 2008; Lopez, 2002)。一些案例也反映了上述批评的确具有真实性,例如,1986年以谋杀罪定罪的格拉汉姆(Graham)被判处死刑,在等待执行死刑13年后,路易斯安那州上诉法庭于2000年对其改判无罪,在释放时监狱就只给10美金路费和一件牛仔夹克,而没有任何赔偿,最后还是律师花127美金为其购买回家的车票(Lopez, 2002)。事实情况就是,对于大多数人来讲,获得赔偿并非易事,即使是那些已经有立法支持赔偿无罪受害人的州。例如,缅因州等要求无罪受害人要求赔偿须首先获得财政开支预算或政府的批准,然后才能申请赔偿,这就导致赔偿权利人利用州法律成功申请的机会微乎其微,地方法院和立法者甚至故意为此设置当事人维权的障碍(Lopez, 2002; Mostaghel, 2011)。因此,研究直接指出,美国部分州不予赔偿或施舍性的标签市赔偿立法,是立法保护上的欠缺和对受害人保护的不足的表

① 这些州包括:阿拉斯加、亚利桑那、阿肯色、科罗拉多、特拉华、佐治亚、夏威夷、爱达荷、印第安纳、堪萨斯、肯塔基、密歇根、明尼苏达、蒙大拿、新墨西哥、北达科他、俄勒冈、宾夕法尼亚、罗德岛、南卡罗莱、南达科他、华盛顿、怀俄明等州(CNN News,2013)。

现(Gould & Leo, 2010)

不过,即使对于那些获得赔偿的人来说,美国的赔偿公正力度也并不乐观。赔偿存在差异,这不仅是各州之间的差异,即使在同一个州内的赔偿数字也是迥异。例如,Willams 在蒙受 10 年冤狱后,因受害人承认未看清面部而无罪,最终只获赔 75 万(Farkas, 2003)。暂且不考虑上述天价赔偿的案例,仅就遭受 12 年监禁的皮茨和李两人来说,他们因 1963 年涉嫌谋杀被定罪,在 1975 年服刑 12 年被改判无罪后直到 1998 年才获得 50 万赔偿(Williams, 1998)。如果阅读到下一则案例,可能对美国的赔偿几乎不抱有什么希望。俄亥俄州的 O'Neil 在 1971 年被错误定为持枪抢劫罪而遭受 3.5 年的冤狱,然而州最高法院 1984 年只裁判了 6967 美元的损失赔偿(Mostaghel, 2011)。

毫无疑问,这些被一贯神话的公正司法系统,目前还面临着刑事错罪赔偿绝对不公的尴尬局面。林肯的研究指出了这个问题的根本原因,这很可能与赔偿与否,以及赔偿标准的缺失或欠缺有关。由于缺乏统一的赔偿标准,这造成了刑事司法在处理错误定罪受害人上差异较大,并且具有一定的随意性(Lincoln & Morrison, 2006)。

2. 全美赔偿(Forejustice):1900—2012

直到目前为止,并没有介绍不同犯罪被错误监禁的期限和赔偿数额。为此,我们对 Forejustice 数据库中的 1086 个有效样本做了适当分析。如表 5 所示,美国的刑事错罪在整体上看,平均错误关押 11.5 年。而且,以不同犯罪的平均监禁期限对比可发现,刑事犯罪越严重,遭受错误监禁的期限越长。例如,杀人、强奸、抢劫、性伤害的监禁期限的平均值比诈骗、盗窃、持有毒品的期限要长。一个可能的解释是，重罪在无罪申诉道路上面临公诉人、警察的阻碍更大，以及法庭对于此类犯罪的无罪谨慎程度更高。

从获得赔偿的人数来看，只有 44 人获得赔偿，占 1086 个有效罪名案件中的 4.05%，占所有 1522 个无罪受害人样本的 2.89%。不妨把这个数据结果予以推广，由此可发现，美国刑事错罪案件中，至少有 97.1%的错罪受害人不能获得一分钱赔偿。我们的研究发现基本证明，美国学者所指出的无罪受害人获得赔偿的难度较高的确非常真实(Bernhard, 1999, 2004; Chunias & Aufgang, 2008; Lopez, 2002; Gould & Leo, 2010)。当然，对于那些已经获得赔偿的人来说，刑事错案赔偿可谓绝对的天价，平均每人获得 81 万美金。最高的是伊利诺伊州高等法院对 Paula Gray 等五人判赔的 3740 万元(Center on Wrongful Conviction)，以及联邦法院 2002 年对因错误定谋杀罪的 Jun Johnson 所遭受的 11.25 年冤狱判赔 2101.5 万(Forejustice)。

表 4 美国无罪监禁及补偿情况表(1900—2012)

错案	侵害/补偿	样本	均值	标准差	最小值	最大值	平均补偿(已赔:$/年)
纵火	监禁	5	3	2	1	6	——
Arson	补偿	0	——	——	——	——	——
绑架	监禁	5	8.6	5.9	0	16	——
	补偿	0	——	——	——	——	——
杀人	监禁	597	12.1	7.9	0	36	——
	补偿	29	6417022.0	12500000.0	0.0	37400000.0	1038888.9
伤人	监禁	19	4.8	4.2	0	14.0	——
	补偿	0	——	——	——	——	——
强奸	监禁	32	12.5	5.5	5	26	——
	补偿	6	8236717.0	9161260.0	0.0	25000000.0	961538.5

（续表）

错案	侵害/补偿	样本	均值	标准差	最小值	最大值	平均补偿(已赔:$/年)
性伤害	监禁	198	14.4	8.2	0	35	——
	补偿	4	2850000.0	4771268.0	250000.0	10000000.0	285714.3
抢劫	监禁	120	10.2	7.2	0	35	——
	补偿	0	——	——	——	——	——
毒品持有	监禁	26	4.3	3.5	0	12	——
	补偿	2	49175.0	48330.8	15000.0	83350.0	6945.8
诈骗	监禁	2	5.5	2.1	4	7	——
	补偿	0	——	——	——	——	——
其他	监禁	8	4.4	3.6	1	11	——
	补偿	0	——	——	——	——	——
全部	监禁	1084	11.5	8.1	0	46	34
	补偿	44	5622455	10900000	0	37400000	813043.5

注：样本总数1522，其中436个无罪受害人罪名不详而未作统计。

来源：Center on Wrongful Conviction。

本部分的研究进一步证明，错误定罪是一个国际现象。面对这些错误定罪的处理，英美国家所反映的怠于赔偿态度反映出无罪受害人获赔的渺茫，尤其是获赔人较少以及数额的不公削弱了其一向所标榜的司法公正形象。值得注意的是，如果没有鲜明的数据对比，美国的天价赔偿和新西兰的赔偿立法，可能容易被错误地认为：先进法治国家所标榜的司法文明是一种令人崇拜的司法神话。然而，真实的法治文明国家，仍然免不了刑讯逼供等导致的错罪，以及在出现错罪后拒绝承担责任和赔偿的局面，典型的是Paula Gray案和Norfolk Four案中警察所使用的刑讯逼供导致错误定罪（Center on Wrongful Conviction；Gould & Leo，2010）。

面对这些问题，中国刑事法政策制定者和法律参与者应当如何认识自己呢？这是我们继续研究的工作，我们并不打算在此详细论证，下文仅对此略做发散。

六　结语：全球视野下的中国刑事政策思考

任何刑事司法系统，错误总是注定要发生，有罪的人逃避刑事处罚以及无罪的人被错误定罪都可能出现（Quirk，2007）。正如吴晓凤教授指出的那样，没有一个国家能够避免在刑事司法系统中出现错罪（Wu，2011）。面对全球普遍的刑事错罪问题，中国刑事法政策制定者是否还会对错罪羞于启齿呢？中国法律参与者或学术研究者，应当发表狂热的批评意见吗？这是本文的主题背景，正如文中反复强调的一样，应当给错罪一个客观认识的空间。

本文通过对全球数据的介绍，我们通过对 102 个国家（尤其是美国）的刑事错罪情况说明错罪是全球现象，英美国家错罪更加普遍，且近年来呈上涨趋势；美国的刑事错罪受害人平均面临 11.58 年，受害人做无罪申诉平均长达 10 年；刑事错罪主要集中在杀人犯罪、性犯罪案件。本文也指出：虽然英美国家有天价赔偿的少数案例，然而除新西兰对刑事错罪有明确的国家赔偿标准外，英美国家目前均没有制定法律明确对刑事错案的赔偿；刑事错罪赔偿面临法律保护的不足，这就是美国错案受害人获得赔偿的只有 2.9%，超过 97.1%的刑事错案没有得到赔偿的根本原因。

研究过程中，我们也认识到中国公开报道的刑事错案数量较少。然而，如果考虑到全球的普遍背景和错罪黑数问题，这并不意味着中国的刑事错罪真的就很少。为了说明这个问题，我们将继续对中国的刑事错罪情况做补充分析。由于官方和民间均没有对错罪进行统计，我们只得借助于最高人民法院工作报告中统计的无罪人数做分析，这些无罪包括再审改判无罪的案件。何家弘教授对德国的刑事错罪案件进行研究时，使用类似方法对德国 1150 件再审改判无罪的案件做过引证(何家弘，2012)。

对最高人民法院 1988 年以来的工作报告进行研究后，我们发现中国最近 10 多年的刑事无罪判决呈下降趋势。如图 7(左)所示，中国的刑事无罪率从 1988 年的 0.7%下降到 2005 年的 0.26%，被判无罪的人数从 2285 人下降到 2162 人(忽略 2000—2004 年)。这就需要辩证思考，而且是由表及里的深入分析，才能发现问题。从表面上看，无罪率和无罪案件下降，反映出最近 20 多年的法治建设使中国的定罪更加准确，这是好事，这也是中国司法实务界一贯坚持的作风。然而，从深层次分析，这并非好事，它表明中国定罪人口在逐年增加，且定罪率更高(陈卫东，2002：323)。如图六右图显示，中国的刑事定罪数量几乎呈斜率为 1 的直线上升趋势。

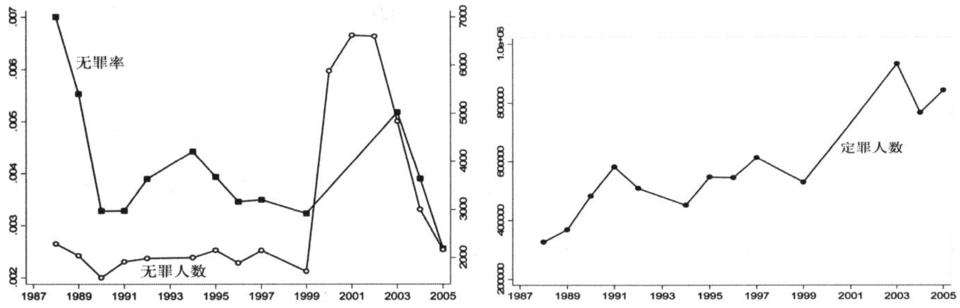

图 7　中国刑事无罪趋势图

来源：《最高人民法院工作报告(1987—2005)》，全国人民代表大会；国务院；最高人民法院；法律图书馆。

值得思考的是，中国的刑事司法实践能保持这种精确定罪吗？我们并不这么认为，相信大多数法学研究者都这样认为。与此相反,我们认为错误定罪在中国同样非常普遍,即便公开报道的案例仅仅是冰山一角。这可能是中国政策制定者和刑事法学者应当正视的问题。中国高定罪率低无罪率的背后,可能隐藏着定罪错误的极高可能性。不妨用图 7(左)2000 年至 2003 年和其他年份的无罪案件作对比,这四年的刑事无罪案件均值(M2001—0. 03＝5981. 8)是其他年份的 3 倍(M 年≠2001—03＝2071. 6)。为何忽然间刑事错罪就上升或下降了呢?只能有一个合理的解释,其他年度的无罪案件可能被隐藏(王松苗,2005)。这些被隐藏的刑事无罪案件,所反映的另一个问题就是被错误定罪的可能性较高。然而,刑事诉讼具有双重目的,不仅要惩罚犯罪者而定罪,而且还需保护无罪者免受刑事处罚(何家弘,2012;龙宗智 & 杨建广,2007:67;陈光中,2005:24)。既然如此,中国的刑事司法活动应当坦然地接受错误定罪,并且应大胆地对错误追诉犯罪行为做出无罪判决,包括再审改判无罪。

而事实上,中国已经从 1994 年开始就鼓足勇气面对刑事错罪,这不能不说是中国司法进步的一个表现(Hand,2010)。中国在 1994 年已经出台《国家赔偿法》,并且明确用在职职工的日平均工资作为计算错误监禁的赔偿标准,并且这一标准最近提高到每日 182. 35 元(徐隽,2013b)。在同一水平上,美国犹他州以非农业人口和弗吉尼亚 90%的州平均人均收入标准,这说明中国的标准还是一个国际标准。但是,中国的国家赔偿却没有像犹他州规定最高赔偿 15 年限制,也没向弗吉尼亚州那样规定最高赔偿不超过 20 年的规定(CNN News)。从相对收入水平来看,中国每天赔偿 182. 35 元的标准,甚至比爱荷华和密苏里州每天仅赔偿 50 美金更高(CNN News)。中国和亚利桑拉、阿肯色、科罗拉多等 28 个没有制定立法赔偿错罪受害人的州相比,更别说美国等大量拒绝赔偿的案例(97.1%),中国对刑事错罪的客观对待态度应当值得肯定。

既然中国立法和司法实践中,已经制定了现代文明刑事法所应当完成的任务,还有什么值得顾虑的呢?在未来的一段时间里,中国学术界和司法界应当客观认识刑事错罪这个问题,更应当勇于对无罪之人判决无罪并作出赔偿,尽量减少刑事错案所带来的负面影响。本文坚持错罪不能避免,中国应敢于面对错误定罪的现实,这可能会被误解为替中国的刑事司法做辩护。然而,刑事错罪,这应是一个开放的学术话题。如果从本文的客观论证过程理解我们的立场,我们相信本文的结论并非奇谈怪论。当然,我们也欢迎学术同仁作出批评,但更希望能通过全球的错罪状况介绍,帮助中国司法者们正确认识自身的刑事错罪。接下来的研究中,我们将把重心转向调查中国的刑事错罪,并通过样本统计分析中国在错罪和赔偿方面的具体情况。

参考文献:

[1] C.罗纳德·赫夫、阿依莱·特纳、爱德华·萨格因著,李春、王敏娜译,张建伟校:《无辜者被定罪——错误的有罪判决和公共政策》,《清华法治论衡》2008年第1期。

[2] 常秀丽、刘品新:《英国的刑事错案研究》载刘品新主编《刑事错案的原因与对策》,北京:中国法制出版社,2009年。

[3] 陈光中,《刑事诉讼法》,北京:北京大学出版社 & 高等教育出版社,2005年。

[4] 陈卫东,《我国刑事诉讼证明标准之重塑》,证据学论坛(第四卷),2002年。

[5] 董坤:《英国刑事错案防治研究——兼论对我国的借鉴和启示》,《中国刑事法杂志》2010年8期。

[6] 龚佳禾:《"刑事错案的认定标准"研究》,《中国刑事法杂志》2007

年第5期。

[7] 龚举文:《论刑事错案责任追究制度》,《法商研究》1996年第2期。

[8] 郭欣阳:《暴力犯罪刑事错案中的证据问题》,《法学杂志》2010年第4期。

[9] 何家弘:《刑事错案中的证据问题——实证研究与经济分析》,《政法论坛》2008年第2期。

[10] 贺卫方,《冤案责任追究:谁追究,追究谁?》,《南方周末》2010年5月13日。

[11] 冀祥德,《民愤的正读——杜培武、佘祥林等错案的司法性反思》,《现代法学》,2006年第1期。

[12] 李建明:《刑事错案预防的宏观对策研究》,《人民检察》2006年第9期。

[13] 李建明:《重复性刑事司法错误的三大原因》,载《政治与法律》2002年第4期。

[14] 刘品新:《当代英美刑事错案的实证研究》,《国家检察官学院学报》2007年第1期。

[15] 刘燕:《从无辜者运动检讨死刑判决的正当性》载刘品新主编《刑事错案的原因与对策》,北京:中国法制出版社,2009年版。

[16] 刘志伟:《检察环节刑事错案成因与分析》,《人民检察》2006年第9期。

[17] 龙宗智、何家弘:《刑事证明标准纵横谈》,2002年第1期。

[18] 龙宗智、杨建广:《刑事诉讼法》,北京:高等教育出版社,2007年版。

[19] 秦学俭:《检察人员的证据意识与刑事错案的预防》,《中国检察官》2007年第1期。

[20] 宋远升:《刑事错案研究》,《犯罪研究》,2008年第1期。

[21] 沈德咏,《我们应当如何防范冤假错案》,《人民法院报》2013年5月16日。

[22] 万伟岭:《刑事错案原因探析》,《中国检察官》2012年第1期。

[23] 王晋,刘志远:《关于刑事错案判定与反思——以检察环节为视角》,《法学杂志》2007年第6期。

[24] 王乐龙,《刑事错案:症结与对策》,中国人民公安大学出版社,

2011年。

[25] 王松苗,《辩证看待100%的有罪判决率),载《检查日报》2005年5月25日。

[26] 王晓霞:《刑事错案认定标准的反思与重构》,《人民检察》2006年第11期。

[27] 吴健雄:《检察官客观义务的错案预防机制》,《法学评论》2011年第1期。

[28] 吴行政:《英美证据法上的刑事证明标准探析》,《政法论丛》,1999年第4期。

[29] 徐　隽(a):《"张氏叔侄案"国家赔偿三问(新视野)》,人民网,2013年5月29日,http://legal.people.com.cn/n/2013/0529/c42510-21650920.html,访问时间:2013年6月17日。

[30] 徐隽(b):《国家赔偿标准提高为每日182.35元》,中国法院网,2013年5月20日,http://www.chinacourt.org/article/detail/2013/05/id/960116.shtml,访问时间:2013年6月17日。

[31] 杨建军:《刑事错案刍议》,《中国检察官》2011年第15期。

[32] 杨宇冠、赵珊珊:《刑事错案的预防与补救》,《甘肃社会科学》2010年第5期。

[33] 张军:《略论刑事错案的原因》,《法学论坛》,2005年第8期。

[34] 张丽云:《刑事错案的七种证据》,北京:中国法制出版社,2009年。

[35] 甄贞、孟军、孙瑜等编译:《法律能还你清白吗?——美国刑事司法实证研究》,北京:法律出版社,2006年版。

[36] 邹绯箭:《现行刑事错案控制机制的经济学分析》,《中国刑事法杂志》2011年第5期。

[37] Adrian H, 2008. Compensation for Wrongful Conviction Australian Institute of Criminology, Trends & Issues in Criminal and Criminal Justice, No. 356, http://www.cch.com.au/DocLibrary/Compensation%20for%20wrongful%20conviction.pdf.

[38] Armstrong K, Mills S, January 24, 2000. Flawed Murder Cases Prompt Calls for Probe, Chi. Trib., at N1, available in 2000 WL 3629579.

[39] Bajer R, Trepanier M et al., 2007. Wrongful Conviction in Can-

ada, International Society for the Reform, http://www.isrcl.org/Papers/2007/YMC.pdf,访问时间:2013 年 6 月 15 日.

[40] Baldwin J, McConville M, 1979, Jury Trials Vol. 41.

[41] Becker R, March 16, 1999. Ford Heights Four to Get Their Settlement from County, CHI. TRIB., § 2, at 3.

[42] Bedau HA & Radelet ML, 1987. Miscarriage of Justice in Potentially Capital Cases, 40 STAN. L. REV. Vol 40.

[43] Bernhard A, 1999. When Justice Fails: Indemnification for Unjust Conviction, U. CHI. L. ScH. Roundtable. Vol. 6.

[44] Bernhard A, 2004. Justice Still Fails: A Review of Recent Efforts to Compensate Individuals Who Have Been Unjustly Convicted and Later Exonerated, DRAKE L. REV. Vol 52.

[45] Bindman S, Bruck A et al., 2011. The Path to Justice: Preventing Wrongful Convictions, FPT Heads of Prosecutions Committee.

[46] Borchard EM, 1913. European Systems of State Indemnity for Errors of Criminal Justice, J. AM. INST. CRIM. L. & CRIMINOLOGY Vol. 3.

[47] Brand R, Davies C, 1973. Wrongful Imprisonment: Mistaken convictions and their consequences, London: George Allen & Unwin.

[48] Brian F, 2003. Errors of Justice: Nature, Sources and Remedies. New York: Cambridge University Press.

[49] Burlow A. November 1999. The Wrong Man, Atlantic Monthly, at 68.

[50] Campbell K, 2008. The Fallibility of Justice in Canada: A Critical Examination of Conviction Review, in Huff, C. Ronald & Killias, Martian(eds.) Wrongful Conviction: International Perspectives on Miscarriage of Justice, Philadephia: Temple University Press, 2008:120.

[51] Cannon L, October 1, 2000. One Bad Cop, N. Y. Times Magazine, at 32.

[52] Chunias JL, Aufgang YD, 2008. Beyond Monetary Compensation: The Need for Comprehensive Services for the Wrongfully Convicted, B. C. THIRD WORLD L. J. Vol 28.

[53] CNN News, Wrongful Conviction Compensation Statutes. http://edition. cnn. com/interactive/2012/03/us/table. wrongful. convictions/,访问时间:2013 年 6 月 14 日.

[54] Duggan P, January 18,2002. "Sheetrock Scandal"Hits Dallas Police, Washington Post, at A12.

[55] Farkas K, September 24, 2003. Wrongly Imprisoned Man Dreams of Fun, Helping Kids, Cleveland Plain Dealer.

[56] Findley KA, 2002. Learning From Our Mistake: A Criminal Justice Commission to Study Wrongful Conviction, California Western Law Review, Vol. 85(No. 2).

[57] Footet D, 1992. From Japan's Death Row to Freedom, Pacific Rim Law & Policy Journal, Vol. 1(No. 1).

[58] Fukurai H, Kurosawa K, 2010. Impact of the Popular Legal Participation on Forced Confessions and Wrongful Convictions in Japan's Bureaucratic Courtroom: A Cross-National Analysis in the U. S. and Japan, US-China Law Review, Vol. 7.

[59] Gastwirth JR, Sinclair MD, 1998. Diagnostic Test Methodology in the Design and Analysis of Judge-Jury Agreement Studies, Jurimetrics Vol. 39.

[60] Givelber D, 1997. Meaningless Acquittals, Meaningful Convictions: Do We Reliably Acquit The Innocent?, Rutgers L. Rev. Vol. 49.

[61] Gorman A, May 19, 2002. For Some, It's Too Late to Overturn Convictions: Judges are refusing to review cases involving tainted officers if inmate is no longer in custody, L. A. Times, at Metrol.

[62] Gould JB, Leo RA, 2010. Justice "in Action one Hundred Years Later: Wrongful Convictions".

[63] After A Century of Research, The Journal of Criminal & Criminology, Vol. 100 (No. 3).

[64] Griffin L, 2001. The Correction of Wrongful Convictions: A Comparative Perspective,16 AM. U. INT'L L. REV. Vol. 16 (2001).

[65] Gross S, O'Brien B, 2008. Frequency and Predictors of False Convictions:Why We Know So Little, and New Data on Capital Cases, J.

Empirical Legal Stud. Vol. 5.

[66] Gross SR, 1987. Loss of Innocence: Eyewitness Identification and Proof of Guilt, 16 J. LEGAL STLTD. Vol. 16.

[67] Haller RL, 2002 The Innocence Protection Act: Why Federal Measures Requiring Post-Conviction DNA Testing and Preservation of Evidence are Needed in Order to Reduce the Risk of Wrongful Executions, N. Y. L. Sch. J. Hum. Rts. Vol. 18.

[68] Hand K, 2000. Watching the Watchdog: China's State Compensation Law as a Remedy For Procuratorial Misconduct, Pacific Rim Law & Policy Journal, Vol. 9 (No. 1).

[69] Horan D, 2000. The Innocence Commission: An Independent Review Board for Wrongful Convictions, N. ILL. U. L. REV. Vol. 20.

[70] Hua T, 1998. $4 Million Goes to Man Wrongly Convicted of Rape, L. A. TIMES, Apr. 30, 1998, at A3.

[71] Huff CR, 2002. Wrongful Conviction and Public Policy: the American Society of Criminology 2001 Presidential Address, Criminology Vol. 40(No. 1).

[72] Huff CR, 2003. Wrongful Conviction: Causes and Public Policy Issues, Criminal Justice Vol. 15(Spring).

[73] Huff CR, 2004. Wrongful Conviction: The American Experience, Canadian Journal of Criminology and Criminal Justice, Vol. 46 (No. 2).

[74] Huff CR, Killias M. , 2008. Wrongful Conviction: International Perspectives on Miscarriage of Justice, Philadephia: Temple University Press.

[75] Hunt S. January 15 2006. Bill Seeks to Pay for wrongful conviction. Salt Lake Tribune,P. B1.

[76] Innocence Protection Act, S. 486, 107th Cong. § 301 (2001) (reported).

[77] JIADEP (Japan Innoncence & Death Penalty Research Center): Wrongful Arrests and Convictions(1912-Presents), http://www. jiadep. org/List_WA-C_files/page70_1. html,访问时间:2013 年 6 月 11 日。

[78] Roach K, 2011. Wrongful Conviction in Canada, University of Cincinnati Law Review, Forthcoming.

[79] Roach K, Trotter G, 2005. "Miscarriages of Justice in the War Against Terror" 109 Penn. State L. Rev. Vol. 109.

[80] Korecki N, January 25, 2005. Jury Finds FBI Railroaded Ex-Cop; Verdict Holds Agents Liable for $6. 6 Million in Death Row Case, CHI. SUN-TIMES, Jan. 25, 2005, at 3.

[81] Langdon J, Wilson P, 2005. When Justice Fails: A Follow-up Examination of Series Criminal Cases since 1985, Current Issues in Criminal justice, Vol. 17(No. 2).

[82] Liebman, JS, Fagan J et al., 2000a. Capital attrition: Error rates in capital cases, 1973—1995. Texas Law Review 78.

[83] Liebman JS, Fagan J et al., 2000b. A Broken System: Error Rates in Capital Cases, 1973—1995, Columbia Law School, Public Law & Legal Theory Working Paper Group Paper Number 15.

[84] Liebman, JS, 2002, Rates of reversible error and the risk of wrongful execution. Judicature 86 (2).

[85] Lincoln R, Morrison C, 2006. Rights of the wrongful convicted, The National Legal Eagle, vol. 12(Issue 2).

[86] Lopez AB, 2002. $10? And a Denim Jacket? A Model Statute for Compensating the Wrongly Convicted, GA. L. REV. Vol 36.

[87] Marquis J, January 26, 2006. The Innocent and the Shammed, N. Y. TIMES, at A23.

[88] Martin B, January 5, 2012. DNA of Thousands of Innocent People still Being Collected by Police', The Telegraph: http://www.telegraph.co.uk/news/uknews/law-and-order/9310728/DNA-of-thousands-of-innocent-people-still-being-collected-by-police.html,访问时间:2013 年 6 月 11 日。

[89] Matthew L, 2009. Wrongful Conviction: International Perspectives on Miscarriages of Justice, Law and Politics Book Review, Vol. 19 (No. 4).

[90] McDonald M, May 2, 2002. Dirty or Duped? Who's to Blame for

the Fake-drug Scandal Rocking Dallas Police? Virtually Everyone, Dallas Observer.

[91] Milmo C, Cusick J, January 26 2013. Eight years in Prison, but Barry George is Refused Compensation, The Independent, http://www.independent.co.uk/news/uk/home-news/eight-years-in-prison-but-barry-george-is-refused-compensation-8467485.html 访问时间:2013 年 6 月 15 日。

[92] Moles RN, May 5, 2012. Crime & Mistaken Memory-Réjean Hinse, http://netk.net.au/Identification/Identification33.asp, 访问时间:2013 年 6 月 15 日。

[93] Mostaghel B, 2011. Wrongfully Incarcerated, Randomly Compensated-How to Fund Wrongful-Conviction Compensations Statutes, Indiana Law Review, Vol. 44.

[94] Neufeld P, 2nd Sess. 2000. The Innocence Protection Act of 2000: Hearings on S. 2073 Before the Senate Judiciary Committee, 106th Cong.

[95] Patrick L, September 24, 2002. Comments at press conference, Washington, DC.

[96] Patterson A, 2004. Compensation for Wrongful Conviction and Imprisonment. New Zealand law Journal, November: 460.

[97] Percy T. 2007. Despised outsiders: compensation for wrongful convictions. Precedent 81: 21.

[98] Possley M, November 5, 1995. The Nicarico Nightmare: Admitted Lie Sinks Cruz Case, CHI. TRIB., at A1.

[99] Quirk H, 2007. Identifying Miscarriages of Justice: Why Innocence in the UK is Not the Answer, The Modern Law Review, Vol. 70 (No. 5).

[100] Radelet, ML., Bedau HA, et al., 1992. In Spite of Innocence Erroneous Convictions in Capital Cases. Boston: Northeastern University Press.

[101] Ramsey RJ, Frank J, 2007. Wrongful Conviction: Perceptions of Criminal Justice Professionals Regarding the Frequency of Wrongful Conviction and the Extent of System Error, 53 Crime & Delinq. Vol 53.

[102] Rattner A, 1988. Convicted but Innocent Wrongful Conviction and the Criminal Justice System Law and Human Behavior, Vol. 12(No. 3).

[103] Risinger MD, 2007. Innocents Convicted: An Empirically Justified Factual Wrongful Conviction Rate, J. Crim. &Criminology, Vol. 97.

[104] Roach K, Trotter G, 2005. "Miscarriages of Justice in the War Against Terror"109 Penn. State L. Rev. Vol. 109.

[105] Sourcebook of criminal justice statistics online. http://www.albany.edu/sourcebook/pdf/t5462002.pdf.

[106] Spencer BD, 2007. Estimating the Accuracy of Jury Verdicts, J. of Empirical Legal Studies Vol. 4

[107] Sussman D, January 10, 2000. Split Decision on Death Penalty, ABCNEWS. com.

[108] http://abcnews.go.com/sections/politics/dailynews/poll00019.html.

[109] TChris, December 1, 2005. Wrongful Convictions in France, Talkleft: the Politics of crime, http://www.talkleft.com/story/2005/12/01/941/39695/innocencecases/Wrongful-Convictions-in-France, 访问时间: 2013年6月8日。

[110] The Innocence Project-News and Information: Press Release, http://www.innocenceproject.org/Content/309PRINT.php, 访问时间: 2013年6月15日。

[111] The Innocence Project. (n. d.) Retrived February 23, 2006. from http://www.innocenceproject.org.

[112] Tomlin P, 2013. Extending the Golden Thread? Criminalisation and the Presumption of Innocence, The Journal of Political Philosophy, Vol. 21(No. 1).

[113] Tucker, F. Retrived January 28, 2006. Tainted Trials, Stolen justice, San Joes Mercury News, http://www.mercurynews.com/mld/mercurynews/news/special_packages/stolenjustice/20ILCS 3930/7.2(2006).

[114] Weiers JL, Shapiro MR, 2003, The Innocence Protection Act: A Revised Proposal For Capital Punishment Reform, Legislation and Public

Policy, Vol. 6:615.

[115] Williams M, May 1,1998. Florida Moves to Make Peace with Wrongly Convicted Men; Payments of $500, 000 Approved by Lawmakers for Two Who Spent 12 Years on Death Row, ATLANTA J.-CONST., at C11.

[116]Wilson P, 1989. "when justice fails: A Preliminary Examination of Serious Criminal Cases in Australia",1989, Australian Journal of Social Issues, Vol. 24(No. 1)

[117] Wrongly Convicted Database Record, http://forejustice.org/db/Johnson-Juan.html.

[118] Wrongly Convicted Database Record, Juan Johnson, http://forejustice.org/db/Johnson-Juan.html,访问时间:2013年6月17日。

[119] Wu, XF, 2011. An Analysis of Wrongful Conviction in China, Okla. City U. L. Rev. 36.

[120] Yagman S, Bing B, April 25, 2001. L. A. City Hall Has a Rico Ring, L. A. Times, at B9.

Zalman M, Smith B, Kiger A, 2008. Officials' Estimates of the Incidence of "Actual Innocence" Convictions, JUST. Q. Vol 25.

中国犯罪学教育若干问题的探讨

——基于中国人民公安大学的实例分析

王大为* 郭冯宇

（中国人民公安大学，北京 100038）

摘　要：中国的犯罪学教育已经历了将近百年的时间，在这个过程中有突出的成绩，但也有一些不足，值得认真的梳理与总结。本文基于“历史—现实”的时间脉络与“国内—国外”空间线索，首先回顾了中国犯罪学教育的历史沿革，梳理了历史脉络；其次探讨了犯罪学教育的几个基本问题，厘清了现实情况；随后基于中国人民公安大学的实例分析，总结出中国犯罪学教育在人才培养、课程设置、教学方法、社会实践与访学、毕业设计论文撰写等五方面问题；进而借鉴国外犯罪学教育在人才培养、课程设置、教学方法、教学评估等四方面的经验与教训；最后有针对性地提出加强学科建设、重视人才培养、完善课程设置、创新教学方法、提升教学评估等五方面的发展设想与建议。

关键词：犯罪学，教育，公安大学，人才培养

---

* 王大为（1959—　），中国人民公安大学教授，博士，博士生导师，中国犯罪学学会副会长；郭冯宇（1990—　），中国人民公安大学硕士研究生。

中国，犯罪学传入有将近一百多年的历史，随着社会科学的不断发展，人才培养也在不断完善，这就带动了中国犯罪学发展出自身独特的特色，形成了具有中国特色的发展轨迹。但与国外犯罪学教学相比，有自己的特色，也有些许不足，需要基于国内实例的调查分析，发现相关问题，提出相关建议。论及中国犯罪学的教育，首先应该清晰地描述犯罪学教育历史沿革的梗概，这是进一步思考中国犯罪学教育相关问题的基本前提。

一 中国犯罪学教育历史沿革梗概

中国的犯罪学教育有其自身的历程，是伴随着犯罪学研究起步而开始的。就最早而言，犯罪学教育是从民国时期开始萌芽的。

（一）犯罪学传入中国

犯罪学自产生、发展以来，已经有一百多年历史了。[①] 回顾犯罪学的发展历程，最早源自于民国时期。在 20 世纪 20 年代，一些学者通过翻译外国犯罪学经典名著将犯罪学引入了中国，包括刘麟生于 1922 年翻译的《朗伯罗梭氏犯罪学》、张廷健于 1923 年翻译的《犯罪心理学》和郑玑于 1929 年翻译的《犯罪社会学》等。[②] 在借鉴国外学术视野的基础上，一部分学者开始进行本土化的犯

① 王大为，国外培养犯罪学研究生情况简介[J]，警察文摘，1995(5)：1—3。

② 吴鹏森，犯罪社会学[M]，北京：社会科学文献出版社，2008，73。

罪学研究，其中包括郑国屏 1922 年出版的《犯罪心理学》，许鹏飞于 1923 年出版的《犯罪学大纲》等。20 世纪 30 年代后，犯罪社会学被逐渐吸纳到犯罪学体系中，相关论述也与日俱增，如吴景鸿在 1933 年出版的《犯罪社会学》，章守昌在 1934 年发表的《现代社会之犯罪问题》和李剑华在 1935 年出版的《犯罪社会学》等，其中尤以严景耀先生在 1928 年《社会学界》发表的《北京犯罪之社会分析》、《中国监狱问题》和《北平教诲与教育》最为出名。在民国时期，犯罪学研究开始从零起步，但是由于该阶段政治动荡、战事频繁，缺乏一个良好的教育环境，所以只能依托在相关学者的犯罪学研究中，课程比较零散，未系统开设专业课程，部分院校在法律系下开设了犯罪学课程，例如国立贵州大学的刘仰之教授，通过多年讲学实践整理出《犯罪学大纲》一书，但仍在法商学院的法律系下零散地进行犯罪学课程教学。此外，西南联合大学 8 年期间，在法律系主任燕树棠教授的指导下，每年招生 20 名左右，其中也涉及到犯罪学、犯罪心理学课程的讲授。

（二）犯罪学教育在中国的发展

在新中国成立初期，由于受到前苏联教育体制的长期影响，未给犯罪学教育的起步提供良好氛围；加上社会学科目被取消，也缺失了促进犯罪学研究与发展的丰富土壤，所以新中国成立初期的中国内地地区犯罪学教育与研究均受到限制。但是，也有少部分院校开始开设刑法学课程，讲授犯罪学内容，其中以华东政法学院最有代表性。华东政法学院于 1952 年就开设了刑法学课程，讲授犯罪学知识。在其经历“两落三起”的撤复校波折后，于 1985 年增设犯罪学系与刑事司法学院，涉及到刑法学硕士与博士研究生的培养，推动了中国本土的犯罪学教育发展。随后,各政法院校相继引入了犯罪学课程,其中中国政法大学在刑事司法学院下成立了犯罪学研究所,并涌现出一批杰出的犯罪学界的杰出学者。中国内地地区直到1982年才开始重视犯罪学教育,以成立中国犯罪学研究会为标志,随后出版了《犯罪学大辞书》与《犯罪学通论》,初步建立起中国犯罪学的知识体系。实际上,这与社会的发展变化特别是社会对犯罪治理的知识诉求分不开。[①] 随着90年代的到来,国内犯罪形势发生了很大变化,为犯罪学的发展提供了客观环境,也为犯罪学教育提供了良好的现实素材,自此犯罪学教育进入稳固发展时期。

此外,港澳台地区由于与英美教育体制相近,受中国内地地区影响小,发展较快。在台湾地区,国立中正大学、国立台北大学、中央警察大学、铭传大学、国立成功大学、台湾警察专科学校等院校都开设有犯罪学课程,其中国立中正大学在1996年延揽中央警察大学的蔡德辉、张平吾、杨士隆等教授,成立了"犯罪防治研究所",并开始招收研究生,并且在2001年增设大学部招收本科生,并正式更名为"犯罪防治学系"。国立台北大学于2001年也以侯崇文教授、许春金教授与周愫娴教授等学者,成立了"犯罪学研究所",并着手招收硕士生。[②] 当然,台湾地区最出名的犯罪学教育还要归属于中央警察大学。[③] 1967年,中央警察大学成立犯罪预防学系,1974年又将犯罪预防系与狱政学系合并为犯罪防治系,并开设本科生、硕士研究生及博士研究生招生点。[④] 在香港地区,香港

---

① 岳平,当代中国犯罪学的知识社会学研究[M],北京:中国法制出版社,2012.3。

② 唐大宇,中国台湾地区的犯罪学研究[J],犯罪学论丛(第七卷),2009:126—128。

③ 许春金,犯罪学[M],台北:中央警察大学,1997。

④ 靳高风,中国犯罪学学科建设和发展方向探讨[J],中国人民公安大学学报(社会科学版),2007(5):76—77。

大学成立了犯罪学中心，以白懋（Borge Bakken）、张越华、博汉仕（Rod Broadhurst）、黎乐琪等人，香港城市大学以卢铁荣、黄成荣、钟月英、赵剑卿等学者，积极开展犯罪学教育，并设有招收硕、博研究生项目。在澳门地区，澳门大学汇聚了郝志东、莫世健、程惕洁等优秀的学者，其犯罪学教育声誉亚洲，以严谨的科研项目及系统的学术课程在亚洲处于领先地位；近些年，随着刘建宏、李德等受过西方犯罪学系统教育与训练的学者受聘于澳门大学，开创了亚洲犯罪学会、亚洲犯罪学一流学术期刊《亚洲犯罪学》杂志的学术团体和学术刊物，并组织进行了多届亚洲犯罪学会年会的探讨。

（三）内地犯罪学学科与人才培养的建设与发展

在中国内地地区，各大政法院校包括中国政法大学、华东政法大学、西南政法大学等均在 1979 年改革开放后开设有犯罪学课程及有关某些层次的人才培养；中国人民公安大学（以下简称公安大学）也是最早开出犯罪学课程的学校，目前具备最完整的人才培养环节，有建制最完整的犯罪学教育机构，所以本文重点介绍公安大学犯罪学教育情况。公安大学在 2011 年成功申办公安学一级学科后，将犯罪学设为二级学科，成为中国内地唯一全面系统的犯罪学教育科研机构，近十年内培养了近 1000 名犯罪学专业的学生。总体而言，经历了以下几个阶段：

1. 初建时期："初出茅庐"——以开设犯罪学课程为先导

自 1984 年公安大学开展本科学历教育之初，学校就在"公安业务基础部"设立了相关的教研室，并确定了犯罪学课程为本科的一门必修课程，并为学校侦查、治安专业的学生开设。课时为 36

课时，使用刘灿璞编著的《犯罪学》一书。随后成立了公安教材编审委员会，由王景荣同志编写了《犯罪社会学》教材，并在公安大学为本科生开设了犯罪社会学课程。当时北京大学、中国人民大学、吉林大学、中国政法大学、华东政法学院同类课程的开课水平较高，学校曾邀请有关学者来学校兼课，并派送多位教师到北京大学进修由康树华教授主讲的犯罪学课程以及到中国人民大学进修阴家宝教授讲授的犯罪学课程，逐渐使公安大学的课程建设达到了国内同类较高水平。

2. 拓展时期："初窥门径"——以开展科研实践工作为契机

自80年代末至90年代初，有关科研项目、公安实践、对外办学的工作开展促进了课程的开发。公安大学申请到了国家哲学社会科学"七五"规划重点项目《中国现阶段犯罪问题研究》，犯罪学课程教学人员都积极投入该项目之中，得到许多鲜活的数据和资料，并将其整合到教学中，收到了较好的成果。为贯彻教学、科研、社会实践紧密结合的办学理念，尤其是为了突出公安院校犯罪学课程教学的特色，教研室所有年轻教师都分别到基层公安部门下派锻炼一年，有力地促进了犯罪学课程教学的理论与实际相结合。在此期间，每年还聘请多位国内外犯罪学专家学者来校就相关专题开设讲座，丰富了国际交流。90年代初，犯罪学教研室的一些同志积极参加了北京大学康树华教授主编的《犯罪学通论》的撰写工作，提高了相应的教学设计和教学内容方面的认识水平。

3. 提高时期："初学乍练"——以充实提高师资队伍为抓手

自90年代初至1996年，学校加强了教研室、队伍、教材和教学规范建设,使犯罪学课程的水平明显提升。为了进一步提高授课人员的水平,教研室先后派送教研室年轻教师到北京大学、清华大学、中国人民大学攻读硕士、博士学位,并选送优秀人员赴英国莱斯特大学作为访问学者进行教学与科研的合作,使公安大学的犯罪学课程教学与国际犯罪学课程的教学拉近了距离。根据公安高等教育专业教学计划和《1995—2000 年公安类专业教材建设规划》,适应公安高等院校本科、专科、培训工作和函授教育的需要,学校犯罪学教研室在公安部教育局领导、组织下编写了《犯罪学》教材。在编写过程中,贯彻理论联系实际、因材施教的原则,吸收了国内外预防犯罪的经验和犯罪学研究的最新理论成果,突出了综合性和应用性,获得公安部教材一等奖。此外,教研室还编写了犯罪学自学考试大纲。

4. 丰富时期:“初露头角”——以开展研究生教育为纽带

1999 年,“公安业务基础课教研部”更名为犯罪学研究所,课程教学层次不断提高,教材建设不断系统化,使得课程建设有了多样化的发展趋势。随着公安大学在刑法学二级学科硕士学位授予点下设立了犯罪学研究方向,并细分为犯罪社会学、犯罪心理学、犯罪学三个研究方向。自此,公安大学全面开展了犯罪学硕士研究生培养工作,相关的研究生课程的设置也推动了本科犯罪学课程水平的提高。公安大学犯罪学系的学者先后完成了《犯罪学新编》、《犯罪学原理》、《犯罪学理论研究综述》、全国高等教育自学考试公安管理专业指定教材《犯罪学》(修订本)等教材和著作,使该课程的教材建设达到了新的水平。犯罪学课程在教学内容上有了更宽厚的基础,教师的教学形式与方法也呈现出了个性化。自此,为学校开设犯罪学专业奠定了坚实基础。

5. 完善时期："筚路蓝缕"——以设置犯罪学专业为平台

自2004年以来，犯罪学课程建设进入有史以来的黄金时期。学校经过周密的筹划，申请犯罪学为学校新增本科专业目录外单列专业并获成功，使犯罪学教学在我国内地的发展有了历史性的突破。2005年，犯罪学专业正式成立，专业设置在"法学"一级学科下，并开始招收第一届犯罪学专业本科生，预示着公安大学的犯罪学教育迈向了一个新台阶。此外，犯罪学课程统一在2003年公安大学教学培养方案中增列为专业基础通修课，本科系列的课程设置成为全校的公共课，其核心课程包括犯罪学原理、西方犯罪学、犯罪心理学、犯罪学研究方法、被害人学、犯罪评估导论等。在这个阶段，犯罪学课程在2005年成为了学校的精品课程，并于2006年获得"部级精品课程"的称号。本科犯罪学专业的创立，及精品课程的荣获，标志着公安大学进入犯罪学教育全面完善的时期。

6. 创新时期："登堂入室"——以创办"公安学"一级学科为动力

在2011年"公安学"一级学科申报成功后，犯罪学被纳入了"公安学"一级学科。这是历史发展的需要，也是公安大学特色教育体系的具体表现。2013年，犯罪学系改名为犯罪学学院，并作为目前中国唯一的以犯罪学冠名的培养单位，已经成为学校重点学科和学校的特色专业，教学水平以及课程建设情况等在全国公安院校中均处于领先水平的特色专业之一，具有鲜明的公安特色。发展至今，犯罪学学院已初步形成了一套宽口径的学科体系，包含社会学、心理学、人类学、法学、政治学等交叉与融合的多门学科。

其中“犯罪心理学”与“犯罪学”被评选为国家级精品课程，并以视频公开课的形式面向大众开放，获得了各界广泛好评。

公安大学的犯罪学教育在历史的积淀上，不断创新与进步，正走向一条日益成熟的道路，但是还必须客观地看清，目前中国的犯罪学教育与国外相比，还有一定差距。

二 中国内地犯罪学教育的几个基本问题

（一）学科定位

根据教育部与国务院学位委员会的学科定位，我国犯罪学是以犯罪现象、犯罪原因及犯罪规律与治理对策为研究对象的综合性应用学科，属于法学门类下的公安学一级学科中的二级学科。其中犯罪学涉及到四个学科目录：研究生教育与人才培养目录、本科专业教育目录、职业教育目录与国家标准编码目录，目前仅在研究生的目录中有二级学科的位置，在本科专业的目录中仅为备案专业，需要特别申请。犯罪学的研究内容主要包括：犯罪行为、犯罪产生及发展变化因素与特点、犯罪状况、犯罪人与被害人、犯罪防控和矫正、犯罪学理论流派与研究方法等。研究方向包括：犯罪与刑事司法、犯罪社会学、犯罪心理学、犯罪生物学、被害人学、罪犯矫治学等。[①]

在学术界，对其学科定位的界定不一，难以达成共识。有的学

① 国务院学位委员会第六届学科评议组编，学位授予和人才培养一级学科简介[M]，北京：高等教育出版社，2013：33。

者认为其从属于法学门类，有的学者认为其是法学、社会学的交叉学科，主流观点认为犯罪学是一门独立的综合性学科。主张犯罪学是从属性学科的学者认为，犯罪学学科还不够成熟、学科制度化过程没有完全完成，不足以称为独立学科。另一种说法认为犯罪学学科知识体系的不完善性导致其无法具有独立性。而持主流观点的康树华教授指出，犯罪学是以法学、社会学、心理学为基础，融会各种有关学科知识的综合性学科。① 王牧教授也认为犯罪学属于广义的社会科学，是一门认识犯罪现象本质、原因、规律等的综合性学科。② 由于犯罪学形成了一个以犯罪学为核心的学科群，比如犯罪社会学、犯罪心理学、犯罪人类学、犯罪生物学等，所以犯罪学能称得上是一级学科，但是由于学科管理限制原因，将犯罪学放在刑法学里管理才有基本的组织保障。③

从总体上看，对于犯罪学的学科定位，大多数学者在理论上倾向于定位为一级学科。即使有不同意见，共同的底线也是让犯罪学与刑法学并驾齐驱，最少成为二级学科。④ 笔者并不认为关于犯罪学的学科定位是科学与合理的。在与西方主流犯罪学家进行交流时发现，国外对犯罪学与法学有一个明确的判断，即犯罪学可列为科学学科图谱中的一支，而法学却不能。我国内地的犯罪学发展是一个渐进的过程，是一个日趋成熟的过程，在这个过程中，犯罪学成为一门独立的综合性学科已成为学界共识。对于犯罪学的功能问题，学术界普遍认为其实一门实证性的科学。在中国转

---

① 康树华，犯罪学通论[M]，北京：北京大学出版社，1996.4。

② 王牧，学科建设与犯罪学的完善[J]，法学研究，1998(5)：4—14。

③ 王牧，犯罪学学科定位及属性[J]，犯罪学基础理论研究，2010：35—36。

④ 莫洪宪，叶小琴，加强研究成果转化，守护犯罪学发展的生命线——以犯罪学的学科地位为切入[J]，犯罪研究，2006(2)：32—34。

型时期，犯罪学具有认识、导向与促进功能，不仅可以指引刑事政策的发展方向，而且应该为公共决策提供思路。

（二）人才培养单位设置

与国外犯罪学的组织众多、联系紧密、活动频繁、学科交叉融合等网状结构特征相比，中国的犯罪学只能用形单影只来形容。[①]虽然中国已经创立了中国犯罪学会、中国青少年犯罪研究会等专业学术组织，中国政法大学、华东政法大学、西南政法大学、西北政法大学等各政法院校也开设了犯罪学的相关课程，各地方警察学院都有讲授相关的犯罪学课程。但是目前在中国内地地区以犯罪学学科专业进行本科、硕士、博士招生的只有公安大学犯罪学学院。

在台湾地区，国立中正大学犯罪防治学系、国立台北大学犯罪研究所、台湾中央警察大学犯罪防治系都有较完备的硕士招生项目。其中国立中正大学的犯罪防治学系挂靠在法律学院下，有学士、硕士、博士系统的招生项目。当然，最有代表性的还是台湾中央警察大学，该校于 80 年代就成立了犯罪防治研究所硕士班及博士班，培养包括犯罪学、法学、心理学各科目的研究生高级人才，以研究犯罪预防及犯罪行为矫治为主，以理论与实务精熟合一，培育优秀人性工程师。教育核心以专业、创新、关怀为核心价值观，分别以“精于学术”，“拓展内涵”和“实践服务”为教育重点。

---

① 王大为，管彦杰，沉舟侧畔千帆过，病树前头万木春——焕发我国犯罪学实证研究生命力的几个基本问题[J]，载中国犯罪学学会年会论文集[M]，北京：中国检察出版社，2012，596。

（三）人才培养

犯罪学的人才培养主要分为三大层次，一是普招本科生，二是硕士研究生，三是博士研究生。针对不同的层次，人才培养要求的基本能力也不同。针对普招本科生，主要以获取知识能力、培养实践能力为主，需要本科生善于通过课程学习、参与科研项目、参加公安实践等多种方式获得知识，并具备运用所学专业知识解决实际问题的能力。针对硕士研究生，需要完善获取知识、科学研究、实践与学术交流的能力，应牢固掌握犯罪学的基本知识、核心概念、研究方法，并灵活应用，关注社会热点问题，借鉴国内外相关研究成果，具备独立开展犯罪学科研的能力。针对博士研究生，不仅包括获取知识、科学研究和学术交流的能力，而且需要在这些基础能力上，学会进行学术鉴别与学术创新能力。犯罪学博士生应具有独立的科学创新能力，能够进行创新性思考、开展创新性研究并取得创新性成果。

同时，犯罪学专业的人才培养还需要基本素质的保障。三个层次的学生都需要具备以下三种基本素质：学术素养：崇尚科学精神，能以理性、客观、公正的心态从事犯罪学学术研究，需要掌握本学科的专业知识与方法，具有一定的学术潜力；学术道德：犯罪学专业学生应遵守共同的学术道德规范，遵守国家有关的保密法律和规章，遵守学术诚信，秉持学术良知，坚持在客观、真实的材料、数据基础上进行学术研究，尊重他人学术思想与成果，抵制学术失范和学术不端行为；政治素质与人文素养：犯罪学专业学生应具有与主流价值观相符合，与职业标准相匹配的政治素质。人文素养上，在文史哲的知识及其体现的人文精神修养方面要有一定的培养。[①]

(四) 对学科体系的认识

犯罪学的学科体系主要包括犯罪学绪论、现象论、原因论、预防论及犯罪学各论这几个主要部分[②],不同的学者有不同的学术倚重,但是整体主要分为狭义犯罪学与广义犯罪学两种不同解读,具体如下图1所示。

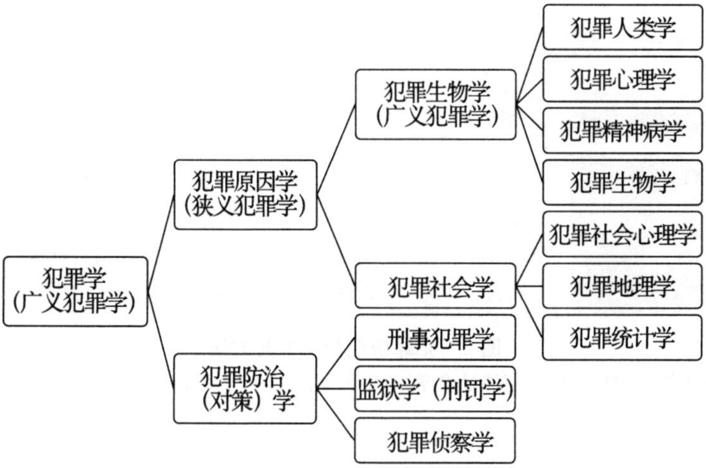

图1 当前流行的犯罪学知识体系

(来源:引自吴鹏森.犯罪社会学[M].北京:社会科学文献出版社,2008.11.)

(五) 教育中涉及的研究方法

内地的犯罪学教育基本以三个层次的研究方法传授为主:第

---

① 国务院学位委员会第六届学科评议组编,一级学科博士、硕士学位基本要求(上册)[M],北京:高等教育出版社,2014.75—76。

② 李明琪.犯罪学研究综述[M],北京:中国人民公安大学出版社,2013,21。

一是方法论，这是指导研究思想体系和研究的哲学基础，其中包括基本的理论假定、原则、研究逻辑和思路等。第二是研究类型，可分为纵贯研究和横剖研究，也可分为探索性研究、描述性研究、解释性研究、评估性研究与混合性研究。第三是具体方法与技术，包括各种资料搜集方法、资料分析方法、以及各种特定的操作程序和技术。公安大学的犯罪学方法课程教育包括刑事司法、心理学、犯罪学等多种研究方法，其中犯罪社会学研究方法具有突出的地位，如下图 2 所示。

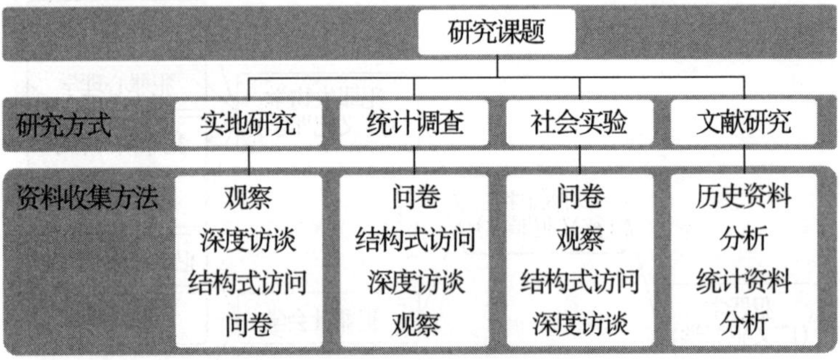

图 2　犯罪研究的类型与方法

（来源：引自吴鹏森. 犯罪社会学[M]. 北京：社会科学文献出版社，2008. 19.）

三　基于中国人民公安大学实例的解析

公安大学的犯罪学教育具有独特的优势与条件，发展迅速，已成为国内犯罪学教育的先例而努力前进着。其突出点表现为：教育与科研结合紧密，能够最大限度地实现学术科研与教育教学的“共赢”；师资力量雄厚，形成了以“老—中—青”三代犯罪学教师的传承与发展；具备多样化的教学研究方法，犯罪学学院教师分别具备社会学、心理学、教育学、法学等多种学科背景，正逐步整合优势资源，发挥教学与学术价值；有稳定的实践运用平台，学校会定期组织犯罪学学生下基层派出所实习，将所学所用与警务实践相结合。

但是，公安大学的犯罪学教育模式仍需要不断改善，不断创新，才能适应新时期的教育环境。在公安院校内，犯罪学教育也多被理解为服务公安工作需求，但是犯罪学之所以能称之为一门学科，决不局限于以就业和服务于公安工作。犯罪学教育决不仅仅是涉及职业教育的功能，其更包含了学术探索，有着科学的价值内涵与理论框架。尽管在内地现阶段犯罪学是从属于公安学一级学科的二级学科，但其归根到底还是一门跨学科的、具有学术价值的学科。由此，如何兼顾职业教育与学术教育、如何过渡、如何创新，这就需要广大同仁集思广益，共同探讨，这也是笔者师生二人探索的心愿和目的。

本文为了全面了解公安大学犯罪学人才培养的情况，设计了有关的调查问卷，对犯罪学专业师生实施分层抽样，分别抽取包括犯罪学专业老师 5 人、本科生 27 人、研究生 17 人组成的 49 人总体样本量。经过问卷调查，发现出一些公安大学犯罪学教育的一些不足，值得深思。

（一）人才培养方面

1. 培养以理论性人才为主，突出实践应用性尚不够

调查显示，公安大学有 50%以上的师生认为犯罪学教育中的人才培养方案不合理，其中理论性内容过多，教学方法有待丰富，导致犯罪学本科教育以“填鸭式”教育为主。这种通过灌输大量的专业理论知识的“填鸭式”教育，培养出来的学生不仅实践能力很

差，而且缺乏理论应用于实践的理念与能力。在研究生教育中，犯罪学教育偏重于更深层次的知识，虽然也会讲授研究方法，但是从历届硕士毕业生论文中可以发现，空谈的多，理论与实践结合的提炼与科学总结的少。

2. 突出了职业性人才的需求，综合型人才培养未到位

通过调查，显示出目前现状与期望之间差异性明显，师生期望犯罪学以综合型人才培养为主，但实际上却是以专业性或职业性人才为主。这是因为公安院校的学生主要以就业入警为导向，侧重于汲取与公安学相关的知识，在功利主义的影响下，缺乏综合型人才的培养导向。这种导向的缺失，直接导致多元化知识吸收的缺乏和视野的局限，具体表现在人文社科综合类知识结构的缺陷与国际化水平低。人文社科综合类知识的缺失是指一部分学生缺乏基本知识的建构，包括文学、历史、哲学等方面；国际化不够是指学生很少涉猎外文文献，极大限制了学习的广度与深度，缺乏国际主流研究视野。犯罪学教育不能固步自封，这与公安大学人才培养目标中的“一专多能”也不一致，是亟待改善的问题之一。

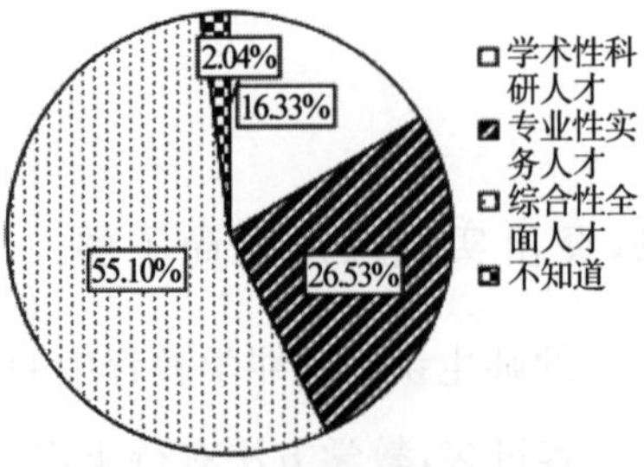

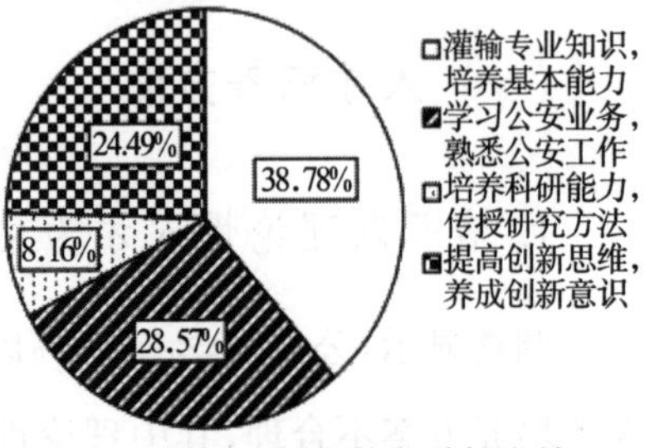

图 3 犯罪学专业师生期望的人才培养类型

图 4 犯罪学本科教育的人才培养现状

（来源：笔者根据 SPSS 分析结果自制）

3. 系统培养不够，缺乏“本—硕—博”人才培养的连贯制度

在调查中发现，犯罪学专业人才培养缺乏连贯制度，体现在犯罪学“本—硕—博”的阶梯上升途径受限，缺乏一个通畅的衔接机制。在调查中，95%的师生认为学校缺乏犯罪学专业连贯性教育的条件，直接后果就是影响了犯罪学专业的本科生继续深造的意愿，直接表现就是从 2005 年招收犯罪学专业本科学士开始，还未有 1 人从学士学位连续深造到博士学位。其中，从 2005 级(第一届)至 2008 级(第四届)的 4 年本科人才培养周期中，犯罪学专业仅有 5 人选择从本科继续深造到硕士研究生层次，仅占总体的 1.6%，其中通过全国研究生学位考试 3 人，推免生 2 人。究其原因，一是学校以促进就业为导向，不重视犯罪学专业人才培养的连贯性；二是连续深造难度大，必须通过全国研究生硕士学位与博士学位的统考，可谓“千军万马过独木桥”，所以也制约了有意愿继续深造的学生；三是缺乏人才上升的途径，公安大学从 2010 年才开始实行推免生制度，且在 2007、2008 级犯罪学本科生中，每年推免生 1 人，名额少。三者共同影响了人才培养的连贯性，也降低了犯罪学本科生坚持学术深造的期望值。

4. 仅以公安实务部门作为就业出口，缺乏培养通才和学术人才

通过对犯罪学专业第一届至第六届本科毕业生(即 2005 级犯罪学至 2010 级犯罪学)就业情况的统计，发现在公安大学是以就业为导向，缺乏对培养通才和学术人才培养的支持。尽管犯罪学教师们对学生有“以学术奉献为追求”的期望，但为保证学生就业

的官方目标，学术追求只能让位于到公安就业需求。在犯罪学学院犯罪学学科专业招生中，平均每年招收 70—80 名本科生，20—30 名硕士研究生，1—2 名博士研究生。其中在本科生就业方面，约 90%以上从事公安工作，在从事公安工作的群体中，又以基层片警为主体部分。在研究生就业方面，择业范围比本科生广，由公安机关拓展到公检法司与科研教育机构，但是主体就业范围仍以公安实务部门为主。大致就业情况如下表 1 所示。

表 1 犯罪学专业本科毕业生就业情况统计表

年级		2005 级	2006 级	2007 级	2008 级	2009 级	2010 级
届数		第一届	第二届	第三届	第四届	第五届	第六届
人数		77	86	84	77	79	74
就职于公安机关	基层片警	36	42	40	38	36	34
	机关内勤	7	6	6	5	6	6
	刑警	10	8	10	6	8	5
	治安警	12	10	8	7	11	5
	巡警/交警	4	6	3	5	4	2
	其他	2	6	5	6	3	8
	合计	71	78	72	67	68	60
未就职于公安机关	国内读研	1	4	4	2	3	3
	出国留学	0	1	0	2	0	1
	海关/边检	1	0	2	2	1	1
	自主创业	0	0	2	1	2	2
	其他	4	3	4	3	5	7
	合计	6	8	12	10	11	14

（来源：笔者根据犯罪学专业本科毕业就业情况制作）

所以，公安大学主要输出的是公安基层人才，平均占到每年毕业生总人数的 90%以上，而选择继续从事学术研究的比例不超过

5%,平均每年读研人数2人,出国深造人数1人,可见犯罪学专业近些年基本以实务性人才为主,缺乏以培养学术型人才的导向。在就职于公安工作中,其中占50%以上的学生工作在基层民警的岗位上,只有少部分毕业生入职在市局机关。前三届本科生的就业形势要优于后三届,所以从2008级之后,越来越多的犯罪学专业毕业生选择跳出公安职业,从事其他工作。

(二) 课程设置方面

1. 系统化设计需要科学定位

调查显示50%的师生认为犯罪学的课程设置不合理,其中36%的师生认为体系需要科学定位。究其原因,发现在本科生教育方面,犯罪学课程设置为法学、公安学、社会学与心理学这四个方向,纵横交错,形成了分散的课程分布。例如在法学课程中忽略了法理学、宪法学等基础学科,导致学生认识不全面、理解不系统。这类问题在社会学、公安学、心理学的课程设置上也常出现。在研究生教育方面,硕士研究生以不同研究方向安排必修及选修课程,同样也存在着基础课程的脱节问题,必修课与选修课设置不能协调和适应专门人才培养的基本共同的要求与专业化的需要。[①] 这对很多跨专业读研的研究生影响不小,所以构建系统的课程设置很有必要。

2. 与国际接轨不足

犯罪学教育在课程设置中有固步自封性,集中表现在其课程

① 王大为,傅立民,陈浩等,公安院校专业学位研究生教育发展浅析[J],中国人民公安大学学报,2009(3):83—85。

与国际接轨少。一是教材基本以本土教材为主，缺乏国际前沿教材的视野。在调查中，有26.6%的学生填写到“很少涉猎国外专业书籍”，其中8.2%从未涉猎过国外专业教材，仅有26.5%的学生表示有意愿阅读外文文献。二是缺乏与国际交流。在港澳台地区，台湾警察大学、澳门大学、香港城市大学等院校均与国际交流密切，并选派优秀学生出国访问，并由学校提供经费实行交换生制度。在公安大学，犯罪学专业学生很少有出国交流的机会，唯一的出国机会就是与韩国警察大学的合作项目，但是人数受限，且韩国犯罪学发展远没有欧美先进。所以与国际接轨不足的问题日渐显露。

3. 研究方法课有待于更具科学性

目前，学院设置方法课主要包括社会研究方法、犯罪统计学等基本课程，以教会本科生基本的研究方法为主，缺乏深度与科学性。一是表现在与其他985、211高校的方法课程差距明显，学生无法灵活使用所学方法；二是表现在学生对数据分析软件的使用率不高，目前本科犯罪学学生在社会调查中需要学会SPSS描述性与相关性分析，而在平时论文撰写中很少有涉及到数据分析软件的内容，还有待于进一步追求科学性。

（三）教学方法方面

1. 多元化的教学方法还比较缺乏

通过调查分析，发现师生认为教学方法不合理的占总量的44.9%，由此可见犯罪学的教学方法还是存在着一些不足，尤其是针对本科生的教学方法。本科生是犯罪学教育的主要对象，数量众多，所以教学方法更需要精益求精，探寻多元化。主要集中在以下相关问题中，如表 2 所示。

表 2 犯罪学教学方法中的问题简表

问题焦点	类别	样本百分比	表　现	危害
以“教师讲解”为主	教育方式	占样本总量的 36.7%	老师讲解内容居多，师生课堂互动较少	忽视了学生具体情况， 降低了学生课堂积极性
以“考卷考试”为主	考试方式	占样本总量的 16.3%	必修课需死记硬背，选修课则不予重视	掌握的知识不牢固，缺乏知识应用的灵活性
以“课堂时间”为主	教学时间	占样本总量的 10.2%	课堂时间吸收太少，课下师生互动太少	忽略学生自学能力培养，缺乏对学生的启发性教育
以“平叙讲诉”为主	教学方式	占样本总量的 10.2%	老师讲课平铺直叙，缺乏教学授课技巧	导致课堂氛围枯燥，降低了学生的课堂参与积极性

（来源：笔者根据 SPSS 问卷分析结果自制）

2. 实用性教学贯彻不够

这是由于犯罪学教育以知识内容传授为主，以统一的书本灌输为方式造成的。在境外，犯罪学的课程设置强调创新与实用，敢于突破书本课程，将内容结合实践。而公安大学为确保学生掌握足够量的知识内容，所以影响了内容的实用性。在 2008 年后，犯罪学教育方式有了改善，很多老师寓教于乐，利用视频观摩、讨论交流等方式探索实用性教育，进行了大胆尝试，但是要根本改善犯罪学教育的效果，还需要走很长的路。课程设置中如何定位实用性问题仍是中国犯罪学教育的一大难点。

（四）社会实践与访学方面

1. 应确立社会实践教学的标准与规范

公安大学学生的一大特色就是必须参与公安部门社会实践，尽管校方已稳定形成了几大实习基地，但是大多数的学生仍以大型活动安全保卫工作为主要任务，社会实践标准与规范有待进一步完善。其中，所有学生一视同仁，均参与基层派出所实践，而不是根据专业不同而分工不同，所以犯罪学学生也是以参与基层公安派出所工作为主，没有一套相对应的专业实践标准。并且，在实践中反馈也不够，大部分学生视社会实践为进入公安队伍的一种预备体验，仅仅关注的是一种了解式的工作流程与内容，缺乏深层次的思考与反馈。此外，社会实践主要集中于公安机关，缺少在司法机关的实践经验，尤其是在检察院、法院的基层实习经验，会使犯罪学学生的实践视野局限。

2. 对外交流访学未成为制度

在访学方面，公安大学目前开展与国外、境外的优秀高校、研究机构的交流与学术访问还很不够。输出交换生是文化交流与学术沟通的一种重要方式，能够开阔学生的视野，提升学生的学术水平，也是学校提升国际影响力的重要举措。公安大学针对本科优秀学生，目前仅有韩国警察大学有交流项目，而对于港、澳、台的各警察院校，均没有提供相互交流的学术项目，访学方面十分受限。

（五）毕业设计论文撰写方面

从 2005 级至 2011 级犯罪学的毕业论文设计情况看，毕业论文题目主要集中在犯罪学、社会学、心理学与公安学领域。其中以犯罪学研究领域最多。存在以下问题：

涉猎面过于宽泛，缺乏方法支撑。

大多本科生毕业论文涉及到三个领域，涵盖犯罪学中的犯罪学理论、犯罪预防、青少年犯罪、罪犯矫治等方面；社会学中的社会控制、社会治理、邪教调查等方面；心理学中的测谎与脑电、警察心理、社会心理等方面，范围广泛，而缺乏实证方法的支撑。

深入犯罪研究、学术探讨的较少。

大部分学生阐释理论不够深入，停留在借鉴层面，论述也存在假大空等情况；从事实证研究的数据分析不到位，空谈技术，缺乏以学术探讨的视角研究犯罪。

国际化水平低。

主要表现在大多数学生很少看国际高水准文献，与国际同类大学相比较还有一定距离，主要表现就是查阅论文以 CNKI 为主，缺乏 CRIM、JQC、JRCD、JIV、VV 等著名期刊的学术视野，缺乏对萨瑟兰、赫希、沃尔夫冈等著名犯罪学家经典原著的阅读。

四　与国外犯罪学教育的比较

在对国内犯罪学教育情况有了基本认识后，需要拓展视野，了解国外的犯罪学教育情况。犯罪学教育在一些国家发展较成熟，主要包括美国、英国、德国、法国、日本、加拿大、澳大利亚、俄罗斯等国家。我国学者王云才根据美国科学情报研究所（ISI）Web of Knowledge 数据库（包含 SCI-Expanded、SSCI、A&HCI、CPCI-S/CPCI-SSH），以“criminology”为主题词对 2000—2011 年间以英文发表的“article”、“proceeding paper”进行检索，最终发现犯罪学研究集中在美国、英国等发达国家[①]，其主要教育机构是这些发达国家的大学和研究所。

（一）有专门的学科设置与众多博士授权点

在国外，犯罪学是一门独立的社会科学，在社会科学学科中独占一支，在学科目录中有其专门的位置，有着强大的教学资源与科研力量，同时作为指导公共政策决策，有着很强的影响力。以犯罪学教育最发达的美国为例，其犯罪学教育发展到20世纪末，至少有416所院校建立了犯罪学系或刑事司法学系。到21世纪初，犯罪学博士点逐渐增多，到2011年增加到34个犯罪学博士点，大学开设犯罪学课程也逐渐增多，犯罪学也成为一门完全独立的学科[②]。如下表3所示。

表3 美国学科专业设置目录表(CIP-2000)—社会科学类[③]

序号	学科(四位数代码)	专业(六位数代码)
1	社会科学(综合)	社会科学(综合)
2	人类学	人类学；自然人类学；人类学(其他)
3	考古学	考古学
4	犯罪学	犯罪学
5	人口统计学与人口研究	人口统计学与人口研究
6	经济学	经济学(综合)；应用经济学；计量经济学与定量经济学；发展；经济学与国际发展；国际经济学；经济学(其他)

① 王云才，犯罪学研究知识图谱分析[J]，中国刑事法杂志，2011(10)：107—114。
② 曹立群，法学和犯罪学在美国的不了情[J]，青少年犯罪问题，2012(1)：26。
③ 刘念才，程莹，刘少雪，美国学科专业的设置与借鉴[J]，世界教育信息，2003，1—2：27。

（续表）

序号	学科（四位数代码）	专业（六位数代码）
7	地理学与地图学	地理学；地图学；地理学（其他）
8	国际关系与国际事务	国际关系与国际事务
9	政治学与政体	政治学与政体（综合）；美国政体与政治学；加拿大政体与政治学；政治学与政体（其他）
10	社会学	社会学
11	城市问题研究	城市问题研究
12	社会科学（其他）	社会科学（其他）

（注：美国的学科专业目录全称是 Classification of Instructional Programs，简称 CIP。最早于 1980 年由国家教育统计中心研制开发并由教育部颁布。2000 年又进行了最新一次修订，简称为 CIP-2000。）

（二）设立多层次、多类别的教育与研究机构

由于美国犯罪学教育的院校与机构众多，且具有较高学术水准，所以本文着重以美国犯罪学教育情况为例。美国对于犯罪学的人才培养十分重视，集中体现在设立教育与研究机构方面。分为三种情况：一是专门辟出犯罪学或犯罪学与刑事司法系，系中分博士与硕士不同研究方向并有学士培养；二是设立专门的犯罪学研究所，设有犯罪学硕士生与博士生培养项目；三是在相关学科的研究所和研究中心设有犯罪学硕士生与博士生培养项目。总之，犯罪学教育在美国各大学和研究机构中已经有近一百年历史了。其中不仅有 34 所大学设有犯罪学的博士培养项目，而且数以百计的大学有犯罪学的硕士培养项目，上千所大学拥有犯罪学的学士培养项目。在美国各大高校，以马里兰大学犯罪学与刑事司法系最为出名，高居美国榜首，如下表 4 所示。在本科生教育中，美国

的犯罪学专业更是一门大众化的普及学科，除下表十所大学外，比较出名犯罪学教育的还有山姆休斯顿大学、芝加哥大学、亚利桑那州立大学和天普大学等。这些教育机构的广泛设置是美国犯罪学教育兴盛的基石。此外，这些出名的科研院校和机构中聘请了世界最著名的专家与学者，这些专家与学者对国际上各国犯罪现状、犯罪预防与控制等多方面都有着深刻的理解与认识，对于促进犯罪学教育起到了强大的助推作用。

表 4 "美国新闻与世界报道"2013 年美国大学犯罪学专业研究生教育排名

排名	学　校	得分
1	马里兰大学	4.7
2	纽约州立大学	4.4
3	辛辛那提大学	4.1
4	密苏里-圣路易斯大学	3.8
5	宾夕法尼亚州立大学	3.7
5	加州大学(欧文分校)	3.7
7	佛罗里达州立大学	3.5
7	密西根州立大学	3.5
7	新泽西州立大学(罗蒂格)	3.5
10	约翰·杰·纽约市立刑事司法学院	3.3

(来源：笔者根据 US news and world report 相关资料自制)

(三) 完备的课程体系设计

在课程体系设计方面，美国的大学有着系统的学位制度和课程体系，主要表现在理论课程与应用课程并重，通识课程与专业课程兼顾。其课程设计理念倡导在突出教育基础的前提下，实行研究方向制度，充分结合了理论与实际，保证了通识教育与专业知识教育的“双赢”。例如，犯罪学专业的学生必须保证对犯罪问题和刑事司法体系问题有全面的了解，必须认识到所学专业的跨学科性质，进而需要选修广泛的社会和政治体系课程、有实践检验性的刑事司法工作的课程等，①最后在多样化的通识教育下，专供有特色的研究方向。例如，以“美国刑事司法”课程为例，参见表5。

表5 美国刑事司法有关课程的汇总表

所有五个区域的40%的大纲要求的	全国和至少五分之四的地区的40%的样本要求的
核心课程 刑事司法导论 刑事司法研究方法 统计学	核心课程 刑事司法研究方法和统计学 犯罪学 刑法
通常选修的刑事司法课程 矫正学导论 少年司法/犯罪导论 犯罪学 实习学	通常选修的刑事司法课程 矫正学导论 少年司法/犯罪导论 刑事调查 犯罪行为 实习学 个体研究
辅修课 无	辅修课 社会学原理

（来源：笔者根据在美国刑事司法学院进行国际交流调研的结果自制）

（四）实施了个性化的选课和多样化的教学方法

在教学实施方面，美国学校多采用灵活的学分制度满足学生的选课兴趣与偏好，并在课堂灵活运用多样化的教学方法，具体表现为案例讲解与讨论小组相结合，课堂互动与课外实践相结合。在美国，

① 王彦吉，北美刑事司法教育的发展及其启示[J]，中国人民公安大学学报，2005(6)。

犯罪学教育与刑事司法教育密不可分，正如马里兰大学所倡导的犯罪学与刑事司法专业在一个课程设置体系中，并且所有的专业课设置均遵循着灵活的学分制，如表6所示，学生可以通过“普遍涉猎”或是“集中研究”的方法来完成刑事司法选修课的学分要求。采用“普遍涉猎”的途径，学生们可以在各种各样的学科领域中选择自己和所喜欢的课程，这种研究方法的优点是可以拓宽他们的视野；而采用“集中研究”途径则在这一点上有较大的限制，但是这种研究方式可以使他对某一学科的研究上达到一定的深度。美国的犯罪学教育以学生为主导，鼓励培养学生的自主学习能力与科研创新能力。

在美国的犯罪学课堂中，除了老师用鲜活的案例进行多样化的教学方法讲解外，还有很多学术与应用联系紧密的鲜活例子，其中讨论小组(presentation group)就是典型代表，即学生围绕老师布置的主题进行资料收集与个人观点陈述(personal statement)，这对于提升学生将所学知识灵活应用是关键的，不仅锻炼了学术与应用能力，还增强了学术语言表达能力。此外，美国课堂为鼓励学术与应用的“双赢”，大多数的课堂可以随时暂停，学生可以就不理解问题随时向老师提问，这就是美国犯罪学教育的“自由发问”形式。在课堂之外，学术与应用结合的形式就更加广泛，美国的犯罪学教学有着大量的课外实践活动，比如参观警察局、监狱、社区矫正机构、青少年法庭等，这些实践与课堂学习内容都有很强的相关性，为犯罪学学术踏入社会实践奠定了基础。

表6　刑事司法学院犯罪学专业课程要求(30—40学分)

A. 必修课：12学分	刑事司法导论(4) 刑事司法研究方法(4)	犯罪学(4)
B. 核心课程：15—16学分	警察程序(4) 矫正程序(4)	少年司法程序(4) 刑事诉讼程序(4)

（续表）

C. 刑事司法选修课：在以下课程中选9—10学分	法庭科学导论(4)	私人保安导论(3)
	荣誉独立研究(5)	执法情报业务(3)
	少数民族、犯罪和社会政策(3)	社区警务(3)
	刑事司法历史与比较(3)	女性与刑事司法(3)
	侦查程序(3)	少年违法及治疗方法(3)
	矫治规划与分析(3)	矫治法(3)
	法律和刑事司法政策(4)	独立研究(5)
	刑事司法专题研究(5)	
D. 刑事司法高级(二级)写作课程：在下表中选择3学分	警察管理(3)	犯罪职业与职业犯罪人(3)
	矫正机构与制度(3)	财产保护(3)
注：学生可以在任何学科领域中选择完成19学分的课程，既可以包括上面所列课程中的任何一门，也可以包括不在上述要求范围内的其他课程。刑事司法实习工作的学分也算在普通选修课的学分之中。		

（来源：笔者根据在美国刑事司法学院进行国际交流调研的结果自制）

（五）建立了较完善的教育评估制度

犯罪学教育的发达离不开完善的教育评估项目体系。2006年，由经合组织启动的“国际教学调查”项目（Teaching and Learning International Survey），简称TALIS项目，是专门研究学校教师的专业发展、工作条件和学习环境的国际问卷统计调查，其目的是通过相关政策分析从而提高教学工作，尤其是帮助各成员国进行有效的学校教育条件和教师专业发展评估①。TALIS项目体系中，将教师专业发展、教学信念、教学实践、教学态度、学校领导力与风格等相关因素进行综合评价，从而有利于

① 高光，张民选，经济合作与发展组织的三大国际教育测试研究[J]，比较教育研究，2011(10)：28—29。

优化各类教学设计，完善教学过程细节。具体的评估指标体系如下表 7 所示。

表 7　TALIS 2013 年调查问卷的核心部分分类情况

	教师调查问卷	校长调查问卷
前期工作	教师背景特征	校长背景特征
学校输入	教师感知的学生特征	学校背景特征
	教师持续的职业发展	校长持续的职业发展
过程	学校领导力与管理	学校领导力与管理
	教师反馈	教师正式评估
	教师的教学信念	教师的教学信念
	教师的教学实践	教师的教学实践
学校输出	学校氛围与学校管理	学校氛围
	教师效能	
	教师满意度	校长满意度

（来源：引自 A classification of the core parts of TALIS 2013 questionnaires①）

AHELO 项目是 2008 年经合组织关于高等教育质量的评估的成果，全称为“高等教育学习成果测试”（Assessment of Higher Education Learning Outcomes），是针对临近毕业的应届大学生进行的国际性评估，旨在获取学生学习质量的真实数据，从而达到各国之间相互了解，相互学习的目的。主要测试包括“共通能力”和“具体学科能力”两大块，以问卷或者情境的形式进行测评与评估，主要框架如下图 5 所示。美国等一些国家犯罪学教育优劣的评估往往都采纳了一些科学与合理的评估方法与手段。

① Teaching and Learning International Survey TALIS 2013 Conceptual Framework[J], Organization for Economic Co-operation and Development (OECD), 2013. http://www.oecd.org/edu/school/TALIS%20Conceptual%20Framework_FINAL.

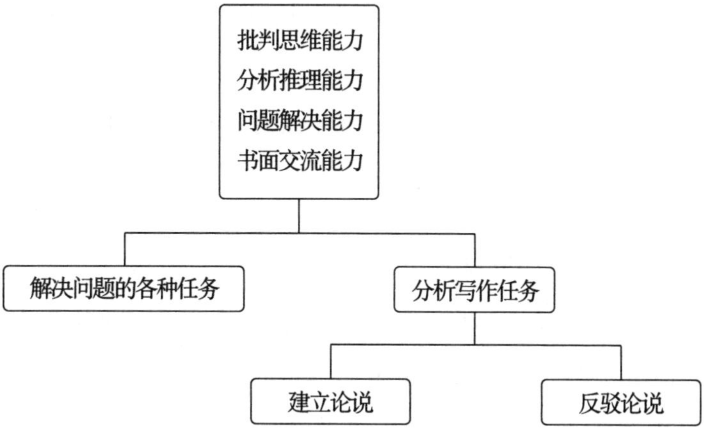

图 5　大学学习测试的结构

（来源：高光，张民选. 经济合作与发展组织的三大国际教育测试研究[J]. 比较教育研究，2011(10)：31.）

五　发展与完善的建议

（一）加强学科建设——彰显学术性

在“公安学”一级学科背景下，公安大学的犯罪学教育迎来了机遇，不仅将“犯罪学系”更名为“犯罪学学院”，形成完整的人才培养体系，并扩大了教育资源的规模，犯罪学专业本身的学科建设正逐渐加强。

1. 加强学科研究立项，重视学科建设

教学研究是学科建设的基石，只有立志于解决犯罪学课程教学多年来存在的一些问题，才有可能为加强学科建设提供科学的可行性意见，所以应积极研发、完成各种研究成果。犯罪学学院的

师资研究力量应将研究重点聚焦在犯罪学学科专业建设方面，对课程建设的研究以发表论文、介绍性文章等多种形式进行总结，深化对犯罪学学科建设的认识，并逐步强化犯罪学学科规范建设，提升犯罪学学科建设的整体实力。

2. 提高学科管理质量，实行开放办学模式

提高学科管理主要体现在每月一次的教学例会上，课程负责人都应积极探讨课程质量的评估工作，尤其是对涉及犯罪学内容课程教学的问题，需要进行较深入的研究，并及时反馈给相关教师。而开放办学则是注入犯罪学专业新鲜的流动血液，以聘请国内外知名学者来校进行讲学交流为主，并输出学院优秀老师出国培训交流为辅。这样不仅可以介绍国外犯罪学学科建设与前沿教学情况，还可以提升公安大学犯罪学的学科影响力，也促进了犯罪学教育课程教学的提高。

3. 厘清犯罪学与其他学科的关系

在公安大学的调研中发现犯罪学与侦查学、治安学等学科间有很强的交集与关联，同时，侦查学、治安学是以工作为导向的学科，犯罪学是以学科与学术为导向的学科，目前犯罪学并列于侦查学、治安学，无法最大化地发挥学术与学科价值。犯罪学学科从理论内涵上讲实质包含了侦查学与治安学中涉及犯罪的内容，例如侦查学、治安学等诸多二级学科中有关打击犯罪，案件侦破，治安防控等方面的课程实际上从属于犯罪对策学。所以，增强犯罪学的学科地位，理清与相关学科的关系十分必要。

（二）重视人才培养——满足需求性

鉴于问卷调查中反映出的人才培养问题，借鉴国外犯罪学人

才培养的先进经验，基于公安大学的实际情况，重视人才的综合能力和统筹教学、科研与实战服务间的关系十分重要与迫切。具体有以下二个方面。

1. 培养规格准确定位

犯罪学本科教育应该坚持确定“一高”、“二通”、“四强”的综合人才培养规格（如图 6 所示），构建特色鲜明的人才培养模式新架构，即依托学校的课堂、警务实践教学基地，搭建理论与实践的教学教育新平台。犯罪学是一门综合性的社会科学，知识体系框架丰富，所以在进行犯罪学教育工作时，要不偏不倚，充分开发学生的潜力，拓展学生的全球视野，以培养出适合复杂形势的综合性人才。此外，还应完善教育机构确定的九种大学教育基本能力，分别是调查研究、抽象思维、判断分析；听说读写；信息理解、历史意识、科学知识、价值观、艺术、国际多元化知识与深度研究的能力。硕士生和博士生的培养要在此基础上加以拔高和延伸。

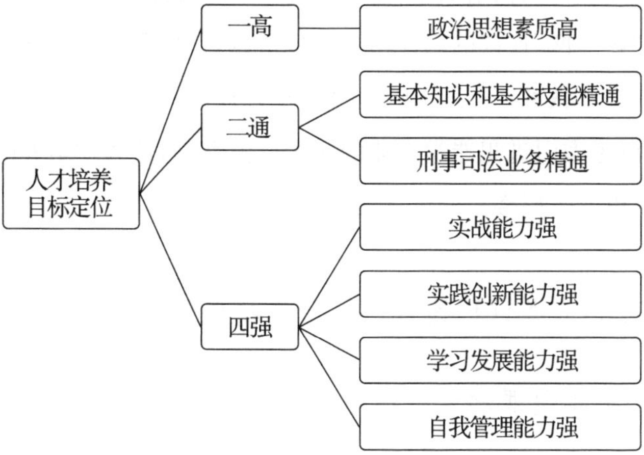

图 6　公安大学犯罪学本科专业人才培养目标定位图

（来源：笔者根据公安大学调研情况自制）

2. 教学、科研、实战服务三者关系应妥当处理

公安大学的犯罪学教育应该在理论与实践结合的基础上，处理好科研、教学与实战服务三者之间的关系。在美国的教学研究大学中，教师的教学、科研、实践环节都有合理的分配比例。在国内犯罪学教育中，谈论较多的是教学与实践相结合，而相对忽略了科研与实战服务。由于公安大学的专业特殊性，必然与公安实战服务相关联，所以就要求在教育中应重视科研、教学与实战服务三者之间的关系，科研辅助教学，教学促进科研，科研、教学为实战服务，实战服务反哺教学、科研。

3. 完善“本—硕—博”人才培养衔接机制

公安大学不仅需要实务人才的输出，而且需要专业学术性人才的培养。一是适当增加优秀毕业生免试攻读犯罪学专业硕士学位，从 2011 级犯罪学本科生开始，学校已经着手增加推免生名额，但是推免生比例仍落后于北大、清华等诸多名校；二是增加“本—硕”和“硕—博”连读的人才培养衔接机制，让优秀人才能连贯地接受专业学术教育；三是在硕士、博士点开设已具备良好经验的积累下，可以考虑引进犯罪学专业的博士后流动站，使人才培养的层次与规格更上一层楼。

（三）完善课程设置——形成特色性

1. 完备犯罪学课程体系

在境外一些国家与地区，犯罪学课程在层次上分为本科、硕士、博士，学科上社会学作为主干，因此犯罪学课程一部分由社会

学系设置，使架构在社会学视野的课程体系，能比较系统与齐全[①]。但在公安大学，由于犯罪学学科专业定位过宽，课程量大，缺乏系统性，所以完备犯罪学课程体系精确定位与完整框架建设是重中之重。

从纵向上，使犯罪学本科生与研究生的课程设置相连贯，不仅在课程设置上做到形式连贯，而且要在授课深度上做到逻辑观念的连贯。例如，本科生授课内容集中在社会关注的表面现象，而硕士研究生需要提高深度，深入表面现象，找出热点问题，而博士研究生应进一步提高认识，从现象和热点问题中提炼思想，形成理论或认识，尝试学术创新。

从横向上，使犯罪学的各研究方向在课题体系上达到完备。总体目标是完备以社会学、心理学、法学等学科为理论支撑，以公安司法机关的犯罪预防、犯罪分析与预测以及犯罪矫治为实践基础，以犯罪学主干课程为核心和特色的课程体系。在各方向的具体课程设置中，应遵从基础课程、方法课程到理论课程、实践课程的发展脉络。以本科犯罪学教育为例，在大一进行了犯罪学原理的讲授，大二才有基础能够进行西方犯罪学理论的学习，在大三基本完成犯罪学理论与实践课程后，才能在大四进行犯罪评估导论的学习。在具体的教学内容中，也应该以“价值观——政策倾向——犯罪原因——犯罪对策”的发展逻辑进行教学，而不使学生的知识碎片化与片面化。

2. 创新犯罪学课程教授方式设计

创新犯罪学课程教授方式设计是增强学生学习兴趣，提高学

---

① 杨静，中美犯罪学教育比较及启示[J]，法制与社会，2007(05)：551—552。

生学习主动性的有效途径。所以,需要改变传统的学生依赖——教师主导模式,应该广泛拓展教学设计模式,增加学生参与——教师主导、学生主导——教师推进、学生主导——教师服务等多种模式,详情如下表8所示。

表8 公安大学犯罪学创新课程设计示例

课程名称	授课方式	创新类型	创新点	学生反馈
《犯罪评估导论》	教学、实训相结合	学生参与——教师主导	实训课:在街区模拟情境被害	能亲身体验犯罪情境与被害情境,印象深刻
《被害人学》	教学、案例相结合	学生主导——教师服务	案例课:课堂模拟社会热议案件	深入案例,贴切体会犯罪人与被害人互动
《犯罪学原理》	教学、讨论相结合	学生主导——教师推进	分组讨论集思广益	锻炼了团结协作和交流的能力
《犯罪学研究方法》	教学、调研相结合	学生主导——教师服务	学生独立进行社会调研并汇报	独立参与社会调查研究,对今后学术研究打下基础
《西方犯罪学》	教学、视频相结合	学生参与——教师主导	老师与学生均制作视频课件讲解案例	提高了学习主动性,听课不枯燥,生动

(来源:笔者根据在公安大学调研情况自制)

3. 借鉴国际经验

犯罪学的课程设置在英国牛津大学十分完备,不仅有专业的理论体系,而且还有针对犯罪学系学生一整套犯罪技能课程设置。牛津大学的犯罪学课程要求犯罪学本科生必须具备三种技能:一是查找、使用和评价犯罪学的学术资源的能力,包括书报杂志、文献期刊、论文著作、官方统计数据、媒体网络等;二是独立学术能力，包括选题、撰写论文、文献综述、论文规范、个人陈述报告、修订与检查论文能力；三是研究能力，包括研究伦理、搜集数据资料、定量与定性研究能力等。[①] 这三种技能课程的设置可以奠定犯罪学学生的基本学术素质与涵养，是值得我们学习的。

（四）创新教学方法——凸显应用性

一些国家的犯罪学教学独具灵活性与多样性，这是与其历史文化氛围密不可分的。中国有其具体的本土实际，不能完全照搬国外经验，但可以借鉴其中一些比较有创新力的方法。

1. 创新教学模式

公安大学犯罪学教育历经二十多年，课程建设与教学实践逐渐发展与完善，形成了教学内容、教学方法与手段、教学效果、课程特色、政策支持相配套的雏形，但还需要在此基础上创造出犯罪学课程建设的最佳模式，打造具有国际一流警察大学特色的犯罪学教育方法。在教学中需根据教学内容的需要，将协作式教学、探究式教学、情境式教学、案例教学、多媒体教学、综合实践活动教学等多种教学方法综合起来，帮助学生更好地理解和掌握所学的内容，如下图 7 所示。

其中，协作式教学是以小组协作的形式进行课堂研讨，改变以往被动接受为主动探索合作研究的学习模式；探究式教学是以学生探索学习为主的教学方式，能最大限度的调动学生的主观能动

---

① Finch Emily, Fafinsk Stefan. Criminology skills[M]. London, England: Oxford university press, 2012.

性；情境教学是为学生设计了相关实际情境，使学生置身其中进行相关训练的教学模式；案例教学通过典型例子的剖析，使学生能举一反三，进行深入、具体的分析；多媒体教学是以声画并茂的多媒体教学软件来进行教学，使课堂教学更加形象化，增大信息量，并有利于创设学生参与到实际中；综合实践活动教学是借鉴信息技术手段，从公安部门的犯罪信息采集、数据库建设和反应机制等遇到的相关问题出发，使学生掌握防控犯罪的方法措施，培养学生的思维能力与判断能力，自觉地将所学的理论知识与实践有效地结合起来。

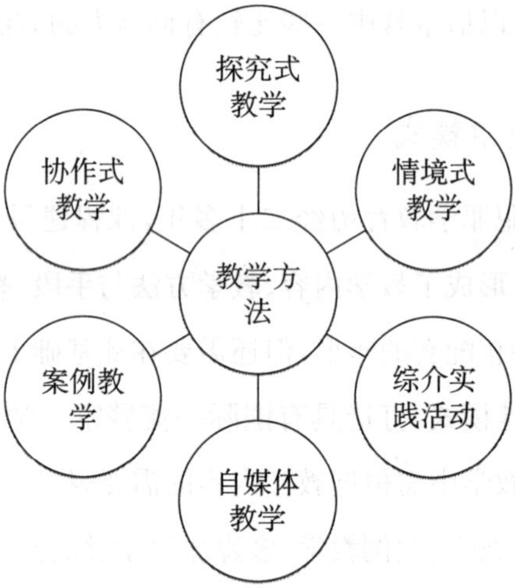

图 7　综合创新的犯罪学教育方法
（来源：笔者根据在公安大学调研情况自制）

在有关具体课程的讲授中，犯罪学需要以理论概况—现状描绘—原因探索—对策分析为教学框架模式；犯罪社会学以社会事实的界定—社会事实的调查—社会事实的测量—数据的分析—定量之后的定性结论为教学框架模式；犯罪心理学以界定心理问题—设计实验—实验检验—进行解释—形成理论认识为教学框架模式。此外，还要对有关的学生在本体论、认识论、方法论和具体技术手段方面进行了不同路径、不同思维方式和不同技术技能的多方面训练，切实提高教学对象的综合素质和解决实际问题的能力。

2. 拓展国际视野

教材是老师教学的工具，是学生接触这门学科的直接途径。公安大学犯罪学的相关教材在以国内教材为主的基础上，应适当引进国际犯罪学的教材与参考书。具有前沿性的本土教材在一定程度只能满足本科生的部分需求，而对于研究生层次，则更需要国外教材和有关的参考资料。例如，埃德温·萨瑟兰（Edwin H. Sutherland）、特拉维斯·赫希（Travis Hirschi）、马汶·沃尔夫冈（Marvin E. Wolfgang）、戴维·法林顿（David P. Farrington）等的教材和著作，[①]观点鲜明，具备国际视野，对于公安大学犯罪学专业的教学是非常具有启发作用的。[②] 对于学生认识与入门具有事半功倍的效果，可以切实有效地提升教学质量。[③]

3. 改革考核方式，侧重考核应用能力

犯罪学专业学生的考试分为考试与考查，考试课以闭卷考试结课；考查课是开卷考试，不限形式，自由度较高。此外，每门课还有占 20%—30%的平时成绩，可以反映出学生平时的学习与教学

---

① Ellen G. Cohn, David P. Farrington, Richard A. Wright. Evaluating Criminology and Criminal Justice [M]. London: Greenwood Press , 1998. 107.

② Maguire, Mike, Morgan, Rod and Reiner, Robert, eds. The Oxford Handbook of Criminology [M]. 5th ed. Oxford University Press, Oxford, UK, 2010.

③ Larry J. Siegel. Criminology [M]. 11th ed. Belmont: Wadsworth Publishing Company, 2014.

活动参与情况。这对于以前的应试考试制度,已经有了很大进步,但是仍具有很大局限性。所以需要改革考核方式,实行面向实践能力提高的考试方式。由过去注重终结式考试方式向注重日常考核方式转变,将平时案例讨论、角色扮演、模拟实战、课外作业和期末课程考试相结合,课堂考试与实践环节相结合,开闭卷考试与能力测评相结合,读书笔记与研究论文相结合,形成了多元化的日常式考试形式。

在实施环节中,应该以课上与课下相结合、分散与集中相结合、校内与校外相结合的方法交替进行。课上与课下相结合是在课堂教学中,教师通过讲授、质疑、提问和播放教学录像等多种形式,引导学生独立思考,在课下则安排学生根据自身的实际,独立完成课外作业;分散与集中相结合的方法是采取每个学生独立查找资料和整理思路,然后在课堂上演讲、交流;校内与校外相结合的方法是不仅在学校内实现实践教学环节,还要走向社会,包括社会调查、社会考察、社会服务和参与打击犯罪的实践等,巩固和深化课堂教学的实效。

(五)提升学科建设评估——注重标准的国际性

犯罪学的教育工作是一项不断总结,不断完善的长期工作,其中教学评估就是针对每一个教学阶段的成绩与教学系统的运行机制进行评价,从而发现教学中出现的问题,以更有效地推动犯罪学教学工作迈向新的台阶。经合组织的 TALIS 项目与 AHELO 项目已经显示教学评价体系的重要作用,而中国需要借鉴其评估项目的先进经验,提升犯罪学教育的学科建设评估。具体做法可以是:需要将犯罪学人才培养目标与评估体系相融合,提升综合型与学术型人才的培养地位，增加其量化指标评价分数，以评估带动人才培养；将科学研究与评估体系相融合，提高学术水准，夯实科研基础；对师资力量进行评估考核，例如 TALIS 项目与 AHELO 项目都对教师专业发展、教学信念、教学实践与教学态度有着量化的评价指标，能起到监督与督促教师增强教学水平，提升学术科研能力的作用；将综合声誉融入评估制度，包括学校的影响力、国际声誉、著名学科学院、著名校友等多种因素。因此，提升学科建设评估应该从以上四方面入手，这是引入国际性标准，提高学科建设水平的重要因素。

六 结 语

现阶段，中国内地的犯罪学教育不仅需要大力探索与发展完善，更加需要学术界的百家争鸣。两位笔者采用“理性与感性”兼顾的线索，一是结合亲身犯罪学教学与研究数十载经历的“理性思考”，二是以自身经历犯罪学教育七年科班生涯的“感性经历”，共同以“历史与现实”的纵向时间脉络、“国内与国外”横向的空间轨迹两条线索贯穿本文，期望能以此文抛砖引玉，引起各界学者积极关注犯罪学的教育问题。在中国，犯罪学学科本身就是一门既“接地气”，又“腾云霄”的学科，不能盲目学习国外的经验，应该与港、澳、台开展犯罪学教育较好的科研单位和学术机构携手合作，去粗取精，实事求是，结合现实。中国的犯罪学有着自身的学科属性与发展规律，尤其是以“学科与学术”的导向性就决定了与其他学科的差异，所以犯罪学学科地位应该得到提升，这样才能更佳发挥其学术价值。

研究生之页

近年来学术界杀人犯罪的性质与类型研究综述

陆　妍*

杀人犯罪是最严重的暴力犯罪，也是对社会治安威胁最大的恶性犯罪，因而历来都是国家严厉打击和强力预防的犯罪。但是，和实际部门的巨大客观需求相对应，对杀人犯罪的理论研究却要滞后很多。对杀人犯罪的研究不仅数量少，而且大多带有工作研究的性质。我们在中国知网上以“杀人犯罪”为关键词进行检索，共获得174条结果，其中有相当部分不属于对杀人犯罪的专门研究，而是一些新闻报道、故事记述或随笔之类的文字，还有一些是对死刑存废的讨论，剔除这些题材的文章外，比较接近对杀人犯罪的专题研究的文献大约只有80余条。其中属于定量研究的有12篇，心理研究的4篇，案例分析的有2篇，对大学生杀人、女性杀人

---

* 课题来源：上海十二五内涵建设重点学科项目“上海十一五期间杀人犯罪研究”课题的中期成果。

作者介绍：陆妍，上海政法学院2012级刑法学专业研究生，现为江苏省宜兴市人民法院金融与破产案件审判庭书记员。

以及其他不同主体杀人犯罪的研究有8篇，对雇凶杀人、抢劫杀人、奸情杀人、系列杀人等不同类型的杀人研究有25篇，对杀人犯罪的刑法学探讨有29篇，对国外有关杀人犯罪研究的介绍有3篇。这些文章最早发表于1980年，最迟是2012年，几乎涵盖了整个改革开放30多年来的全部研究成果。本文从犯罪学的学科性质和要求出发，重点关注那些具有犯罪学学科特点的研究成果，主要就杀人犯罪的性质和类型的研究予以综述和介绍。

一　杀人犯罪的性质与研究意义

杀人犯罪，被加罗弗洛称为自然犯罪，这个罪名蕴涵着刑法对人之生命的绝对保护原则，即“举凡具有生命之自然人均在刑法的保护之列，而不问自然人之生命价值、生命能力、年龄、性别、种族、宗教、职业、生理与心理健康状态。”故意杀人罪是侵害个人法益最为严重的犯罪，所以，一方面各国刑法都将其作为最重或最重之一的犯罪排列在侵害个人法益的犯罪之首，与之相适应都规定了较为严厉的刑罚；另一方面故意杀人罪又是较为复杂的罪种之一，行为人一旦犯罪将受到严厉的刑罚处罚，甚至被剥夺生命，基于罪刑均衡与人权保障的考虑，各国刑事立法又将故意杀人的犯罪区分为不同的类型并配置不同的法定刑而加以规定。①

我国刑法将杀人犯罪规定于侵犯公民人身权利、民主权利罪这一章节中，其中有三条罪名与杀人犯罪相关，即故意杀人罪（第二百三十二条）、过失致人死亡罪（第二百三十三条）、故意伤害罪

---

① 王成祥：“故意杀人犯罪比较研究”，载《法制与经济》，2009年3月第198期。

(第二百三十四条)中的致人死亡的加重情节。其中的故意杀人罪在我国司法实践中属于高发常见的犯罪。

对杀人犯罪的探讨,集中在对杀人犯罪的性质的探讨上,学者们提出了各自不同的观点。黄晔认为:在我国,故意杀人是指故意非法剥夺他人生命的行为,这种动用死刑的犯罪显然是社会危害性极其严重的大罪。[①] 戚仁广认为:我国刑法侵犯人身权利犯罪中最重的就是故意杀人罪。在所有不可剥夺的权利中生命权是最重要的,这体现了对人的生命的尊重。[②] 陈兴良教授提出,故意杀人罪是普通刑事犯罪中最严重者之一。我国历来有"杀人者死"的法律传统和"杀人偿命"的报应心理,因而在判处死刑的案件中,故意杀人罪占有相当比重。[③]

尹明灿、李晓明等人认为,故意杀人罪是最为严重的暴力犯罪,也是司法实践中的常见罪、多发罪,王广聪认为:古今中外,杀人是一种最令民众感到恐惧的严重暴力犯罪。故意杀人罪是一种古老的自然犯罪,其典型特征是非法剥夺他人的首要、绝对权利——生命权,侵害他人生命法益。因此无论古今中外,立法者都将其作为最严重的犯罪规定在刑法典之中,并配以最严厉的法定刑。[④]

盛华君认为,故意杀人或故意伤害等此类侵犯生命、健康的犯罪是最为典型的刑事犯罪,社会危害性严重,法定刑相对而言也比较高,在司法实践中也一直是比较常见的重要刑事犯罪,向来是我国刑法理论和犯罪学研究中的重点。[⑤]

---

① 黄晔:"英美刑法中的谋杀罪与中国刑法中的故意杀人罪",载《重庆科技学院学报(社会科学版)》2007 年第 4 期。

② 戚仁广:"英美刑法的谋杀罪与我国故意杀人罪辨析",载《北京联合大学学报(人文社会科学版)》2004 年 12 月第 2 卷第 4 期。

③ 陈兴良:"被害人有过错的故意杀人罪的死刑裁量研究",载《当代法学》2004 年 3 月第 2 期。

④ 尹明灿、李晓明:"故意杀人罪实证研究",载《故意杀人罪实证研究》。

⑤ 盛华君:"故意杀人罪中的基本问题探析",载《法制与经济》2010 年 1 月。

近几年，我国命案（指故意杀人、故意伤害致死和爆炸、投毒、放火、抢劫、强奸、绑架致人死亡8类案件）的发案率有上升的趋势，而故意杀人案件的发案率又居各种命案之首，因此，对故意杀人犯罪进行研究对于控制命案发案率、进一步完善有关杀人犯罪的刑事政策和相关立法，构建社会主义和谐社会，具有深刻的理论意义和现实意义。①

二　杀人犯罪主要类型研究

在已有的关于杀人犯罪的研究中，人们相对比较喜欢对一些严重的犯罪类型进行研究。突出的有系列杀人案件、雇凶杀人、抢劫杀人、奸情杀人等。

（一）系列杀人犯罪及其特点

对于系列杀人犯罪的定义，学术界比较统一，一般是指由同一个或同一伙犯罪分子实施的、手段相同或相近的两起以上的杀人案件。② 近年来，随着我国政治、经济、社会环境的不断变化，一些社会矛盾明显增多，系列杀人案件的发案数量和恶性程度也呈现出显著的上升趋势。刑现忠在对部分系列杀人案例进行剖析后认为，系列杀人犯罪有以下特点：(1)犯罪主体具有单一性。由于系列杀人犯都知道实施恶性杀人犯罪行为的严厉后果，因此，他们不像团

---

① 姜俊山、宋兴华："大连地区故意杀人案件的犯罪学统计分析"，载《辽宁警专学报》2008年9月第5期。

② 刑现忠："系列杀人犯罪研究"，载《科教文汇》，2007年第8期。

伙犯罪成员那样信奉“人员纠集越多，犯罪能量越大”的犯罪思维，而是采取单独作案的方式进行犯罪。(2)侵害目标具有针对性和选择性。系列杀人犯以城乡无业人员为主，他们没有工作，没有稳定收入，心理极易失衡，容易将自认为所遭受的不公正待遇转化为报复社会的犯罪行为。他们往往通过侵害特殊对象的人身权利，以得到变态心理欲望的满足。(3)杀人方式独特，作案手段习惯化、定型化。与利用现代科技手段作案相比，系列杀人犯的杀人方式具有明显的“识别标志”。每一个犯罪行为人由于习惯性的作用，多次的犯罪行为具有相似的犯罪手段特征。(4)犯罪行为具有残忍性。此类犯罪行为人不仅杀人不眨眼，而且还喜欢欣赏杀人过程。他们所追求的不仅是被害人的死亡结果，而且包括被害人在死亡过程中精神上和身体上的种种反应以及所有这一切给他带来的快感。在这些犯罪人眼里，被害人只是一件物品，对他们没有任何同情心。①

至于系列杀人犯罪的原因，刑现忠主要对我国杀人犯罪的外在因素进行了论述，并将其概括为三个方面：(1)市场经济体制还不够完备，改革的深入和优胜劣汰竞争机制的运行在促进生产力发展的同时也造成一定的社会问题。如金钱至上思潮泛滥、社会伦理道德观念日益下滑，严重的贫富分化和“下岗”问题等。(2)正常人变成犯罪人，犯罪人形成犯罪人格，都离不开特定的环境，特别与其早年的家庭环境有重大关系。近几年来，随着改革开放的深入，某些不良的西方生活观念因得不到有效控制正潜移默化地影响着人们的观念及其家庭。(3)对罪犯监管教育不当也往往成为系列杀人犯罪的诱因。但管理不善的劳教场所却很有可能成为犯罪技术传习所。②

---

① 刑现忠：“系列杀人犯罪研究”，载《科教文汇》2007年第8期。

② 刑现忠：“系列杀人犯罪研究”，载《科教文汇》2007年第8期。

系列杀人犯罪的犯罪心理模式具有循环增强性特征。在内部需要和外部诱因相互作用下，形成最初的杀人犯罪动机，实施具体的杀人犯罪行为，形成杀人犯罪结果。这种杀人犯罪结果又反过来强化再次杀人犯罪的心理，形成新的杀人犯罪动机。[①] 庞铁芳通过对系列杀人犯罪的研究，认为系列杀人犯罪的作案人的具体犯罪动机主要有四种类型：(1)谋财害命。绝大多数系列杀人犯的犯罪动机是为了攫取钱财，通过杀人来实现洗劫被害人财物的目的。(2)报复杀人。犯罪分子由于对政府、对社会不满，或者对某一特殊对象的仇恨，专门实施杀人犯罪报复社会、报复政府，或专门选择某特定对象加以杀害。(3)性变态杀人这种犯罪行为人实施的杀人行为与其性心理有特定的联系，是为发泄其过度的性欲或出于色情的动机。(4)毁灭罪证。一些犯罪分子在实施强奸、嫖娼等违法犯罪行为后，为避免被被害人指认或出于其他罪恶目的，不惜将被害人杀死。[②]

（二）投毒杀人犯罪的原因及其特点

近年来，有关投毒杀人的案件频发。有关学者对投毒杀人犯罪的原因进行了探讨。蔡晚拴认为，投毒杀人犯罪多发的原因包括：(1)经济利益冲突所致。由于犯罪人文化素质较低，法律观念淡漠，心胸狭隘，嫉妒、报复心强，一旦个人利益受到周边同行竞争冲击，便会寻机报复，常常采用投毒这种隐蔽性大，易于得手，且受害面广的手段。(2)泄愤波及所致。犯罪嫌疑人虽与受害人之间

---

① 吕云平："系列杀人案件的成因、特点及侦查对策"，载《政法学刊》2004年第4期。
② 吕云平："系列杀人案件的成因、特点及侦查对策"，载《政法学刊》2004年第4期。

没有直接的利害矛盾,但由于对某种现象的不满,而将矛盾转嫁给与此事有关联的人群,这一类型的人多数为未成人。(3)无端猜疑所致。犯罪嫌疑人怀疑自己的某种利益受到伤害而又没有寻找到明确的证据,心中产生强烈的不满,针对假想的施害者进行报复。(4)奸情引发所致。(5)剧毒物品的管理不善所致。①

刘霞则认为,投毒杀人犯罪与犯罪人的素质有关,也与某种特定的情境条件有关。(1)一些人文化素质较低,法律观念淡漠,心胸狭隘,嫉妒、报复心强,一旦与家庭其他成员或邻里之间发生矛盾就会耿耿于怀,抱着不报此仇誓不为人的心态,一有机会就会投毒杀人,报复社会和特定人群。(2)一些地区特别是农村由于经济、文化和地理位置等原因,人们的安全防范意识较低,随便食用户外、路边捡到的食物,有些农户缺乏安全防范意识,大门虚设、厨房不锁、无疑给投毒者大开了方便之门,一旦被人投毒就可能有灭门之灾。(3)剧毒物品管理体制不完善,尤其是对鼠药的制造、销售、使用缺乏有效的管理控制,非法制售现象严重。由于鼠药具有高效、价廉、易得的特点,导致农村地区容易出现投毒杀人案件。②

投毒杀人犯罪方法简单,手段隐蔽,作案人与受害人无需正面接触即可达到杀人目的而不易被发觉,与其他类型的刑事犯罪相比,具有较大的隐蔽性及社会危害性。蔡晚拴和刘霞都认为,投毒杀人犯罪具有以下特点:(1)廉价鼠药成为投毒犯的首选,因为其价格便宜且购置方便。(2)投毒杀人案件的犯罪成员以女性居多。这类女性,情感较脆弱,心胸较狭窄、性格较内向,当其个人利益或情感受到侵害时,往往势力单薄,仅靠体力不能达到其目的,常利

---

① 蔡晚拴:“新形势下投毒杀人案犯罪研究”,载《基础理论研讨》,2008 年第 30 期。

② 刘霞:“社会转型期投毒杀人案件多发原因、特点及对策的探讨”,载《犯罪研究》2000 年第 5 期。

用药物的隐蔽性和毒害性来达到报复家人和社会的目的。(3)未成年人投毒犯罪日益突出且向低龄化发展。此类案件多发于在校学生,由于未成年人生理早熟与心理素质的差异,心理异常导致投毒杀人的犯罪案件时有发生,又因社会与家庭中不良因素的影响,致使一些未成年人法制观念不强,心胸狭窄,如果疏导不利,便会酿成惨案。(4)无特定投毒目标报复社会的投毒案件比例逐渐增大。这类投毒案的实施后果极为严重,对社会影响较大。(5)投毒者作案手段愈来愈隐蔽,具有一定的掩护性。投毒方式多样性,为侦破此类案件带来困难。(6)有预谋团伙投毒作案日益增多。[①]

(三) 雇凶杀人犯罪

雇凶杀人犯罪是雇佣犯罪的一种。雇佣犯罪从对象上可以分为两类:一种是狭义上的雇佣型犯罪,特指雇凶杀人犯罪。一种可以称为广义上的雇佣型犯罪,包括雇佣人员从事杀人、伤害、抢劫、走私、贩毒和侵犯知识产权、危害国家安全等活动构成犯罪的情况。[②] 对广义雇佣型犯罪的定义也有分歧。刘文认为"雇佣犯罪是以金钱关系为基础,由雇主出资收买受雇人,受雇人按照雇主的旨意所实施的犯罪"[③]。此处,他强调"金钱关系"。龚明辉认为,"雇佣犯罪是指一方以提供报酬为条件,要求另一方实施特定犯罪的行为",[④]此处他强调的是"报酬"。宋红霞认

① 蔡晚拴:"新形势下投毒杀人案犯罪研究",载《基础理论研讨》,2008年30期;刘霞:"社会转型期投毒杀人案件多发原因、特点及对策的探讨",载《犯罪研究》2000年第5期。

② 刘长想:"雇凶杀人犯罪的经济分析",载《甘肃政法学院学报》,2005年第3期。

③ 刘文:"雇佣犯罪问题研究",载《政治与法律》,2001年第6期。

④ 龚明辉:"雇佣犯罪中雇主的刑事责任问题",载《法制日报》,1996—01—25。

为，“雇佣犯罪是指雇主与受雇人事先就某种犯罪达成协议，约定于雇主事前或事后给付报酬为条件，受雇人为其实施一定的犯罪行为的一种共同犯罪形式”，其中强调了“共同犯罪”和“报酬”、“事前或事后”①。马松建认为，“雇佣犯罪中所采取的雇佣手段，并不仅仅限于金钱财物，还包括诸如设定债权、免除债务等财产性利益，以及职务升迁、安排工作等其他非财产性利益……虽然多数成立共同犯罪，但也的确存在不构成共同犯罪的雇佣犯罪”②，强调了“财产性利益和非财产性利益”以及“非共同犯罪”的存在。

在借鉴雇佣犯罪定义的基础上，刘长想认为，雇凶杀人犯罪应当是具有以下特点的犯罪活动：(1)存在着以利益交换为基础的雇主与受雇人的关系；(2)利益交换包括财产性利益和非财产性利益，不限于金钱利益；(3)受雇人按照雇主的旨意实施杀人的犯罪行为；(4)雇主与受雇人事先就杀人犯罪达成协议，而给付利益的时间可以事前也可以事后；(5)受雇人可能不构成犯罪而雇主单独构成雇佣犯罪。③

近年来，雇凶杀人有新的趋势——包括数量的增多以及质量的上升，如杀手职业化，服务网络化等等。在我国，一些带有黑社会性质的组织也常常涉及雇凶杀人，性质极为恶劣。如某官员雇凶杀死另一官员或者举报人，某富豪被另一富豪雇凶杀死，某贪官雇凶杀死情妇等等恶性案件屡屡见于报端。公职人员以及富商雇凶杀人较之其他类型，影响更为恶劣。④

① 宋红霞：“雇佣犯罪的本质”，载《人民法院报》，2001—09—03。
② 马松建：“雇佣犯罪问题研究”，载《刑事司法指南》总第17期。
③ 刘长想：“雇凶杀人犯罪的经济分析”，载《甘肃政法学院学报》，2005年第3期。
④ 刘长想：“雇凶杀人犯罪的经济分析”，载《甘肃政法学院学报》，2005年第3期。

(四) 性变态杀人犯罪

性变态是指对常人不引起性兴奋的物体或情景有强烈的性兴奋作用,或者采用与常人不同的异常性行为方式满足性欲或有变换自身性别的强烈欲望,性变态是变态心理的一种具体表现形式,也称性欲倒错或性心理障碍。性变态杀人犯罪是指犯罪行为人在性变态心理的驱使下实施的杀害他人的一种严重暴力犯罪行为。王海燕认为,性变态系列杀人案件具有犯罪地域广,时间跨度大,犯罪手段异常残忍,犯罪行为因果关系不明显,犯罪动机变异令人费解等特点。性变态杀人犯罪的侦破难度极大,有的案件甚至久侦不破,不仅成为困扰侦查人员的难题,还会给人们心理造成极大的恐慌,严重威胁公民生命财产安全。[①]

与性变态系列杀人案件逐渐增多的趋势相比,国内的相关研究相对滞后。目前对性变态系列杀人犯罪的研究可分为两类,一类是以系列杀人犯罪为研究对象,在类型里包含了对性变态系列杀人犯罪的研究,包括对系列杀人犯罪的原因、特点及对策分析。如吴宗宪对国外系列杀人案件综述性研究[②]、薄世杰等对系列杀人案件特点和成因分析[③]、汪茜、熊英、向群对变态杀人案件特点的分析等[④]。一类是对性变态系列杀人犯罪的专项研究。如赵桂芬、郝宏奎对性变态系列杀人犯罪行为人心理特征的分析[⑤],郭伶

---

① 王海燕:"两类性变态及其与性变态系列杀人犯罪的关系",载《政法学刊》,2008 年第 4 期。

② 吴宗宪:"国外系列杀人案件研究概述",载《江西公安专科学校学报》,2001 年第 3 期。

③ 薄世杰:"系列杀人案件及其侦破",载《江苏警官学院学报》,2002 年第 2 期。

④ 汪茜、熊英、向群:"变态杀人案件的十大特点",载《湖北警官学院学报》,2004 年第 6 期。

⑤ 赵桂芬、郝宏奎:"性变态系列杀人犯罪行为人的心理特征",载《公安研究》,2002 年第 1 期。

俐、肖玲、王高华对恋童癖系列杀人案的鉴定性分析。在两类研究中，前者相对较多，后者研究较少；在性变态杀人犯罪研究中，对性变态的具体类型介绍较多，对各性变态类型之间不同的心理和行为特征的分析较少。①

王海燕认为，性变态可分为两大类：一类是不具有暴力攻击倾向的情景性自我满足型性变态，另一类是具有暴力攻击倾向的实质性非自我满足型性变态。不具有暴力攻击倾向的情景性自我满足型性变态者通常不会实施系列杀人犯罪。具有暴力攻击倾向的实质性非自我满足型性变态包括恋物癖、施虐癖、恋童癖、恋尸癖等性变态类型。他们并非追求紧张、危险等特异情景，而是以变异的方式追求特定的性兴奋对象，同时还常常以暴力手段与被害人发生实质性的性交行为，此类性变态的共同特征在于，他们的被害人常常会在年龄、外表、行为习惯、生活状态或社会身份等方面具有一定的共同特征，既可能是熟悉的人也可能指向陌生者；他们通常会使用伤害、强奸或虐杀等暴力手段，与被害人发生实质性的性交行为，以增强或满足其性欲望；其心理需求和行为方式具有逐步强化升级的特点，即常常由接触被害人、伤害被害人而上升为杀人及系列杀人，主观恶性极大。这种类型的性变态者是潜在的性变态系列杀人犯罪人，应该成为犯罪调查和犯罪预防的重点人群。②

（五）转化型杀人犯罪研究

所谓转化型杀人犯罪，是指当事人一开始并非有犯罪的故意，

---

① 郭伶俐、肖玲、王高华："1例恋童癖系列杀人案的司法精神病鉴定"，载《中国神经精神疾病杂志》，2006年第6期。

② 王海燕："两类性变态及其与性变态系列杀人犯罪的关系"，载《政法学刊》，2008年第4期。

而是在发生民事纠纷过程中，由于各种原因，导致事情的性质发生转化，导致杀人犯罪行为的最终发生。通常称之为“民转刑”杀人犯罪。但目前学术界对“民转刑”杀人犯罪的研究还很少。吉林公安厅的研究就显得非常难得，值得重视[①]

吉林省公安厅专题调研组通过对吉林全省“民转刑”杀人犯罪情况进行调查，得出了这类杀人案件的主要特点：(1)犯罪总量呈下降趋势，但恶性程度加剧；(2)绝大多数杀人案件发生在农村，犯罪嫌疑人主要是农民；(3)绝大多数杀人案件是由矛盾纠纷激化引发，农村“民转刑”杀人案件更加突出；(4)犯罪嫌疑人普遍文化素质偏低，性格存在一定缺陷，处于弱势地位。

“民转刑”杀人案件的原因，既有社会转型期体制变革、结构变动、利益调整、管理变化、各种矛盾集中凸显等宏观社会原因，又有犯罪嫌疑人思想观念、价值取向、行为准则、生活方式发生严重错位、恶习膨胀、铤而走险等主观因素。

三　简要的评论

如前所述，杀人犯罪是最严重的恶性暴力犯罪，对于社会秩序的威胁特别巨大，历来都是刑事政策的首要打击对象和遏制目标。然而，与实践的需求相比，学术界的研究却显得非常滞后与薄弱。正因为相关研究的严重不足，使得目前少有的一些研究显得弥足珍贵。也许，人们认为，对于这种最极端的犯罪形式，只要严刑峻

---

① 吉林省公安厅专题调研组：“关于对全省‘民转刑’杀人犯罪情况的调查报告”，载《吉林公安高等专科学校学报》2007 年第 3 期。

法就可以了,最简单的办法就是将犯罪者处以极刑,从肉体上加以消灭。但是,这是一种不负责任的社会态度。从肉体上消灭杀人者并不能挽回被杀者的生命,也无法抹平被杀者家人的内心伤痛。从某种意义上说,杀人者本身也是悲剧的一个组成部分。一个负责任的社会必须要采取有效的措施,遏制和减少杀人这种最严重的暴力犯罪。而要做到这一点,必须加强对杀人犯罪的研究,真正找出杀人犯罪的规律和特点,找出导致杀人犯罪增加或减少的背后的社会结构性因素和功能性因素,从而制定出比较有效的刑事政策和社会政策。从这个要求来看,我国目前对杀人犯罪的研究还是很不够的,还有许多空白领域,即使已有的研究,大半还局限于传统的刑法学的规范研究和工作总结式的经验概括。有限的一些实证研究,其专业性和科学性还有待提高。

参考文献:

[1] 王成祥:“故意杀人犯罪比较研究”,载《法制与经济》,2009 年 3 月第 198 期。

[2] 邢现忠:“系列杀人犯罪的研究”,载《科教文汇》,2007 年 8 月中旬刊。

[3] 吴仁伟:“奸情纠纷引发杀人犯罪的社会学分析”,载《浙江公安高等专科学校学报公安学刊》2002 年 8 月第 4 期。

[4] 王广聪:“杀人犯罪热点模式实证研究”,载《中国刑事法杂志》2012 年第 2 期。

[5] 姜俊山、宋兴华:“大连地区故意杀人案件的犯罪学统计分析”,载《辽宁警专学报》2008 年 9 月第 5 期。

[6] 盛华君:“故意杀人罪中的基本问题探析”,载《法制与经济》2010 年 1 月,总第 227 期。

[7] 吕云平:“系列杀人案件的成因、特点及侦查对策”,载《政法学刊》,2004 年第 4 期。

[8] 刘霞:“社会转型期投毒杀人案件多发原因、特点及对策的探讨”,载《犯罪研究》2000 年第 5 期。

[9] 蔡晚拴:“新形势下投毒杀人案犯罪研究”,载《基础理论研讨》,2008 年 30 期。

[10] 刘文:“雇佣犯罪问题研究”,载《政治与法律》,2001 年第 6 期。

[11] 王海燕:“两类性变态及其与性变态系列杀人犯罪的关系”,载《政法学刊》,2008 年第 4 期。

[12] 吴宗宪:“国外系列杀人案件研究概述”,载《江西公安专科学校学报》,2001 年第 3 期。

[13] 薄世杰:“系列杀人案件及其侦破”,载《江苏警官学院学报》,2002 年第 2 期。

[14] 汪茜、熊英、向群:“变态杀人案件的十大特点”,载《湖北警官学院学报》,2004 年第 6 期。

[15] 赵桂芬、郝宏奎:“性变态系列杀人犯罪行为人的心理特征”,载《公安研究》,2002 年第 1 期。

卖淫女被害的特征分析及预防

高　畅*

摘　要：近些年来，我国卖淫女被害案件逐年上升，加害手段越发残忍，重复被害率很高。实践中，卖淫女的合法权益得不到应有的重视和保护，我们应重视卖淫女的被害特征，包括被害性、互动性和可责性。由此为科学的预防卖淫女被害和预防对策提供基本依据。对此，我国要加强出租房屋的管理；公安机关对重点场所加大宣传被害预防知识的力度；同时也应调整相关的法律让卖淫女被害人和证人敢于维护合法权益；大力推进社会建立被害人救助机构。

关键词：卖淫女；被害人；被害特征；被害预防

一　研究卖淫女被害的必要性

（一）卖淫女被害的高发性和残忍性

据公安部门的统计，从 1982 年到 1993 年的 12 年间，被司法

*　作者简介：高畅，上海政法学院 2013 级刑法学专业研究生，研究方向：犯罪学。

机关处理的卖淫嫖娼人员有 24.6 万。1992 年卖淫嫖娼人员是 1982 年的 30 倍。[①] 自 20 世纪 90 年代初到 1997 年底，我国累计查获的卖淫嫖娼人员大约是 210 万，有人根据其对南方三个城市的调查，认为“如果全中国的城市都这样，那么有过类似嫖娼卖淫行为的人，就可能是官方所估计数据的至少 10 倍”。[②] 2005 年的相关资料显示“全国约有 1000 万左右的性工作者”[③]，嫖娼卖淫已形成数亿元的“地下产业链”。

然而在 2010 年 5 月 11 日的北京东三环外“天上人间”扫黄行动中，此次专项行动却采用治安、刑侦、巡警、特警等多警种联合行动。查出 4 家豪华夜总会有偿陪侍小姐 557 人。[④] 在 2014 年 2 月 9 日上午，央视对东莞市部分酒店经营色情业的情况进行了报道。2014 年 2 月 9 日下午，东莞开始出动大批警力，对全市所有桑拿、沐足以及娱乐场所同时进行扫黄行动，警方查处了多对涉嫌卖淫嫖娼的人员。东莞市公安局在统一清查行动中，已检查各类娱乐场所 1948 间，其中，桑拿 220 间、沐足 672 间，卡拉 OK 歌舞厅 362 间，其他娱乐场所 694 间，发现存在问题场所 39 间，带回 162 人审查。[⑤] 从这两次大型的扫黄行动来看，我国卖淫已经形成了自己的系统和运行机制，也呈现了愈演愈烈的发展态势。随着卖淫人数的增多，卖淫女被害的案件在近 10 年来看已经不容忽视，世纪之交后，以卖淫女为加害对象的抢劫、绑架、凶杀案件呈现出多发

---

① 公安部《治理卖淫嫖娼对策》课题组：《治理卖淫嫖娼对策》，群众出版社 1996 年版，第 4 页。

② 潘绥铭：《存在与荒谬》，群众出版社 1999 年版，第 15 页。

③ 美国 2005 年 2 月 28 日发表，2004 年度国别人权报告[N]，凤凰周刊，2006 年第 9 期。

④ 百度百科. 北京天上人间突击扫黄[DB/OL]. http://baike.baidu.com/subview/1566888/13358401.htm#6。

⑤ 百度百科. 东莞扫黄[DB/OL]. http://baike.baidu.com/link?url=__OQNJdCj4v6Zao_vtVueU9—R4uMUyc2j0ycvDjumTHGMX5t6NiU0iS8g_SF2z2wUkDxhtNGoQSBQYwwUYKTJK.

事态，加害者手段残忍，案件“弥漫性”强，社会影响恶劣，其中，华瑞茁抛尸案、杨树斌碎尸案，以及轰动全国的“洛阳性奴案”等都是非常典型的案件，不得不引起我们对此关注。

近些年来关于卖淫女被伤害、抢劫甚至是杀害的报道接连不断，呈持续高发状态。北京市 2004 年 1 月至 2006 年 6 月共有未破疑难命案 156 起，其中卖淫女或疑似卖淫女被害案 60 起，占未破疑难命案件总数的 38.5%。[①] 另据资料披露，某城市三年内被恶势力杀掉卖淫女多达 90 名。[②] 而以卖淫女为抢劫、诈骗、绑架对象案件的发生概率要比凶杀案件高得多。在一些城市甚至出现了专门针对卖淫女的多种形式的犯罪活动，卖淫女受到加害者侵害成为一些地区突出的社会治安问题，影响着公众的社会安全感，并损害着城市形象和我国的国际形象。2007 年年初，媒体记者对卖淫女性生存安全状态的调查在辽宁、湖北、广东等地陆续展开。此间，各地卖淫女被杀、被强奸的消息以每周 1—2 次的频率继续见诸媒体，鲜有中断。报道中称，在记者对大量底层“小姐”的调查中，几乎每个人都有被抢、被强奸的经历。一些学者经过大量实证调查，甚至得出了“暴力猛于艾滋病——女性工作者生命安全被严重威胁”的结论。[③]

尤其近 3 年来，卖淫女被害的作案手段更为恶劣和残忍。2011 年 9 月，河南洛阳警方快速破获了一起震惊全国的案件。一个叫李浩的当地男子在长达 2 年的时间里，以“包夜外出”为名，分

① 迟夙生. 关于从立法上思考解决卖淫嫖娼问题的建议[J/OL]. http://comment.whb.cn/yinpin/view/13844? n=2。

② 姚建龙. 卖淫女的被害性及其合法权益保护[J/OL]. http://www.law-li.com/lw/lw_view.asp? no=1052&page=2。

③ 成曦，陈晓舒. 中国女性性工作者安全调查：暴力猛于艾滋病[DB/OL]. http://health.sohu.com/20080414/n256272291_1.shtml。

别从洛阳市不同的夜总会、KTV 诱骗了 6 名女子到洛阳市西工区凯旋路附近的小区，将这些女子绑架，并带到事先挖好的地窖中，长期囚禁进行性侵害，进而逼迫她们进行卖淫等违法活动。案发后，经过洛阳警方的紧张部署，成功将李浩抓获。这起令人发指的性奴案件一经披露，立即引起了全社会的广泛关注。身为国家机关工作人员的李浩，犯下了如此滔天罪行，实属骇人听闻。其恶毒的手段，道德的败坏，人性的丧失，对法律的蔑视深深地刺痛了社会公众①。

同年，滁州男子因嫖资纠纷肢解卖淫女。案件发生在 2011 年 10 月 7 日 23 时许，被告人胡某某酒后来到定远县某足浴店嫖娼，后又将被害人“小莉”带回自己家中继续嫖宿。此后，二人因嫖资等琐事发生争执，胡某某采用用手扼压颈部、捂口鼻的手段，将小莉杀死。胡某某还用家中菜刀割下小莉的头颅，与她的衣物、挎包等物品一同装进一黄色纺织袋，抛入附近田地中一水井内。②

2013 年，安徽宿州一协警嫖娼杀死卖淫女在网络也引发轩然大波。于某某，原系宿州市公安局东关派出所辅警。2013 年 5 月 2 日 23 时许，于某某酒后驾车意欲嫖娼，行至宿州市宿怀路格林豪泰宾馆附近时，遇见被害人盛某某。盛某某上车，后二人因商谈嫖资问题发生争执，于某某将盛某某杀害，并将盛某某尸体抛入宿州市埇桥区城东办事处凤凰大道与纬十一路交叉口路东北侧的一窨井里。③

---

① 洛阳性奴案：谁来保护边缘人[DB/OL]. http://news. ifeng. com/opinion/special/sexworkers/。

② 中安在线. 滁州男子因嫖资纠纷肢解卖淫女[DB/OL]. http://ah. anhuinews. com/system/2014/01/17/006279418. shtml。

③ 法制网. 安徽宿州一协警嫖娼杀死卖淫女[DB/OL]. http://www. legaldaily. com. cn/legal_case/content/2014—03/19/content_5375335. htm? node=33812。

2013 年同月，在泉州卖淫女拒性虐待被杀遭焚尸。2013 年 5 月 29 日 22 时许，泉州丰泽东湖街道东湖社区，张某乾与卖淫女李某，相约在一租房内卖淫嫖娼。其间，张某乾提出要与李某玩捆绑“性虐待”，遭李某拒绝，双方为此发生争执。张某乾遂将李某压在身下，并掐住其颈部，致李某昏迷后，张某乾恐其不死，再一次掐住其颈部，用毛毯捂住其口鼻，并拿电脑主机线勒住其颈部，致李某当场死亡。事后，张某乾为逃避侦查，用打火机点燃床上衣物、床单等物品，并将房间反锁后，逃离现场。①

总的来说，越是低端的、不断流动的站街女或发廊女，受到暴力侵害的几率越高。卖淫活动越是地下化，卖淫女性就越容易受到侵害；越是在暗处，犯罪分子就越肆无忌惮②，这已经成为无可争辩的事实。近些年来，卖淫女被害案件高发，作案手段也越来越恶劣，残忍，维护卖淫女性的权益迫在眉睫，需要全社会的积极参与。

（二）被忽视的被害弱势群体

这些被害的卖淫女是社会故意忽视的边缘人群，长期生活在阳光照不到的死角。卖淫女具备三个弱势，分别是生理弱势、职业弱势和环境弱势。

其一，相对于其实施加害行为的男性（一般为男性加害者）而言，由于女性自身的生理特点，处于一种劣势，可称为生理劣势。

其二，从追求保护合法权益来讲，卖淫女从事的职业毋庸置疑

---

① 网易新闻.泉州卖淫女拒性虐待被杀遭焚尸[DB/OL]. http://news.163.com/14/0429/16/9R0UES4K00014AEE.html。

② 道德与法律之外——底层性工作者生存安全调查[N].南方周末，2008—05—15。

是违法的，但相比对于公民（违法的公民也是公民，包括卖淫女）的抢劫、杀人、强奸等侵犯卖淫女的行为，一个是违法，一个是犯罪，从合法权益角度，亦应舍小而取大，保护卖淫女的人身及财产安全。这一点可以说是卖淫女的职业弱势。

其三，就是包括其生理弱势和职业弱势在内而形成的，职业违法性和从业环境的阴暗性，致使一个弱小女子处在一种封闭阴暗的时空条件下，往往导致遇害时的孤立无助，这一点称之为环境弱势。

因此，可以看出卖淫女是特殊的弱势群体。作为权利缺失的特殊弱势群体，卖淫女性是最应该被社会关注的一个群体。

（三）难以发现，犯罪黑数高

由于这类案件中，卖淫女自身从事非法卖淫工作，在受到侵害时，她们常忍气吞声，不敢也不会主动向公安机关报案，而且在她们失踪之后，她们供职的“风月场所”及曾经的卖淫姐妹们也大都不敢报案，这便使得司法机关失去了发现犯罪活动的主要线索来源。此外，由于多数卖淫女每到一个地方为了隐蔽自己，都不会领取暂住证或者使用虚假身份领取暂住证。这更加大了司法机关侦破案件的难度，也往往会导致侦查陷入误区。更为严重的障碍是，卖淫女所从事的是一种不光彩的、非法的职业，使用的都是假名或外号，且社会关系复杂，都是“地下活动”，加上她们对家里人很少说实话，有的和家里几乎断绝联系。这在侦查的过程中，常让司法机关无从下手，浪费了执法成本又不能侦破案件。除此之外，卖淫女为逃避打击，活动地点频繁变换，也无固定居所，即使她们失踪或遇害，也很难引起司法机关的关注，从而导致此类案件的隐案多，犯罪暗数高。犯罪案数高意味着有更多的受害者没有浮出水面，从而造成“被害暗数高”。

综上而看，发现案件的难度都大，就更不用说破案难度了，所以此类案件的犯罪黑数只高不低。由于犯罪黑数高，更可以从侧面反映出卖淫女被害的高发性，更加提醒我们关注卖淫女被害问题刻不容缓。

（四）聚合被害的可能性大

卖淫女自身的工作性质所限，明白自己的非法行为，金钱来源有污浊，当她们受到侵害时，不敢向警方报案，怕公安机关追究查处；再者，是嫌报案麻烦，耽误时间影响生意；也有的对公安机关失去信心，对行为人采取了消极的容忍的态度。明明受到了侵害，却不报案，默默地独自承受，这种不良的状态就成为犯罪行为人再次选择的侵害对象。

这种竭力保密的心态，正是新的行为人再次侵害的“跳板”。这样就形成了聚合被害，即数起犯罪侵害集聚于一人之身，而使被害人呈现中毒症状的一种社会现象。犯罪心理学研究表明，犯罪人每每得手都会因犯罪体验的内隐性作用，使罪犯的心理结构得以强化。与之相对，被害卖淫女在受到多源性的反复持续侵害后，复杂的被害体验，使本来就很脆弱的她们的防御心理日趋瓦解，这样心理上便发生了逆恶变。一个人掉进了他人设置的陷阱中，非但不呼救，反而要处心积虑地要保密。由此可见聚合被害人的悲剧荒唐得令人可笑，为了“保密”的需要，在她们心里像是为了保全自身，反而是给自己的再次被害火上浇油，卖淫女可能刚刚遭受行为人甲的凌辱，又不得不遭受行为人乙的蹂躏，还自认倒霉。这样，在客观上就造成了养奸纵恶的后果，犯罪行为人也正是利用这些有利的因素肆无忌惮、疯地的作案。

二 卖淫女被害的特征分析

（一）被害性

1. 卖淫女被害的倾向性

被害的倾向性是由于被害人自身存在的某些致害因素而使被害人具有一种易遭被害的趋向或可能性。① 卖淫女出入美容院、美发沙龙、洗浴中心、KTV包房、高档酒楼，而来此消遣的大多数是生意人、有钱人，卖淫女的收入自然不菲。由于特殊的工作性质，卖淫女盲目地赶时髦，穿着过于紧、透、露的衣服，这些性感的衣服极具诱惑力，我们无法否认，在社会交往中，服饰表情属于最为敏感的信息指示器。当今社会这些卖淫女，真正用言语勾引异性的不多，大多数是用妩媚的眼神、销魂的体态和性感的服饰向犯罪人表示出有"邀请"倾向的信息，这便具备了她们步入被害情境而成为被害人的可能，当居心叵测的行为人潜意识里认为这是发出的"性诱惑"信号，就会激化行为人的犯罪动机，促使他们实施针对自己的犯罪行为。

2. 卖淫女被害的易感性

被害的易感性是指被害人具有容易受到他人感染、控制，容易顺应或接受被害环境的特性，如轻信、无主见等。② 卖淫女在从业

---

① 张远煌，犯罪学[M]，北京：中国人民大学出版社，2007：107。

② 张远煌，犯罪学[M]，北京：中国人民大学出版社，2007：108。

过程中，大多数都是单枪匹马，工作环境不稳定，流动性很大，所以社会和家人都难以掌握其行踪。加之，卖淫女常在相对混乱的场合出入，而且对客人都是来者不拒，无意识地跟随犯罪分子去犯罪行为人常作案的地方，这极大地体现了卖淫女的易感性。

3. 卖淫女被害的受容性

被害的受容性是指被害人的心理和气质上对于自身被害角色的认同和容忍，或者放任其被害隐患而不加控制的特征。[①] 正如笔者在卖淫女成为聚合被害人的可能性中论述的，她们一再对犯罪行为做“保密”工作，已经对自己的被害状态麻木不仁，习以为常，还自认为是自己倒霉，就是她们这种极大的受容性才导致她们一而再再而三地被害。

4. 卖淫女被害的诱发性

被害的诱发性是指被害人在言论、行为、状态等方面存在着易遭被害的致害因素，从而诱发其被害发生的特性。[②] 卖淫女平时的举止和装束足够惹人注意，加之卖淫女的工作需要，她们必须以主动搭话，肢体勾引来招揽客人，这些言行和行为的诱导使其一步步陷入被害的境地。

（二）互动性

1941 年，德国犯罪学家汉斯-冯-亨蒂就指出，在犯罪人和被

---

① 张远煌，犯罪学[M]，北京：中国人民大学出版社，2007：107。
② 张远煌，犯罪学[M]，北京：中国人民大学出版社，2007：107。

害人之间存在着一种互动关系，被害人在犯罪的发生与犯罪的预防过程中不再只是一个被动的客体，而是一个(积极的主体)，是犯罪或被害的一个积极构成要素[①]。被害人学的创始人本杰明-门德尔松则认为，所有的被害人都对自己的被害亦即犯罪的发生负有责任，被害人的作用虽然有从首先使用暴力到仅有一些引诱性的语言等各种不同情况，但如果没有被害人的作用就不可能产生犯罪人与被害人这一刑事关系，所以提出了著名的“刑事伙伴”或者“犯罪搭档”范畴。[②] 我国著名犯罪学家康树华也曾指出：“犯罪之被害人不再是一种消极客体，他在犯罪产生过程中和在减少犯罪过程中，都可能成为积极的主体。”[③]然而，被害人的互动性，是指在一定的被害情境中，被害的发生过程总是伴随着被害人和加害人之间外显的社会性交互作用过程，被害不外乎是这种交互作用的产物和最终的结局。

就卖淫女性被害案件来看，被害人与犯罪人之间的互动关系表现得更为明显。在卖淫女被害的案件中，可以说，大多数案件如果没有卖淫女的参与或“推动”，就不可能有犯罪的实施，从而也就不可能有犯罪的产生。换句话说，正是由于卖淫女自身的原因，刺激产生了加害者，或者促使潜在的加害者变成了攻击者，她们的行为诱发了犯罪、也招致了自身的受害。卖淫女与犯罪的活动模式大体上分为两种：

其一，“可利用的被害人”模式。被害人是在自己毫无察觉的

---

① [德]汉斯·约阿希姆·施耐德，许章润，林进祥译，国际被害人学现状[M]，北京：中国人民公安大学出版社，1992：4—5。

② 许章润，犯罪学[M]，北京：法律出版社，2004：143—146。

③ 康树华，比较犯罪学[M]，北京：北京大学出版社，1994：444。

情况下，实施了使某些加害人感觉到属于对其诱惑的行为。[①] 在这种模式中，加害人利用了被害人的某些被害的倾向性特征实施了加害行为。当卖淫女穿着过于暴露的衣服和蛊惑的动作使加害人受其诱惑，加害人常利用卖淫女对客人不加防范的心理，常常孤身接客以及被侵犯后极度容忍的心理等优势来实施犯罪行为，因此在这种情况下，卖淫女属于可利用的被害人。

其二，"自愿的被害人"模式。加害人首先设定了圈套，被害人出于过于相信加害人或者想轻易地获取某种利益而堕入加害人的圈套。[②] 在这种模式中，被害人不是被动接受加害行为，而是自愿甚至积极配合，主动地接受这种加害行为。众所周知，卖淫女为了招揽客人需要运用语言和肢体勾引。往往加害人正是利用这一便利来设下圈套，扮演成嫖客并将卖淫女带入自己预先安排好的犯罪场地，正是由于卖淫女的防范意识差，过于轻信嫖客而自愿参与其中，掉入加害人的圈套，才使自己坠入被害的深渊。

（三）可责性

所谓被害的可责性，是指被害人因自身的某些原因，而促使了被害的发生，从而对自身的被害负有一定的伦理或法律责任。[③] 笔者认为，卖淫女靠出卖肉体获取金钱的行为，不仅为道德所不容，而且极易引发其他案件发生，危害社会的治安秩序，历来都是法律规制的对象和公安司法机关打击的重点，所以卖淫女在自身被侵害的案件中有不可推卸的责任，她们有很多过失性的致害因素往往具有可以

---

① 赵可，一个被轻视的社会群体——犯罪被害人[M]，北京：群众出版社，2002：216。

② 赵可，一个被轻视的社会群体——犯罪被害人[M]，北京：群众出版社，2002：216。

③ 魏平雄，犯罪学教程[M]，北京：中国政法大学出版社，1998：194。

被指责的余地。其中有三点比较明显的过失性致害因素，如下：

首先，卖淫女的卖淫行为使自身无尊严和人格，被社会公众唾弃。现实社会中的卖淫者绝大多数是自愿的，是贪图金钱和追求享乐而主动实施卖淫行为的。有的女性甚至把卖淫作为快速“致富”的捷径，不以为耻，反以为荣，毫无人格和尊严可言，为社会公众所唾弃。卖淫女性自甘堕落的行为方式可以使加害人有意无意地贬低卖淫女性的存在价值，否定她们的固有人格，摆脱犯罪过程中的自责感和自责心理，强化犯罪意念。一些加害人强暴、抢劫卖淫女性，虽然不至于是在伸张社会正义，但多半没有负疚感和犯罪感。

其次，卖淫女自身的草率、轻浮。现实生活中，很多涉及侵害卖淫女性的案件，“包夜外出”都是加害人“请君入瓮”的最佳手段。卖淫女性认钱不认人，对嫖客的警惕性不高，也不吸取她人被害的经验和教训，盲目出台，最终落入加害人设计的圈套中，造成“赔了夫人又折兵”的结果，甚至有更为严重的后果。

最后，卖淫女总是单枪匹马，频繁出现于被害的高危时间和空间中。据《中国新闻周刊》对20起性工作者被杀的案例的统计，绝大多数案件发生在城乡结合部等缺乏监管的地区，其中70%以上的案件发生在城乡结合部的出租房里。晚上是她们“交易”最活跃的“工作时间”，80%以上的“小姐”被害案件发生在凌晨①。可以说，卖淫女在容易发生某类犯罪的时间内，与此同时又处于有利于犯罪侵害的空间中，这便大大地促使犯罪行为产生。

综上所述，一般来说，被害性、互动性和可责性是被害的卖淫女所具有的基本特性，是客观而理性地认识和评价被害卖淫女，从

① 成曦，陈晓舒，中国女性性工作者安全调查：暴力猛于艾滋病[DB/OL]，http://health.sohu.com/20080414/n256272291_1.shtml。

而客观、公正地认识和评价犯罪行为与加害人，为科学地预防卖淫女被害和预防对策提供基本依据。

三　卖淫女的被害预防

（一）加强出租房屋的管理

强化外来人口的管理极其重要。很多卖淫女被害的案件中，由于卖淫女是外来人口，我们没法查明卖淫女的身份，从而无从下手。我们要以科学的管理手段，从空间防控的方面来减少卖淫女的被害。在近几年卖淫女被害的案件中，卖淫女在宾馆遇害的情况少之又少，这就是由于我们的宾馆管理中，对入住人的身份证登记起到了有效的作用。所以在宾馆中加害人不敢轻举妄动，但是他们又狡猾地找到了城乡结合地带的出租屋实施加害行为。因为这些城乡结合地带都疏于管理，不仅出租人对此类房子不太上心，警方也常常忽略对此地的防控与管理，所以就被加害人抓住了此漏洞。对于此类出租屋的管理，笔者建议，对承租人要去管辖的公安局及时登记，如果不登记一经发现应给予出租人一定的行政处分。这样的要求虽然对于出租房屋的双方当事人过于严厉，但是这却可以大大加强对双方的保护。一旦有案件发生，也有利于警方对此的调查与侦破。

（二）宣传被害预防知识

在平日中，各级相关部门应该大力宣传被害预防知识。但在宣传过程中我们不能仅仅流于形式，应将宣传深入到有可能发生女性被害的公共场所内，例如夜店、夜总会、KTV 等场所。我们应在这些公共场所内明显的地方张贴相关提示性信息以提高潜在的被害女性的警惕性，同时也给予加害人一定的威慑作用。而且在女性集中的女厕所内，设有随手可拿的防止被害的宣传小册子，小册子内容可包含典型女性被害的案例、预防被害的方法、自救技巧和防身术动作图解和一个避孕套等。这本册子可以树立潜在被害人主动自救的观念，同时掌握一定的自救技巧和必要的防身术，小小的避孕套也告诫她们远离艾滋病，珍爱生命。有的时候可能小小的宣传册不会引起注意，但是避孕套也可以作为赠品让她们愿意接受这本小册子；同时预防的宣传工作可以细化到在重点场所的每个女厕所的门内张贴言简意赅的几点预防被害的方法，贴士中不出现卖淫女这类敏感的词，要以潜在被害女性为主体，语言不要过于死板，内容要贴近她们的生活，易于接受。内容可包含以下几点：

1. 女性尽量不要穿金戴银，不要随身携带大量的现金和银行卡。如果真的遇到不法侵害，且无法反抗自救时，在人身安全和财产间要学会取舍，生命是无价之宝。

2. 女性的穿着不要过于暴露，这会让自己陷入被害的泥潭。不要为一时的性感丢掉一生的华丽。

3. 女性要避免盲目“一夜情”。不要为一时的冲动葬送一生的美好。

4. 留心观察有意接触和献殷勤的男人。这些人往往都是想从你身上有所图利的。要多留心观察对方的言行举止，多加留意手上、身上有文身的男人。

5. 请随身携带一些必要而实用的自卫设备和通讯设备。对于情况有变，要找机会及时脱身或及时联系朋友与亲人。

6. 不要享用他人主动递来的物品（香烟、牛奶、果汁、饮料和酒水），保持冷静的头脑，予以礼貌谢绝，提高警惕。免费物品只是冰山一角，真正的魔爪你有所不知。

（三）调整法律相关规定

卖淫女在被害后顾虑重重，不愿报案甚至是不敢报案的情况很多。如此一来，不仅助长了犯罪分子的嚣张气焰，同时导致自己的聚合被害性。因此，公安司法机关应该出台相关的政策或措施鼓励被害人主动报案。

首先，对于卖淫女被害人而言，在犯罪过程中，她们多亲历了犯罪的全过程。被害人的这种被侵害经历，使她们对犯罪事实的揭露更生动、更具体，因而更具说服力。同时，受到不法侵害的卖淫女本身就值得同情，如果再苛以处罚则十分不人道，相当于遭受“二次痛苦”。因此，对于主动报案的卖淫女被害人，公安司法机关在决定处罚时应酌情予以减轻或免除处罚。

与此同时，公安机关也应做出如果卖淫女作为证人不予行政处罚的调整。证人是指知道案件的有关情况，应当事人的询问和人民法院的传唤到庭作证的人，证人证言具有不可替代性、客观性和关联性。司法实务中，知道案件情况的卖淫女之所以不想作证、不愿作证、不敢作证，一个非常重要的原因在于害怕行政处罚，一旦她们为被害的姐妹出庭作证，就相当于暴露了自己的身份，从而导致很多罪犯逍遥法外。在我国目前对证人保护力度较为薄弱的情况下，有必要消除卖淫女作证的不利负担。

笔者认为，只有如此规定，才能打消卖淫女的顾虑，才能使卖淫女或者在同伴们被害后及时报案,积极参与。

(四) 建立被害人救助机构

我们应该大力推进社会建立被害人救助机构。建立专门为犯罪被害人提供救助和服务的社会组织或机构,同时配备专业的工作人员,如法律工作者、律师、心理医生、精神病医生、教育工作者和相关社会组织如妇联、工会的代表等等。

在建立被害人救助机构的大前提下,对于卖淫女被害人的这方面救助我们分成两部分:

其一,是对潜在被害人,机构应该未雨绸缪,事前开展有针对性的训练,训练的内容包括预防被害的心理训练和技能训练。通过这些训练可以提高这些人群主动进行被害预防的意识,消除被害的易感性,以及提高在遭遇被害时抵御侵害的能力和求救的能力。

其二,对于已经遭受侵害的卖淫女被害人,应该提供心理治疗。通过科学合理的心理治疗和心理咨询,可以帮助被害人消除或减少被害造成的心理创伤,降低聚合被害的可能性。笔者认为,对于上述两类人,要想让卖淫女活得有尊严,就必须彻底改变她们的现状。因此,有必要对卖淫女免费进行职业技术培训和就业指导,提供合适的就业岗位,这是一种治本的方法,让她们通过合法、正当的方式谋生,学会自尊、自强、自立、自爱,只有这样才能彻底告别卖淫行业,减少自身被害的可能,积极健康地生活。

进城农民工的困境与犯罪趋势研究

陆永博*

摘　要： 在我国迈向现代化的过程中，大批农民受经济拉力的影响，选择离开土地而流转于城市之间。进城农民工促进了所在城市的经济发展，同时也面临着种种发展困境，基于其自身心理落差与文化素质不足以及社会歧视、不公平待遇等原因，部分农民工铤而走险，走上违法犯罪道路。本文分析了农民工选择进城的原因，以及当下他们遇到何种困境；分析了农民工犯罪的基本特点与走向，旨在纠正政府长期的"三不管"态度，打击并控制农民工犯罪，维护城市秩序。

关键词： 进城农民；发展困境；犯罪走向

中国城市农民工是城市中一个非常特殊的社会群体，他们长期在城市里居住、生活、工作，受到城市文化的熏陶，接受了城市的不少文化和观念，但是他们中的绝大多数还处在城市里的边缘位

---

* 陆永博，上海政法学院 2013 级刑法学专业硕士研究生。现为河北司法警官职业学院教师。

置，生活在城市居民的圈子以外，他们与城市居民之间有着矛盾和冲突，无法融入城市主流生活；他们受到城市体制的排斥，没有得到应有的权利和利益；他们作为受雇的一方，始终处于不利、无权的地位，大多都是“临时工”；他们在城市里没有存在感和归属感，常常遭到鄙视，相对剥夺感强烈，生活常常入不敷出，向上流动的机会缺乏、合法权利无法保证，他们在物质利益的驱使下走上犯罪道路。进城农民工在多种困境下艰难生存，很多权利望而不得或被虚化，身心都受到煎熬，在此种困境下，部分意志力薄弱、物质欲望强烈的农民工会铤而走险。农民工犯罪的特点显著，多以财产犯罪为主，形式上呈现团伙犯罪，手段上暴力化与智能化，犯罪目的简单，多为冲动之举。

一　进城农民工面临的困境

农民们带着到城市寻求发展的梦想离开了自己熟悉的乡村环境，而城市对他们来说是一个陌生的地方，他们能够享有的社会资源匮乏，信息来源少，可以依赖的朋友少，处于孤立无援的困境。他们是城市的弱势群体，要面对城市的一些限制性和不公平的政策，要面对与城市居民的社会歧视，还要面对高物价与低收入的生活负担等一系列的困难。

（一）面对城市居民的社会歧视容易积下不满情绪

作为具有城市“主人翁”地位的城市居民，他们长期分享城市所提供的文化、教育以及其他各种资源，并在这种背景下形成了稳定地运用社会资源的模式，而农民工则是带着乡土气息的“边缘”群体，他们的谈吐、思想观念、文化背景与现代化文明城市格格不入。改革开放后，城门打开了，大批农民流入城市，城市居民与农民这两个有着明显社会距离的群体开始生活于城市社区之中，但是现实情况是，两者互有不满情绪，缺少沟通又缺少认同，各自为营，基本上没有自由的深度交往。由于社会、文化、生活背景差异很大，无论是在公共场合还是居民家庭中，城市居民与农民工之间的“歧视性”裂痕不是短期可以弥补的，这种看似是所谓传统和现代之间的“文化冲突”，背后更深刻的是“物质利益冲突”。[①] 传统的俗语“人以类聚，物以群分”指的就是人的社会交际总是以大体相似的背景为联系，所以城市居民对农民工不仅在经济上歧视他们，在文化上也是更加不认同甚至是反感的态度。长期以来，城市居民对进城农民普遍存有偏见和歧视，常常对他们出言不逊，更有甚者会进行侮辱攻击，一开始就给他们贴上“外来人口”的标签；进城农民也常遭人白眼，“低人一等”的自卑心理也给进城农民工心理上造成极大的反差，面对自己所处的社会地位却又无力去改变，这些“外来群体”对城市就更加缺乏认同感与归属感，因此一些农民在城市的自我约束力与责任感就差，对一些妨碍、破坏城市社会生活的行为，甚至一些违法犯罪行为，并无内疚和深刻反省。一些人甚至认为理所应当，在城市没有长远“生活预期”的农民工觉得自己反正不可能在此久留，稍加破坏并不会威胁自己的长远利益，也不会承担严重的法律后果。也正如亨廷顿所指出的那样：“农民认识到他们在物质条件上的困苦比社会上其他集团糟糕得多，而这一切又不是不可避免

① 李强：《农民工与中国社会分层》，社会科学文献出版社2004年版，第284页。

的，于是他们产生了不满。”

（二）就业环境差，职业选择有限

城市对待农民工的态度就是“接受性”与“排斥性”的结合。一方面，大量农民工流入城市，使城市增添了大量富有活力的年轻劳动力，他们甘愿做脏活、累活、体力活，为城市的建设作出了很大的贡献，这是不可否认的事实；另一方面，大量农民的流入增加了城市的负担。由于城市的基础设施、规模、就业机会的限制，他们的衣食住行给城市的物质资源、社会治安、市容市貌、环境卫生等造成了极大的混乱。而且，城市的医疗、保险等福利待遇并不将农民工纳入主体地位，他们只能从劳动力市场交换中获得劳动收益，根本享受不到实质性的福利保障待遇，这在一定程度上体现了排斥性。

“职业”是人们在现有社会分工体系中找到的一种活动位置，人们往往依赖于此种位置才获得了生活的经济来源。我国城市居民由于其“近水楼台先得月”的便利条件，一般来说，很容易进入到正规的就业体系中，他们占据了城市中大部分稳定的、体面的职业。而对于外来的城市农民而言，要想进入到正规的就业体系中，则要困难一些，而且城市中大部分的职业既有学历上的限制又有能力上的限制，他们找工作的套路基本上是在政府机制以外运作，大部分是托熟人找些临时性的工作。由于很难进入到正规的职业体系中来，很多城市农民工从事的是非正规职业，有些甚至进入到违法职业体系中。此外，大多数农民工学历低、技术水平低、自身素质与城市居民不具有可比性，我国长期存在的农民工市场劳动力供大于求，农民工又处于受雇的不利、无权的一方，这些都导致他们在城市中的就业环境不容乐观。社会上，企业老板乱收外来农民务工押金、拖欠农民工工资、报酬不合理、工作无保障、工伤致残得不到抚恤等问题也很普遍，造成一些农民工的生活苦不堪言，致使他们想在城市生活并在城市社会结构定位下来的时候，往往心有余而力不足。

毋庸置疑，进城农民工在城市社会分层体系中自始至终都被放置于一个底层的地位上，基于城市需求以及他们自身的条件，他们主要从事的职业有传达室人员、电动三轮车司机、废品收购人员、保姆、搬运工、单位保安人员等。此外，不少大城市的劳动部门都对外来人口的职业、行业进行严格限制，有关保护农民工合法权益的法规迟迟未出，这就又剥夺了农民工的相对选择权，使得农民工在就业的道路上布满荆棘。

（三）无法突破户籍制度的发展障碍

传统的户籍制度是一种“先附因素”，每一个人都被放在一定的等级上，虽然整个体制井然有序，人们很难突破此种先天的限制，很难超越级别，但是当社会出现三元结构的时候，此种制度越发相形见绌，其最大弊端就是束缚社会成员的活力与积极性。“农民工”这个词表明的不仅仅是一种职业，也不仅仅是一种社会身份或社会地位，而是一种农民的社会身份与“工”这种职业的独特的结合，也正反映了一种极为矛盾的现实。[①] 迄今为止，中国的农民工的居住方式还是“候鸟型”的，他们离开了农村，但是还是占有农

① 李培林主编：《农民工——中国进城农民工的经济社会分析》，社会科学文献出版社，2003年版，第152页。

村户籍甚至土地,他们在城市里工作却又不是城市里的正式人员。由于农民工没有城市户口,即使想要获得城市户口也必须付出高昂的代价,他们在单位里也不能成为正式工人,不能享受与城市居民一样的福利待遇,也许只有用“边缘人”这样的概念才能较为准确地描述出这个群体的基本特征。尽管他们频繁地更换工作,但是他们的地位却始终没有上升。[①] 在我国的户籍制度下,拥有城市户籍的人口享有国家提供的教育、医疗、就业、社保、最低生活保障等其他社会福利,不具有某城市户口的“外籍人士”就只能望洋兴叹。可见,户籍制度被赋予了其不该有的价值标准,如果把它与各项福利挂钩,则会有失社会公平正义与人权保障的价值内涵,也成为农民工心中无法逾越的一道鸿沟,会导致农民工消极的生活态度,使其对城市不公现象的内在情绪外化成为不良动机,对维护社会稳定产生不利影响。试想,外出的处在活力最强年龄段的农民工如果能够突破这种身份上的等级定性,发挥他们很强的经济活动能力、劳动适应能力、吃苦耐劳的精神,那么必然会成为城市建设与运行的重要动力,促进城市劳动力市场的完善,促进劳动力市场的良性竞争与合理分工,有利于劳动力要素在部门之间的合理流动与配置,对于建立城乡统一、平等竞争的劳动力市场具有重大的推动作用。[②]

(四)平等意识渴求与相对剥夺感之间的矛盾

一直生活在穷乡僻壤的农民,不容易体会到农民与市民之间

---

① 李强:《农民工与中国社会分层》,社会科学文献出版社,2004年版,第35页。

② 杨聪敏:《农民工权利平等与社会融合》,浙江工商大学出版社,2010年版,第61页。

的不平等，而一旦走进城市并试图生存下来的时候，进城农民就会对自己所遭遇的不平等产生强烈的震撼。在城市，工作肯干并有效率的“农民工”，往往受到歧视性的雇佣，工资低、待遇差，大多只能干“累、脏、差”的活，多劳多得，缺少福利，工作及生活上缺乏安全感；相反，城市固定工由于“高附加值的社会身份”，往往聚集在工资较高、工作条件及待遇较好的岗位上。由此形成二者工资待遇及社会地位的反差，使得农民工产生社会不平等的不满情绪，内心强烈地感受到“彼在高岸，我在谷底”。“相对剥夺”指的就是在与其他地位较高、生活条件较好的群体相比时，个人或群体所产生的一种需求得不到满足的心理状态。当实际的收入不能满足期望时，当他们看到了经济的繁荣，而又感到与自己无关时，相对剥夺感就会变得尖锐起来，当相对剥夺感高涨时，一些人会采取违法行为或形成社会运动，以此来表达他们的不满或试图改变现状。[①]

城市的现行制度以及城市居民对于农民工在城市的生存有着拒斥态度，农民工在城市中由于社会资源极其有限，发挥的建设作用也常常容易被忽视，他们的存在感本身就很弱，在城市中总是遇到“定位障碍”。今天的中国农民处在一条与城市居民完全不同的隧道里，但是如果他们把城市居民作为自己的比较对象时，他们则会产生很强的剥夺感。农民工的生活很大程度上已经脱离了原来的自耕自给、完全依附土地的生活状态，他们投入到城市中，生活已完全被都市化所带动，他们总要与城市公民进行交流与接触，在各个方面都与城市公民有着千丝万缕的联系，所以，即使他满足于自己的现有收入和生活状况，而别人的总是在增加，生活总是在改善，那么在他心里肯定会形成一种落差，他就会感到自己付出的与

① 李强：《农民工与中国社会分层》，社会科学文献出版社，2004年版，第241页。

得到的不成正比，觉得社会对他不公正，导致他们会采取一些违法犯罪行为以获取更多的财富或者引起社会其他群体的关注。

（五）合法权益望而不得，受到侵害严重

农民工阶层是一个沉默的、被社会忽视的阶层，在城市社会中处于失语的地位，是城市社会阶层结构底端的奠基石。当农民工还身处农村时，他们与外界相对隔离，很多权利只是被虚化在法律文本上而已，如今他们在城镇化的过程、以及融入城市生活的过程中也认识到自己的权益无法得到保障甚至受到很严重的侵害。一方面农民工阶层缺乏对城市社会的话语权，只能通过传播媒体的同情心或者学者的正义感，或者政府中相关部门的关心，或者其他阶层代表的呼吁。而他们自己也没有能力建立自身的行业组织、工会组织，没有一个的团体性的力量能够维护自身权益的组织；另一方面，城市社会漠视来自农民阶层的声音，没有参与管理和自己生存利益相关社会事务的能力，而且直接影响了他们社会地位的提高，使得原本就在城市中无一席之地的他们更加无法表达自己的劳动就业、安全保障以及政治利益。

苏燕平曾依据马斯洛需求层次将农民工权益划分为：就业生存权、安全保障权益、政治尊严权益、发展与自我实现权益。就业上农民工不能与城市居民一样可以进入各个领域寻求职位，通常都会被安排最脏最累的体力活，工资低，常常被拖欠、克扣；因工受伤、医疗保险也常常得不到及时回馈；选举权利更是纸上谈兵；生存都很困难更谈不上精神和物质上的发展。农民工的权利状态是静止的，与城市居民的社会权利实现不可同日而语，城市对他们“经济接纳”与“制度（权益）排斥”使得农民工也觉得自己与城市居

民存在深深的隔膜，使得他们的状况越发艰难。

二　进城农民工的犯罪趋势分析

被城市排斥而陷入边缘化的进城农民工会从内心深处产生强烈的不满和抵触情绪，同时离开农村后，熟人社会道德观念的自我约束机能和相互监督机制已不复存在，而城市社会中仅仅依靠政府单方面的管理无法弥补对进城农民监督管理和控制约束机制的漏洞，社会控制机制已无可避免地被削弱。城市社会包罗万象，进城农民在生活与选择的边缘上挣扎，他们所面临的困境可谓险象环生，当犯罪机会出现，长期压抑着的强烈不满和反抗情绪冲破了农民内心的道德防线，再者由于其狭隘的价值观以及扭曲的道德观促使其心存侥幸，于是铤而走险，采用犯罪手段追逐不义之财成为他们中部分人的不二选择。农民工的逻辑很简单，那就是“要生存”的逻辑，一大部分处于城市边缘位置的农民工错误地把它发展成了“铤而走险”的逻辑。[①] 近年来，我国城市发生了一系列恶性犯罪事件，其犯罪者主要是外来农民，而探究农民工犯罪走向成为预防民工犯罪的首要前提。从民工犯罪引起高度关注后，我们不难发现民工犯罪具有以下的一些特点与趋势：

（一）多数以侵财犯罪为主。进城农民普遍文化素质低，道德水平不高，他们在大城市择业范围相当狭窄，有的能够基本维持生计，而有的农民露宿街头，连温饱问题都解决不了，况且他们心理约束能力薄弱，有好逸恶劳的恶习，容易为解救自身问题走上极端

① 李强：《农民工与中国社会分层》，社会科学文献出版社，2004 年版，第 212 页。

的犯罪道路。进城农民盗窃犯占农民犯罪人数总数的绝大多数，大量的农民案犯在城市盗窃自行车、动力通讯电缆、家用电器等物品。传统的盗窃、抢劫等街头犯罪是主要犯罪形式。农民犯罪虽然罪名各异，但在形形色色的客观表现背后，有一个基本一致的内在驱动力——获得利益，体现出对财产的追求。有的农民工以盗窃为生，有些甚至形成“敲诈勒索团伙”、“抢劫团伙”。由此可见，由于农民受教育程度有限，他们的思想与目光狭隘，物质生活水平低，工作不稳定，收入入不敷出是他们犯罪以侵财为目的的主要原因。所以农民工犯罪的走向仍然是以财产犯罪为中心，手段方面可能是暴力的，也有可能是温和的，也会掺杂着诈骗、恐吓的成分。

（二）呈现共同犯罪组合形式。农民在共同犯罪时，既有临时纠合、时聚时散的犯罪团伙，又有人数众多、组织严密、分工明确的犯罪集团；有的团伙之间是亲属关系，有的系同乡乃至同村，他们拉帮结伙，流窜于城市里，聚居一处，大肆进行盗窃、抢劫等犯罪活动；也有的共同犯罪人之间系同事关系，他们虽然来自不同地域，因工作关系而互相熟悉，乃至臭味相投，串通一气，共同实施犯罪活动。有的团伙内部构成较复杂，既存在血缘关系，又存在地缘联结，或者是跨省、跨地区的纠合，此类团伙集结的内在凝聚力里在于他们共同的农民身份。他们之所以热衷于纠合团伙来实施犯罪活动，是因为他们信奉“和老乡一起办事比较保险”，也有的是碍于“亲情、友情不得不参与”。在他们看来，拉帮结伙地实施犯罪活动可以让大家共同分担风险，减少实施犯罪活动时的恐惧心理，增大犯罪的成功率。

（三）进城农民成分复杂，居无定所，流动性强，流窜作案就成为其重要的犯罪活动方式。随着交通条件的便利，为流窜犯罪活动扩大了区域范围，进行远距离犯罪创造了条件；流窜作案往往采取甲地作案、乙地销赃、丙地藏身的游击战术；在无限膨胀的私欲和侥幸心理的支配下，往往是一次得逞后，又接着作案，只要不被抓，就作案不止，犯罪活动往往具有连续性；流窜作案手段虽然大多有预谋，但具体实施，往往是随机应变。既可能是犯罪性质的转化，如盗窃可能转化为抢劫，也可能是犯罪对象的转化，所以作案往往具有随意性。进城农民通常是游荡于几个城市或者某一个城市的若干个城区之间。流动性是当前进城农民犯罪最基本、最突出的特征之一。特别是有些进城农民犯罪行为人，在即将离开打工地时，往往是先作案"捞一把"之后再逃离。这样既可以"筹措"资金，又可以逃避打击，这种犯罪心理在进城农民犯罪行为人中非常普遍。

（四）农民工自控能力相对较差，为达到脱贫致富的目的使用的手段呈现暴力性。许多抢劫犯罪手法极度凶残，往往是先杀人后劫财，许多故意伤害案件往往因一些琐事而起，犯罪人都不惜采取严重伤害他人身体健康的极端行为；他们为了逃避社会责任与刑事惩罚，在作案时往往致被害人于无法反抗的地步，或者直接非法剥夺被害人生命。有的农民工实施犯罪是出于报复心理，在犯罪的临界点，他们将埋藏在心中的愤恨与不满发泄出来，被攻击的对象则很容易陷入不可挽救的地步。而且越来越多的农民工犯罪动机简单、犯罪时具有冲动性，预谋少、说干就干，实施聚众斗殴、强奸、绑架、杀人等暴力犯罪行为更加频繁。

参考文献：

[1] 李强，农民工与中国社会分层[M]，北京：社会科学文献出版社，2004。

[2] 赵曼，刘鑫宏，农民工就业与社会保障研究[M]，北京：中国劳动社

会保障出版社,2010。

[3] 杨聪敏,农民工权利平等与社会融合[M],浙江:浙江工商大学出版社,2010(5)。

[4] 李培林主编,农民工——中国进城农民工的经济社会分析[M],北京:社会科学文献出版社,2003(4)。

[5] 朱启臻,赵晨鸣主编,农民为什么离开土地[M],北京:人民日报出版社,2011(4)。

[6] 刘怀廉,中国农民工问题[M],北京:人民出版社,2005(3)。

[7] 严行方,农民工阶层[M],北京:中华工商联合出版社,2007(5)。

[8] 苏燕平,农民工权益保护研究[M],北京:中国农业出版社,2012(9)。

[9] 吴鹏森,邓俊,新生代农民工犯罪研究综述[J],青少年犯罪问题,2011(6)。

[10] 崔会如,200 名进城农民犯罪调查与分析[J],杭州商学院学报,2004(1)。

[11] 王汉生,孙立平,刘世定,项飚,"浙江村":中国农民进入城市的一种独特方式[J],社会学研究,1997(1):56—67。

[12] 吴洁,农民工权益保障的现状与对策[J],河海大学学报,2005(3):50—53。

[13] 陈如,李璇,当前进城农民犯罪问题的社会学思考[青少年犯罪问题],1996(4)。

[14] 邓大才,三代农民打工者——动机与行为逻辑[J],社会科学战线,2008(9)。

[15] 黄平,寻求生存的冲动[J],二十一世纪(香港),1996(12)。

[16] 康树华,我国农民犯罪的现状、原因与对策[J],辽宁警专学报,2004(2)。

[17] 文军,从生存理性到社会理性选择:当代中国农民外出就业动因的社会学分析[J],社会学研究,2001(6)。

我国环境犯罪及其刑事立法分析

汪雪苑*

摘　要：随着环境问题的日趋严重和世界各国对环境保护的日渐重视，环境犯罪已经为当今世界严厉打击的一种犯罪行为。纵观我国目前的刑法对环境犯罪的打击，无论从宏观的立法模式还是微观的打击力度上看，都有不足之处，再借鉴国外对环境犯罪的经验，完善我国环境犯罪的刑事立法已经迫在眉睫。

关键词：环境犯罪；刑事立法；立法模式

一　我国环境犯罪现状分析

（一）案例回顾

2002 年至 2005 年间，被告人何涛违反国家规定，在北京市门头沟区永定镇坝房子村村东被告人吴健华所承包的砂石坑，处置

---

* 汪雪苑，上海政法学院 2013 级刑法学专业硕士研究生，现为上海政法学院经济法学院教师。

清河、酒仙桥污水处理厂产出的污泥约500吨,该污泥中检出乙类传染病病原体志贺氏菌,对该地区造成重大环境污染。2006年10月至2007年7月间,被告人何涛、刘书力、吴健华违反国家规定,在北京市门头沟区永定镇上岸村村东被告人刘永祥所承包的砂石坑段处置清河、酒仙桥污水处理厂产出的污泥约4000吨,被告人蒋小兵所承包的砂石坑段处置清河、酒仙桥污水处理厂产出的污泥约2000吨。相邻两个坑段的污泥中检出多种重金属且CODcr、BOD、氨氮、粪大肠菌群数均严重超标,排放至周边地区的恶臭气体强度为三至五级,且均检出乙类传染病病原体志贺氏菌,对该地区造成重大环境污染。上述两坑段投入的初步治理费用分别为人民币3130830.50元、627669.50元。经中国气象科学研究院环境影响评价中心评估,刘永祥、蒋小兵承包砂石坑污染治理费用初步分析约8030万元人民币,如加上远期的环境污染损失费将远超过1亿元人民币。基于此,北京市门头沟区人民检察院对五名被告向北京市门头沟区人民法院提起诉讼。经过审理,北京市门头沟区人民法院对五名被告最终判决如下:被告人何涛犯重大环境污染事故罪,判处有期徒刑三年六个月,罚金人民币3万元。被告人刘永祥犯重大环境污染事故罪,判处有期徒刑三年,缓刑三年,罚金人民币3万元。被告人蒋小兵犯重大环境污染事故罪,判处有期徒刑一年六个月,缓刑两年,罚金人民币2万元。被告人吴健华犯重大环境污染事故罪,免予刑事处罚。被告人刘书力犯重大环境污染事故罪,免予刑事处罚。随后何涛向北京市第一中级人民法院提起上诉,声称一审法院认定砂石坑内检出的志贺氏菌及CODcr、BOD、氨氮、粪大肠菌群数严重超标,都是其倾倒污泥造成的,证据不充分,其行为应无罪。北京市第一中级人民法院经审理,确认一审法院认定的事实和证据,最终裁定驳回上诉,维持原判。[①]

本案是北京市最大的一起地下水保护区污染案件，是北京市司法机关首次介入的案件，也是全国首例污泥污染环境的重大案件。据了解，本案最初是由居民向公安机关举报而揭发的：有人向位于门头沟区上岸村东侧的两个大沙坑内，倾倒大量污水处理沉淀物，造成当地连续多日臭味难闻。经环保监察局人员现场调查取证发现污泥中多种重金属含量超标，严重污染了当地的土壤，对当地的居民也造成了重要影响。本案无论在涉案范围的人数上，还是在危害后果的影响上都是十分巨大的，而这起案件仅仅是近年来我国多数环境犯罪案件中的一例，由此可以看出，环境犯罪随着人们对经济利益的追求，以及各项科技的发展，已经越来越严重，并且形式多变、影响恶劣，这不得不引起我们的深思，是否应当从刑事立法上对环境犯罪进行进一步打击，从而惩戒犯罪、预防犯罪。

（二）我国环境犯罪现状分析

目前，我国司法机关对环境破坏侦查的案件中，绝大多数还是个体型环境犯罪。据初步统计，从 2009 年至今，被检察机关立案起诉，并被法院审判的重大、经典的环境犯罪刑事案件有 38 件，受到刑罚处罚的有 75 人，涉案范围遍达江苏、浙江、上海、福建、天津、河南、河北、安徽等全国各地。而普通民事案件，仅 2013 年一年就多达 360 多件，涉案人数也多至近千人；行政案件自 2013 年

---

① 案例来源：北大法宝网，http://www.pkulaw.cn/fulltext_form.aspx?Db=pfnl&Gid=119224725&keyword=&EncodingName=&Search_Mode=accurate。

至今也有43件。其中,刑事案件多为重大环境污染的案件,也有一些是环境监管失职的案件。[①]

随着经济的迅猛发展,人们对资源的需求也不断增多,这必将造成生态环境的消耗甚至透支。虽然我国地大物博,资源充分,但人均资源仍然十分匮乏。在我国,每年污染环境和破坏资源造成的经济损失达2000多亿元,已经超过其他各种刑事犯罪造成的经济损失的总和,相当于20个唐山大地震造成的损失。[②] 虽然现今的环境犯罪,多发生于经济发展水平较高的地区,但是按照如今的趋势来看,环境犯罪也会不断地向经济欠发达地区蔓延。这不但更增加了环境犯罪的潜伏性和隐蔽性,而且由于当地经济不发达,也会帮助环境犯罪者降低犯罪成本,由此一来,必会加大对罪犯责任追究的难度。

根据对我国环境犯罪现状的分析,发现目前环境犯罪呈现出以下几点特征:

1. 环境犯罪具有行政从属性。环境犯罪不同于其他犯罪,不仅要求违反刑法、环境法的相关规定,而且通常是没有得到环境保护行政主管部门的许可,或者是违反了相关部门的规定标准等。因此,环境犯罪的行为必然违反了环境行政法规,也就是说对行政法规具有依附性,即行政从属性。

2. 环境犯罪后果的潜伏性与严重性。环境犯罪行为的发生,与社会生产力的发展水平和科学技术的水平有关,人类对自然界的认识也是从某一个阶段慢慢向另一个阶段过渡,因此,对环境损害的所带来的后果也不是立即就能被发现的。最典型的案例就是

---

① 数字统计、查找来源于北大法宝网。

② 戴静:《环境犯罪分析》,华东政法大学,2012年5月,第15—16页。转引自李锡海《经济全球化与环境犯罪》,载《山东公安专科学校学报》,2002年第2期。

日本富士山骨病，潜伏期长达整整30年。正因为环境犯罪的后果具有一定的隐蔽性和潜伏性，所以无法在最初就将其遏制或挽救，因此，环境犯罪带来的最终后果必将是相当严重的，并且有可能还会持续蔓延，不仅危害当前人的生命安全，更有可能给子孙后代的生存带来恶劣的影响。

3. 环境犯罪的对象的不确定性。由于环境犯罪通常是跟科学技术和经济的发展有关，而科学技术又是一把双刃剑，其负面的影响往往无法预计，因此究竟会产生怎么样的危害结果，以及具体会危害到哪些对象，都是不确定的。同样，行为人在实行环境犯罪行为的时候，其主观态度及认识，可能连行为人自己都无法预料，因此环境犯罪的对象具有不确定性。

4. 环境犯罪认定的复杂性。由于环境犯罪对象及结果的不确定性，使环境犯罪的认定变得复杂，给认定犯罪的过程增加了难度。首先环境犯罪结果的多发性，会造成行为与结果之间的因果关系具有一定的复杂性。其次，由于在认定环境犯罪行为的过程中需要投入大量的科学技术和科研成果，因此在案件侦破过程中，必将投入大量的人力、物力、财力，这也会给案件的进展带来一定的难度。最后，环境犯罪的取证较为困难，这也是认定环境犯罪的复杂性所在。

二　我国环境犯罪立法现状分析

（一）我国刑法对环境犯罪立法的规定

我国1979年的刑法首次规定了与环境有关的罪名，具体有：

违反危险物品管理规定肇事罪(第 115 条),盗伐、滥发林木罪(第 128 罪),非法捕捞水产品罪(第 129 条)以及非法狩猎罪(第 130 条)。[①] 虽然 79 年刑法初步规定了环境犯罪的罪名,但罪名较少,并且没有单独设章节来规定。

1997 年修订通过的新《刑法》在规定环境犯罪方面有了重大的突破。在新《刑法》分则第六章"妨害社会管理秩序罪"中的第六节,以专门一节的形式规定了"破坏环境资源保护罪",共计 14 个罪名,分别是:重大环境污染事故罪(第 338 条),非法处置进口固体废物罪(第 339 条第 1 款),擅自进口固体废物罪(第 339 条第 2 款),非法捕捞水产品罪(第 340 条),非法猎捕、杀害珍贵、濒危野生动物罪,非法收购、运输、出售珍贵、濒危野生动物、珍贵、濒危野生动物制品罪(第 341 条第 1 款),非法狩猎罪(第 341 条第 2 款),非法占用耕地罪(第 342 条),非法采矿罪(第 343 条第 1 款),破坏性采矿罪(第 343 条第 2 款),非法采伐、毁坏珍贵树木罪(第 344 条),盗伐林木罪(第 345 条第 1 款),滥伐林木罪(第 345 条第 2 款),非法收购盗伐、滥伐的林木罪(第 345 条第 3 款)。[②]

自 1997 年新刑法至今,刑法还经历了 8 次修正案,期间对环境犯罪的内容做了一些相应的修改,最后一次是 2011 年刑八修正案的出台,对刑法第 338 条"重大环境污染事故罪"和刑法第 343 条第 1 款的"非法采矿罪"做了修改。修改后的第 338 条将原文中的"造成重大环境污染事故,致使公私财产遭受重大损失或者人身伤亡的严重后果"改为"严重污染环境的",而罪名也由"重大环境

① 赵秉志:《当代中国环境犯罪刑法立法及其完善研究》,载于《现代法学》,2011 年 11 月,第 33 卷第 6 期:91。

② 赵秉志:《当代中国环境犯罪刑法立法及其完善研究》,载于《现代法学》,2011 年 11 月,第 33 卷第 6 期:91。

污染事故罪”改为“污染环境罪”，这次修改，不仅降低了本罪的入罪门槛，而且增加了可操作性。

（二）我国环境犯罪立法的不足

尽管从79年《刑法》至今，除了我国刑法对环境犯罪的规定越来越丰富之外，也有其他各项专门法律法规的出台，不断完善环境犯罪的立法体系，但是对于环境犯罪的刑事立法，仍没有一套完整的体系，并且表现出了一些不足与缺陷。

1. 立法缺陷

首先我国对环境犯罪的立法模式尚未形成。其次，从上文中可知，我国现行刑法对破坏环境罪，具体只规定了一节十四个罪名，罪名较少，并且所保护的客体也较为狭窄。尽管2002年刑法第四次修正案中，将环境犯罪刑事立法所保护的范围扩大到了土地、水体、大气、矿产、森林等环境资源，但是我国《环境保护法》中的环境要素范围要广得多，不仅包括上述类别，还包括风景名胜，人文遗迹等人文环境，以及城市、乡村等社会环境。从这个方面看，我国目前对环境犯罪的刑事立法所保护的环境范围不够全面，范围较窄。

再次，从刑法条文中我们可以看出，大多罪名的表述均为“造成……危害的”、“……情节严重的……”等，也就是说，多数的犯罪都是结果犯，需要造成特定结果或者严重后果，才处以刑罚。然而我们都知道，环境犯罪的后果都具有一定的潜伏性或持续性，如果在危害行为实施之初，不加以重视或制止，后期的污染情况会持续加重，从而造成无法挽救的损失。有时在尚未出现危害结果或严重后果时，行为人可能都未意识到自己行为所带来的后果的严重性，从而继续实施危害行为，抑或犯罪行为，笔者认为这势必不利于对犯罪行为的预防。

另一方面，从目前的环境犯罪的来看，在遵循主客观相统一的前提下，环境犯罪主要有两种，一种是破坏资源型的故意犯罪，一种是污染环境型的过失犯罪，并且在指控时，控诉方不仅要证明破坏或污染的客观行为，还要证明行为主观罪过的存在。但是我们都知道，通常环境犯罪伴随着对经济利益的追求，因此在这过程中要认定主观的罪过是十分困难的，无罪过就无责任，也就不能实行刑罚，只能处以行政处罚。

2. 刑罚较轻

根据我国现行刑法的规定，对于破坏环境的犯罪，多为三年以下有期徒刑，少数有三到七年，或五年以下的，只有非法处置进口的固体废物罪、擅自进口固体废物罪和走私固体废物罪这三个罪名，在后果特别严重的情况下，才处十年以上有期徒刑，也就是说对于环境犯罪的刑罚都是较轻的。而在司法实践中，我们发现大多数案例的判决结果都是处以罚金刑，即使有个别属于监禁刑，监禁刑期也是较短的，并且会同时判以缓刑。

笔者认为，较轻的刑罚无法起到刑法的威慑和惩罚作用。因为在大多数环境犯罪中，以污染型犯罪为例，可能行为人治理污染所需要投入的人力、物力、财力超过千万甚至上亿，而对这些案例，最终的判决也不过是短期的监禁刑和几十万或几百万的罚金刑。相比之下，很多行为人，宁愿去缴纳少部分的罚款，也不愿花更多的钱去治理，由此一来，法律形同虚设，不仅违背了刑法中的罪责刑相适应原则，而且无法起到威慑和惩罚的作用，保护不了相应的法益，也就没有人会去遵守，更加无法起到预防犯罪的作用。

3. 执行不到位

从执行的角度来看，首先成立环境犯罪行为，必然在最初就违背了行政机关的法律法规或许可标准。而在这一步中，行政机关的强制执行很多时候就难以开展，毕竟环境犯罪会受到科学技术水平和经济发展水平的影响，因此在强制执行中可能就会受到阻碍。

再到刑罚执行阶段，监禁刑通常很容易执行，但罚金刑可能会因为数量较大而无法执行到位，行为人一拖再拖，并且对环境犯罪行为的挽救补偿也是懈怠或者消极的态度。因此，虽然从法律上对行为人做到了一定的惩治，但对环境的挽救和整治仍然无法到位。

三 我国环境犯罪刑事立法的完善建议

（一）立法的完善

借鉴国外立法模式上的经验，我们发现，日本主要是特别环境刑事立法模式，包括刑法典、特别刑法、行政刑法三类，其中以特别环境刑法《公害罪法》为核心。德国是以修订刑法典的模式来表现环境犯罪的刑事立法，1980 年德国对刑法典进行修改，增设了“危害环境罪”专章，随后又分别于 1994 年和 1998 年进行了两次修改，增设了罪名，加重了惩罚力度，对环境犯罪做出了新规定。而英美的环境犯罪刑事立法，都属于附属环境刑法的模式。

对于完善我国的环境犯罪刑事立法体例，目前学界有两种不同的观点，第一种认为日本模式超出了我国刑事立法的水平，英美模式会破坏我国刑法的完整性，相对来说，因为我国目前《刑法》中已经有了环境犯罪的相关规定，因此，德国的修订刑法模式最适合我国目前的环境刑事立法状况。第二种主张适应我国目前环境犯罪形式的立法模式是特别立法模式，或者是分散立法模式。①

笔者认为，对于修改刑法法典的模式，存在着一些弊端，如修改刑法典可能会破坏其体系的完整性和严谨性，并且即使修改了刑法典，对于环境犯罪的因果关系的推定仍然无法做出规定，这涉及程序法的内容等等。但是对于第二种观点，笔者也不大赞同，仅仅成立特别法模式，无法集中体现或规定环境犯罪，并且不够稳定。

环境犯罪是随着经济发展而产生的，也随着不同时代的经济发展呈现出不同的特点，因而环境犯罪是纷繁复杂的，所以单靠一部法典无法将复杂多变、包罗万象的环境犯罪全部囊括其中；但是总的来说，环境犯罪的形态还是相对稳定的，某些犯罪也是定型的，也就是说仍需要一部相对稳定的法律来规定环境犯罪。基于此特殊性，笔者认为应将两者相结合，在完善《刑法》的内容，扩大环境犯罪的保护范围以及适当明确归责原则的同时，制定一些单行法律，将在一定时间内不稳定但又需要得到惩罚的环境犯罪行为归到其中。这种立法模式比较符合我国当前的国情，以及对环境保护的实际需求。

---

① 吴献萍：《论我国环境犯罪刑事立法的完善》，载于《昆明理工大学学报·社科（法学）版》，第8卷第5期；转引自刘国荣：《论我国环境犯罪刑事立法的完善》，山东省农业管理干部学院学报，2004，(4)：99。

（二）环境犯罪构成要件的明确

1. 主观方面应适当引入严格责任

对于我国现行法律关于环境犯罪，在定罪时的主客观相统一的规定，存在主观认定难的问题，笔者认为可以考虑学习美国或其他西方国家的经验，适当引入严格责任原则。例如美国对环境犯罪设立比较严密的归责原则，不仅对未经许可，非法排放、倾倒、处理有毒有害废弃物的行为规定了刑事责任，还对与环境保护有关的文件制作过程中的虚假陈述行为予以犯罪化，从而为预防环境犯罪做了充足的准备。

严格责任原则是国外较为普及的一种原则，也是民法领域里的概念，又称无过错责任原则，从字面上就能看出其含义，即不论行为人主观上是故意，还是过失，甚至没有过错，只要行为与危害结果之间有刑法上的因果关系，那么行为人就应当承担刑事责任。

由于环境资源是有限的，为了维护生态环境，贯彻可持续发展的观念，为子孙后代着想，我们更应当对环境犯罪严格要求。引入严格责任原则，不论主观是否有过错，都对其进行惩罚，可以起到警戒和预防作用，这样很多为了追求经济利益而忽视环境保护的人，就不会因为在主观上难以认定是否具有过错，而逃避法律的制裁。

当然这里的引入不是完全照搬英美国家的严格责任，而是适当引入，要有严格的限制，否则很容易造成司法操作中的主观归罪，使无辜的人遭受刑罚处罚。

2. 客观方面应当增加危险犯

由于环境犯罪的危害结果具有一定的潜伏期和长期性，因此对于只处罚结果犯的情况，已经不再合适了，刑法应当尽快增添环境犯罪的危险犯。这里所谓的危险犯，就是指只要行为人实施了危害环境的行为，对环境造成了一种危险状态，或对环境、或人身及财产造成了威胁，就构成了环境犯罪。当然这里的“危险”也应当是客观存在的，而不是人们主观认为的，主要有两种情况，一种行为结束后，根据客观现实可能对环境、人身等造成实际危害；另一种是行为导致了有毒有害或者其他危险品的持续泄露，从而对环境、人身等造成危害。

纵观国外，日本的环境犯罪刑法中就规定了处罚危险犯。日本对环境保护十分重视，其对环境犯罪行为的追究及时有效，对危险犯的处罚都是表现之一。通过这种对环境犯罪危险犯的严厉处罚，为日本环境质量的改善起到很大作用。

增加危险犯的特殊意义在于，这是环境犯罪立法理念的一种进步，也是为预防犯罪作的准备。因为环境犯罪行为带来的后果会给社会造成严重的影响，并且这种影响是持续性的，又是很难消除的。如果在环境犯罪中只规定惩罚造成严重后果者，而不惩罚可能对环境造成威胁的危险行为，则起不到刑法全面保护环境的作用，也不符合刑法罪责刑相适应的原则，从而减弱了刑法在预防环境污染和破坏方面的重要作用。①

3. 客体上应当扩大保护范围

目前我国《刑法》中对环境犯罪保护的范围相对较窄，仅限于土地、水体、大气、矿产、森林等环境资源。而德国现行环境刑法具体包括了以下罪名：污染水体罪、污染土地罪、污染大气罪、噪声污染罪、非法处理垃圾罪、不正当使用设备罪、非法利用核燃料罪、侵害特殊保护

---

① 郭丽：《论我国环境犯罪刑事立法的完善》，山西财经大学，2013，03.

区罪。[1] 可以看出德国对环境犯罪的保护范围比我们要广很多。

随着社会的发展，更多的包括风景名胜、人文遗迹等人文环境，以及城市、乡村等社会环境，也应当适时地纳入到环境犯罪所侵害的客体，增设污染土壤罪、破坏湿地罪、破坏自然景观罪、污染海洋河流罪等等。并且，针对网络上频繁曝出的虐待动物的视频案例，还可以增设虐待动物罪。此外，近年来越来越多的噪声污染也严重影响并危害到了人们的生活，增加噪声污染罪也应当是必然趋势。

（三）刑罚内容与力度的加强

1. 延长监禁刑

在刑罚力度上，应当延长环境犯罪的监禁刑刑期。因为修改后的刑法规定，对环境犯罪的刑罚处罚大多在三年到五年，特别严重的可以判处十年，而在司法实践中，对于监禁刑基本上都判处三年以下有期徒刑，并判处缓刑。这种处罚力度与环境犯罪行为给生态环境、社会、人类带来的严重后果不相符，也即不符合罪责刑相适应原则。相比于普通的财产型犯罪，有些罪的刑罚最高刑期会达到无期徒刑，但是我们必须认识到目前我们对环境保护的重视远不能低于经济的发展，因此，笔者认为，根据环境犯罪所带来的损害，延长监禁刑的刑期是必要的，只有对犯罪人的处罚与其行为相当，才能有效地制裁和预防环境犯罪。

2. 扩大罚金刑

目前我国环境犯罪的罚金刑，作为一种较轻的刑罚，无法起到

---

① 徐久生等译：《德国刑法典》，中国方正出版社，2004：160—161.

对罪犯制裁的作用,尤其是对那些主观恶性较低的过失犯,并且罚金刑往往是附加适用的,因此在实践中难以执行。扩大罚金刑,不仅是考虑到罪责刑相适应原则,而且可以对环境犯罪人起到警戒作用,让其深刻意识到一味地追求经济利益,而忽略了环境保护的代价是沉重的,是得不偿失的,并且也能对社会公众起到一般预防作用,让其在行为时充分衡量自己的行为。此外,扩大罚金刑的使用,对惩治一些单位、法人犯罪也是有效的手段。

3. 增加资格刑

借鉴国外对环境犯罪设置资格刑的情况,我国也可以适当增设与环境有关的资格刑,针对一些环境犯罪人,剥夺其从事某种职业或营业的权利,例如对一些造成严重污染的企业,剥夺其继续营业的权利;对一些破坏性开采的犯罪,剥夺其继续开采经营的权利等等。当然对罪犯资格的剥夺,也是有一定刑期,刑满之后恢复其资格,这在客观上可以巩固对罪犯的改造,而对那些严重犯罪,或者因犯罪行为带来严重危害后果的,可以剥夺其永久的权利,通过剥夺其再犯的可能,来彻底杜绝环境犯罪的再次发生。增设资格刑的另一层意义在于对法人单位犯罪的处罚。对法人单位来说,除了罚金刑,资格刑也是一种行之有效的制裁方法。

四 结 语

当今经济和科技的迅猛发展,给人们带来了空前繁荣的物质生活,却也给人类带来了前所未有的灾难,不仅使生态环境遭到了破坏,还造成了一些珍贵资源的枯竭,甚至将危及人类及子孙后代的生存。保护环境,构建环境友好型社会已成为当今社会的发展重要目标之一。要想实现这个目标,需要全体社会的共同协调、配合,因此,有关环境犯罪的刑事立法也十分关键。在世界各国环境犯罪的刑事立法日趋健全的大环境下,我国也应当逐渐完善环境犯罪刑事立法,即完善立法模式,扩大刑罚等,这不仅能对环境犯罪行为进行惩罚和制裁,还能对环境犯罪起到预防作用。虽然在这个过程中,一定会遇到很多阻碍和困难,但我们相信只要我们共同努力,就一定能守卫好我们的美丽家园。

参考文献:

[1] 郭丽,论我国环境犯罪刑事立法的完善[D],山西财经大学,2013,03。

[2] 戴静,环境犯罪分析[D],华东政法大学,2012 年 5 月:15—16。

[3] 赵秉志,当代中国环境犯罪刑法立法及其完善研究[J],现代法学,2011 年 11 月,第 33 卷第 6 期:91。

[4] 吴献萍,论我国环境犯罪刑事立法的完善[J],昆明理工大学学报·社科(法学)版,第 8 卷第 5 期:99。

[5] 王俊、安树昆,环境犯罪的刑法现状及其改进[J],云南行政学院学报,2008 年第 3 期。

[6] 李涛洪、周晋凌,环境犯罪构成要按与完善初探[J],云南大学学报法学版,2012 年 3 月,第 25 卷第 2 期。

[7] 张福德,美国环境犯罪的形势政策及其借鉴[J],社会科学家,2008 年 1 月,第 1 期。

[8] 邹谢华,浅议我国环境犯罪立法的科学化[J],湖北社会科学,2010(4)。

[9] 冯军、尹孟良,日本环境犯罪的防治经验及其对中国的启示[J],日本问题研究,2010(1)。

[10] 刘文燕、朱萌,我国环境犯罪刑罚问题研究[J],黑龙江省政法管理干部学院学报,2010(1)。

[11] 陈英慧、关凤荣，中日环境犯罪问题比较[J]，河北法学，2009(12)。

[12] 吴献萍，环境犯罪与环境刑法[M]，北京：知识产权出版社，2010，05：5—6、115。

[13] 徐久生等译，德国刑法典[M]，北京：中国方正出版社，2004：160—161。

[14] 刘彩灵、李亚红，环境刑法的理论与实践[M]，北京：中国环境科学出版社，2012，09。

网络犯罪刑事立法上的缺陷及完善

宫鹏宇*

摘　要：近年来，随着互联网技术的不断发展，网络犯罪带给我国的经济损失呈逐年递增的趋势，但是我国涉及网络犯罪的法律规制仍处于启蒙阶段，还需进一步完善。本文首先开篇引述关于网络犯罪概念的各种观点，紧接着通过列举我国关于网络犯罪的相关法律文件来揭示本文的一大中心内容——即网络犯罪刑事立法上的缺陷，最后则结合不同学者的研究成果总结归纳出相应的完善建议，以期对网络犯罪刑事立法有所帮助。

关键词：网络犯罪；刑事立法；缺陷；完善

一　我国大陆地区网络犯罪刑事立法的概述

（一）网络犯罪的概念

人民网的报道称，根据美国华盛顿战略与经济研究中心最新

---

*　宫鹏宇，上海政法学院 2014 级刑法学专业研究生，研究方向：犯罪学。

研究报告显示，网络犯罪每年在全球范围内造成的经济损失达4450亿美元，并且该数据呈逐年递增趋势。其中，美国、中国、日本以及德国每年的损失共为2000亿美元，仅个人信息被盗每年造成的经济损失为1600亿美元。①

“网络犯罪”一词已悄然成为司法工作者与法学学者关注的新焦点，笔者打开各大法学的文献网站所能搜索到的相关论文不计其数。尽管如此，我国刑法中却没有专门的关于网络犯罪的章节，并且由于网络技术的五花八门，学界也无法精确统一地给出具有普遍说服力的标准概念。笔者通过搜索文献的方式，大致列举以下几种观点：

第一种“工具说”，该观点认为，网络犯罪仅仅指行为人利用现代网络平台或者技术手段来危害计算机信息系统安全的行为。该观点着眼于计算机犯罪而非传统的自然犯罪，该类犯罪是通过网络来实施的，因而排除了通过单机方式所进行的犯罪活动。② 然而此种定义仅在网络技术发展的初期有较为广泛的覆盖性和可行性，若针对当下层出不穷的网络载体，技术手段等，此定义的适用面略显狭窄，随着网络的发展此种观念已经逐渐被摒弃。

第二种“关联说”，该观点认为，凡是与网络因素有直接或者间接关系的犯罪活动皆属于网络犯罪。例如公安部于2014年公布的网络犯罪十大典型案例之“湖南长沙5.25攻击敲诈香港金融网站案”：2012年2月至6月香港多家金银证券公司受到不法分子的电子威胁，声称须向湖南、上海等地的银行账号汇入人民币10—20万元，否则将对其公司发动网络攻击，6月20日该不法团

① 民网，网络犯罪每年造成的经济损失达4450亿美元[J/OL]，http://world.people.com.cn/n/2014/0610。

② 张巍，涉网络犯罪相关行为刑法规制研究对策[D]，华东政法大学，2014。

伙被公安机关一网打尽。此案例说明了公安部所持有的是此种观点，但其不足之处在于将网络犯罪的犯罪无限扩大，容易与其他犯罪的界定产生冲突。

第三种“结合说”，该观点认为，网络犯罪是指行为人利用网络技术及其特性实施的应受刑事处罚的危害社会的既遂行为。此观点最大的特点就在于将网络犯罪区分为典型性网络犯罪和非典型性网络犯罪，此二者的分水岭就在于该行为所危害的客体是否为互联网计算机与计算机网络系统安全。此种观点是我国目前的相关立法解释与司法解释所采取的主流观点。

第四种“对象说”，该观点认为，网络犯罪应该在原有的基础上加上非传统犯罪行为，例如虚拟社会秩序、虚拟财产等，在“结合说”观点的基础上，进一步地将网络犯罪的概念进行扩大化。但是此种观点所包含的一部分不法行为可能尚未被刑法明确规定为犯罪，在罪刑法定原则的基础上，其概念的扩大化并未有利于网络犯罪的定罪量刑，因此笔者以为该观点略显随意。

（二）网络犯罪的相关规定

目前我国大陆地区关于网络犯罪的法律规制尚不完善，主要是针对某一个罪名或者某一类罪名进行的具体的司法解释，并没有专门的关于涉及网络犯罪的专章专节，缺少法律、法规的明文支持。由此可见我国对于网络犯罪的治理仍处于启蒙阶段，应该在坚持本国的特殊国情基础上通过向网络犯罪法律规制较为完善的国家学习，取长补短，通过吸收与转化不断完善本国的法律。笔者整理归纳了我国涉及网络犯罪的法律规制，如下表所列：

我国大陆地区涉及网络犯罪的相关规定一览表

编号	日期	文件名称
01	2013.9	《最高人民法院、最高人民检察院关于办理利用信息网络实施诽谤等刑事案件适用法律若干问题的解释》
02	2011.7	《最高人民法院、最高人民检察院关于办理危害计算机信息系统安全刑事案件应用法律若干问题的解释》
03	2011.2	《刑法修正案八》第285、286、287条
04	2010.8	《最高人民法院、最高人民检察院关于办理网络赌博犯罪案件应用法律若干问题的意见》
05	2010.1	窗体顶端 《最高人民法院、最高人民检察院关于办理利用互联网、移动通讯终端、声讯台制作、复制、出版、贩卖、传播淫秽电子信息刑事案件具体应用法律若干问题的解释(二)》
06	2004.12	《最高人民法院、最高人民检察院关于办理侵犯知识产权刑事案件应用法律若干问题的解释》第11条
07	2004.9	《最高人民法院、最高人民检察院关于办理利用互联网、移动通讯终端、声讯台制作、复制、出版、贩卖、传播淫秽电子信息刑事案件应用法律若干问题的解释》
08	2002.5	《最高人民法院、最高人民检察院关于办理组织和利用邪教组织罪案件应用法律若干问题的解答》
09	2001.6	《最高人民法院关于审理为境外窃取、刺探、收买、非法提供国家秘密、情报案件具体应用法律若干问题的解释》第6条
10	2000.12	《全国人民代表大会关于维护互联网安全的决定》
11	2000.11	《最高人民法院关于审理涉及计算机网络著作权纠纷案件适用法律若干问题的解释》
12	2000.5	《最高人民法院关于审理扰乱电信市场管理秩序案件具体应用法律若干问题的解释》
13	2000.4	公安部颁布《计算机病毒防治管理办法》
14	2000.1	国家保密局颁布《计算机信息系统国际联网保密管理规定》
15	1998.3	《中华人民共和国计算机信息网络国际联网管理暂行规定实施办法》
16	1997.5	国务院关于修改《中华人民共和国计算机信息网络国际联网管理暂行规定》的决定
17	1994.2	《计算机信息系统安全保护条例》

二　我国大陆地区网络犯罪刑事立法的缺陷

根据上表所示，显而易见我国针对网络犯罪的法律法规的规定仍处于起步阶段，我国网络犯罪相关立法起步较晚，法律法规的条文少之又少，大多数的文件是最高人民法院和最高人民检察院的司法解释，所涉及的罪名和范围与社会中实际发生的网络侵害不同步，一系列的不足之处有待进一步完善，这就需要学术界与司法工作者联合网络精英们一起努力，不断契合并完善，否则在今后的社会实践中容易被居心叵测的不法分子钻法律的空子，走灰色通道。笔者认为网络犯罪刑事立法上的缺陷具体来说，有以下五点：

（一）网络犯罪中缺少单位犯罪的规定

单位犯罪是指公司、企业、事业单位、机关、团体实施的依法应当承担刑事责任的危害社会的行为。纵览网络犯罪的相关法律条文，并没有明确地规定单位可以成为犯罪主体，根据《刑法》第 30 条的规定："公司、企业、事业单位、机关、团体实施的危害社会的行为，法律规定为单位犯罪的，应当负刑事责任。"因此，在有法律明文规定的基础上才存在单位犯罪及单位承担刑事责任的问题。遵循罪刑法定的精神，关于涉及网络犯罪的行为并不能够将"单位"作为主体。我国刑法规定了单位犯罪初衷是为了剥夺该单位作为一个法人而言最为重要的权利——财产权利，这体现出了在犯罪的领域中，单位犯罪的破坏力不容小觑。

（二）对于不满 14 周岁未成年人的刑事能力认定有待分析

我国刑法规定年龄未满 14 周岁的人为完全无刑事责任能力人，指行为人没有刑法意义上的辨认和控制本行为的能力，该年龄段的人所实施的危害社会行为一概不追究刑事责任。对于自然犯罪而言，普通的民众完全可以根据自己的认知、辨别能力来准确判断与分析出该行为是否合法与违法，但是与网络犯罪相比，在这个新兴的平台上，年龄、经验并非唯一的判断是非的标准。由于网络技术的广泛普及，未成年人接触网络的时间不断向前推移，未成年人对于当前网络社会的适应能力也非比寻常。

以笔者亲身经历为例，小学一年级就开始学习有关计算机的基本操作课，初中毕业可以完全掌握简单的编程软件，通过计算机等级考试二级。小学阶段，即年龄在 7—14 岁之间，该阶段的儿童在心智、阅历等方面仍处于启蒙阶段，但其对于计算机的操作比起他们那些经验丰富、拥有完全刑事责任能力的父辈们有过之而无不及。学界与司法界必须承认其他们可能拥有网络犯罪的行为能力，并且由于现代教育的先进性，在 14 周岁之前就能明辨是非，控制自己行为的未成年人也可能辨认出犯罪的界限。法律一旦制定成具体的条文之后就注定了其具有滞后性，因此法律须与时俱进，须根据现实社会中实际发生的活动而相应适时地调整已确立的法律，针对本节所提出的问题值得大家共同探讨。

（三）网络犯罪缺乏对于过失犯罪的规定

犯罪过失是指行为人应当预见自己的行为可能发生危害社会

的结果，因为疏忽大意而没有预见或者已经预见而轻信能够避免的一种心理态度。我国《刑法》第15条第二款规定："过失犯罪，法律有规定的才负刑事责任。"根据"尊重人权主义"的精神，只有当行为人的行为严重损害了法益时，才能确定为过失犯罪，所有的过失犯罪都要求发生实际的危害结果。

笔者以为在网络犯罪的领域内完全存在过失犯罪的可能，假设一个具有专业计算机素养的非国家机关工作人员在上班期间浏览明知可能会存在木马病毒的网页致使单位的计算机中毒从而使单位重要银行账户资料被盗损失惨重。笔者以为便可以追究其疏忽大意的责任，在这个依赖网络的数字时代，不经意的网络操作错误或是失误就能引起严重的法律事件，造成难以估计的法律后果，因此增加过失犯罪的规定也可一议。

（四）网络犯罪的刑事管辖权存在争议

我国刑法的管辖权理论坚持以属地管辖为主，属人原则、保护原则和普遍管辖原则为辅。上述的四大原则即所谓的"四空间"都是属于传统刑法地域管辖理论，一般具有三维性。但对于网络空间而言并不完全属于传统意义上的地域范畴，具有多维性，其应具有新的内涵，因此有些学者也将网络空间称之为"第五空间"。我国对此的主流观点认为，网络案件行为在我国境内发生或者发生的案件对我国境内产生影响，即该行为和结果有一项在我国领域内发生的，则我国享有刑事管辖权。但是由于网络犯罪具有高度的隐秘性，无边界性，难追踪性，因此对于实际办案的国家机关工作人员而言难以确定其所在的具体位置，在刑事管辖上可能产生难以确定或者相冲突的窘境。幸好我国遵循着统一的法规，因此此类冲突并不十分明显。

（五）对于虚拟财产的性质存在争议

虚拟财产是否纳入刑法的保护范围，无论是学术界还是实际办案领域都一直存在着争议。在司法实践中存在着截然不同的判例，如2008年，北京市海淀区法院判定一行为人利用职务便利窃取其网络游戏公司价值数百亿的游戏点值并通过网络进行销赃获利四十六万元的行为构成破坏计算机信息系统罪，判处有期徒刑三年六个月。然而2009年，山东环翠区法院判定一行为人通过网络盗取某电脑公司价值上万的游戏点卡并销赃后获得数二十二万赃款的行为构成盗窃罪，判处有期徒刑四年并处罚金五万元。[①]上述两个案例不同的判罚说明法官对于虚拟财产性质的认识有所不同，因此产生了两个截然不同的刑事案例，但是可以明显看出在量刑上并不公正。当法律失去公正之后，就会丧失其最本质的价值从而变得缺乏公信力。

三　我国大陆地区网络犯罪刑事立法的完善

（一）增设单位犯罪的规定

2010年1月最高人民法院、最高人民检察院出台了《关于办

① 张惠芳．论我国网络犯罪的刑事立法完善[J]．山西高等学校社会科学学报，2013，25(5)．

理利用互联网、移动通讯终端、声讯台制作、复制、出版、贩卖、传播淫秽电子信息刑事案件具体应用法律若干问题的解释(二)》,其中第十条规定:“单位实施制作、复制、出版、贩卖、传播淫秽电子信息犯罪的,依照《中华人民共和国刑法》、《最高人民法院、最高人民检察院于办理利用互联网、移动通讯终端、声讯台制作、复制、出版、贩卖、传播淫秽电子信息刑事案件具体应用法律若干问题的解释》和本解释规定的相应个人犯罪的定罪量刑标准,对直接负责的主管人员和其他直接责任人员定罪处罚,并对单位判处罚金。”该司法解释承认了单位可以成为网络犯罪的主体,这对于网络犯罪的立法完善有着举足轻重的地位,但是该条规定仅仅停留在司法解释的效力层面上,只是适用于具体的某一类的犯罪,并没有上升为法律的效力层面,因此无法全面适用于所有的涉嫌网络犯罪的案件。笔者对于即将出台的刑法修正案(九)寄予厚望,呼吁立法者能将单位犯罪纳入网络犯罪的刑法规制中。

(二) 增设过失犯罪的规定

对于网络犯罪而言,过失犯罪并非不可能存在。由于如今的网络技术日趋成熟与发达,网络操作与金钱紧密相关,一个微乎其微的操作失误很可能导致巨大的损失,然而此时若无具体的法律法规对受害者进行法律保护,那么可能会引起社会秩序的紊乱。增设过失犯罪规定的另一大优势就是通过过失犯罪来承担相应较轻的刑罚,而与此同时给予故意犯罪一个更大的处罚空间,能够提升其量刑法定刑。

(三) 明确刑事管辖权的规定

解决刑事管辖权的问题首先应该结合我国刑法第六条第三款的规定:"犯罪的行为或结果有一项发生在中华人民共和国领域内的,就认为是在中华人民共和国领域内犯罪",明确并统一有关"犯罪行为地"、"犯罪结果地"等概念及范畴。[①] 根据 2000 年 11 月通过的《最高人民法院关于审理涉及计算机网络著作权纠纷案件适用法律若干问题的解释》的第一条规定:"网络著作权侵权纠纷案件由侵权行为地或者被告住所地人民法院管辖。侵权行为地包括实施被侵权行为的网络服务器、计算机终端等设备所在地。对难以确定侵权行为地和被告住所地的,原告发现侵权内容的计算机终端等设备所在地可以视为侵权行为地。"由此可见我国法律已经认同了实施网络违法行为的网络服务器、计算机终端等设备所在地和发现网络违法行为结果的计算机终端设备所在地可以作为认定网络行为违法性的参考依据。[②] 由于上述的参考依据无论对于传统空间范畴或者网络空间范畴而言都具备相对的稳定性与关联性,因此在涉及网络犯罪的刑事管辖权时的争议可以此为鉴。

其次刑事管辖权应该区分国内犯罪与跨国犯罪。国内犯罪主要依据我国刑法的相关规定,涉及跨国犯罪的首先应该遵循我国所参加的公约,如若无我国缔结的国际公约则下一步是查看所涉国家之间和我国是否有双方或者多方共同缔结的有关网络犯罪的

---

① 皮勇,关于中国网络犯罪刑事立法的研究报告[J],法治论丛,2011(3)。

② 朱蓉蓉,网络犯罪刑事管辖权之确认和行使[D],对外经济贸易大学,2006。

刑事管辖权的条约，如若也无此条约，笔者建议以协商为主，切勿为了争夺管辖权无视各国的主权对犯罪人进行多次刑罚。

（四）完善刑罚规制

第一，提高法定刑。我国《刑法》第 285 条规定非法侵入计算机信息系统罪、非法获取计算机信息系统数据最高刑为三年有期徒刑；非法控制计算机信息系统罪最高刑为七年有期徒刑；提供侵入、非法控制计算机信息系统工程、工具罪，最高刑为七年；第 286 条破坏计算机信息系统罪最高刑为五年有期徒刑。上述罪名常常带有危害公共安全的性质，过低的法定刑会导致罪责刑相失衡，不符合刑法的基本原则。因此有必要进一步将危害后果的严重程度进行阶梯形层递式的量刑设置。

第二，增设资格刑与财产刑。对于网络犯罪而言，虽然网络犯罪的主体不属于特殊主体范畴的规定，但是拥有网络技术、网络平台、网络资源等是犯罪主体必备的犯罪基础。此类新型犯罪的主体主要集中于从事计算机专业操作的人员以及具有网络知识的行为人，因此为了达到犯罪特殊预防的目的，可以通过剥夺犯罪人的犯罪能力来防止其再犯，所以增设相关的资格刑罚是具有一定可行性的，例如剥夺犯罪人从事计算机网络行业的资格，担任相关计算机网络公司的主要责任人，剥夺单位经营的资格等。网络犯罪中大多数是为了非法获得利益，因此为了进一步打击网络犯罪分子，应当广泛使用财产刑，剥夺其东山再起的能力，根据其行为的危害程度对其处以罚金或者没收财产的刑法以儆效尤。

（五）将“虚拟财产”纳入保护对象

将虚拟财产纳入保护对象可以缩小网络法治的真空状态，防止不法分子利用网络实施犯罪打击人们在虚拟的社会中对法治的信心。尽管虚拟财产并未被学术界和司法界全盘接受，但是在实践的洗礼中，各类虚拟财产受侵害的案件不断发生。笔者赞同部分学者的观点，虚拟财产是玩家向运营商支付费用后暨双方达成了一致的合同关系后通过玩家投入的金钱、时间、精力、劳力、技术等获得的在虚拟社会中一定的金钱、地位、名誉等，属于无形财产。从经济学的角度来分析，虚拟财产可以通过交易平台进行交换，完全具备了一般商品的属性，因此拥有了经济价值的特点，理应得到法律的保护。笔者认为应该尽快以司法解释的形式来确定具体案件的审理标准，通过不断实践来检验该做法是否适应我国当代的网络犯罪防治。

参考文献：

[1] 人民网，网络犯罪每年造成的经济损失达 4450 亿美元[J/OL]。http://world.people.com.cn/n/2014/0610/c1002—25125418.htm. 访问时间：2015.5.20。

[2] 张巍，涉网络犯罪相关行为刑法规制研究对策[D]，华东政法大学：2014。

[3] 张惠芳，论我国网络犯罪的刑事立法完善[J]，山西高等学校社会科学学报，2013，25(5)。

[4] 皮勇，关于中国网络犯罪刑事立法的研究报告[J]，法治论丛，2011(3)。

[5] 朱蓉蓉，网络犯罪刑事管辖权之确认和行使[D]，对外经济贸易大学：2006。

“网络钓鱼”犯罪的防范对策浅析

余　飞*

摘　要：“网络钓鱼”犯罪形式的出现并不久，但却显现出强大的破坏力，犯罪率几年来一路飙升，而破案率却一直低迷，公安系统一直没有有效的应对策略，导致公安系统由主动出击变为了消极防守，从而更加助长了不法分子的气焰。传统立法与侦查手段遭受了前所未有的挑战，呈现出严重的滞后性，并且网络安全也日益为人们所关注。所以尽快探索出针对“网络钓鱼”的有效应对策略，是当务之急。

关键词：网络钓鱼；高犯罪率；综合控制

一　“网络钓鱼”现象概述

网络钓鱼是在网络逐渐走向普及过程中所产生的，在互联网高速发展的同时，防护措施并没有同步发展，存在一定的滞后性，

*　余飞，上海政法学院2014级刑法学专业研究生，研究方向：犯罪学。

这让投机者有了可乘之机，于是他们伪造钓鱼网站、虚假的客户端，以及各种非法链接，让对方难以分辨真假，而中国大部分网民素质相对不高，安全意识也较差，疏于防范。而法律及相关追责制度也一直存在缺失，网络钓鱼破案率低下，更加让不法分子更加肆无忌惮，使得网络钓鱼犯罪率逐年提高，严重恶化了电子商务贸易环境，打击了消费信心，俨然已经发展成了社会问题。

（一）网络钓鱼概念及特征

1. 网络钓鱼的定义

网络钓鱼，英文名为 Phishing，是 Fishing 和 Phone 的联合缩写，用 Ph 代替 F。源自于早期美国黑客用电话进行诈骗，由于美国计算机及互联网发展得最早，所以这种犯罪形式最早也诞生在美国，不法分子通过发送邮件，在邮件上设置链接，从而引导用户访问钓鱼网站，这些网站一般是伪造过的商务性网站。如银行网站，及知名企业的网站，通过虚假的 IP 地址，比如真实的工商银行的网址为 www. icbc. com. cn. ，而图例中钓鱼网址为 www. lcbc. com. cn，二者仅仅是 l 和 i 的微小区别，除此之外，页面内容几乎与真网址一模一样，这种骗术开始之初，欺骗了大量的用户。

2. 网络钓鱼的特征

网络钓鱼属于网络诈骗的一种，刑法中对于诈骗罪定义为：以非法占有为目的，用虚构事实或者隐瞒真相的方法，骗取数额较大的公私财物的行为[①]。其中诈骗罪的核心是让对方基于陷入错误

① 《中华人民共和国刑法》第 266 条。

认识而自动处分自己的财产，而网络钓鱼刚好符合这一点，因而属于诈骗的范畴，但身它又区别于传统诈骗犯罪，主要有以下几个特征。

(1) 领域特定性：一般发生在电子商务范围并且基本是仿造或者模仿知名的电子商务网站，或者模拟游戏及软件客户端，或者在web站点嵌入恶意代码，通过虚假中奖信息等方式，以达到非法欺骗的目的。

(2) 诈骗间接性：一般不法分子不直接与诈骗对象直接接触，而是通过虚假平台或者通过木马盗取对方的银行信用卡账号密码或者商业网站的id等私人信息，从而让这种诈骗具有更强的隐蔽性，往往短时间内难以察觉，并且隔着网络这个虚拟世界，犯罪分子的罪恶感不会像直接面对被害人而对其受到的伤害产生罪恶感。

(3) 对象不特定性：该类犯罪不像其直接诈骗有针对性地因对象而采取不同的诈骗方案，如在诈骗老人的时候就利用大部分老人的迷信的心理。而对于广阔的网络世界，网络钓鱼就像其名字一样，制作木马或者钓鱼网站，广泛撒网，虽然就单个人而言上当的概率不高，但是网络用户基数庞大，所以上当的人数也会非常多，利润前景可观。

(4) 过程虚拟性：整个过程是在虚拟的网络世界进行，这是传统的诈骗所不具备的，所以给侦查及取证带来了很大的挑战。虽然公安部门接到大量的报案。但是大部分案件数额小、侦破难，“投入产出”不成比例、不划算，所以大部分不予立案，只是形式性地分一下等级，所以网络钓鱼类案件成了公安部门的一个症结。

(二) 我国网络钓鱼现象研究现状

目前我国对网络钓鱼的研究还处在初级论证阶段，我国互联网发展相对滞后，电子商务起步较晚。1997 才出现萌芽，在 2005 年成型，之后到今天就呈现出爆发式的增长，到 2012 年我国电子商务贸易额达到了 8.1 万亿人民币之巨，而网络钓鱼这种诈骗形式也是最近几年才出现，并且犯罪率一路走高，仅 2012 年一年我国网络诈骗数额达到了 300 亿人民币。不被重视以及破案率一直低迷，造就了如此巨大的数字，已经成为了一个顽疾，但是到目前我们除了针对网络钓鱼做一些技术上的防御之外，并没有其他有效的应对措施，学者们的研究还止于笔头，付诸实际的非常之少，因为这是一个复合型的问题，需要调动各方资源，需要政府重视，学者辅助，公安等各部门积极配合。需要在立法上有所体现，有了法律的震慑，会大大地打击罪犯的犯罪积极性。公安部门才有法可依，并且能够防止其一味地消极对待网络钓鱼案件。否则，就算再多的研究，做再多的调研也无济于事。

本人从图书馆以及电子资料库中查阅了有关网络钓鱼的论文，从图书馆的现有收藏书籍查看，涉及网络钓鱼的数目不多，只有寥寥几本涉及，而且基本上只是涉及网络钓鱼问题的某一方面，或是网络技术方面的防御，或是提出立法完善，几乎没有能够提出综合性解决方案。我们知道，网络钓鱼是综合性极强的一种犯罪模式，涉及网络技术、编程、立法、司法、侦查等多方面，那么在这些方面都能够很好掌握的人才是非常少的，大部分人只拥有其中的一两种知识储备，因而不能够从整体上把握。著作数量也很缺乏，而且很多观点和措施已经有些过时。

许爱东、廖根为合著的《网络犯罪侦查实验基础》，从有关技术性上对网络犯罪进行侦查、取证。以及介绍了有关网络犯罪的法律规范汇总，但是也是涉及网络技术一方面。黄泽林的《网络犯罪的刑法适用》针对我国目前的刑法规制的缺陷进行了论述，为网络犯罪的刑法修正提供了建设性的意见。大部分著作都没有涉及深入到网络钓鱼这种犯罪方式上。

期刊论文是有很多是关于网络钓鱼的，也是基本上只着重一个方面，有技术性的，关于法律完善的，但是依然只是触及网络钓鱼的一角。

二　“网络钓鱼”防治难点初析

网络钓鱼新兴的犯罪形式，与洗钱和操控股票市场一样，属于高智商类犯罪，但是比这两类更加的复杂，涉及许多方面，从而导致了犯罪率高、报案率低、立案率低、破案率低，一高三低的现状。只有少数涉案金额巨大，社会影响特别恶劣的，公安部门花费大力气，或者采用比较拙劣的伎俩才得以告破。下面来分析为何网络钓鱼案件如此难以防治。

（一）网络钓鱼本身所具有的复杂性

网络钓鱼案件涉及诸多因素，牵扯了很多领域。涉及法律适用，网络管理秩序，计算机编程，网页制作，网络支付手段，以及整个网络运用产业。涉及范围很广，而且手段复杂，程序繁琐，是个综合性问题，所以处理起来非常困难，主要有以下几个方面。

1. 高智商性

我们知道，想要网络钓鱼，需要制作网页，必须会计算机语言，编写程序，以及懂得制作网页等等，那就必须有比较专业的计算机知识。这就与一般的市井之徒抢劫完全不同，实施这些行为的不法分子可能大部分受过高等教育，智商也比较高。那么在实施犯罪时必然会比一般的暴力犯、盗窃犯考虑更细致，反侦察能力也较强，而且仅需要电脑和网络，呆在室内就可以操作，隐蔽性强，不存在当场抓获的可能。从另一方面说，我国目前警察水平普遍偏低，在发达地区尚可吸收计算机人才帮助案件处理，但大部分水平无法与黑客们抗衡。

2. 多发性

网络钓鱼还有一个特点，近年来随着网络购物的快速增长，网络钓鱼案件非常频繁，最高法对诈骗立案标准是 2000 元，但网络钓鱼犯罪分子都是高智商作案，必然会顾虑到规避风险，为了尽量避开公安机关的侦查，百分之九十以上单个案件数额都少于2000，都不够立案标准。但是警察工作中要求接到报警必须在短时间内出警，但大部分都是徒劳，花费功夫走完形式后便没了下文，毫无意义而且浪费本来就紧缺的司法资源。而多发性又是下面几个原因直接导致的。

3. 空间跨度大

几乎所有的网络钓鱼案件都是异地作案，因为网络犯罪能够轻易地实现异地作案，而本地作案风险极大，所以作案者不会冒险在本地作案。而且研究发现，很多钓鱼网站的服务器在国外，这使得案件的性质发生了质的变化，由一般的诈骗案件变为跨国作案，一般的侦查手段可能不适用，需要跨国取证或者逮捕，程序复杂，代价巨大。这极大地增加了侦破的难度，不法分子们已经看出了这个漏洞，现在网络钓鱼开始呈现出异域化的特性，而侦查机关面对庞大的域外钓鱼网站，几乎没有有效的应对措施，只能通过屏蔽网站来应对，但是这种方法起不到什么作用，钓鱼者会很快地更改域名来应对。

4. 形式多样，技术复杂

网络钓鱼的样式多种，伪造各种商业网站，物流公司，银行网站，第三方支付公司等等，但由于网站域名并不为大众知晓，所以会想方设法地让人们接触到链接，于是以将网站挂载在贴吧、论坛、色情网站或是发送垃圾邮件等方式传播，有时会多人协同作案，相互合作，形成连环诈骗，加深欺骗性。而且面对多元化的复杂计算机环境，专业知识相对比较缺乏的一般网络用户并不能够有效地防范各种骗术。

5. 欺骗性强

欺骗性强是网络钓鱼的一大特点，用户并不能及时地辨别出对方的诈骗意图，而非直接的言语诈骗，一般网页的内容并不能体现出不法分子的诈骗意图，从而很难产生防范意识，因而很难及时有效地应对，往往是在被诈骗之后才开始察觉，这时已经太晚了。

（二）法律规定的相对缺失

1. 刑法规范的不到位

我国刑法对于计算机犯罪的规定太过简陋，我国刑法第 285 条规定：“违反国家规定，侵入国家事务、国防建设、尖端科学技术领域的计算机信息系统的，处三年以下有期徒刑或者拘役。”《刑法》第 286 条中所规定的内容事实上就是破坏计算机信息系统罪。我国刑法第 286 条第三款规定：故意制作、传播计算机病毒等破坏性程序，影响计算机系统正常运行，后果严重的，依照第一款的规定处罚。以上可以算是刑法关于网络犯罪的正式规定。关于网络诈骗案件的规定，只以计算机实施诈骗的按照诈骗罪处理，之外再并没有颁布细则，缺乏操作性，不能够有效地应对当前日益增长的网络诈骗类案件，已经开始出现了滞后，需要跟进。

2. 网络信息安全法的缺失

目前我国网络监管立法从 1994 年开始，国务院及其业务主管部门先后颁布了《中华人民共和国计算机信息系统安全保护条例》、《中华人民共和国计算机信息网络国际互联网管理暂行规定》、《中华人民共和国电信条例》、《互联网信息服务管理办法》等行政法规，和《中国公用计算机互联网国际联网保护办法》、《计算机信息网络国际联网安全保护办法》、《计算机信息系统国际联网保密管理规定》、《计算机病毒防治管理办法》、《教育网站和网校管理暂行规定》、《互联网电子公告服务规定》、《互联网站从事登载新闻业务管理暂行规定》、《互联网上网服务场所管理办法》等部门规章，但是规定繁琐、缺乏操作性、职责规定不明确，有法不依的情况十分严重，而且缺乏国外已经开始日趋完善的《网络信息安全法》。需要加快立法进程。

3. 责任的不明确

对于网络监管这一领域，国家管理体系不是很完善，存在很大的监管缺位，现有的机构不能够有效地应对日益复杂的网络环境，国家需要更加专业的队伍，以应对细化复杂的网络环境，目前监管部门的粗线条式的管理已经力不从心，网络监管责任不明确，管理不规范不细致，队伍不专业，共同导致网络监管的漏洞百出，让不法分子有了可乘之机。

(三) 侦查存在的问题

1. 案件数量多

目前我国网络犯罪案件呈现爆发式增长，网络安全软件商360的《2012年网络安全报告》中显示2012年1月至6月间，360共拦截钓鱼网站访问量达21.7亿次，相当于平均每秒有138个网民访问钓鱼网站。而且据统计，今年上半年360"网址云安全"截获新增钓鱼网站350149家，拦截量更是高达21.7亿次，比去年全年拦截量还高2000万次。随着电子商务应用高速发展，购物网站价格战持续血拼，购物欺诈在钓鱼网站中的比例也攀升至41.5%，是目前数量最多的钓鱼网站，其次则是假冒微博等社交网站的虚假中奖，占比达到19.8%。如此多的访问量，以及巨量的钓鱼网站数量增长必然导致网络钓鱼案件的频发，案件量巨大，致公安系统疲于应对。

2. 大部分标的额普遍不高

网络钓鱼，之所以称之为网络钓鱼就是因为他像一张网，等待别人自投罗网。许多网络诈骗单个案件数量不多，但是积少成多，到后面也是往往诈骗数额庞大，但是单个被害人报案往往不被重视，因标的过少，并且不少人也选择放弃。

3. 侦查技术要求高，难度大

上文已经提到，网络钓鱼高科技作案，计算含量很高，涉及网络技术，程序编写技术，网页制作技术等等，而传统侦查手段几乎无用武之地，只能由专业的计算机人才来进行网络取证，网络定位追踪，痕迹保留，数据恢复等，难度很大，这是一般公安人员不能胜任的。高技术人才的缺乏和大量的案件以及先进仪器的低普及率让网络钓鱼进入个死循环。

4. 司法公正和司法效率的抉择

在以上三点的共同作用下，导致网络钓鱼在目前的形式下，需要投入大量的司法资源，而高难度下投入大量司法资源可能会导致司法资源的浪费，目前警力紧张一时得不到缓解，只能将司法投入到最需要、最能够产生效果的领域，所以这就必须在司法公正和司法效率间找一个平衡点，目前社会处于转型期，各方面制度尚不完善，在制度改革的同时只得两者兼顾。

三 网络钓鱼的防范对策初析

目前我国网络钓鱼形式严峻,急需加强管控,不能听之任之,而我国目前无论是法律规制,管理机制,惩处机制,责权机制都存在不完善的地方,应对措施刻不容缓。下面探讨相关策略。目前我国还未真正重视网络钓鱼,虽然网络钓鱼爆发式增长,但是目前我国尚不能有效应对,以目前的人力、财力、队伍素质,不能够有效地应对,传统的应对方法在网络钓鱼上毫无杀伤力,而且一直的低破案率,执法上竭力避开这个烫手山芋,形成了恶性循环。但是问题的出现需要及时解决,而不能逃避。网络钓鱼是个综合性问题,不能一时解决,必须从立法、执法、制度各方面出手,循序渐进。慢慢对网络钓鱼约束,最后达到压制的状态。针对我国目前现存的网络钓鱼防控策略上的不足,笔者认为可以从以下几方面进行完善。

1. 法律的完善

目前刑法规定过于粗陋,最近几次刑法修正都没有触及网络犯罪这一方面,不够有操作性,已经出现严重的滞后性。而网络犯罪正需要刑法的进一步细致的规定,这个矛盾日益凸显,希望立法者能予以重视,并能够出台有效的法案来应对,而我国的《网络信息安全法》还没有成形,我们在立法上可以借鉴国外先进立法,如欧美发达国家,法律的完善不仅能够带来更有效的操作性,同时也能给公安部门指明方向,而且能够对不法分子产生强大的威慑作用,所以法律的修改刻不容缓。

2. 组建专门的网络警察队伍

发达国家已经有了成熟的网络警察队伍，专门进行网络犯罪和检测黑客活动，如美国的 FBI 有专门针对网络犯罪的小组，而各州也分别设有专门的网络侦查小组。我国现阶段已经产生了网络警察，根据《中华人民共和国人民警察》第 6 条的规定，人民警察应当依法履行“监督管理计算机信息系统的安全保卫工作”的职责，而且职责也已经有了规定，网络警察队伍的建设是个长期的过程，就目前的情况看，可以对现有的队伍挑选进行集中培训，并慢慢进行设备普及，再大量地引进计算机人才来改善目前网络警察稀缺的状况。

3. 加强网络监管

网络管理的混乱，是网络钓鱼泛滥的一大原因，针对这一情况，我国应该对相关部门管理进行监督，同时管理应该常态化、细化，而且做到责权到位，我国网络监管部门主要有文化部、广电总局等，而网络已经如火山爆发一样迅猛地发展，互联网上色情、暴力、欺诈、诽谤、谩骂、触犯他人隐私等有悖社会公德甚至违反法律的内容大量存在。面对日益纷杂的网络环境，网络监管的作用日益凸显，而且对网络监管部门提出了更高的要求。所以应加大对网络监管的投入，完善网络监管体制，合理地分配权力。防止腐败的滋生，并发动公众参与，加大监督，改善政府与民众的关系，并且能大大提高监管的效率。

4. 加大法律宣传教育

加大法律宣传是一个不可或缺的有效措施，一个国家必然是朝着法制社会的方向发展，而法治社会不仅要求有完善的法律体系，我国还应加大媒体宣传，在除了主流的媒体宣传外，还可以结合微博和微信等比较流行的渠道，同时加大对法律宣传的经费投入，不要应付式地进行宣传。

5. 加强各职能部门合作

我国目前的警力、警员素质注定了国内暂时不能打一场全面的反网络钓鱼战争，所以我国对这个软肋应予以加强，改善警员素质。同时各部门有效及时地合作，不能各扫门前雪，网络监管部门在发现可能存在犯罪情形要及时通知公安部门。公安部门在侦查过程中，对于网络监管部门的不足及时提出意见。各部门加强交流，定期或者常态化地保持沟通，建立信息共享平台，构建统一协调的管理体系，能够更加有效地进行网络管理和打击网络犯罪。

6. 规范电子商务，提高网民安全意识

目前网络电商环境并不是完全可靠，交易方式也多种多样，有网银交易、第三方担保交易、有货到付款、有先款后货多种多样，电子支付的安全性也缺乏评估。近年来购物网站如雨后春笋泛滥，让人真假难辨，消费者容易遭受钓鱼网站的欺诈，对于电子商务的立法规范存在缺位，应该及时地出台相关法律以规范电子商务，这对于净化电商环境、维护消费者利益很有必要。而现存的杀毒软件也参差不齐、鱼龙混杂。许多网络用户对自身计算机安全知识缺乏，自我保护意识薄弱，是网络钓鱼频频得手的主要原因，所以对网络安全的科普也显得非常重要，这是网络钓鱼的治本之策。

7. 加强国际合作,应对跨国网络钓鱼

上文提到,网络钓鱼已经开始逐渐向跨国作案发展,境外网络钓鱼网站迅速崛起,慢慢成了网络钓鱼的趋势,我国网络钓鱼网站从钓鱼网站服务器的地域分布上看,79.9%的钓鱼网站分布在境外地区。其中,美国以55.5%的比例成为中国钓鱼网站危害的最大源头。韩国以19.0%的比例排名第二,也是中国钓鱼网站危害在亚洲地区的最大源头。排名第三的是香港地区,比例为10.8%①。所以应对网络钓鱼已经是一个全球性的问题,需要所有国家的合作,中国应该加入有关国际反网络钓鱼组织,并且和有关国家,尤其是美国等国的司法协调工作,加强网络钓鱼的犯罪打击。

参考文献:

[1] 中国司法部:《中华人民共和国刑法》。

[2] 谢希仁:《计算机网络》(第四版),北京电子工业出版社,2003年版。

[3] 许爱东,廖根为:《网络犯罪侦查实验基础》,北京大学出版社,2011年8月1日。

[4] 于志刚:《网络犯罪定性争议与学理分析》,吉林人民出版社,2001年版。

[5] 黄泽林:《网络犯罪的刑法适用》,重庆出版社,2005年版。

[6] 皮勇:《网络犯罪比较研究》,中国人民公安大学出版社,2005年版。

[7] 杨正鸣:《网络犯罪研究》,上海交通大学出版社,2004年版。

[8] 刘宪权:《刑法学》(第三版),上海人民出版社,2012年2月版。

① 360安全中心《2013第一季度中国互联网安全》。

[9] 任传时:《网络钓鱼攻击的发展趋势及法律对策考虑》,《网络技术安全与应用》,2007年。

[10] 杨明:《网络钓鱼手段分析与防范对策研究》,《网络信息安全与技术》,2012年9月。

[11] 张贵强:《"网络钓鱼"攻击及防范技术》,《电脑知识与技术》,2010年9月。

[12] 陈玲:《"网络钓鱼"与刑法规制》,《政治与法律》,2008年第8期。

[13] 黎其武,武良军:《网络钓鱼犯罪问题研究》,《专题研究》,2011年4月。

[14] 李钧:《探秘网络钓鱼在中国互联网的猖獗现状》,《信息安全》,2011年3月。

[15] 姜晓艳:《浅析网络钓鱼诈骗》,《法治与社会》,2012年3月(中)。

[16] 王为华,王长杰:《网络钓鱼的危害和防范措施》,《洛阳工业高等专科学校院报》2007。

[17] 吕方兴:《网络钓鱼的特点与形式》,《科技视界》,2012年9月。

[18] 陈睿:《网络钓鱼犯罪分析》,《法制时空》,2010年1月。

质量犯罪初探

王肖飞*

摘　要： 质量犯罪是指危害质量特性且具有严重社会危害性，触犯刑法应受惩罚的行为。包括三种犯罪行为：产品质量犯罪、工程质量犯罪与环境质量犯罪。研究质量犯罪不仅是中国进入质量时代的召唤，而且也利于发展中国本土化的犯罪学理论。

关键词： 质量犯罪；质量特性；质量法

2014 年首届中国质量大会在北京召开，李克强总理强调追求质量发展永无止境，建设质量强国任重而道远，一定要联合有关部门和地方政府，全面提升产品质量、工程质量、服务质量和环境质量，进而提升经济发展质量，把经济社会发展推向“质量时代”。国务院《质量发展纲要（2011—2020 年）》指出：“质量问题是经济社会发展的战略问题，关系可持续发展，关系人民群众切身利益，关系国家形象。”而质量犯罪作为危害质量发展且最具危害性的行为，如果把其纳入犯罪学的研究领域，就可以为促进质量发展提供

* 王肖飞，昆明理工大学质量发展研究院硕士研究生，研究方向：食品犯罪、质量法学。

新的动力，也可以为预防质量犯罪提供新的视角。

一　质量犯罪名称的提出

（一）质量犯罪概念的提出

质量犯罪概念的提出路径：质量→质量法→刑法→质量犯罪。以质量的概念为起点，GB/T19000 中 3.1.1 规定，质量是指“一组固有特性满足要求的程度”，郎志正提出了“大质量”概念，他认为“大质量”包括固有特性和人们赋予的特性，具体包括五个方面：范畴、过程和结果、组织、系统和特性。就范畴而言，可分为微观质量和宏观质量，前者主要包括产品质量、工程质量、服务质量，后者主要包括环境质量、经济运行质量、经济增长质量、教育质量、生活质量和人口质量（郎志正，2005：36）。质量法作为调整因质量问题而产生的社会关系的各种法律规范和法律表现形式的总和，主要调整四个方面的社会关系：产品质量社会关系、工程质量社会关系、环境质量社会关系和服务质量社会关系（何永军，2011：5—6）。调整产品[①]质量社会关系的法律规范主要包括《产品质量法》、《食品安全法》、《农产品质量安全法》、《药品管理法》、《消费者权益保护法》，调整工程质量社会关系的法律规范主要是《建筑法》和《建设工程质量管理条例》，调整环境质量社会关系的法律规范主要包括《环境保护法》、《大气污染防治法》、《放射性污染防治法》、《固体废

① ISO8402—1994 认为产品包括服务。而且销售产品的过程也是提供服务的过程，服务与产品是不可分的。所以，我们把两者放到一起论述。

物污染环境防治法》、《环境噪声污染防治法》、《矿产资源法》、《森林法》、《水污染防治法》、《土地管理法》、《野生动物保护法》、《野生植物保护条例》和《草原法》。而质量法律规范中部分条款涉及刑事责任问题，与其相关的刑法罪名如表1。它们都分别对应一种质量犯罪类型：产品质量犯罪、环境质量犯罪和工程质量犯罪，由于产品质量、工程质量和环境质量是质量的范畴，所以，有关它们的犯罪行为就可以构成质量犯罪的范畴。

表1 质量法中刑事责任条款与刑法罪名的对应关系

质量法律规范	涉及刑事责任的条款	刑法罪名	质量犯罪类型
《产品质量法》2000年7月8日修正；《消费者权益保护法》2013年10月25日第二次修正；《食品安全法》2009年6月1日施行；《药品管理法》2001年12月1日施行；《农产品质量安全法》2006年11月1日施行	49条、50条、52条、57条、61条、65条、68条；57条、61条；98条；73条、74条、77条、82条、87条、91条、92条、94条、97条、99条；53条	生产、销售伪劣产品罪、生产、销售假药罪、生产、销售劣药罪、生产、销售不符合安全标准的食品罪、生产、销售有毒、有害食品罪、生产、销售不符合标准的医用器材罪、生产、销售不符合安全标准的产品罪、生产、销售伪劣农药、兽药、化肥、种子罪、生产、销售不符合卫生标准的化妆品罪、滥用职权罪、玩忽职守罪、食品监管渎职罪、放纵制售伪劣商品犯罪行为罪、徇私枉法罪、提供虚假证明文件罪、出具证明文件重大失实罪、伪造、变造、买卖国家机关公文、证件、印章罪	产品质量犯罪
《建筑法》2011年7月1日施行；《建设工程质量管理条例》2000年1月30日实施	65条、68条、69条、70条、72条、73条、74条、77条、78条、79条；74条、76条	单位受贿罪、单位行贿罪、受贿罪、行贿罪、对单位行贿罪、工程重大安全事故罪、玩忽职守罪、滥用职权罪、串通投标罪	工程质量犯罪

（续表）

质量法律规范	涉及刑事责任的条款	刑法罪名	质量犯罪类型
《渔业法》2004年8月28日第二次修正；《草原法》2003年3月1日施行；《大气污染防治法》2000年9月1日施行；《放射性污染防治法》2003年10月1日施行；《固体废物污染环境防治法》2013年6月29日施行；《环境保护法》2015年1月1日施行；《环境噪声污染防治法》1997年3月1日施行；《矿产资源法》1997年1月1日施行；《森林法》2009年8月27日第二次修正；《土地管理法》2004年8月28日第二次修正；《野生动物保护法》2004年8月28日修正；《野生植物保护条例》1997年1月1日施行	38条、49条；61条、62条、66条；61条、65条；47条、52条、53条、54条、55条、56条、57条、58条；67条、78条、83条；69条；62条；39条、40条、44条、47条；39条、40条、41条、42条、43条、46条；73条、74条、76条、78条、84条；31条、32条、35条、36条、37条、38条；28条、29条	非法捕捞水产品罪、滥用职权罪、玩忽职守罪、挪用公款罪、非法采伐、毁坏国家重点保护植物罪、非法占用农用地罪、污染环境罪、环境监管失职罪、受贿罪、擅自进口固体废物罪、非法处置进口的固体废物罪、非法猎捕、杀害珍贵、濒危野生动物罪、非法收购、运输、出售珍贵、濒危野生动物、珍贵、濒危野生动物制品罪、非法狩猎罪、非法采矿罪、破坏性采矿罪、非法收购、运输、加工、出售国家重点保护植物、国家重点保护植物制品罪、滥伐林木罪、非法收购、运输盗伐、滥伐的林木罪、徇私舞弊不移交刑事案件罪、违法发放林木采伐许可证罪、非法批准征用、占用土地罪、走私罪、签订、履行合同失职被骗罪	环境质量犯罪

（二）质量犯罪名称确立的规制

通过对先前若干犯罪名称的研究，包括犯罪人类学、犯罪社会学、犯罪心理学、激进犯罪学、环境犯罪学、计量犯罪学、生活质量犯罪与经济犯罪①，发现存在四种命名规则：一是犯罪原因、二是研究方法、三是空间、四是侵犯同一法益或对象且性质相同的某一领域的诸多犯罪行为。其中犯罪人类学、犯罪社会学、犯罪心理学和环境犯罪学是从研究犯罪原因的角度命名的，计量犯罪学是从研究方法的角度命名的，激进犯罪学是从研究资本主义社会犯罪问题的空间角度命名，生活质量犯罪与经济犯罪则属于上述第四种命名规则。质量犯罪名称的命名规则也遵循第四种规则，首先，三种具体的质量犯罪类型都是危害质量特性且具有严重社会危害性的行为。质量特性是与要求有关的，产品、过程或体系的固有特性，主要是指客观特性而不包括人们的主观评价，要求包括明示要求（技术、市场、社会）、隐含的需求（合理需求与公认的需求）、法律法规规定的要求。质量特性主要包括性能（例如安全性）、适用性（例如功能）、可信性（例如可靠性和维修保障性）、时间（例如使用寿命）（于启武. 2012：3）。其次，产品质量犯罪、环境质量犯罪与工程质量犯罪都属于质量领域的犯罪行为。

（三）确立质量犯罪的意义

确立质量犯罪的意义在于，其可以承载两项新的使命：一是为中国经济社会进入质量时代保驾护航。中国经济社会能否进入质量时代，从根本上关系到中华民族的伟大复兴，而质量犯罪正是一

---

① 除“生活质量犯罪”之外的诸名称含义较易理解，因此，重点解释“生活质量犯罪”的含义，其有时也称“居住性犯罪”或“滋扰性犯罪”，通常包括若干相对轻微非暴力且已经威胁到居民的安全感与幸福感的不法行为。例如，街头卖淫、损毁财物、教唆吸毒与强行乞讨等。

个不利的影响因素。二是促进中国本土化犯罪学理论的发展。有两条路径:一是借鉴西方犯罪学的理论框架和概念,在中国经验情景中进行理论构建;二是对不同的犯罪行为类型进行整合,从而构建一个适用范围更广的理论。很显然,质量犯罪就是遵循后一路径。

二 质量犯罪的概念和特征

(一) 质量犯罪的概念

质量犯罪是指危害质量特性且具有严重社会危害性,触犯刑法应受惩罚的行为。具体而言,质量犯罪包含如下两层含义:第一,质量犯罪是一种犯罪。质量犯罪是刑法中规定的危害质量特性的行为,归属于不同的类罪名:妨害社会管理秩序罪、破坏社会主义市场经济秩序罪、危害公共安全罪、渎职罪和贪污贿赂罪。其也同样具有犯罪的三个特征:一定的社会危害性、刑事违法性和应受惩罚性。第二,质量犯罪是危害质量特性的犯罪行为。关于质量特性的概念上文已述,这里不再赘述。就质量犯罪危害的质量特性个数而言,可能是其中的一个,也可能是同时危害多个。

(二) 质量犯罪的特征

质量犯罪主要有五个特征:第一,隐蔽性较强,查处难度较大。原因包括犯罪行为的智能性与欺骗性、被害人的被害敏感性较低、涉案环节较多与危害结果的隐匿性。前三个原因较易理解,危害结果具有隐匿性的原因主要包括危害结果的潜在性和爆发的非即时性。第二,危害后果具有双重性和严重性。质量犯罪不仅严重危害人体生命健康,同时也会造成重大经济损失,原因是由于质量犯罪侵害的对象是不特定多数人,损失具有扩散性和跨区域性特点。第三,犯罪人多样且复杂。实施质量犯罪的主体包括四类:法人、非法人组织、非法组织(主要是犯罪团伙)和自然人。第四,以牟利为目的。质量犯罪的牟利表现为直接谋取利益和降低成本两个方面。第五,国家机关及其工作人员的腐败充当触发因素。国家机关及其工作人员的腐败对质量犯罪具有触发作用,是犯罪的条件性因素,这是由于质量犯罪涉及的部分活动与政府职责密不可分。

三　质量犯罪的范围

质量犯罪包括三大犯罪类型:产品质量犯罪、工程质量犯罪与环境质量犯罪。除去它们共同涉及的部分贪污贿赂犯罪与渎职犯罪之外,每一类型之中又包括若干不同的犯罪行为。

(一) 产品质量犯罪

关于产品方面的诸犯罪行为,称谓有四种:妨害产品质量管理秩序罪、生产、销售伪劣商品罪、产品质量方面犯罪、产品质量犯罪。就其概念而言,妨害产品质量管理秩序罪是违反产品质量管理法规,妨害了产品质量管理制度且情节或危害后果严重的行为(马克昌.1998:59)。生产、销售伪劣商品罪是指相关市场主体违反产品质量管理法规,故意生产或销售伪劣商品,销售金额在5万元以上或足以严重危害人体生命健康或造成其他严重危害后果的行为(刘杰,2003:46)。产品质量方面犯罪是生产者或销售者违反产品质量或安全方面的监督管理法规,生产、销售伪劣商品,损害用户或消费者的合法权益,破坏商品市场秩序,情节严重的行为(李晓明,2001:323)。产品质量犯罪是行为人生产或销售被法律明文禁止生产销售的产(商)品,且触犯刑法,应受刑罚惩罚的行为(杨世新,1998:263)。

上述四者的概念结构包括三种:客观方面、主体+客观方面、主体+客观方面+犯罪的基本特征。由于产品质量法律规范调整的对象是产品质量社会关系,产品质量社会关系又是源于产品的质量特性问题。而且危害产品质量特性的行为构成犯罪必须符合犯罪的三个基本特征(一定的社会危害性、刑事违法性与应受惩罚性)。所以,我们采用产品质量特性+犯罪基本特征的结构。另外,上述称谓使用了两个不同的词:产品与商品(第四个称谓除外),在经济学上两者的意义不同,前者是指劳动的创造物,当其以交换为目的进入流通领域时,才变成商品。鉴于我国《产品质量法》把产品定义为经加工、制作后进行销售的产品,我们把二者统一称为产品。再者,上述前三个称谓显得不够简洁,根据关于犯罪名称的命名规则,作为一个包括若干犯罪行为的特种性质的犯罪名称,4 至 6 个字是较为合适的,因此,使用“产品质量犯罪”一词。综上所述,产品质量犯罪是指危害产品质量特性且具有严重社会危害性,触犯刑法应受惩罚的行为。产品质量犯罪主要包括六个具体的犯罪行为:食品犯罪、药品犯罪、医用器材质量犯罪、农资质量犯罪、化妆品质量犯罪与其他产品质量犯罪。

（二）工程质量犯罪

工程主要包括土木工程、建筑工程、线路、管道等，关于此领域的犯罪问题，张谦元与柴晓宇在其合著的《工程建设领域违法犯罪及预防研究》（甘肃文化出版社 2007 年版）一书中，进行了比较系统的研究。在论述其犯罪构成时，使用了“工程建设领域犯罪”的称谓，并把其涉及的犯罪行为限定在刑法之中，包括若干与工程建设相关的犯罪：经济犯罪、财产犯罪、职务犯罪与商业贿赂犯罪。而我国刑法中与此具有高度相关关系的罪名是工程重大安全事故罪。“工程建设领域犯罪”与“工程重大安全事故罪”是分别从广义和狭义两个层次，对工程质量方面的犯罪行为进行描述。工程最核心的特性是安全性，而安全性又是质量特性的性能之一，工程质量方面的犯罪行为直接危害的是工程的质量特性，然后才可能危害人体生命健康或其他财产权益。所以，工程质量犯罪是指危害工程质量特性且具有严重社会危害性，触犯刑法应受惩罚的行为。其主要是指工程重大安全事故犯罪。

（三）环境质量犯罪

关于环境方面的犯罪行为，学界和实践中的称谓主要是环境犯罪或危害环境犯罪。众多环境犯罪概念基本上可以分为三类：人的权益保护型、侵害救济型与环境权益保护型。人的权益保护型的环境犯罪概念就是以保护人的权益为出发点，其强调通过污染或破坏环境而使人的生命健康和财产受到危害。侵害救济型的环境犯罪概念要求污染或破坏环境的行为必须造成严重后果或情节恶劣，例如，违反环境保护法及其他环境污染防治单行法律，向环境排放污染物或其他废物，或非法处置进口、擅自进口的固体废物，造成重大环境污染事故，致使公私财产遭受重大损失或人身伤亡的行为(汪劲.2006:627)。环境权益保护型的环境犯罪概念是基于对环境权益的保护，其把环境权益视为与人体生命健康或财产同样具有独立地位的法益。例如，违反国家环境保护法，故意或者过失地造成或足以造成损害环境的严重后果，依法应受刑罚处罚的行为(李爱年，李慧玲.2008:237)。另外还有部分概念是混合型的，例如，赵秉志教授在其与他人合著的《环境犯罪比较研究》(法律出版社 2004 年版)一书中，把环境犯罪的概念分为狭广二义，其狭义的环境犯罪概念是侵害救济型，广义的概念是环境权益保护型。

上述三种不同取向的环境犯罪概念都不同程度地忽视了环境与人之间的关系，仅仅认为污染或破坏环境会危害人的生命健康或财产。实质上，两者的关系在于环境以其固有特性来满足人的合理合法要求，而环境犯罪则损害了环境满足人合理合法要求的程度，当达到刑法规定的严重危害程度时，就构成犯罪。基于此，我们把环境方面的犯罪称为环境质量犯罪，也即危害环境质量特性且具有严重社会危害性，触犯刑法应受惩罚的行为。环境质量犯罪的具体表现是严重危害环境资源的犯罪行为，主要包括动植物质量犯罪、土地质量犯罪、矿产质量犯罪、森林质量犯罪、大气质量犯罪、水质量犯罪与其他环境质量犯罪。

参考文献：

[1] 何永军，2011，质量法学，北京师范大学出版社，北京。
[2] 郎志正，2005，大质量概念，工程质量。

[3] 刘杰,2003,经济刑法概论,中国人民公安大学出版社,北京。

[4] 李晓明,2001,经济犯罪学,中国人民公安大学出版社,北京。

[5] 李爱年,李慧玲,2008,环境与资源保护法,浙江大学出版社,杭州。

[6] 马克昌,1998,经济犯罪新论,武汉大学出版社,武汉。

[7] 汪劲,2006,环境法学,北京大学出版社,北京。

[8] 于启武,2012,质量管理学,首都经济贸易大学出版社,北京。

[9] 杨世新,1998,消费者权益暨法律保护实务全书,中央民族大学出版社,北京。

图书在版编目(CIP)数据

经济新常态下的犯罪与治理/吴鹏森主编.

—上海:上海三联书店,2017.

ISBN 978-7-5426-5935-4

Ⅰ.①经… Ⅱ.①吴… Ⅲ.①犯罪学—中国—文集

Ⅳ.①D924.114-53

中国版本图书馆CIP数据核字(2017)第122120号

经济新常态下的犯罪与治理

主　　编　吴鹏森

责任编辑　钱震华

装帧设计　陈益平

出版发行　上海三联书店

(201199)中国上海市都市路4855号

http://www.sjpc1932.com

E-mail:shsanlian@yahoo.com.cn

印　　刷　上海昌鑫龙印务有限公司

版　　次　2017年7月第1版

印　　次　2017年7月第1次印刷

开　　本　640×960　1/16

字　　数　370千字

印　　张　31.75

书　　号　ISBN 978-7-5426-5935-4/D·356

定　　价　88.00元